它们是如何运转的

图书在版编目（CIP）数据

它们是如何运转的 / 西班牙So190公司著；吴越译
. -- 成都：四川少年儿童出版社，2016.11（2019.11重印）
ISBN 978-7-5365-7889-0

Ⅰ．①它… Ⅱ．①西… ②吴… Ⅲ．①科学知识—少儿读物 Ⅳ．①Z228.1

中国版本图书馆CIP数据核字(2016)第276309号
四川省版权局著作权合同登记号：图进字21-2017-17

出版人：	常　青	出　　版：	四川少年儿童出版社
项目统筹：	高海潮	地　　址：	成都市槐树街2号
责任编辑：	王晗笑	网　　址：	http://www.sccph.com.cn
美术编辑：	汪丽华	网　　店：	http://scsnetcbs.tmall.com
责任校对：	张舒平	经　　销：	新华书店
责任印制：	王　春	印　　刷：	深圳市福圣印刷有限公司
	袁学团	成品尺寸：	285mm×210mm
		开　　本：	16
		印　　张：	16
TAMEN SHI RUHE YUNZHUAN DE		字　　数：	320千
书　　名：	它们是如何运转的	版　　次：	2017年1月第1版
图书策划：	上海懿海文化传播中心	印　　次：	2019年11月第4次印刷
原　　著：	〔西〕So190公司	书　　号：	ISBN 978-7-5365-7889-0
翻　　译：	吴　越	定　　价：	138.00元

©2016 Editorial Sol90, S.L. Barcelona
All Rights Reserved.

版权所有　翻印必究

若发现印装质量问题，请及时向发行部联系调换。
地　　址：成都市槐树街2号四川出版大厦六楼四川少年儿童出版社发行部
邮　　编：610031
咨询电话：028-86259237　　86259232

它们是如何运转的

[西] Sol90 公司 ◎著　吴越 ◎译

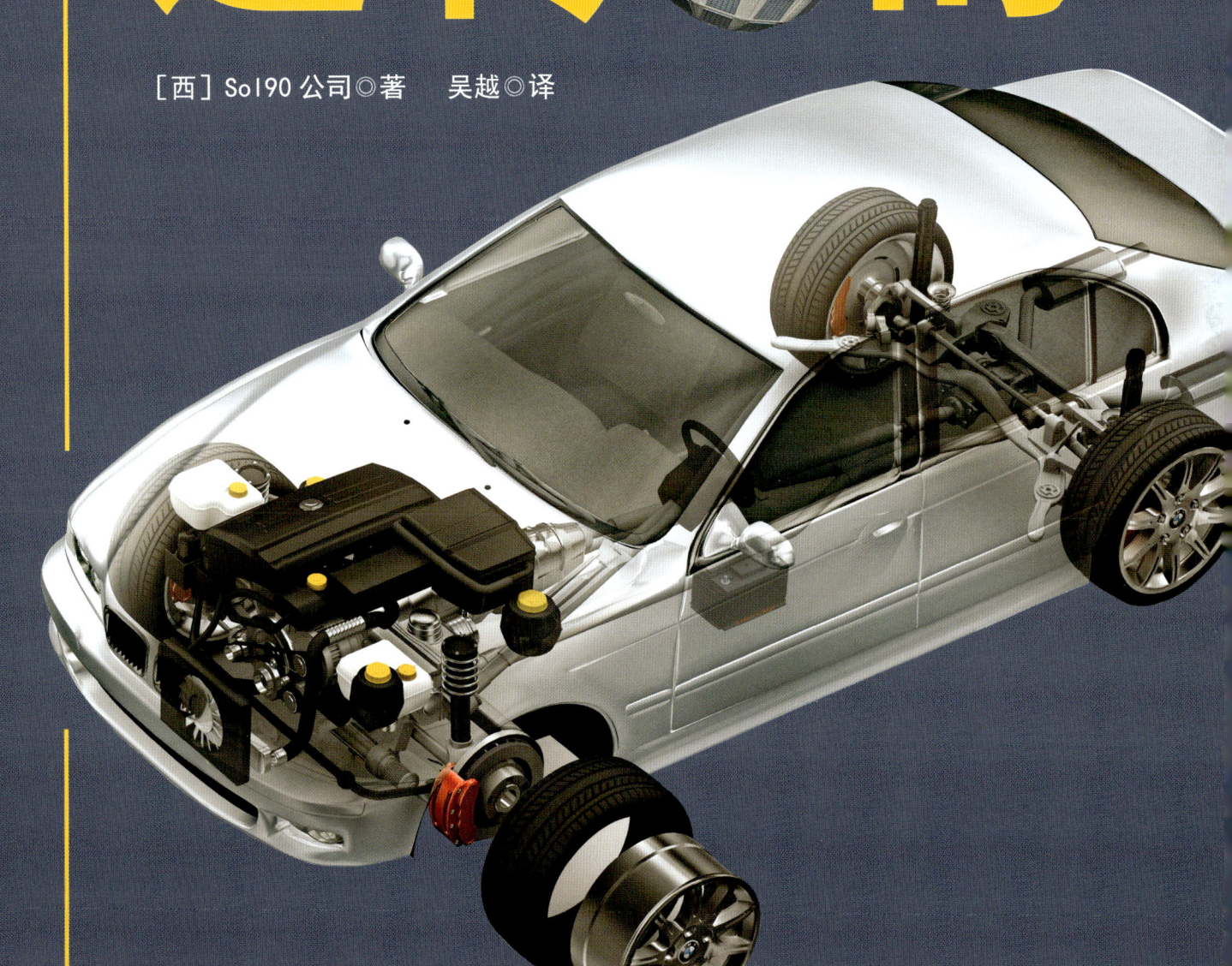

四川少年儿童出版社

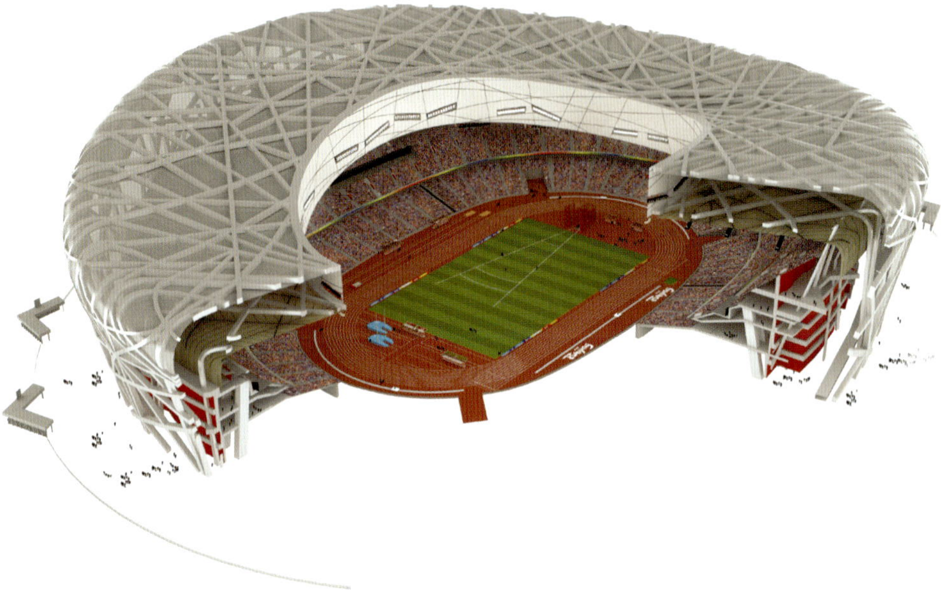

前 言

《它们是如何运转的》这本书通过全彩 3D 图或截面图的方式，把我们周围世界的运转方式简单明了地展现了出来。本书包含对 100 多种物体的详细分析，既有我们生活中常见的电视机、数码相机、自行车，也有一些在人类发展史上曾占有重要地位的热气球、帆船、电报机等等，能够让我们深入了解各种各样物体的运转原理。

在这本书中，你不仅可以学习到这些事物是如何随着时间变迁而发展的，还能够认识到它们是如何影响人类发展进程的。从远古时代的战车到近现代的望远镜，再到未来的科技，通过阅读本书，你将会了解到我们周围世界的运转方式。

本书共 10 个章节，所涵盖的内容包括交通运输、建筑、通信和古代文明等。每个章节内包含 11 个主题，并通过示意图和截面图对这些主题进行深入分析。最后的主题索引可以帮助你轻松地在书中找到感兴趣的条目。

它们是如何运转的？一起发掘事物背后的秘密吧！

目　录

第一章　交通工具

热气球	10
飞艇	12
飞机	14
直升机	16
汽车	18
高速铁路	20
自行车	22
轮船	24
帆船	26
气垫船	28
缆车	30

第二章　生活中的科技

微型芯片	34
电脑	36
数码相机	38
虚拟激光键盘	40
USB 闪存盘	42
电子纸	44
3D 打印机	46
条形码	48
光纤	50
触摸屏	52
智能服装	54

第三章　建筑

救世基督像	58
巴黎圣母院	60
圣彼得大教堂	62
故宫	64
德国国会大厦	66
圣索菲亚大教堂	68
贝尔兹大会堂	70
圣墓教堂	72
悉尼歌剧院	74
阿拉伯塔酒店	76
北京国家体育场（鸟巢）	78

第四章　通信

电报机	82
电话	84
收音机	86
电视机	88
传真	90
互联网	92
电子邮件	94
数字电视	96
卫星	98
全球定位系统	100
移动电话	102

第五章　能源

蒸汽机	106
天然气开采	108
石油开采	110
核反应堆	112
生物燃料制造	114
太阳能供暖	116
风力涡轮机	118
水电能源	120
地热能	122
潮汐发电站	124
生物沼气池	126

第六章　食品工业

牛奶生产	130
肉类加工	132
渔业	134
鱼类加工	136
番茄工厂	138
橄榄油加工厂	140
新农业	142
藻类工业	144
转基因食品	146
转基因农场	148
种子库	150

第七章　科学

气象站	154
DNA 检测	156
克隆牛	158
生物芯片应用	160
水下考古	162
大型强子对撞机	164
碳年代测定法	166
移植	168
四维超声	170
体外受精	172
激光手术	174

第八章　空间探索

火箭	178
太空天文台	180
航天飞机	182
NASA	184
钱德拉 X 射线天文台	186
航天探测器	188
火星漫游车	190
空间站	192
太空望远镜	194
旅行者号探测器	196
甚大望远镜	198

第九章　古代文明

巨石阵	202
埃及金字塔	204
图坦卡蒙的墓	206
宙斯神庙	208
希腊剧场	210
罗马斗兽场	212
罗马引水道	214
马丘比丘	216
维京海盗船	218
中世纪的城堡	220
文艺复兴时期的大教堂	222

第十章　战争武器

最早的战车	226
中世纪攻城武器	228
朝鲜"龟船"	230
三笠号战列舰	232
第一次世界大战时期的火炮	234
福克 Dr-1 战斗机	236
T-34 坦克	238
容克 Ju-87 斯图卡轰炸机	240
波音 CH-47 支努干直升机	242
无人驾驶飞机（UAV）	244
海马斯自行火箭炮	246

附　录

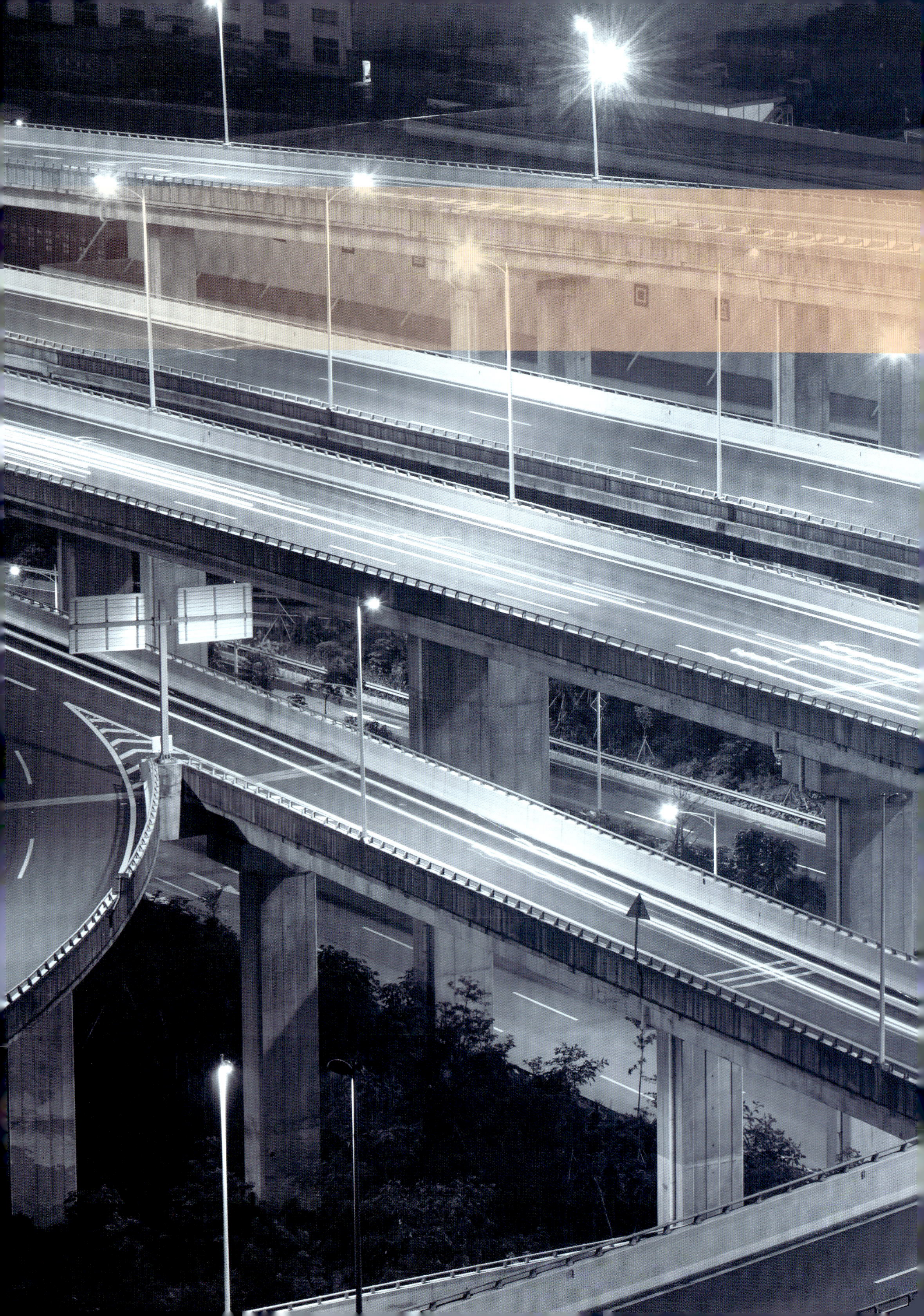

交通工具

它们是如何运转的

热气球

　　热气球是人类最早发明的飞行工具之一。按资料中记载，第一个驾驶热气球飞行的是法国的孟格菲兄弟，但是，早在 2 世纪，中国人就已经利用无人操控的孔明灯来传递军事信息了。风是推动热气球飞行的唯一动力，因此，在风向变幻莫测的情况下，飞行员很难精准地掌控飞行方向，也很难回到出发的地点。20 世纪初，热气球这种交通工具一度被人类所忽视。从 20 世纪 60 年代起，热气球又重新兴起。如今，热气球被广泛应用于体育运动和休闲活动中。

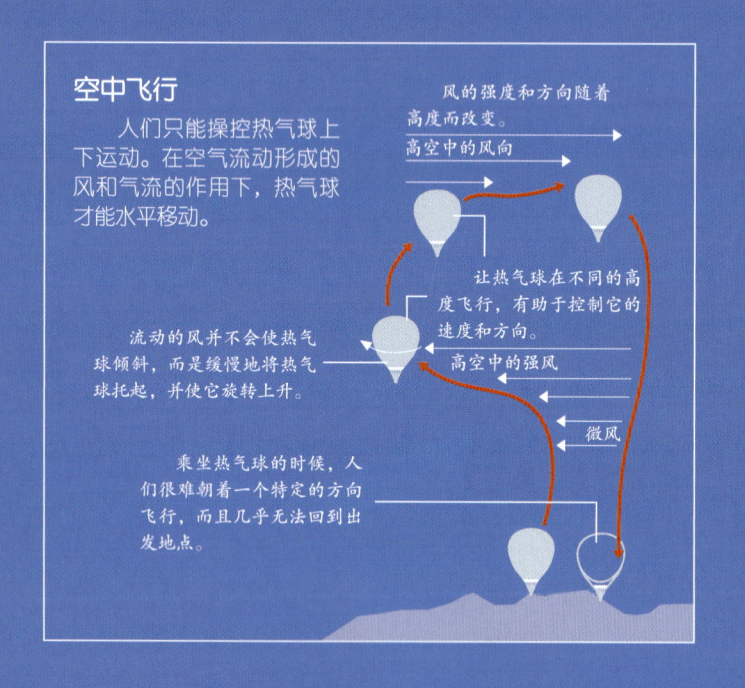

空中飞行

　　人们只能操控热气球上下运动。在空气流动形成的风和气流的作用下，热气球才能水平移动。

风的强度和方向随着高度而改变。

高空中的风向

让热气球在不同的高度飞行，有助于控制它的速度和方向。

流动的风并不会使热气球倾斜，而是缓慢地将热气球托起，并使它旋转上升。

高空中的强风

微风

　　乘坐热气球的时候，人们很难朝着一个特定的方向飞行，而且几乎无法回到出发地点。

热气球为什么能飞？

　　热气球能够飞行是由于气体密度的差异。某些气体加热后密度变小，比常温下的空气轻，热气球可以借助它们飞行。

伞阀

　　在大型热气球中，伞阀可以控制飞行的高度。

关闭
当伞阀关闭的时候，热空气被封闭在热气球中，从而使热气球上升。

打开
当伞阀打开的时候，热气球中的部分热空气泄漏，热气球下降。

百年灵热气球 3 号

　　1999 年，英国的布莱恩·琼斯和瑞士的贝特朗·皮卡尔乘坐百年灵热气球 3 号完成了无间断的环球飞行。这次旅程共花费 19 天 22 小时，在此期间，热气球实现了在以前无法达到的高度持续飞行。

当热气球中填充的空气密度低于周围空气密度的时候，热气球就会上升。

丙烷燃烧器给热气球里的空气加热，空气逐渐膨胀，同时密度也逐渐变小，浮力增加。

交通工具 11

AX 型热气球
丙烷燃烧器给热气球里的空气加热。

空气被加热后会逐渐膨胀，同时密度也逐渐变小。冷空气更重，会下降；热空气更轻，会上升。

AA 型气球
氦气

这种气球多用于无人操控的气象探测。它们通常填充的是氢气或氦气这两种轻气体。

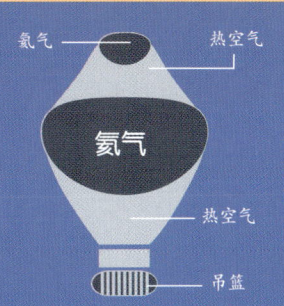

罗泽热气球
氦气 — 热空气
氦气
热空气
吊篮

这是一种同时填充氦气和热空气的热气球。利用这种热气球，人们可以进行更远距离和更高高度的飞行。

伞挡
一般热气球有 8 个或者 16 个伞挡，有的甚至多达 24 个伞挡。

压力、重量和高度
不同高度的大气层中的气体是不一样的。

高空：气体密度小，压力小
低空：气体密度大，压力大

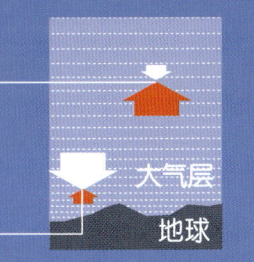

大气层
地球

1783
这一年，法国的孟格菲兄弟进行了首次热气球载人飞行。

防火布
有些热气球上面有用防火材料制成的防火布，这样可以防止热气球膨胀时尼龙材料着火。

球囊的底部张开，使燃烧器可以加热空气。

球囊
球囊由尼龙或涤纶制成，通常上面还覆盖着一层既轻又结实的聚氨酯（防止气体泄漏）。

燃烧器
通常用丙烷作燃料，就像野营时用的便携炉一样。

吊篮
驾驶员和乘客在此处就座。

它们是如何运转的

飞 艇

　　曾几何时，人们乘坐一种流线型的飞行器——飞艇，飞越大洋上空：坐在舒适的座椅上，周围摆放着精美的食物；夜晚在舒适的舱中休息，透过大大的窗口欣赏着海面上的每一寸美景……
　　这就是人类交通史上的飞艇时代！飞艇曾经是人类制造出的最大的飞行器。飞机出现之前，飞艇在空中连接着美洲和欧洲。20世纪30年代末，当更快、更安全而且成本更低的飞行器——飞机出现之后，飞艇短暂的黄金时代就终结了。然而，它的魅力和神秘感却从未消失。

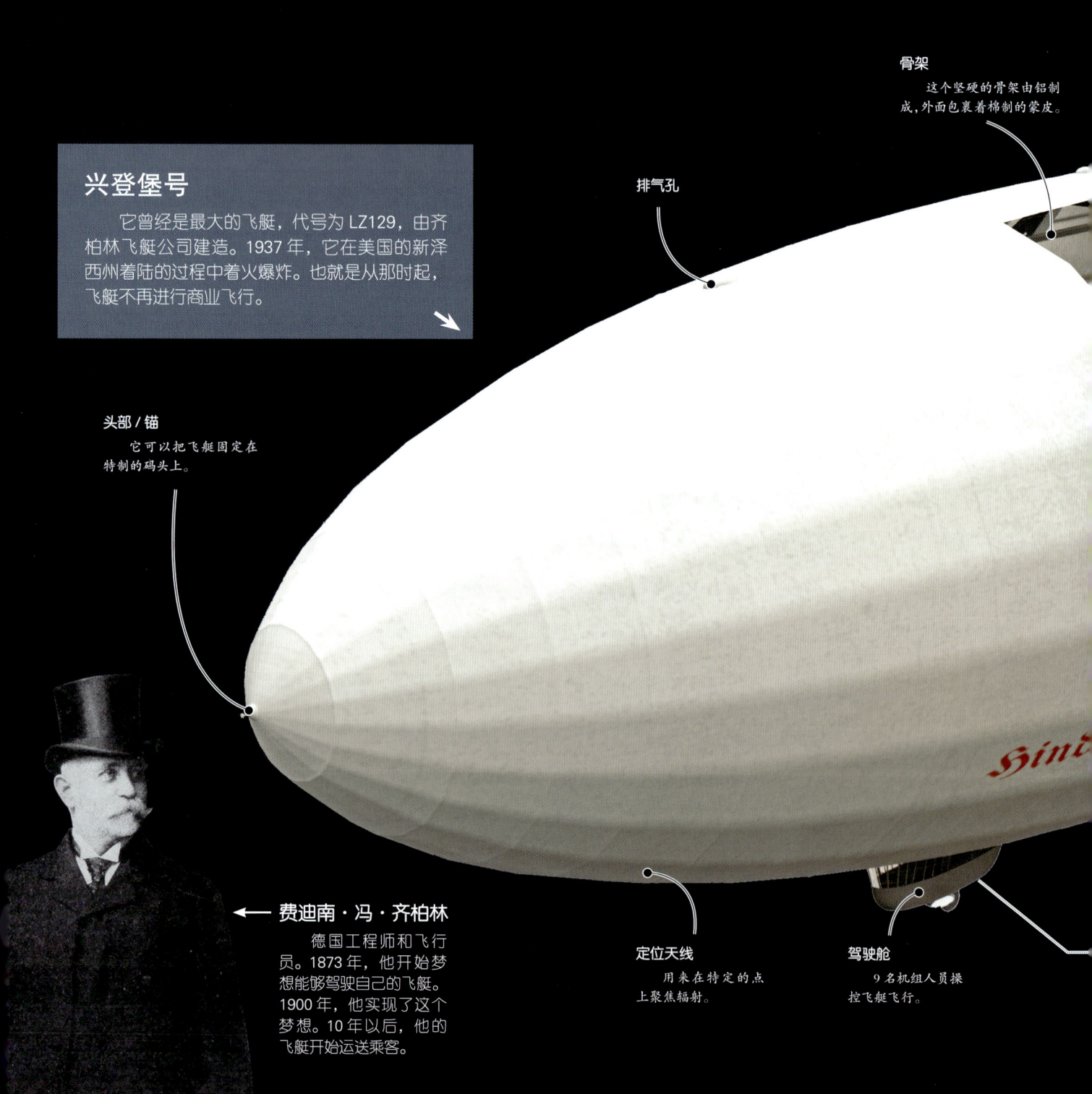

骨架
这个坚硬的骨架由铝制成，外面包裹着棉制的蒙皮。

排气孔

兴登堡号
它曾经是最大的飞艇，代号为LZ129，由齐柏林飞艇公司建造。1937年，它在美国的新泽西州着陆的过程中着火爆炸。也就是从那时起，飞艇不再进行商业飞行。

头部 / 锚
它可以把飞艇固定在特制的码头上。

← **费迪南·冯·齐柏林**
德国工程师和飞行员。1873年，他开始梦想能够驾驶自己的飞艇。1900年，他实现了这个梦想。10年以后，他的飞艇开始运送乘客。

定位天线
用来在特定的点上聚焦辐射。

驾驶舱
9名机组人员操控飞艇飞行。

交通工具 13

飞艇怎样飞行

飞行原理

飞艇利用气室内填充的氢气或氦气飞行。氢气和氦气都比空气轻，因此填充了这些气体的飞艇可以升空飞行。

气室中充满氢气，飞艇起飞。

它们利用柴油引擎控制水平方向飞行。

降落时，飞艇上的这个装置就会朝向地面，从而使飞艇的高度下降。

飞艇停靠时被固定在系留塔上。

气囊
14个气囊里存储着丙烷气（易燃），另外两个气囊里存储着氧气。

防护织物
由一种涂覆有氧化铁等物质的纺织物制成，这种涂层使其具有高度的密封性。

方向舵
用来掉转和提升飞艇的头部。

充气式着陆轮

引擎
它有4台引擎，每台引擎的功率达到1 200马力。

旅客活动区域

登舱舷梯

放大视图

吊舱

倾角仪
掌控升降舵的人以它为指导。

升降舵
用于控制飞艇的高度和水平度。

回转罗盘
这是指向地理北的罗盘。

方向舵
用于控制飞艇的方向。

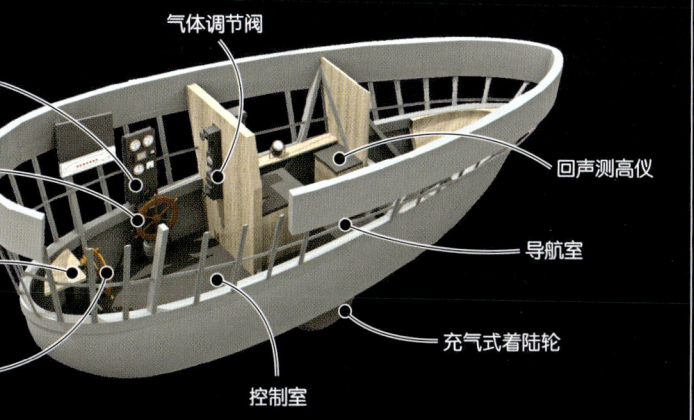

气体调节阀

回声测高仪

导航室

充气式着陆轮

控制室

它们是如何运转的

飞 机

　　飞机彻底地改变了世界各地人们的出行方式，它让人类千百年来看似无法实现的梦想变成了现实，人们终于可以在数小时内飞越地球。到了20世纪中期，大型飞机已经能够同时运送数以千计的旅客，并以相对低廉的成本为人们提供既舒适又安全的飞行体验。飞机是当今世界全球化的标志。我们很难计算出每天在世界各地飞行的飞机数量，不过毫无疑问，搭乘飞机的乘客数量非常多，而且还在不断地增加。

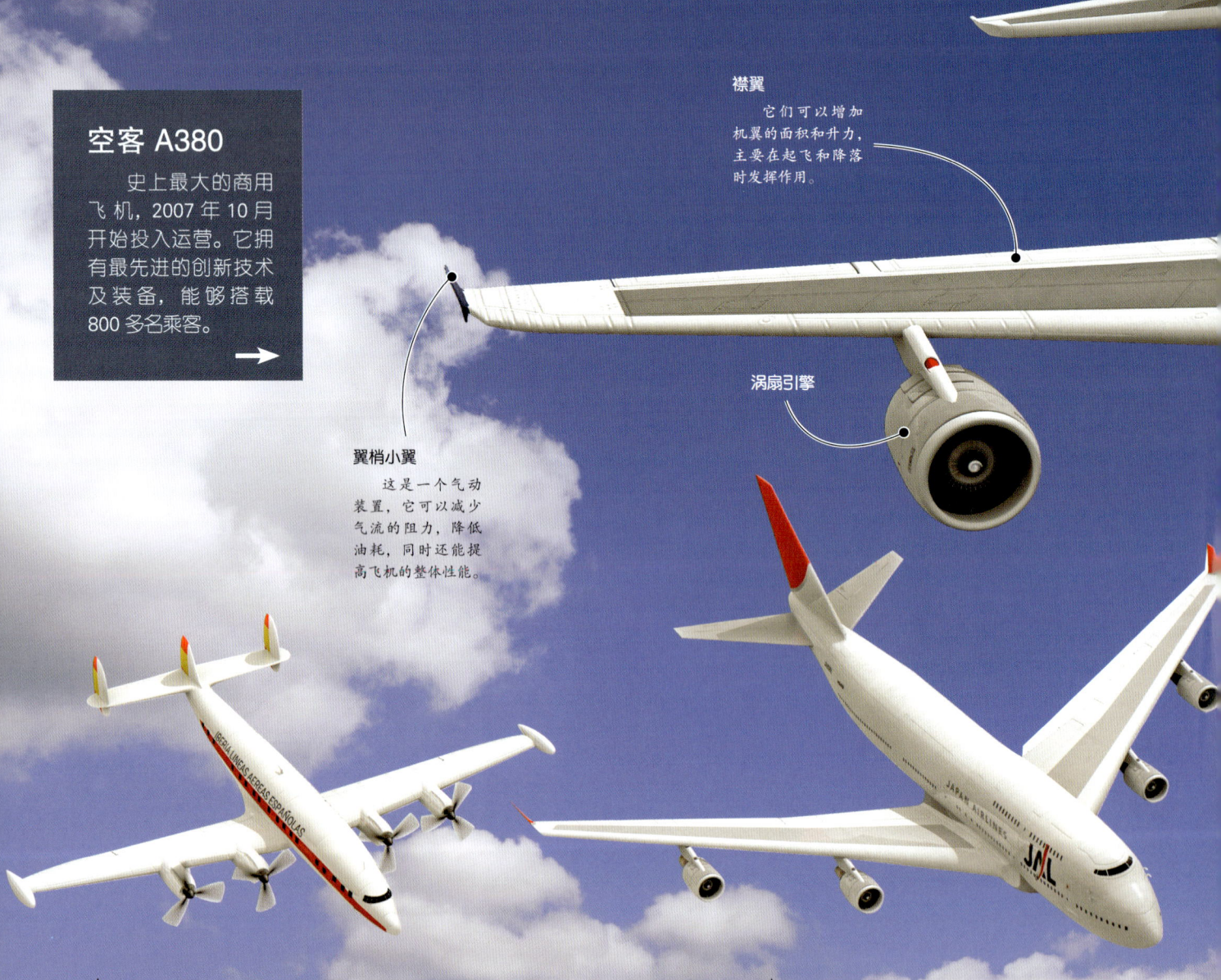

襟翼
它们可以增加机翼的面积和升力，主要在起飞和降落时发挥作用。

空客 A380
史上最大的商用飞机，2007年10月开始投入运营。它拥有最先进的创新技术及装备，能够搭载800多名乘客。
→

翼梢小翼
这是一个气动装置，它可以减少气流的阻力，降低油耗，同时还能提高飞机的整体性能。

涡扇引擎

↑ **超级飞机**
20世纪30年代出现的DC-3飞机是人类航空史上的一座里程碑。它拥有很高的安全标准、全新的导航辅助设备，并且史无前例地提高乘客的舒适度。

↑ **波音 747**
在空客A380出现前，波音747在将近40年的时间里，都是毋庸置疑的空中之王。波音747飞机能够为多达524名乘客提供舒适的座椅，它是喷气机时代的标志。

交通工具 15

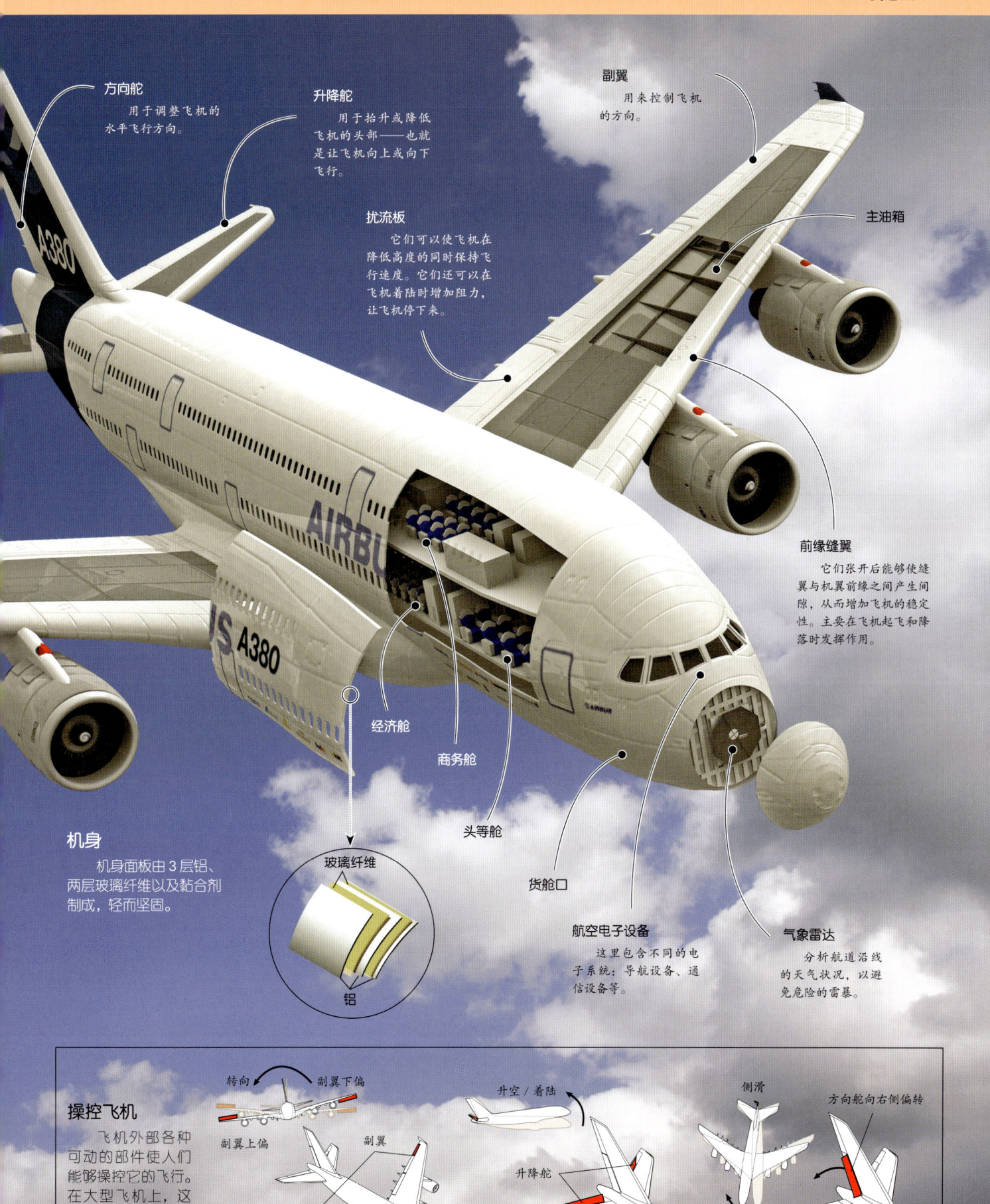

方向舵
用于调整飞机的水平飞行方向。

升降舵
用于抬升或降低飞机的头部——也就是让飞机向上或向下飞行。

扰流板
它们可以使飞机在降低高度的同时保持飞行速度。它们还可以在飞机着陆时增加阻力，让飞机停下来。

副翼
用来控制飞机的方向。

主油箱

前缘缝翼
它们张开后能够使缝翼与机翼前缘之间产生间隙，从而增加飞机的稳定性。主要在飞机起飞和降落时发挥作用。

经济舱

商务舱

头等舱

货舱口

航空电子设备
这里包含不同的电子系统：导航设备、通信设备等。

气象雷达
分析航道沿线的天气状况，以避免危险的雷暴。

机身
机身面板由3层铝、两层玻璃纤维以及黏合剂制成，轻而坚固。

玻璃纤维

铝

操控飞机
飞机外部各种可动的部件使人们能够操控它的飞行。在大型飞机上，这些系统是自动化的。

转向　副翼下偏

副翼上偏　副翼

升空／着陆

升降舵

侧滑　方向舵向右侧偏转

它们是如何运转的

直升机

　　直升机的历史最早可以追溯到 20 世纪初，然而直到 20 世纪 40 年代它才开始流行起来。飞行于世界各地天空中的直升机尚未成为一种大众化的交通工具，然而，它们在军事领域以及消防、搜寻和营救行动中找到了用武之地。受限于狭小的座椅空间，直升机能提供的服务比较有限，但它们可以在其他交通工具难以到达的地方为乘客提供服务。

尾撑

垂直尾翼

敏捷灵活的直升机

　　尽管直升机的承载量有限，但是它们的灵活性非常强。它们仅需要很小的空间就能够着陆或起飞，并且能够悬停在空中某一个特定的位置。有些直升机甚至可以倒退飞行。

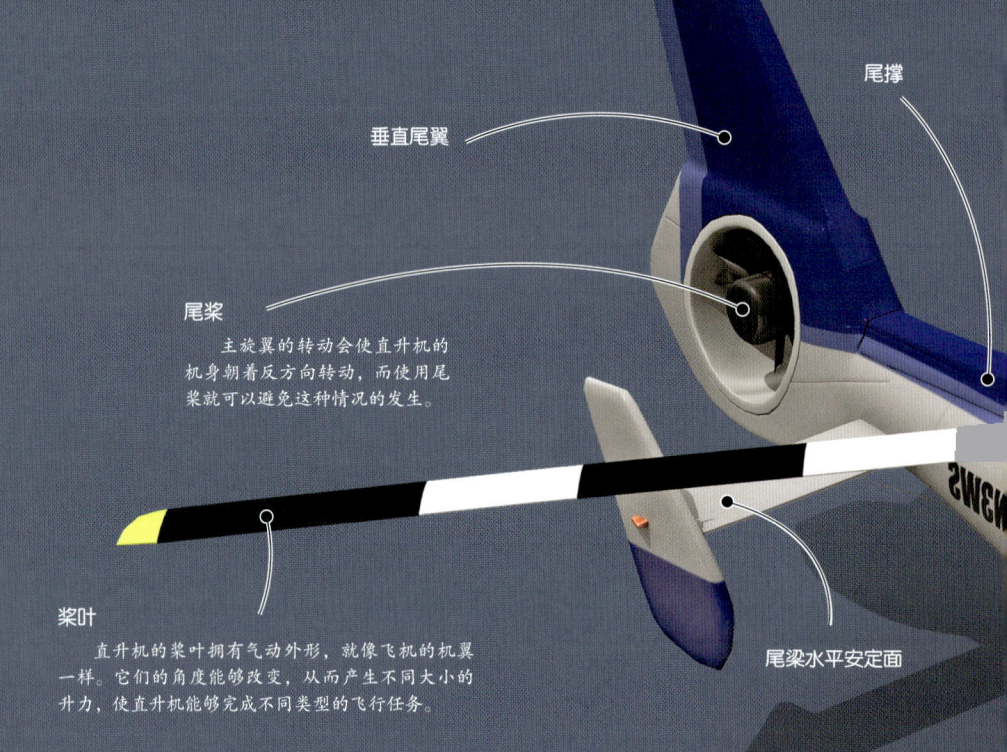

尾桨
　　主旋翼的转动会使直升机的机身朝着反方向转动，而使用尾桨就可以避免这种情况的发生。

桨叶
　　直升机的桨叶拥有气动外形，就像飞机的机翼一样。它们的角度能够改变，从而产生不同大小的升力，使直升机能够完成不同类型的飞行任务。

尾梁水平安定面

不同的构造

通常，传统直升机拥有一个主旋翼和一个尾桨，但也存在其他构造的直升机，例如以下几个类别。

↑共轴反转式
　　同一根轴上的两组桨叶朝相反的方向转动。它们也拥有很强的承载能力。相对于传统的直升机而言，它们的噪声较小，并且能够在相对狭窄的空间中飞行。

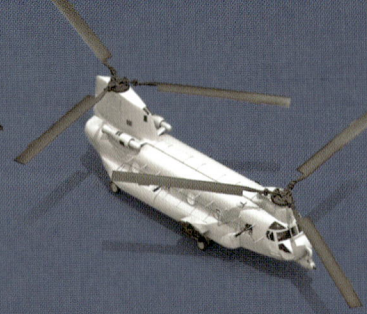

↑双旋翼纵列式
　　它们利用两组朝相反方向转动的螺旋桨来修正机身的转动。这种直升机通常用于交通运输和对地攻击中，因为它们拥有很强的承载能力。

↑无尾桨系统
　　这种直升机没有使用尾桨，而是利用喷气来修正机身的转动。这种方式不仅可以提高直升机的安全性，还能够有效地降低噪声。

交通工具 17

直升机为什么能飞？

飞机的升力与机翼的形状有关，直升机能够飞行依靠的也是同普通飞机一样的升力原理。直升机的升力来自于螺旋桨的旋转。

正常位置　增加升力　减小升力

桨叶的边缘和客机机翼是一样的。桨叶旋转时，空气流过桨叶，由此产生的升力使直升机起飞。

风　迎角　翼弦

← 先驱者的试验

尽管早在 15 世纪，莱昂纳多·达·芬奇就提出了旋翼机的构想，但是直到 1919 年，来自阿根廷的律师及工程师劳尔·帕特拉斯·佩斯卡拉才制造出了可飞行的直升机的雏形。

发动机排气口

主旋翼

客舱门

起落架
起落架能够用来在雪地或冰上着陆。

乘客座椅

机舱门

驾驶员座椅

前起落架

旋转倾转盘
它是直升机的一个重要部件。飞行员可以利用它来调整桨叶的倾斜角度，从而使直升机向前飞或是悬停。

仪表面板

机头

传感器
这个传感器用来测量大气压强，同时也用来记录高度以及水平或垂直方向的速度。

它们是如何运转的

汽　车

　　现在，世界各地的交通运输网络都离不开汽车。可是，你知道吗？汽车从发明到现在，仅有100多年的历史。1885年，卡尔·奔驰制造出了用内燃机驱动的三轮车。从那时起，不断发展的科技，持续不断地提升着汽车的各项性能和乘客乘坐的舒适度。而汽车的运行原理和驱动技术却趋于稳定，基本上没有改变。如今，全球有6亿到8亿辆汽车在路上行驶，为人们提供交通运输服务。汽车不仅改变了人类的出行方式，也渗透到人类文化的方方面面。

一个复杂的组合

　　现代汽车是由不同的系统组合而成的，包括机械系统、电子系统和液压系统。发动机将化学能转换为动能。人们可以通过转向和制动系统控制汽车。

气缸排列形式

直列
　　直列气缸发动机构造简单并且风冷效率高，但是它们占据的空间较大。

V型
　　性能和直列气缸发动机相似，但是V型发动机的体积更小，同样的空间内可以安装更多的气缸，从而加大动力。

↑经典之作
　　大众甲壳虫（上图）和福特 Model A 一直是非常畅销的两款汽车。

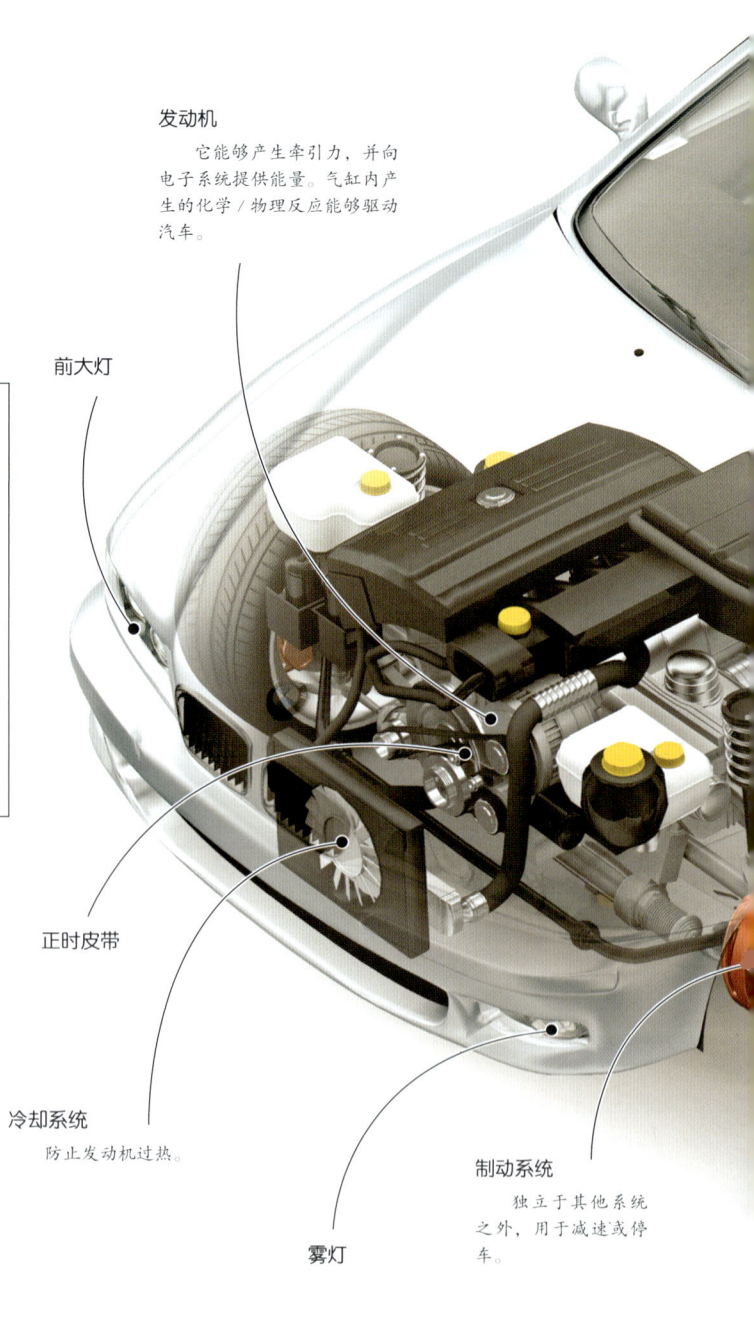

发动机
　　它能够产生牵引力，并向电子系统提供能量。气缸内产生的化学／物理反应能够驱动汽车。

前大灯

正时皮带

冷却系统
　　防止发动机过热。

雾灯

制动系统
　　独立于其他系统之外，用于减速或停车。

交通工具 19

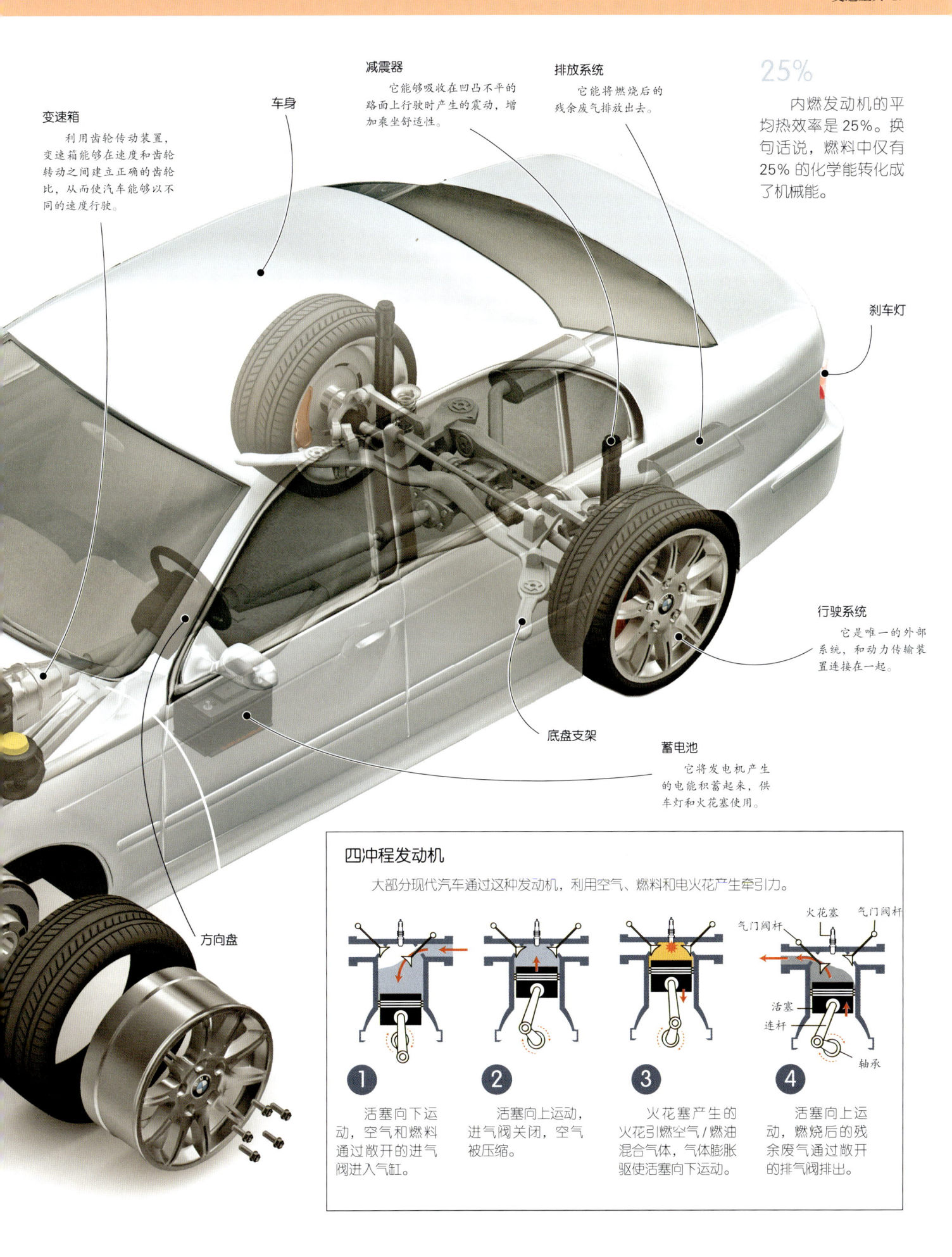

变速箱
利用齿轮传动装置，变速箱能够在速度和齿轮转动之间建立正确的齿轮比，从而使汽车能够以不同的速度行驶。

车身

减震器
它能够吸收在凹凸不平的路面上行驶时产生的震动，增加乘坐舒适性。

排放系统
它能将燃烧后的残余废气排放出去。

25%
内燃发动机的平均热效率是25%。换句话说，燃料中仅有25%的化学能转化成了机械能。

刹车灯

行驶系统
它是唯一的外部系统，和动力传输装置连接在一起。

底盘支架

蓄电池
它将发电机产生的电能积蓄起来，供车灯和火花塞使用。

方向盘

四冲程发动机
大部分现代汽车通过这种发动机，利用空气、燃料和电火花产生牵引力。

火花塞
气门阀杆
活塞
连杆
轴承

1 活塞向下运动，空气和燃料通过敞开的进气阀进入气缸。

2 活塞向上运动，进气阀关闭，空气被压缩。

3 火花塞产生的火花引燃空气/燃油混合气体，气体膨胀驱使活塞向下运动。

4 活塞向上运动，燃烧后的残余废气通过敞开的排气阀排出。

它们是如何运转的

高速铁路

要想让火车达到每小时 300 千米以上的速度，不仅需要强大的发动机和气动外形设计，而且需要重新设计一套安全性更高的轨道。除此之外，高速铁路系统还要求用铁丝网或是路堤把轨道完全围护起来，以防止人或动物进入。中国已建成的高速轨道网络超过 20 000 千米，成为世界上高速铁路发展的佼佼者。日本、西班牙和法国紧随其后。

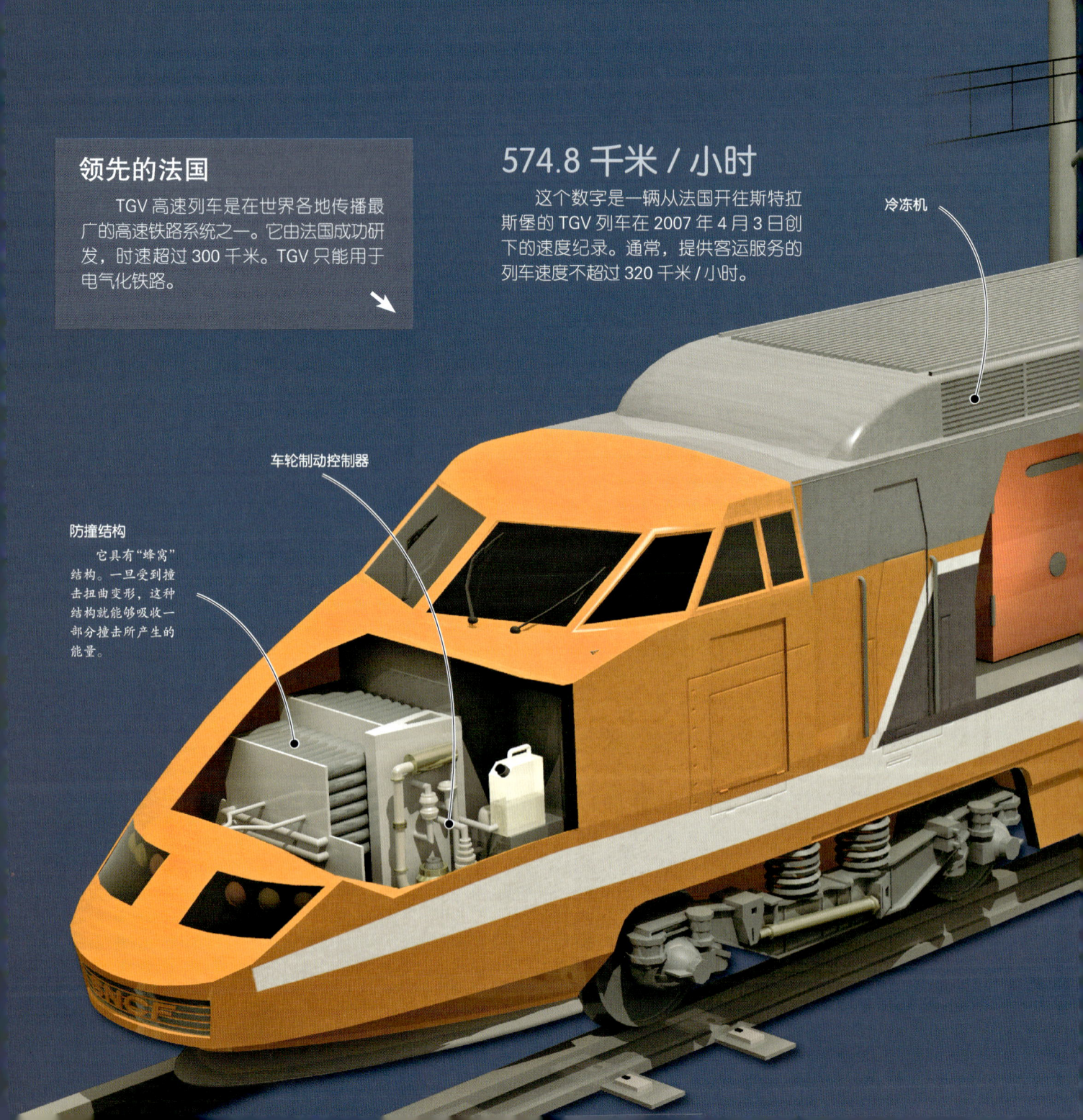

领先的法国
TGV 高速列车是在世界各地传播最广的高速铁路系统之一。它由法国成功研发，时速超过 300 千米。TGV 只能用于电气化铁路。

574.8 千米 / 小时
这个数字是一辆从法国开往斯特拉斯堡的 TGV 列车在 2007 年 4 月 3 日创下的速度纪录。通常，提供客运服务的列车速度不超过 320 千米/小时。

冷冻机

车轮制动控制器

防撞结构
它具有"蜂窝"结构。一旦受到撞击扭曲变形，这种结构就能够吸收一部分撞击所产生的能量。

交通工具 21

一个转向架，两节车厢
在传统的火车上，每一节车厢都安装有一个转向架，而高速列车是车厢之间共用转向架；这种设计能够降低在一节车厢出轨的情况下剩余车厢发生翻转的可能性。

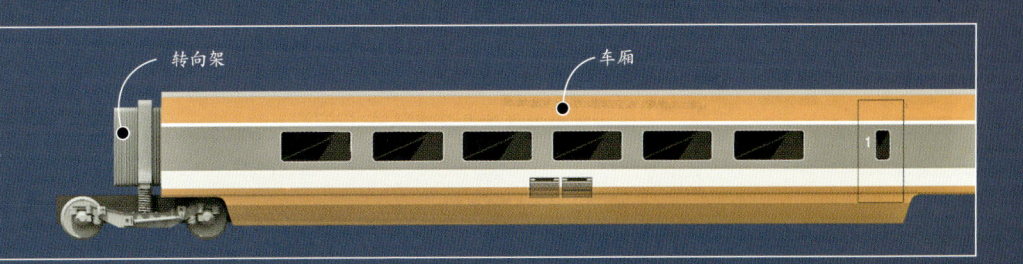

转向架　　车厢

用于25 000伏的受电弓
受电弓展开后，能够把电从高压电缆传输到特制的高速列车电线上。

用于1 500伏的受电弓
它用于电压较低的老式电线上。

牵引机

高压绝缘电缆
这种电缆把电从受电弓传送到贯穿列车顶部的发动机上。

主压缩机
它将气压缩，以用于制动系统。它通常把空气压缩到大气压强的8倍或9倍。

工具箱

电池盒

主变压器
它能够将从高压电线中获取的电能转换成列车发动机所需的电能（从25 000伏转换为1 500伏）。

驾驶室空调系统

↑ TGV
上图为法国阿维尼翁TGV火车站的TGV高速列车。

它们是如何运转的

自行车

自行车这种两轮的交通工具，不仅健康、环保、经济，还非常高效！自行车可以把骑车人传到脚蹬上的能量传送到车轮，是非常有效率的交通工具。自行车因为能够将环保和健康生活融为一体，所以受到越来越多人的喜爱。自行车是绿色交通工具的代表，它能够有效地解决大城市的交通拥堵问题，在新世纪，这一功能使自行车在交通工具中的地位正发生深刻的变化。

伟大的构想

自19世纪自行车被发明以来，它经历了迅速的发展，却仍然保持着最早期自行车的基本构想和设计。

坐垫

上管

坐杆管

后刹车

后上叉

后下叉

立管

飞轮
自行车上可以有不止一个飞轮。它们能够传递骑车人的能量，并把这种能量从链条传递到车轮。

辐条
它们把车圈和轮毂连接在一起，增加了车轮的结构刚性，而增加的重量可以忽略不计。

后变速器
它能保持链条的张力。

链条
它把前齿盘和后齿盘连在一起，从而驱动后轮转动。

曲柄

脚蹬

↓飞速发展

自行车很早就已经发展完善。从最早期的简单设计到现在的各式各样，自行车虽然外形五花八门，但构造上只有很小的改善。

1818年，德国人卡尔·德莱斯发明了老式脚踏车，它利用双脚蹬地行驶。

1839年，柯克帕特里克·麦克米伦在老式脚踏车上安装了连杆，用来驱动后轮。

1860年，皮埃尔·米肖在前轮上安装了脚蹬。

1870年，出现了"高轮自行车"，也就是前轮大后轮小的自行车。它的行驶速度很快，但是不稳当。

交通工具 23

齿盘如何运转？

大多数自行车的前齿盘有 48 个齿。前齿盘完整地转动一圈能够推动链条上的 48 个链节。

① 当在平地上骑车时，最好用 12 齿的后齿盘（大齿比）。

② 前齿盘转动 1/4 圈，带动后齿盘转动一圈。

③ 当骑车爬坡时，最好用 24 齿的后齿盘（低齿比）。

④ 前齿盘转动半圈，带动后齿盘转动一圈。在骑车人没有加力的情况下，车轮的扭力加倍。但是骑车人踩一圈，车轮前进的距离减半。

变速器调节杆
利用变速器来改变车速的快慢。

把套

刹把
骑车人通过刹把控制刹车。刹车通过连杆和刹车线、刹车夹对轮圈施力，从而实现制动。

刹车线

车把
骑车人利用车把改变前轮的方向，从而控制自行车的行驶方向。

车把立杆

前刹车
和后刹车一样作用于轮胎。它利用刹车线和刹车夹来实现制动。骑车人通过刹把来控制它。

下管

车圈
胎面安装在这个金属车圈上。

前变速器

胎面
胎面上的纹路可以增大与地面的摩擦，从而增加抓地力。

齿盘

前叉
它把前轮和车把连在一起，有的型号还带有减震器。

快拆杆

气嘴

1885 年，约翰·斯坦利设计出了有脚蹬、链条、刹车并且前后轮大小相同的自行车。

1890 年，邓洛普发明了充气内胎，并把它运用在了自行车上。

1896 年，飞轮轴承被发明了出来，它应用在自行车上，使骑车人在不蹬脚蹬的时候，轮子也能保持转动。

1960 年，第一辆公路自行车进入市场。

1970 年，山地自行车问世。

它们是如何运转的

轮　船

　　尽管飞机已经取代了轮船成为在大洋之间运送旅客的主要方式，但轮船依旧在短距离运输乘客方面发挥着重要作用。如今，成千上万艘大小各异的渡轮等船只，不断地在河流和海洋中航行。在第二次世界大战前，那些横渡大西洋的游轮曾经盛极一时，如今它们已经变成了漂浮的巨型"豪华宾馆"，供人们旅游和消遣。它们也有了新的名字：现代游轮。

一座漂浮的城市
　　2004年，长达345米的皇家玛丽二号首航，它是横渡大西洋的最大游轮，也是当时世界上第三大豪华游轮。它可以搭载2 620名乘客和1 253名船员。

驾驶室
　　这里负责操控轮船以及指挥所有的船上活动。

高科技
　　现代巨轮拥有复杂的导航和通信系统，包括雷达、全球定位系统（GPS）以及许多自动化操作系统。

船体
　　船体是中空结构，由钢板焊接而成。它的内部被分隔成许多舱室。

船漂浮的原理
　　船舶在水面上能够漂浮，是因为它所受到的重力与浮力保持平衡。船在吃水线以下的部分排开的水所形成的浮力足以与船自身的重力平衡，所以船就能够漂浮起来。

水的力量将船托起来　　水

交通工具 25

怎样让船行驶？

如何让船在水上高效地行驶，是水手们最关心的问题。这里总结了驱动船只行驶的主要方法。

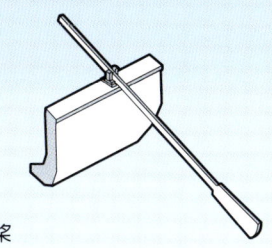

桨
桨是最原始的推动船行驶的方法之一。它依靠人来提供能量。

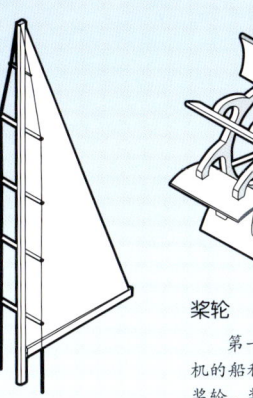

帆
帆是另一种原始的驱动船的方式，它利用风的力量推动船只前行。有经验的水手能够驾驶船逆风行驶。

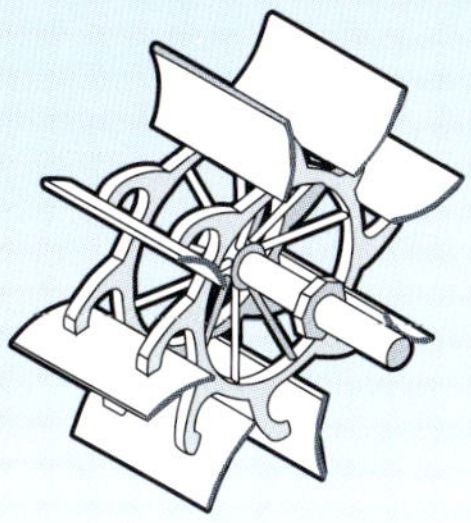

桨轮
第一艘装有机械发动机的船利用蒸汽动力推动桨轮。桨轮通常一半在水里，一半在水上。

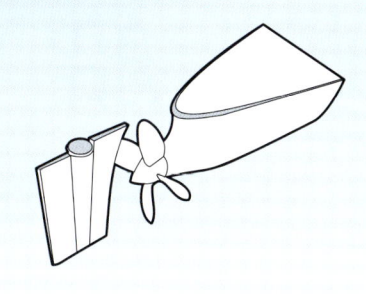

螺旋桨
现代轮船使用的是完全浸在水中的螺旋桨。螺旋桨的效率比桨轮高很多。

娱乐活动
船上有高尔夫球场、网球场、篮球场和一个2 325平方米的健身房，以及5个游泳池、一个博物馆、一个夜总会和14个酒吧。除此之外，还有一个赌场、一个电影院、一个剧场和一个礼堂。

362 米

当今世界上最大的载客船之一是一艘长达362米、宽60米的游轮。它被命名为"海洋魅力号"，能够搭载多达6 400名乘客。

舱房
在总计1 310间舱房中，920间是海景房，293间是内舱房，97间是豪华套房。舱房的大小从18平方米到290平方米不等。

救生艇
它们被放在高出吃水线25米的地方，这样可以防止被海浪损坏。

吃水线

螺旋桨

❶ 发动机提供能量使螺旋桨旋转。

叶片

❷ 水的反作用力推动船只向前。

❸ 水被推向船后。

它们是如何运转的

帆　船

尽管我们无从知晓是谁最先想到利用风力来驱动船只在水中行驶，然而这个发明大大地加速了人类探索世界的进程，人类社会也由此进入了新的发展阶段。相对于早期利用人力驱动的船只来说，帆船是一个巨大的进步。在蒸汽船盛行之前，帆船除了用于探险，还曾经在商品贸易和战争中发挥作用。如今，帆船早期使用的蒸汽发动机已经被电动发动机替代。

卡拉维尔帆船

这是一艘典型的帆船。在15世纪至17世纪，这种船在大西洋上最为常见。1492年，西班牙人就是驾驶着卡拉维尔帆船探寻已知大陆之外的新世界。从某种意义上说，这种轻快的帆船是人们实现从港口到港口的沿海航行向深海航行的重要转变点。

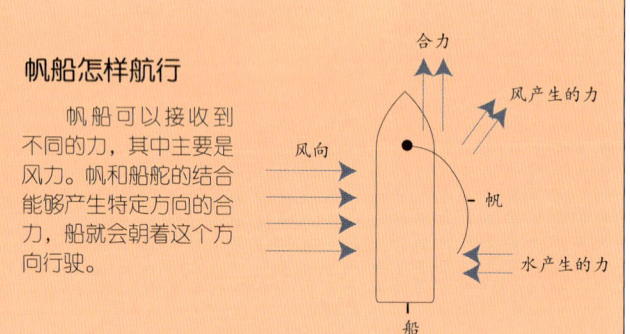

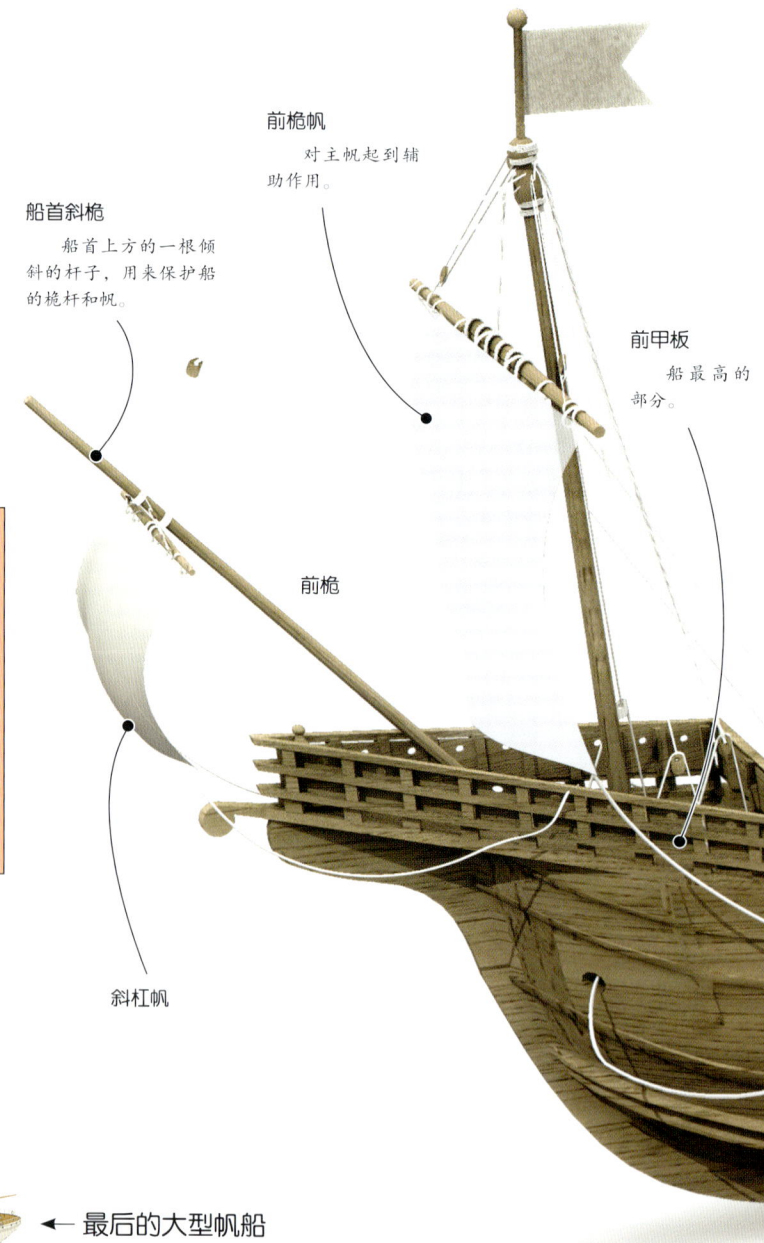

帆船怎样航行

帆船可以接收到不同的力，其中主要是风力。帆和船舵的结合能够产生特定方向的合力，船就会朝着这个方向行驶。

前樯帆
对主帆起到辅助作用。

船首斜樯
船首上方的一根倾斜的杆子，用来保护船的樯杆和帆。

前甲板
船最高的部分。

前樯

斜杠帆

← **最后的大型帆船**

在1914年巴拿马运河开通之前，南美洲最南端的合恩角是贸易航线上重要的途经地。为了更好地在那里恶劣的航海环境中航行，欧洲的船运公司建造了更大型的帆船，它们拥有超大的排水量和多达6根樯杆。

交通工具 27

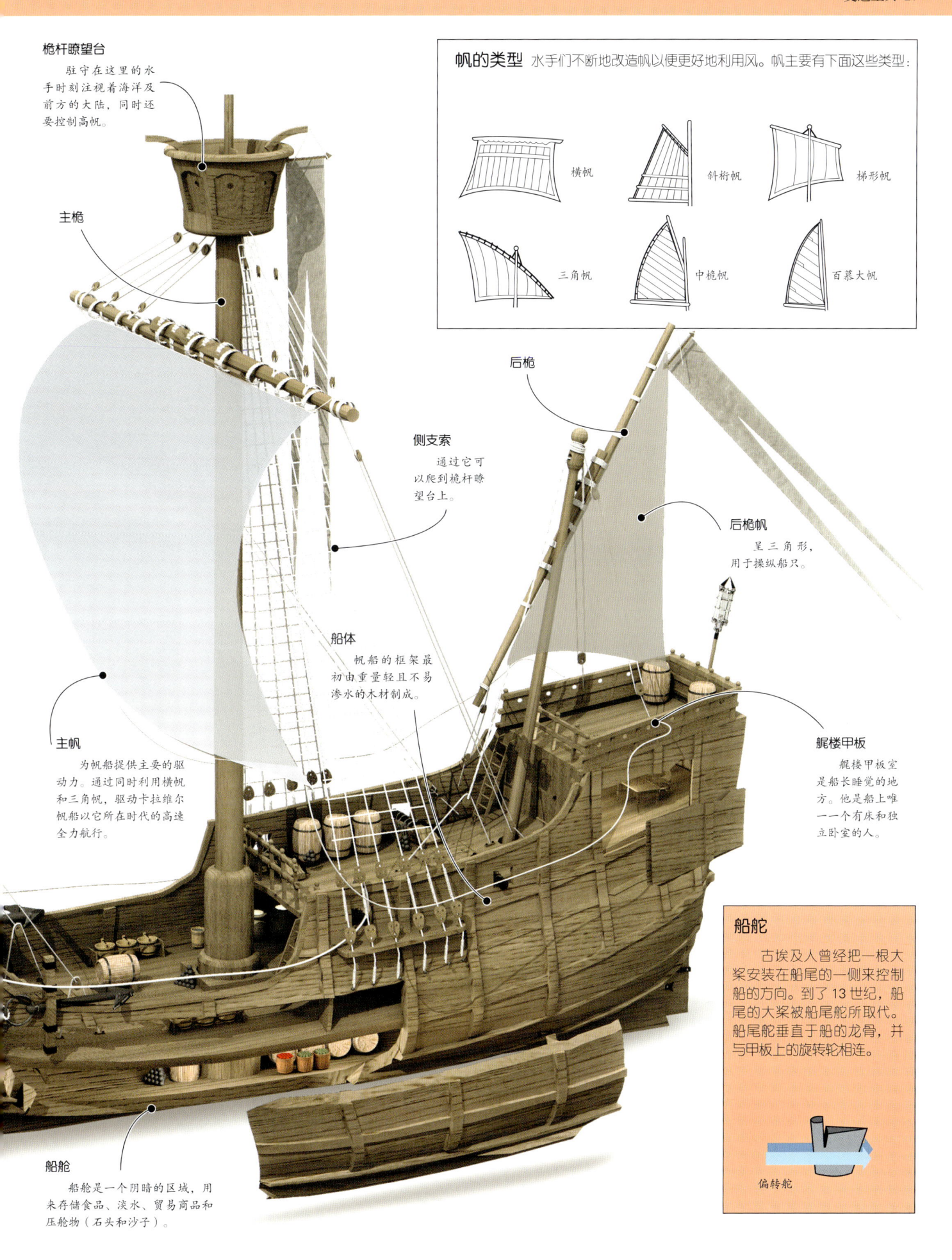

桅杆瞭望台
驻守在这里的水手时刻注视着海洋及前方的大陆，同时还要控制高帆。

主桅

帆的类型 水手们不断地改造帆以便更好地利用风。帆主要有下面这些类型：

横帆　　斜桁帆　　梯形帆

三角帆　　中桅帆　　百慕大帆

后桅

侧支索
通过它可以爬到桅杆瞭望台上。

后桅帆
呈三角形，用于操纵船只。

船体
帆船的框架最初由重量轻且不易渗水的木材制成。

主帆
为帆船提供主要的驱动力。通过同时利用横帆和三角帆，驱动卡拉维尔帆船以它所在时代的高速全力全力航行。

艉楼甲板
艉楼甲板室是船长睡觉的地方。他是船上唯一一个有床和独立卧室的人。

船舱
船舱是一个阴暗的区域，用来存储食品、淡水、贸易商品和压舱物（石头和沙子）。

船舵
古埃及人曾经把一根大桨安装在船尾的一侧来控制船的方向。到了13世纪，船尾的大桨被船尾舵所取代。船尾舵垂直于船的龙骨，并与甲板上的旋转轮相连。

偏转舵

它们是如何运转的

气垫船

到了 20 世纪 60 年代，人类似乎已经发明出了所有可能的水上运输乘客和物资的交通工具。尽管如此，英国人还是发明了一种新的水上运输工具——气垫船，利用漂浮在海面上的气垫运送人和物资。这种独具特色的水上交通工具能在两个小时内横穿英吉利海峡。气垫船能够适应几乎所有恶劣的地形，无论是陆路、水路还是沼泽地，它们都能通过。50 年前是气垫船的黄金年代，如今它们仍然在险峻的地形中运送乘客。

客舱
尽管气垫船上有大量空间可以用来搭载乘客，但是乘客们却非常容易受到风扇噪声的困扰。

雷达
它用来侦测沿途的障碍物。

驾驶舱

几乎悬空
大功率鼓风机使气垫船可以漂浮起来，减小航行阻力。因此，它看起来是一艘船，但也被视作是一种飞行器。

↑ **现代气垫船**
尽管气垫船已经不再用于横渡英吉利海峡，但它们的身影仍然活跃在恶劣的地形中，例如阿拉斯加、印度和挪威的沼泽地。此外，它们还被用于军事和海岸防卫中。

围裙
它具有柔韧性，并且能够防止船底空气外溢，从而使气垫更好地发挥作用。

交通工具 29

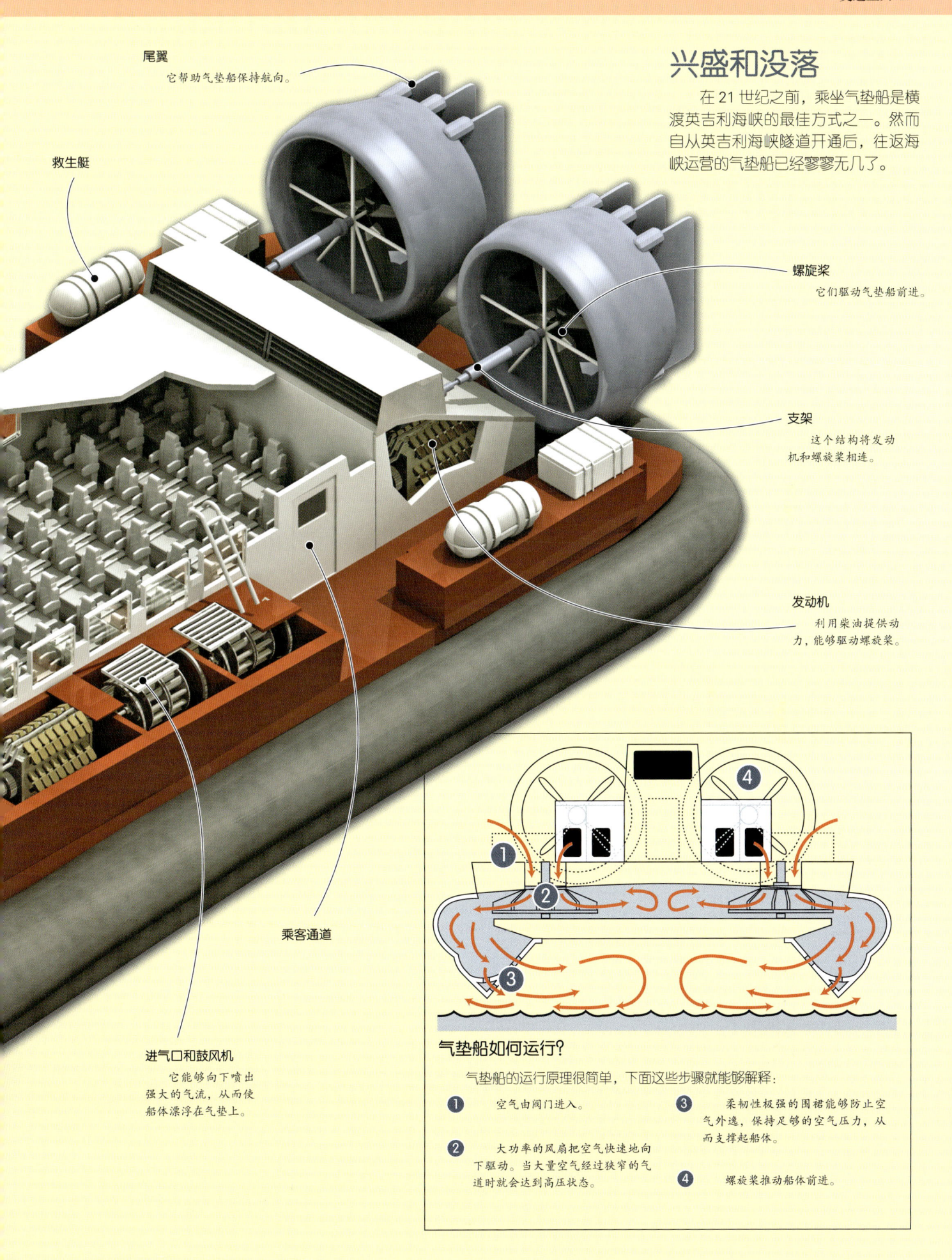

兴盛和没落

在 21 世纪之前，乘坐气垫船是横渡英吉利海峡的最佳方式之一。然而自从英吉利海峡隧道开通后，往返海峡运营的气垫船已经寥寥无几了。

尾翼
它帮助气垫船保持航向。

救生艇

螺旋桨
它们驱动气垫船前进。

支架
这个结构将发动机和螺旋桨相连。

发动机
利用柴油提供动力，能够驱动螺旋桨。

乘客通道

进气口和鼓风机
它能够向下喷出强大的气流，从而使船体漂浮在气垫上。

气垫船如何运行？

气垫船的运行原理很简单，下面这些步骤就能够解释：

① 空气由阀门进入。

② 大功率的风扇把空气快速地向下驱动。当大量空气经过狭窄的气道时就会达到高压状态。

③ 柔韧性极强的围裙能够防止空气外逸，保持足够的空气压力，从而支撑起船体。

④ 螺旋桨推动船体前进。

它们是如何运转的

缆　车

　　运输的低速度和运行的高难度，使缆车具备了特殊的能力：无论是陡峭的地形还是难以逾越的障碍，索道缆车都能够克服。这个特殊的能力使它们成了大型交通系统中的重要工具。缆车是高山地形中至关重要的交通方式，有的缆车还以它们悠久的历史和穿越的美景而闻名。缆车所带来的独特旅行体验使它们成了旅游观光的标志。

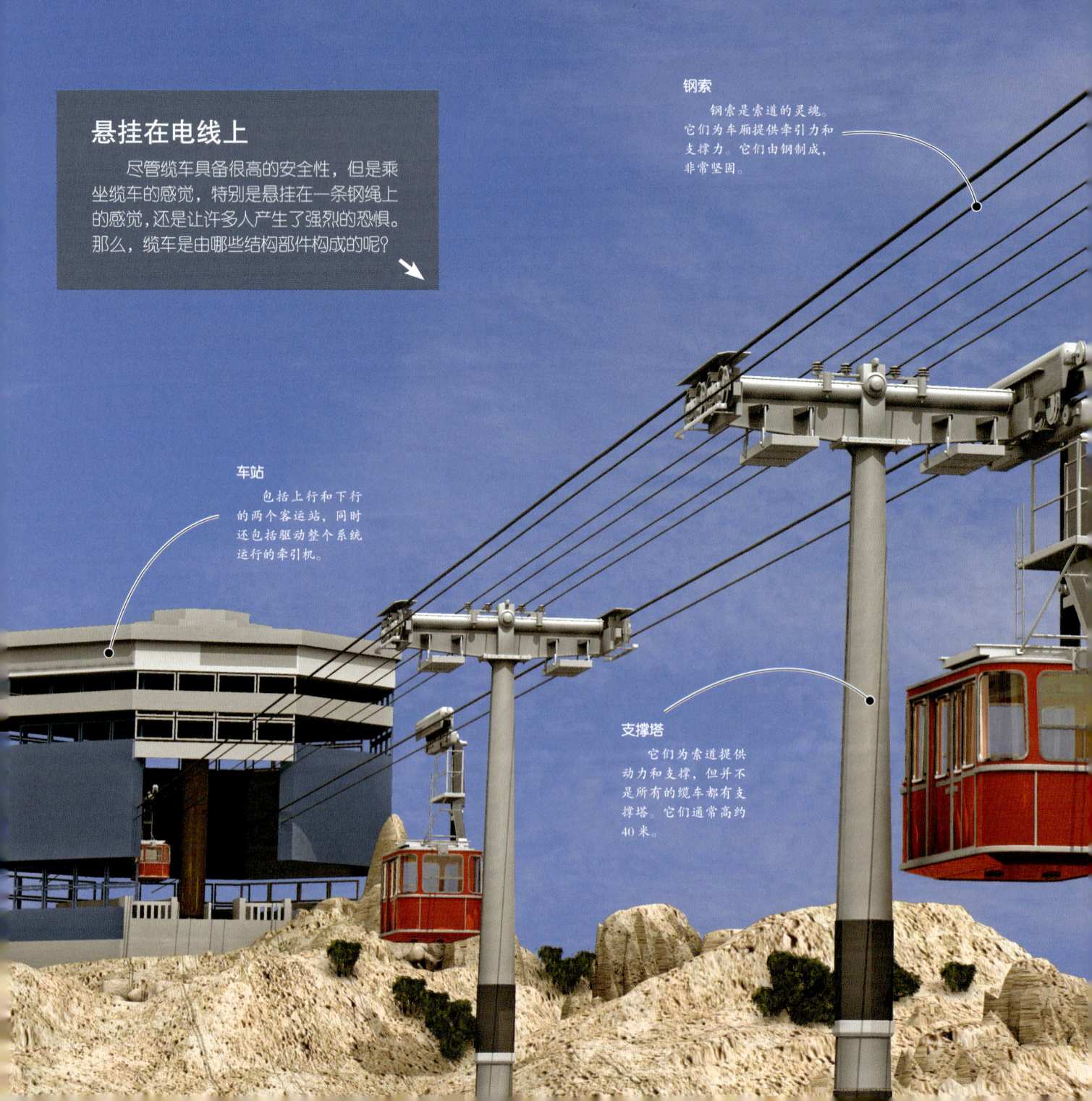

悬挂在电线上

　　尽管缆车具备很高的安全性，但是乘坐缆车的感觉，特别是悬挂在一条钢绳上的感觉，还是让许多人产生了强烈的恐惧。那么，缆车是由哪些结构部件构成的呢？

钢索
钢索是索道的灵魂。它们为车厢提供牵引力和支撑力。它们由钢制成，非常坚固。

车站
包括上行和下行的两个客运站，同时还包括驱动整个系统运行的牵引机。

支撑塔
它们为索道提供动力和支撑，但并不是所有的缆车都有支撑塔。它们通常高约40米。

交通工具 31

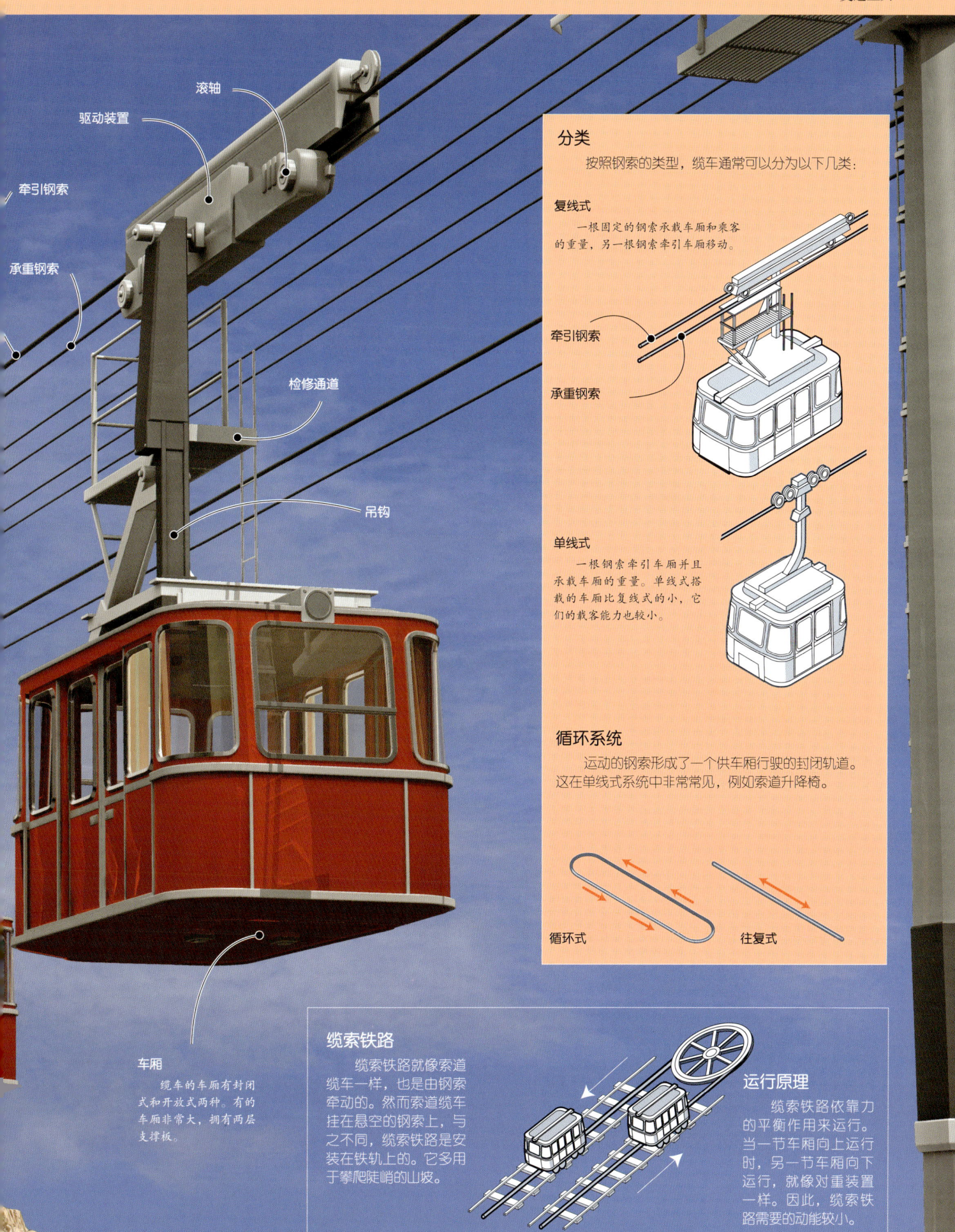

驱动装置
滚轴
牵引钢索
承重钢索
检修通道
吊钩
车厢
缆车的车厢有封闭式和开放式两种。有的车厢非常大，拥有两层支撑板。

分类

按照钢索的类型，缆车通常可以分为以下几类：

复线式
一根固定的钢索承载车厢和乘客的重量，另一根钢索牵引车厢移动。

牵引钢索
承重钢索

单线式
一根钢索牵引车厢并且承载车厢的重量。单线式搭载的车厢比复线式的小，它们的载客能力也较小。

循环系统

运动的钢索形成了一个供车厢行驶的封闭轨道。这在单线式系统中非常常见，例如索道升降椅。

循环式　**往复式**

缆索铁路

缆索铁路就像索道缆车一样，也是由钢索牵动的。然而索道缆车挂在悬空的钢索上，与之不同，缆索铁路是安装在铁轨上的。它多用于攀爬陡峭的山坡。

运行原理
缆索铁路依靠力的平衡作用来运行。当一节车厢向上运行时，另一节车厢向下运行，就像对重装置一样。因此，缆索铁路需要的动能较小。

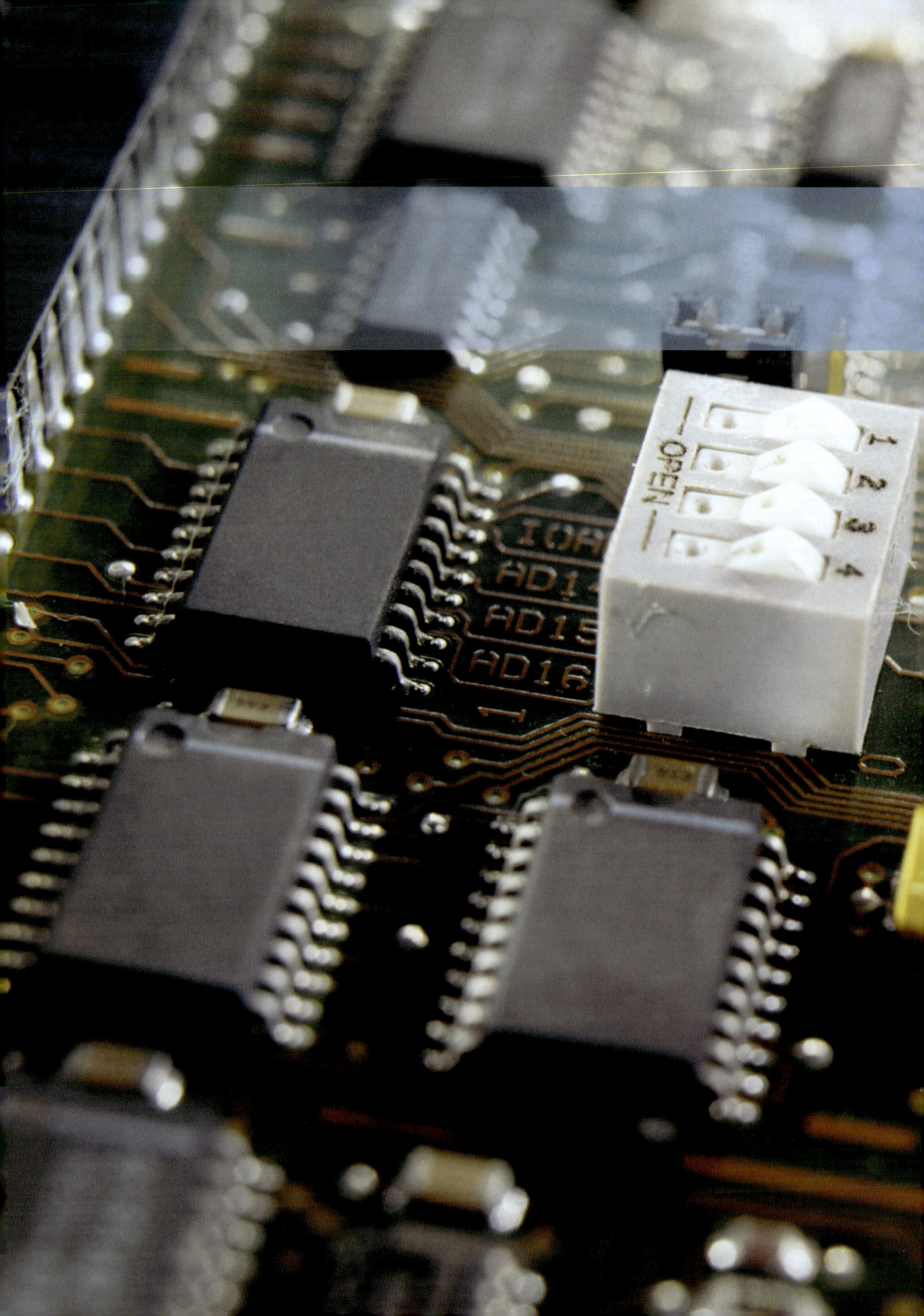
OPEN
1
2
3
4
AD15
AD16

生活中的科技

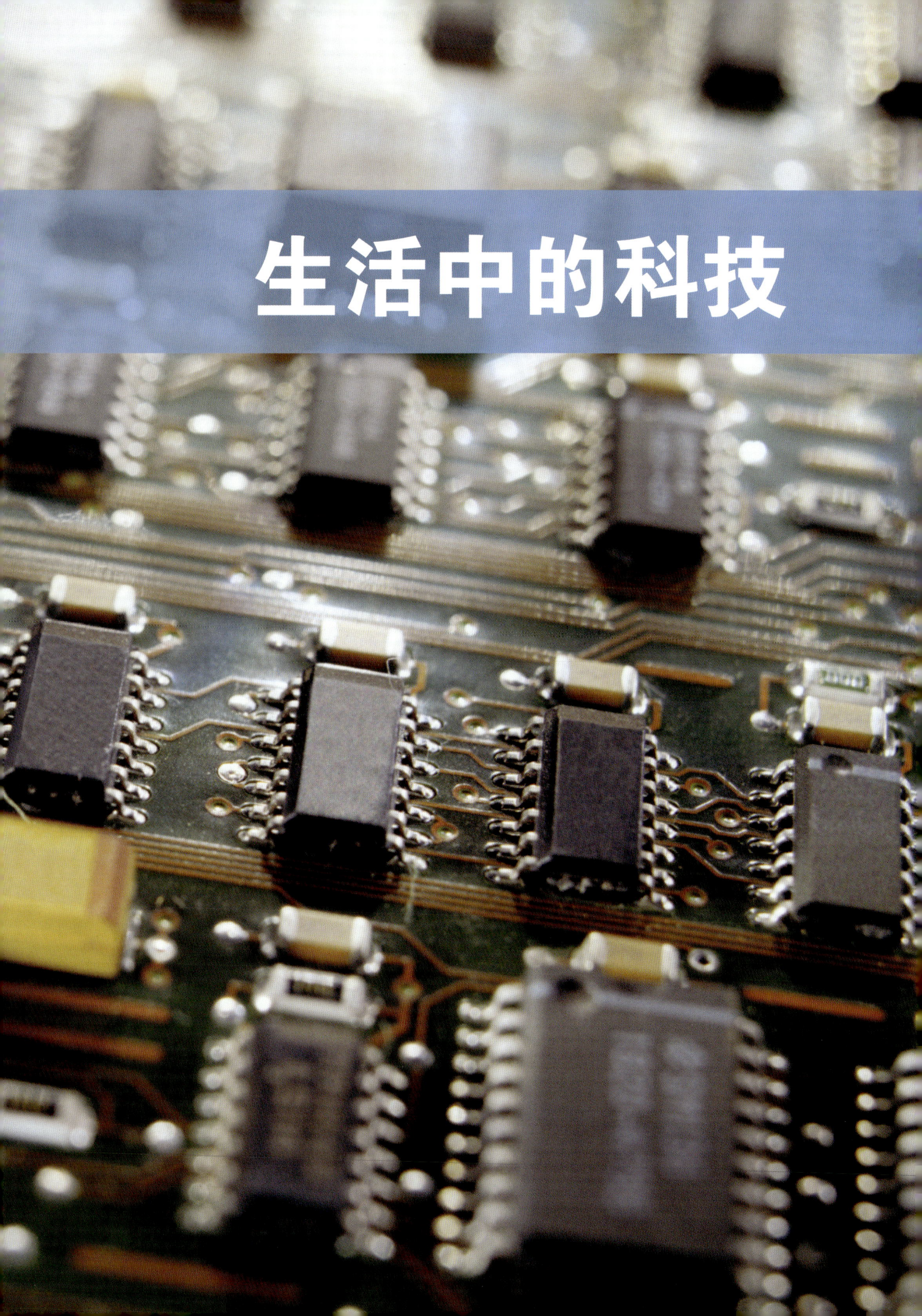

它们是如何运转的

微型芯片

尽管微型芯片（或称集成电路）很小，但它却是计算机系统的"大脑"。这个智能芯片能够使计算机的所有部分协调工作。从最早的微型芯片出现到现在，它的容量一直呈指数级增长，而它的体积却缩小到了微观的大小。现在，科学家们正致力于在分子尺度上推动微型芯片装置的进一步发展，这项研究将会把计算机的潜能带到一个今天的我们难以想象的新高度。

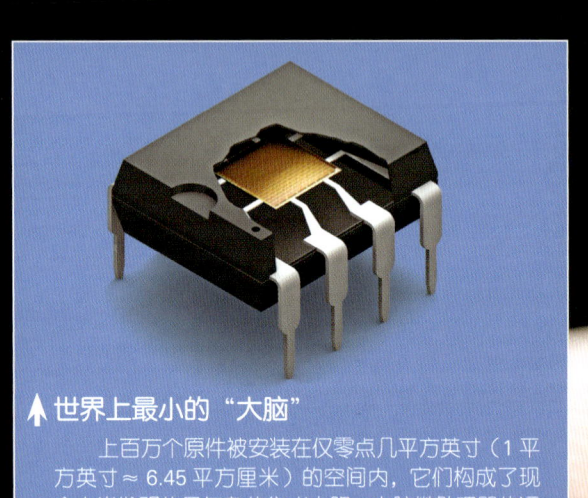

6 000

英特尔 4004 处理器每秒能够完成 6 000 次计算，它被认为是世界上第一个商用微处理器。

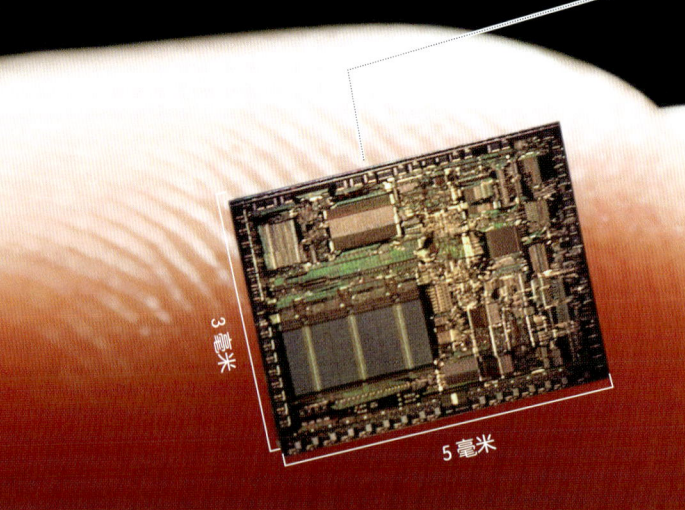

↑ 世界上最小的"大脑"

上百万个原件被安装在仅零点几平方英寸（1 平方英寸 ≈ 6.45 平方厘米）的空间内，它们构成了现今人类发明的最复杂的集成电路。电脑微处理器的运作以"逻辑门"为基础，以数字"1"和"0"编写成的长序列作为指令"语言"。

3 毫米

5 毫米

晶体管的功能

尽管蚀刻在晶体硅上的晶体管体积微小，但它却是非常高效的半导体设备。它就像一个电子开关，能够根据不同的电信号实现自我激活或关闭。

激活的电路

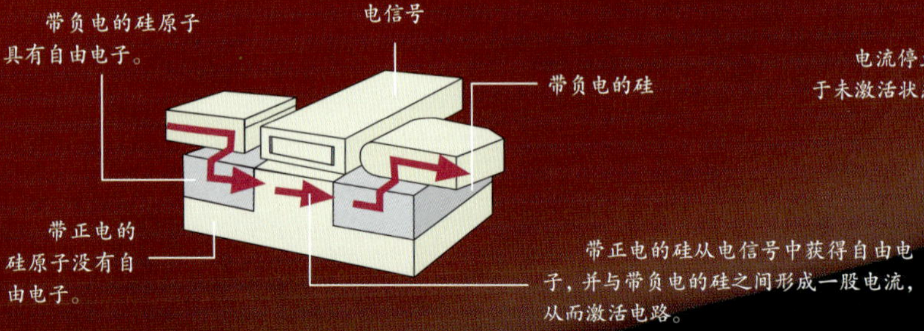

带负电的硅原子具有自由电子。

电信号

带负电的硅

带正电的硅原子没有自由电子。

带正电的硅从电信号中获得自由电子，并与带负电的硅之间形成一股电流，从而激活电路。

未激活的电路

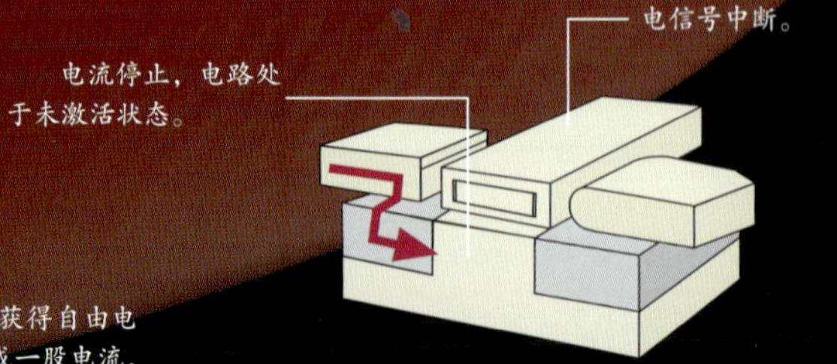

电信号中断。

电流停止，电路处于未激活状态。

生活中的科技 35

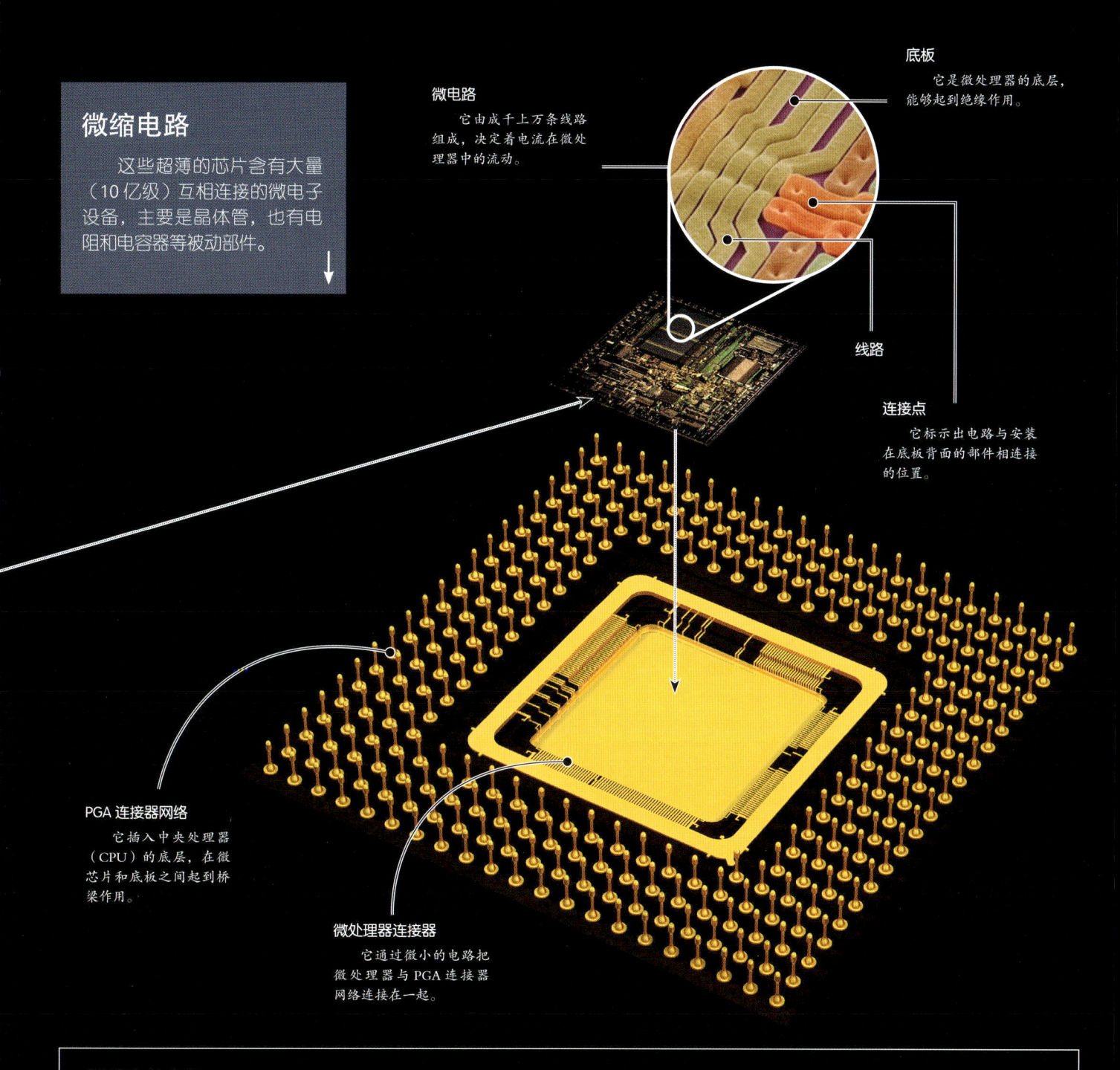

微缩电路

这些超薄的芯片含有大量（10亿级）互相连接的微电子设备，主要是晶体管，也有电阻和电容器等被动部件。

微电路
它由成千上万条线路组成，决定着电流在微处理器中的流动。

底板
它是微处理器的底层，能够起到绝缘作用。

线路

连接点
它标示出电路与安装在底板背面的部件相连接的位置。

PGA 连接器网络
它插入中央处理器（CPU）的底层，在微芯片和底板之间起到桥梁作用。

微处理器连接器
它通过微小的电路把微处理器与 PGA 连接器网络连接在一起。

打印出的电路

微型芯片是利用光刻技术把电路"打印"到硅晶片上的。硅晶片被分割成像骰子一样的包含许多电路的小块，然后这些小块会被切割下来，封装进连接保护结构里。

① 设计集成电路。

② 使用光刻技术把设计电路复制到硅晶片上。

③ 电路被转移到硅晶片上。同样的硅晶片上有相同的设计电路。

④ 集成电路被分割。

⑤ 电路终端连接上分离电路。

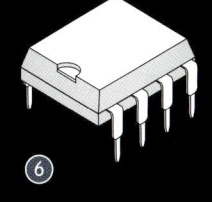

⑥ 为电路加封保护壳。

它们是如何运转的

电　　脑

　　电脑最初是为了进行复杂计算而设计的实验室仪器，然而到了 21 世纪，电脑已经成为人们生活中必不可少的工具。电脑显然有着无限的应用可能，涵盖了从工业生产到服务、从通信到娱乐的方方面面。20 世纪 90 年代，互联网和电子邮件出现，从此，电脑在人类生活中的作用越来越重要了。如果没有电脑，互联网与电子邮件这两个世界信息化的支柱也就不可能存在。

台式电脑内部

　　拆开一台台式电脑的主机机箱，你将发现一个由电缆、芯片和电路组成的"迷宫"，普通人通常会手足无措。尽管每个部件都与其他部件相连，但实际上每一个部件都是独立的，具有独特的功能，可以实现特定的功能。

电源
　　从外部电源接受电力并供给电脑。电源内有一个精心设计的风扇，用于防止设备过热。

显卡
　　这个电子设备能够把电脑处理过的信息呈现在视频设备上，例如呈现在显示屏上。显示屏的连接口也在显卡上。

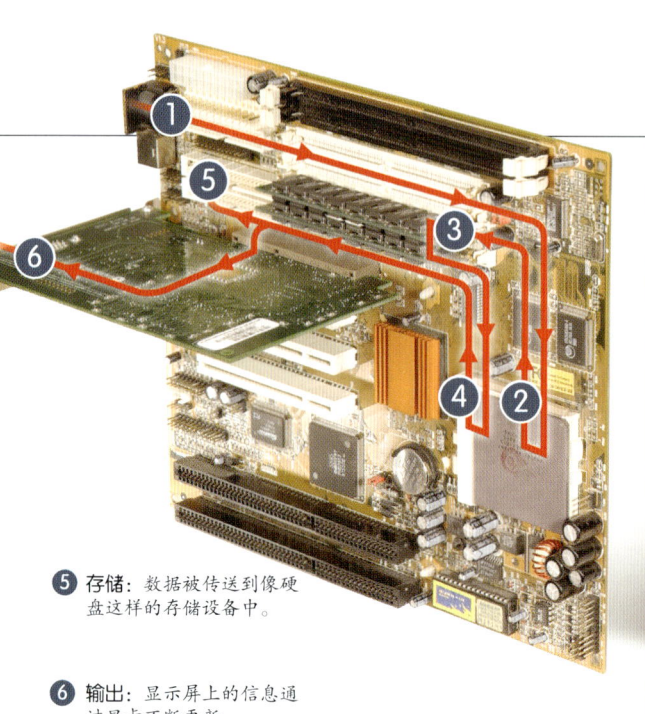

30 吨

　　这是电脑 ENIAC 的重量，它是世界上第一台通用计算机。在 1 秒内，它可以计算 5 000 次加法和 400 次乘法。

电脑是如何工作的?

　　信息在电脑部件里传输的基本路线如下：

1. **输入**：数据通过键盘、鼠标或者调制解调器输入电脑，并被翻译成相应的计算机二进制语言。

2. **微处理器**：它控制电脑的所有功能。处理输入的数据，进行必要的数学和逻辑运算。

3. **随机存取存储器（RAM）**：用于临时存储微处理器所使用的信息或程序。

4. **处理过程**：数据在 CPU 和 RAM 之间来回往返数次，直到处理过程结束。

5. **存储**：数据被传送到像硬盘这样的存储设备中。

6. **输出**：显示屏上的信息通过显卡不断更新。

生活中的科技 37

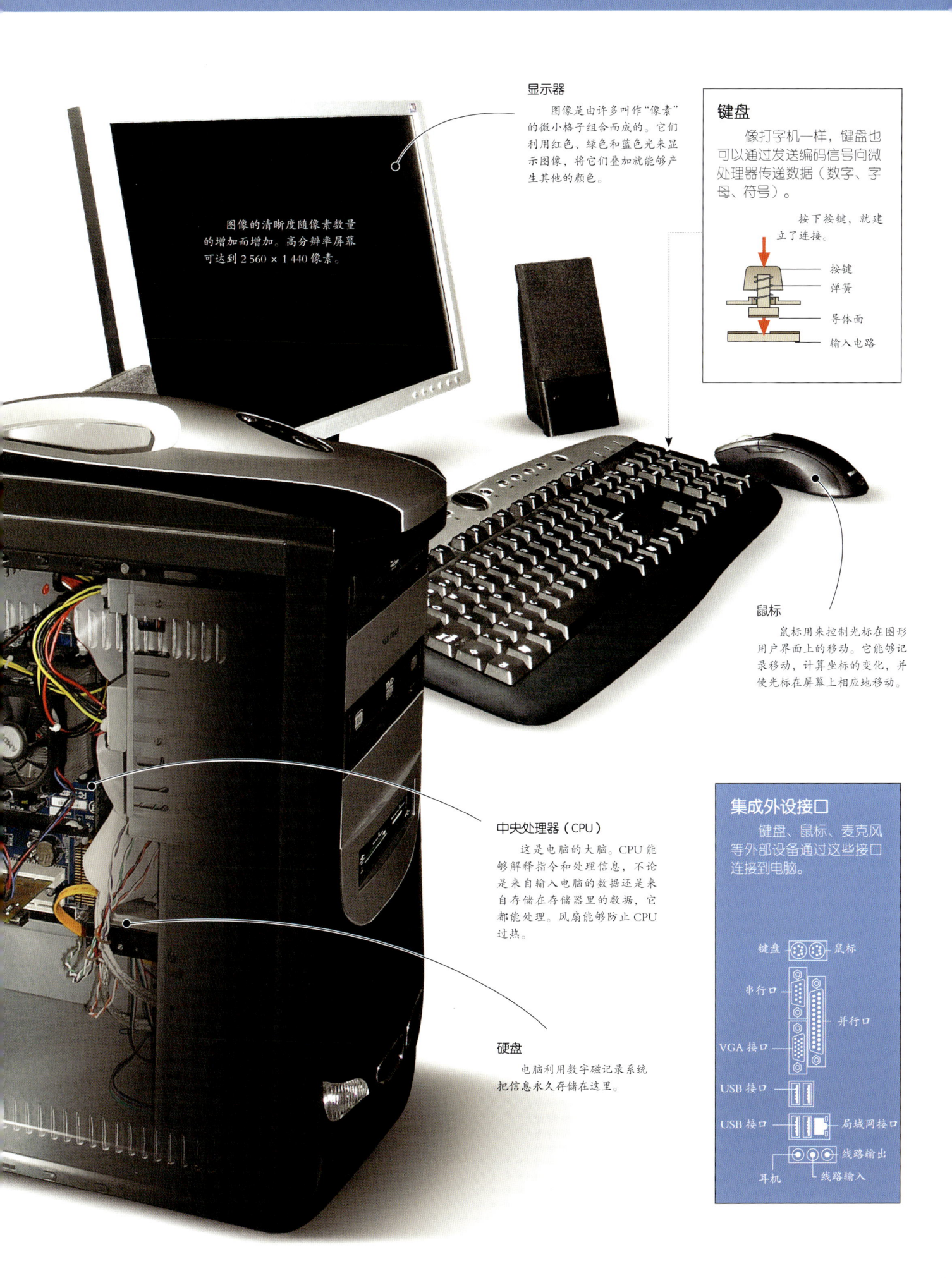

显示器
图像是由许多叫作"像素"的微小格子组合而成的。它们利用红色、绿色和蓝色光来显示图像，将它们叠加就能够产生其他的颜色。

图像的清晰度随像素数量的增加而增加。高分辨率屏幕可达到 2 560 × 1 440 像素。

键盘
像打字机一样，键盘也可以通过发送编码信号向微处理器传递数据（数字、字母、符号）。

按下按键，就建立了连接。

- 按键
- 弹簧
- 导体面
- 输入电路

鼠标
鼠标用来控制光标在图形用户界面上的移动。它能够记录移动，计算坐标的变化，并使光标在屏幕上相应地移动。

中央处理器（CPU）
这是电脑的大脑。CPU 能够解释指令和处理信息，不论是来自输入电脑的数据还是来自存储在存储器里的数据，它都能处理。风扇能够防止 CPU 过热。

硬盘
电脑利用数字磁记录系统把信息永久存储在这里。

集成外设接口
键盘、鼠标、麦克风等外部设备通过这些接口连接到电脑。

- 键盘 — 鼠标
- 串行口
- 并行口
- VGA 接口
- USB 接口
- USB 接口 — 局域网接口
- 线路输出
- 耳机 — 线路输入

它们是如何运转的

数码相机

照相是在光敏面上记录静态图像的技术。数码相机的发展极大地推动了照相技术的进步。数码相机以传统照相原理为基础,但是传统照相机是在附有一层光敏化学物质的胶片上成像,而数码相机则是处理光线的强弱,并将数据储存在数码平台上。现代数码相机一般都是多功能的,除了照相外还可以录音录像。

卡片或单反

数码相机一般有两种。卡片相机易于上手和操作。单反相机则复杂得多,并且可以更换镜头。

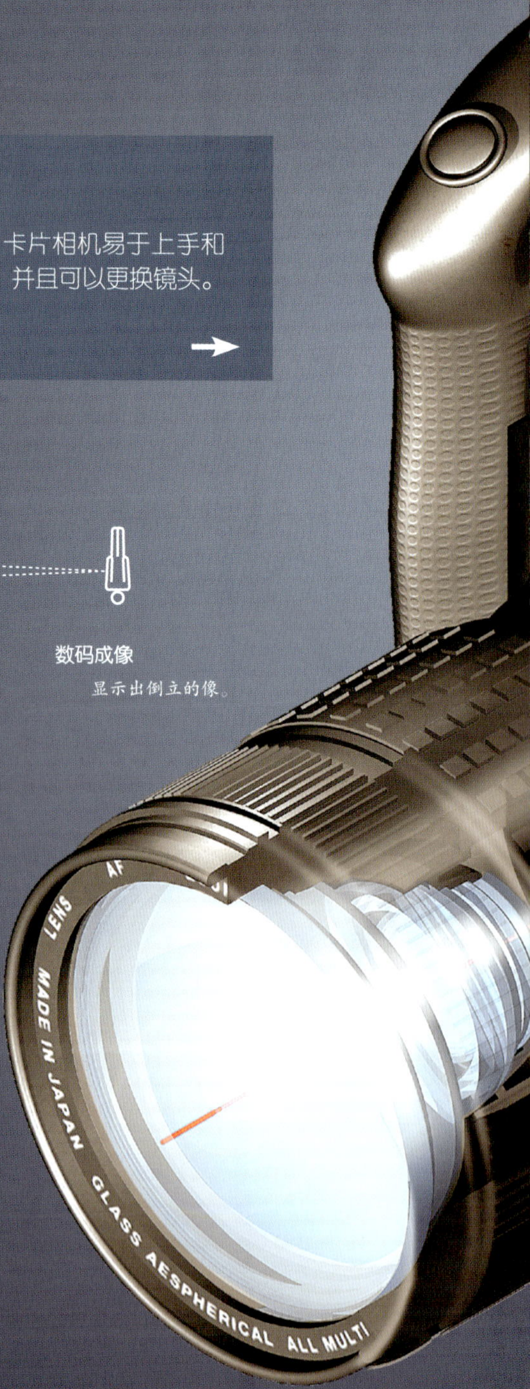

① 捕获图像

在数码相机里,传感器透过相机镜头接收到光线。它使用电荷耦合元件(CCD),并加装一层拜耳滤色器或是3个独立的图像传感器(分别对应三原色中的红、绿、蓝3个色光)。

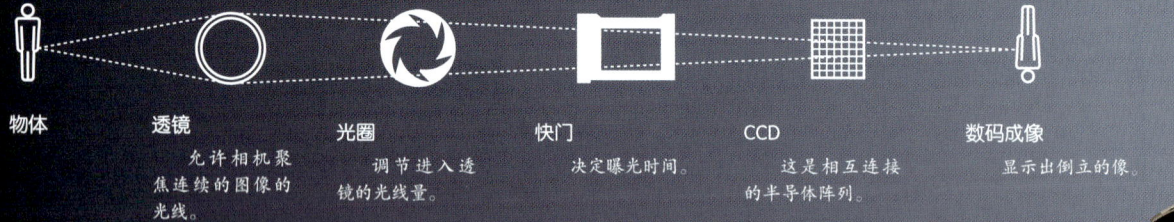

物体

透镜 允许相机聚焦连续的图像的光线。

光圈 调节进入透镜的光线量。

快门 决定曝光时间。

CCD 这是相互连接的半导体阵列。

数码成像 显示出倒立的像。

取代胶片的传感器

CCD 是一组微小的光敏二极管(光感应元件),这些光敏二极管可以把影像(光)转化成电信号。

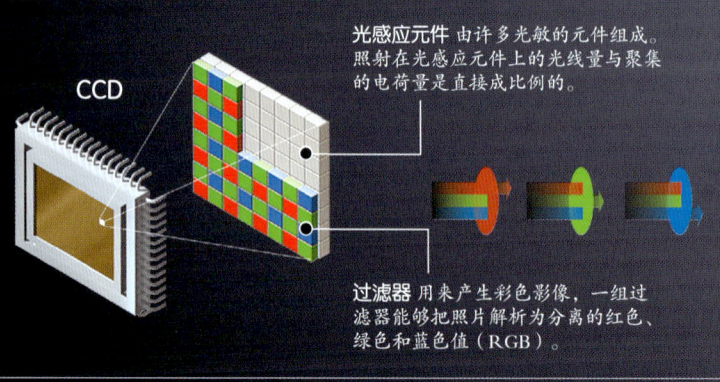

CCD

光感应元件 由许多光敏的元件组成。照射在光感应元件上的光线量与聚集的电荷量是直接成比例的。

过滤器 用来产生彩色影像,一组过滤器能够把照片解析为分离的红色、绿色和蓝色值(RGB)。

生活中的科技 39

1972

这一年美国德州仪器公司第一次设计出了无胶片相机。

控制器

取景器

液晶显示屏

CCD 卡

外部存储卡

透镜

② 二进制系统处理

照相机通过一个用像素（色点）编码电荷的 CCD，就能够把电荷从光感应元件（光信号）转换成数码信号。

添加剂混合体

每个像素都是由红、绿、蓝（RGB）的混合值构色的。通过调整三原色中每一种颜色的色量，就能够复制出几乎所有可见光谱中的颜色。

R: 127
G: 160
B: 176

每种原色光的取值范围都是从 0（最暗，接近黑色）到 255（最大的颜色强度）。

分辨率

分辨率的测量指标是 DPI（每英寸像素），即数码相机能够捕获到的像素数量。这个数值表明了照片的尺寸和质量。

▼数码相机的发明

1975 年，数码相机的第一台原型机在实验室中诞生。当美国工程师史蒂文·赛尚向投资方伊士曼柯达公司展示原型机时，投资方问他，这种使用固态电子并利用电子传感器来接收光学信号的照相机，是否可以批量生产成为消费品？他的回答是肯定的。于是，数码相机一步步走向商业化。1978 年，塞尚为第一台数码相机申请了专利。

③ 压缩和储存

当照片被数字化以后，微处理器会把它压缩，并以 JPG 或 TIFF 格式储存在储存卡中。这些照片之后就可以在电脑上显示和编辑。

它们是如何运转的

虚拟激光键盘

在人们对简单的无线键盘都不甚了解的时候，虚拟的激光键盘看起来更像是来自科幻电影的奇幻发明。然而，虚拟激光键盘已经走进了人们的生活，人们能够以合理的价格买到它。利用这种设备，使用者可以在投影到各种平面上的虚拟键盘上打字。虚拟激光键盘并不是一时的科技时尚或是华而不实的玩意儿，它能很好地帮助人们解决因手机键盘小而造成的打字困难的问题。

15 分钟

据制造商说，只要 15 分钟就可以让顾客掌握使用虚拟键盘的诀窍。

在光中打字

只需要一个甚至比手机更小的数码设备就可以激发虚拟键盘，它可以投影在任何不透明的平面上。

个人数码助理 ← → 虚拟键盘

两者的间隔距离可达 9 米。

← 虚拟键盘

这是一块与小型键盘大小相仿的激光投影，大小约为 29.5 厘米 ×9.5 厘米。

400

虚拟键盘每分钟最多可以读取 400 个字符，这意味着专业打字员用它可以每分钟输入大约 80 个单词。

生活中的科技 41

投影仪
这是虚拟键盘的核心。它只有9.2厘米长、3.5厘米宽，重量只有90克。

投影窗

投影面

工作原理

尽管使用者是在虚拟键盘上打字，但实际上敲击动作是被虚拟键盘上的一层隐形的红外线捕捉到的。

1 激光投影仪在不透明的平面上投影，产生虚拟键盘。同时，一根二极管在距离投影键盘上方几毫米处投影出一层平行于键盘的红外线层。

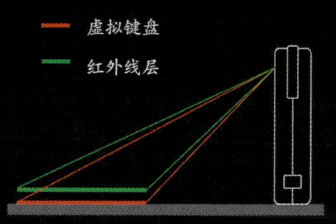

— 虚拟键盘
— 红外线层

2 当使用者的手指按住投影按键时，红外线区域就会受到破坏，并产生隐形的紫外线反射。

3 反射的紫外线被照相机捕捉，照相机把信号传送到芯片。芯片能够依据反射光线的距离和角度计算出被"按"到的键的位置。

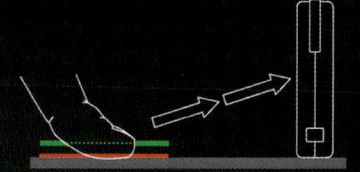

4 位置信息通过红外线蓝牙连接被传送到个人数码助理（PDA）。PDA的屏幕上就会显示出被选择的键。

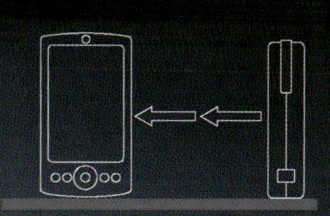

其他替代键盘

人体工程学键盘
这类键盘有许多奇怪的形状，但它们都可以使打字变得更加舒适，并且在许多情况下可以减少打字者长时间工作的痛苦。

手柄
毫无疑问，这是市场上最不同寻常的键盘之一。事实上，它根本没有按键，只有两个圆屋顶一样的部件。使用者通过手腕的移动可以打出128个字符，并使用3个鼠标的组合体。

数据之手
这种设备与手掌完美契合，甚至还有一个内置的鼠标。其特色在于能减少长年累月打字给手指带来的压力。使用者通过选择在按键分配显示中出现的按键进行打字。

卷曲键盘
它与标准键盘相似，但它有另一个特点：具有极强的柔韧性，可以被卷起来，更加便携。

它们是如何运转的

USB 闪存盘

　　尽管通用串行总线（USB）闪存驱动到 1998 年才被广泛采用，但它很早就已经成为数据传输和短期储存的媒介。USB 闪存盘（简称 U 盘）使用闪存来储存信息，不需要电池。U 盘有小巧、耐用、重量轻、速度快、可靠、实用等优点。U 盘有广泛的用途，例如它可以使计算机使用特殊存储的参数启动。

10 年

　　10 年是一个 USB 闪存的理论使用寿命。考虑到科技进步的速度，大部分这类设备都会在使用寿命耗尽之前被淘汰，并且不会再被使用。

U3

　　U3 是一种新技术，它除了可以在闪存设备上存储数据外，还可以让使用者携带安装好的程序。这项新技术让使用者在任何电脑上实现暂时性的私人化设置成为可能。

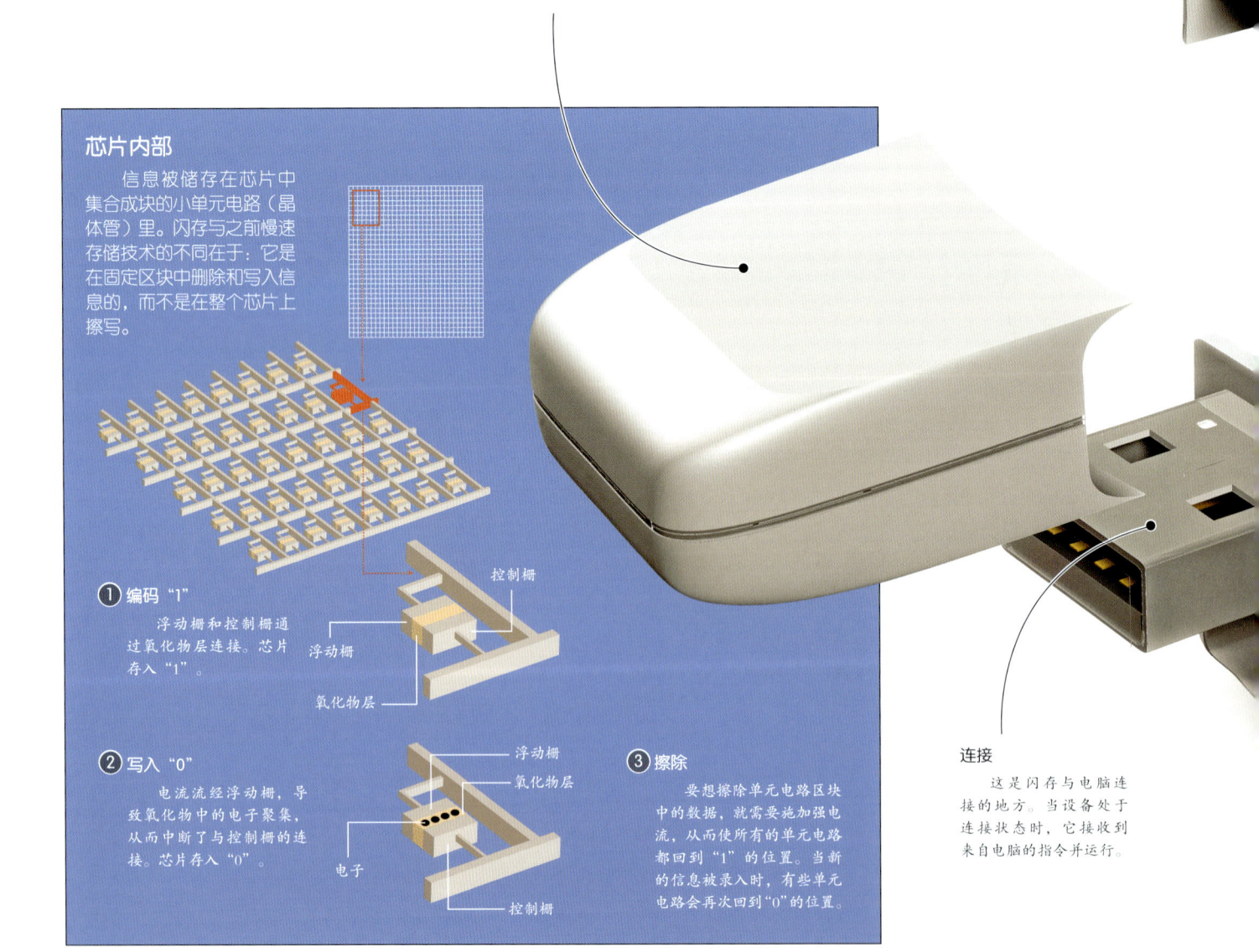

保护套
　　保护套保护 USB 的连接端口。一些闪存将它整合到机身里，可以避免数据丢失。

芯片内部
　　信息被储存在芯片中集合成块的小单元电路（晶体管）里。闪存与之前慢速存储技术的不同在于：它是在固定区块中删除和写入信息的，而不是在整个芯片上擦写。

① **编码"1"**
　　浮动栅和控制栅通过氧化物层连接。芯片存入"1"。

控制栅
浮动栅
氧化物层

② **写入"0"**
　　电流流经浮动栅，导致氧化物中的电子聚集，从而中断了与控制栅的连接。芯片存入"0"。

浮动栅
氧化物层
电子
控制栅

③ **擦除**
　　要想擦除单元电路区块中的数据，就需要施加强电流，从而使所有的单元电路都回到"1"的位置。当新的信息被录入时，有些单元电路会再次回到"0"的位置。

连接
　　这是闪存与电脑连接的地方。当设备处于连接状态时，它接收到来自电脑的指令并运行。

生活中的科技 43

8MB

IBM 在 2000 年发行的第一款外部存储器的容量是 8MB。

其他技术

闪存促进了大量具有相同功能的设备的发展。它们都可以外部存储数据，并充当不同系统间数据传输的桥梁。

安全数码卡（SD 卡）

这些卡片适用于不同的设备。它们像 USB 驱动一样使用闪存，但是它们的设计精巧，适用于数码相机、控制台和数字音乐播放器等小型设备。

外壳

它就像一层壳一样，用来保护闪存，使闪存免受影响和损坏，保护层甚至具有防水性。

写保护开关

这是一个类似软盘写保护的安全设备。它只允许信息被读取，而不能被写入或删除。

发光二级管（LED）

当设备运行或者读写文件时，这个小灯会亮起来。

控制器 / 驱动器

它是记忆棒的"大脑"，也就是"终极控制者"。它负责读取和写入文件，并在断电的情况下保存数据。

记忆芯片

信息存储在这里，电脑从这里获取信息。它位于记忆棒的末端。

闪存：关键技术

闪存的某些特性使相机和手机等小型设备的存储能力得到了革新：闪存很稳定，没有可移动的部件，因此更加牢固。当电流被切断时，存储的内容不会被删除。它还允许多重操作，使速度更快。

它们是如何运转的

电子纸

　　电子屏幕可以薄得像一页纸一样，还可以柔韧到能够卷曲和折叠，这样的想法在若干年前是让人难以置信的。然而，如今在一些电子阅读器和手机中，这些想法却变成了现实。它同时还革新了旧技术，增添了新的观看功能。电子纸屏幕的其他优点还包括超级低能耗，以及在不同的角度和环境中都拥有极佳的可视性，即便是在太阳光直射的情况下也可以清晰地看到纸张上的内容。

像纸一样薄
　　电子纸的主要优势在于它的厚度和柔韧性。市场上已经出现了1.2毫米厚的屏幕。

0.3 毫米
　　这是 E–ink 公司展示的电子纸屏幕样品的厚度，该样品的厚度只有信用卡厚度的一半。

挑战
　　黑白双色书能够在电子纸上完美呈现。这项新兴技术目前所面临的挑战在于研发高效的彩色屏幕（样品已被制造出），以及提高刷新率从而流畅地播放视频。

5.56 厘米

10 厘米

耳机插口

USB 插口
可以与电脑、调制解调器、打印机或其他各种硬件连接。

生活中的科技 45

屏幕
通常屏幕大小为13、15、20或者25厘米。目前，100厘米的样品也已经被研制出来了。

球体的秘密
电子纸技术是以利用安装在一对电极间的成千上万个微小球体为基础的。每个球体里都封装着带正电的白色微粒和带负电的黑色微粒，这些微粒会对电刺激做出反应，从而共同形成一幅画面。

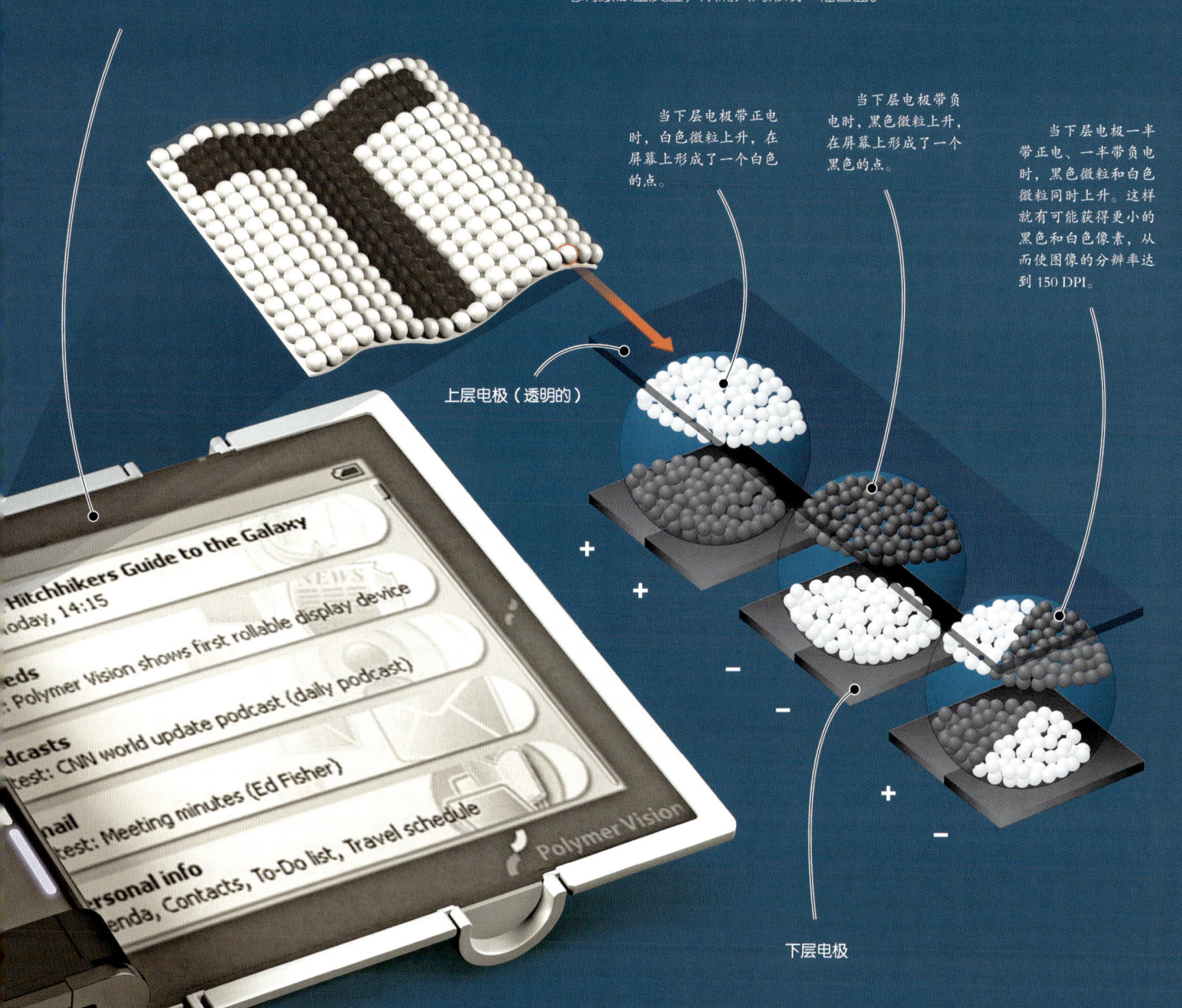

当下层电极带正电时，白色微粒上升，在屏幕上形成了一个白色的点。

当下层电极带负电时，黑色微粒上升，在屏幕上形成了一个黑色的点。

当下层电极一半带正电、一半带负电时，黑色微粒和白色微粒同时上升。这样就有可能获得更小的黑色和白色像素，从而使图像的分辨率达到150 DPI。

上层电极（透明的）

下层电极

应用
电子纸具有无限的应用潜力，从电子纸广告牌到许多人类能够想象到的概念。下面是一些最具可行性的短期应用：

电子报刊和书籍
这是最有潜力的领域之一。它既具有普通纸张的柔韧性，又拥有电子屏幕的所有功能。

手表
因其拥有极好的视觉质量和屏幕柔韧性，电子纸为手表设计带来了新的思路。

手机
电子纸可以提供高品质的黑白显示，使图像不论从任何角度还是在任何环境中都具备良好的可视性。

它们是如何运转的

3D 打印机

近年来兴起的 3D 打印机，为大型工业造型机器提供了一种廉价而实用的替代品。3D 打印机与复印机一般大，甚至略小，它们能够快速而简单地创造出三维物体。3D 打印机可以打印许多不同的立体模型款式，从非常简单的到高度复杂的，甚至彩色的都可以打印。它们由一台安装了 3D 建模软件的普通电脑控制。由于它们可以选择重新使用残余的材料打印，因此工作效率很高。

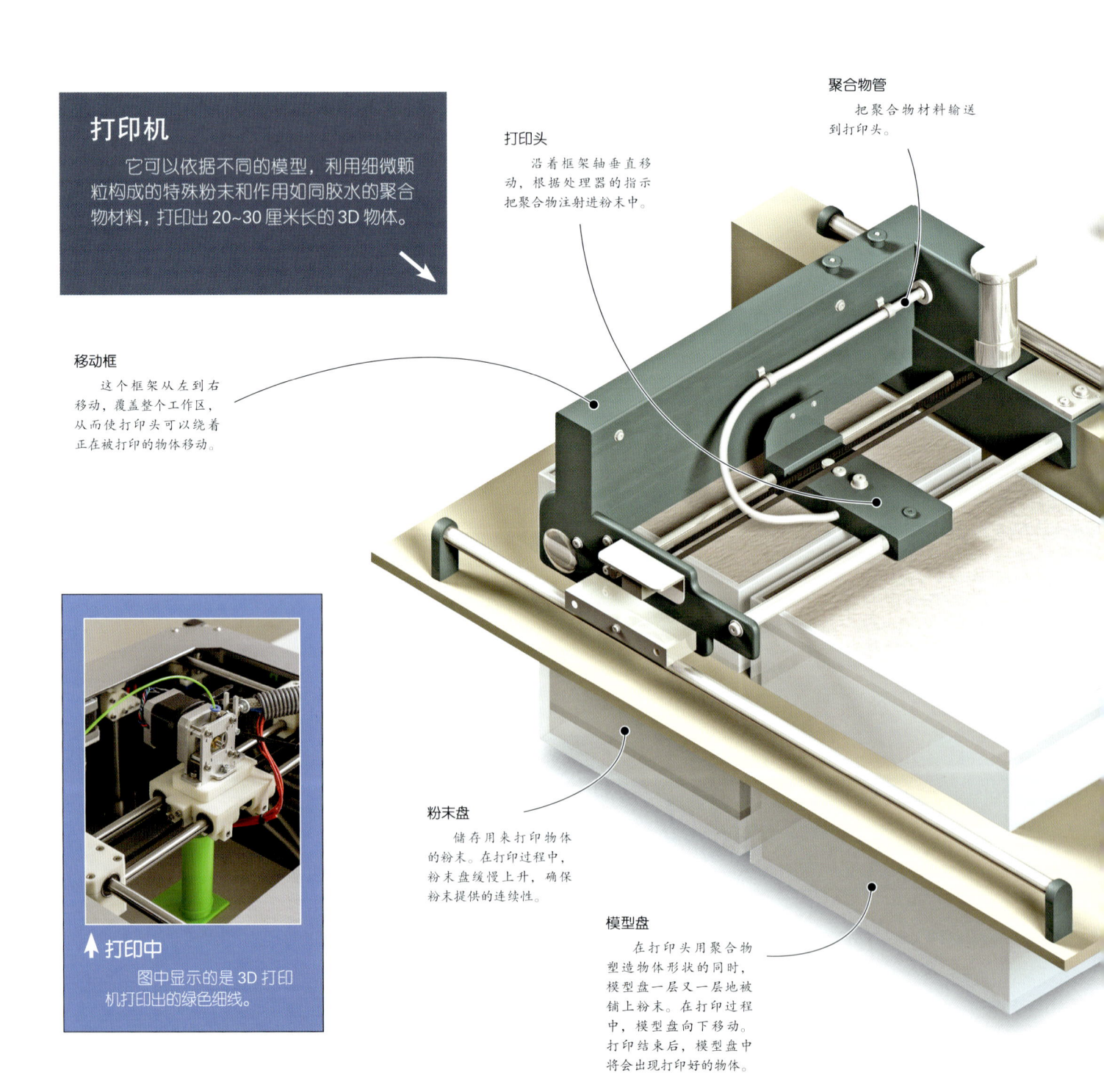

打印机
它可以依据不同的模型，利用细微颗粒构成的特殊粉末和作用如同胶水的聚合物材料，打印出 20~30 厘米长的 3D 物体。

聚合物管
把聚合物材料输送到打印头。

打印头
沿着框架轴垂直移动，根据处理器的指示把聚合物注射进粉末中。

移动框
这个框架从左到右移动，覆盖整个工作区，从而使打印头可以绕着正在被打印的物体移动。

粉末盘
储存用来打印物体的粉末。在打印过程中，粉末盘缓慢上升，确保粉末提供的连续性。

模型盘
在打印头用聚合物塑造物体形状的同时，模型盘一层又一层地被铺上粉末。在打印过程中，模型盘向下移动。打印结束后，模型盘中将会出现打印好的物体。

↑ 打印中
图中显示的是 3D 打印机打印出的绿色细线。

生活中的科技 47

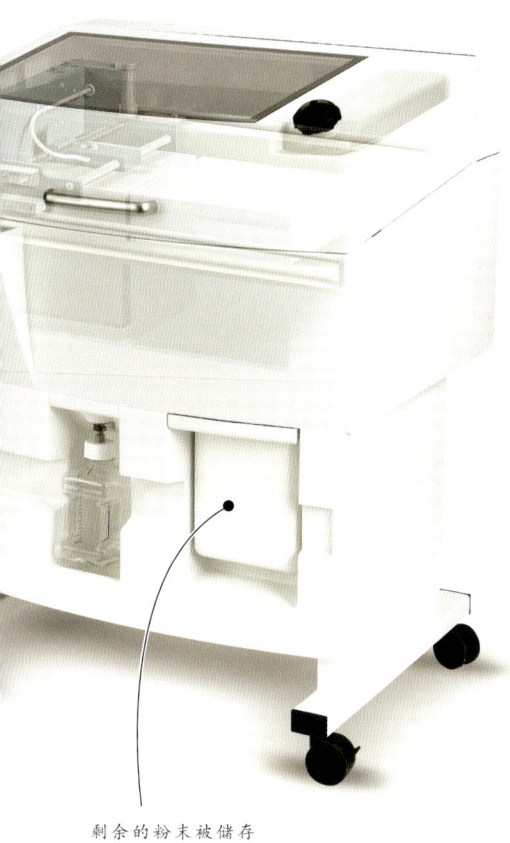

计算好的雕塑

3D 打印机从底部到顶部一层接一层地打印物体。这是一个缓慢的过程，但是仍然比传统制作模型的方法速度快且成本低。

1 设计
使用 3D 建模软件在计算机屏幕上呈现出模型。

2 基层
打印头向模型盘喷洒一层细粉末。

3 打印过程
诸干的聚合物被灌注在粉末层上，这个过程在打印每一层时不断地重复。

4 结束阶段
一旦打印结束，物体会从模型盘中移出。最后，物体会被浸泡在不同的液体中，以达到所需的硬度。

粉末盘　粉末
模型
粉末盘
模型
粉末盘

剩余的粉末被储存起来，并被重新利用。

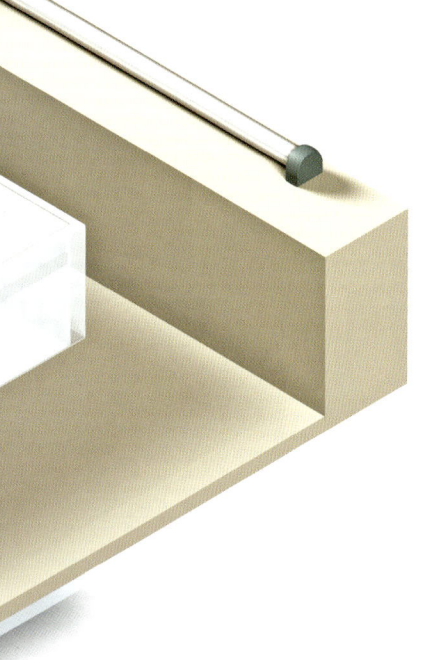

0.1 毫米

这个数字指的是 3D 打印的物体结构中每一层的平均厚度。一个高 30.5 厘米的模型大概需要 3 000 层。

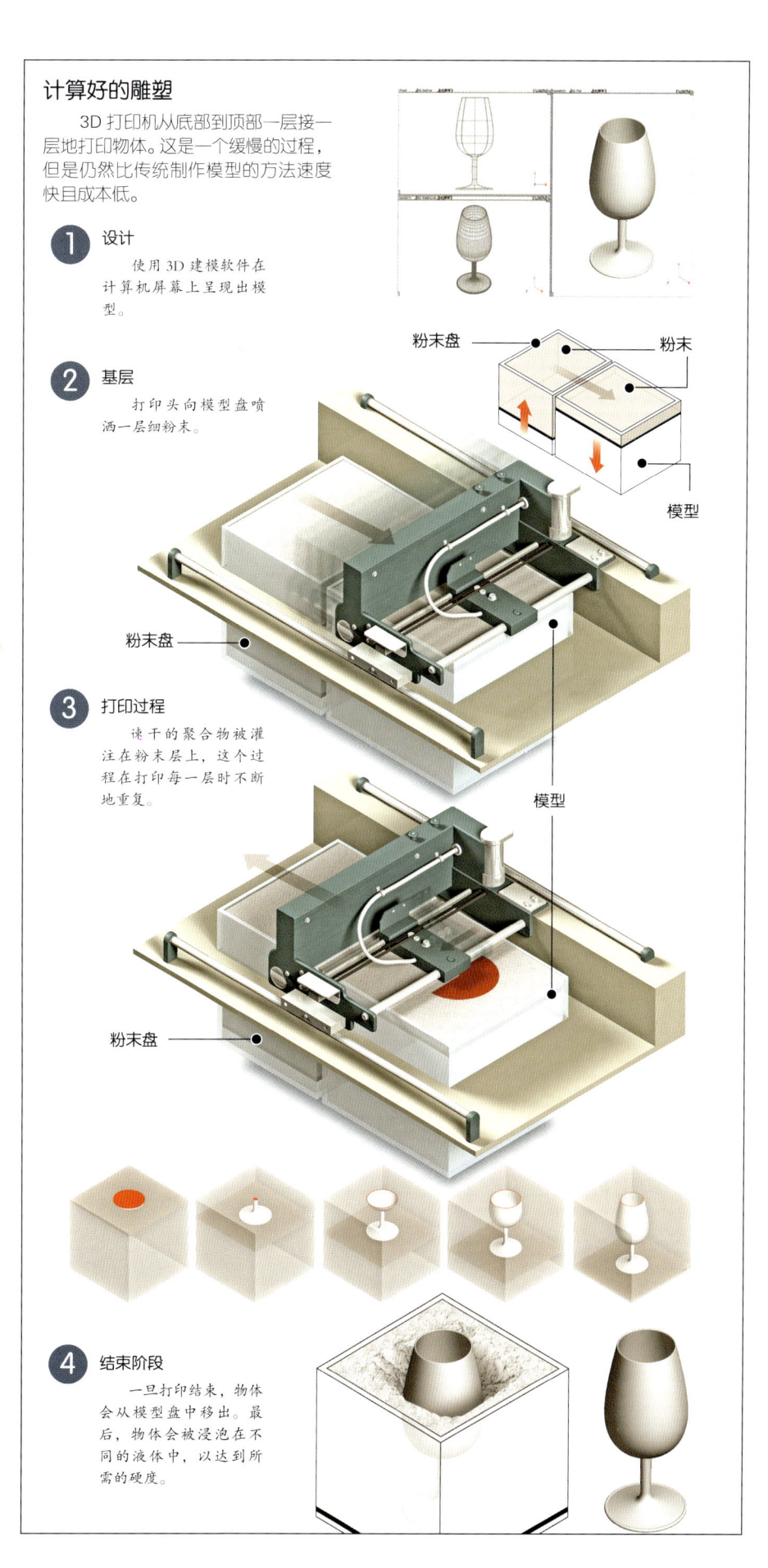

它们是如何运转的

条形码

如果没有条形码，全球的大型市场不可能达到如今的运营水平。条形码是一种由两种颜色构成的标签，其中含有对指定商品的特定信息的编码。当用光学扫描仪扫描条形码时，商品就会在瞬间被识别。在日常生活中，人们经常会在超市或商场购物时遇到条形码。除此之外，条形码在物流、交通运输和商品分配等领域也有广泛的应用。

快速读取

条形码能够被光学读取器或扫描仪读取，这种仪器可以在不到一秒的时间内解码条形码标签中所含有的信息。

用途

条形码非常常见，在各种各样的商品上都能够看到它，无论是超市的货物，还是你正在阅读的这本书。除了识别产品，条形码还被用于管控货物、库存、生产和质量等。

② 激光发射器

错误率

条形码平均每读取 10 万次会发生 1 次错误。

二维码

矩阵码

↑ 其他类型的条码

EAN－13 是世界上使用最广泛的条形码。其他类型的条码（包括二维码）可以针对不同的活动包含不同的信息。

④

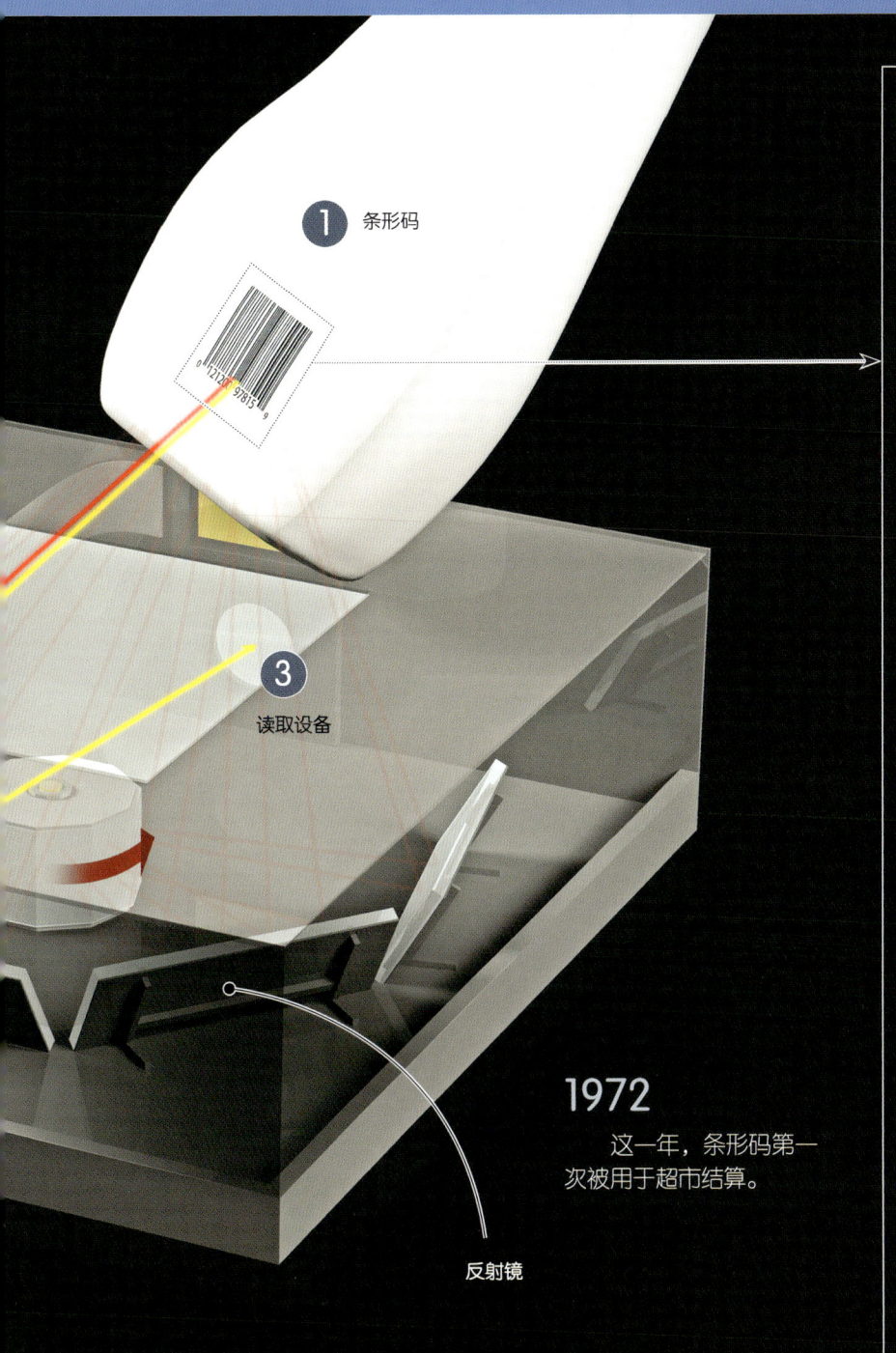

生活中的科技 49

① 条形码

③ 读取设备

1972
这一年，条形码第一次被用于超市结算。

反射镜

①
商品在读取器前方垂直的位置被扫描，读取器会发出激光来照亮条形码。

②
读取器发出的红色激光扫描条码。黑色的条纹吸收红光，而白色的条纹反射红光。

③
反射光线被读取设备捕获并向解码器发送信号。解码器把条码信号转换成二进制数码，进而转化成十进制数字码。

④
处理器把读取到的数字码与数据库中的数字码进行比对，从而识别产品。在识别产品时，处理器还会获得条形码之外的信息，例如产品的价格和名称等。

编码
黑色条纹和白色空隙是 13 位数字的汇编。所有商品的条形码都有对应的数字码。这些数字提供了 3 类信息：

激光
读取器发出的红色激光扫描条码。

反射
黑色的条纹吸收红光，而白色的条纹反射红光。

0 121200 97815 9

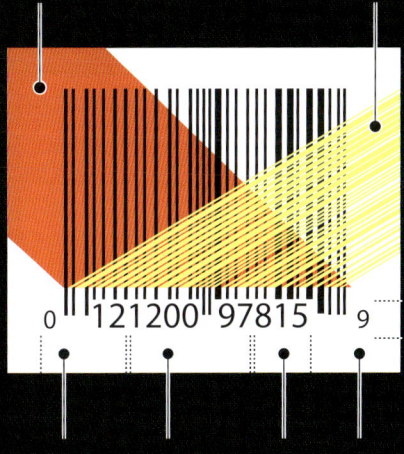

前 3 位数字检测原产地。

接下来的 6 位数字包含制造商的信息。

另外 3 位数字检测商品信息。

最后 1 位数字是校验检查码。

符号学
每一组 13 位数字都是由 0 和 1 构成的二进制系统编码。0 和 1 由条纹和空隙的宽度来确定。

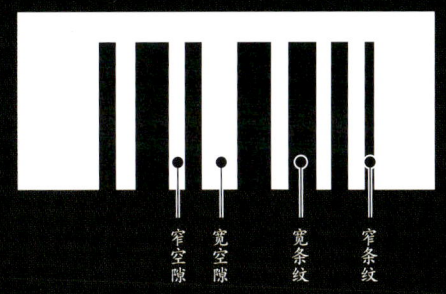

窄空隙　宽空隙　宽条纹　窄条纹

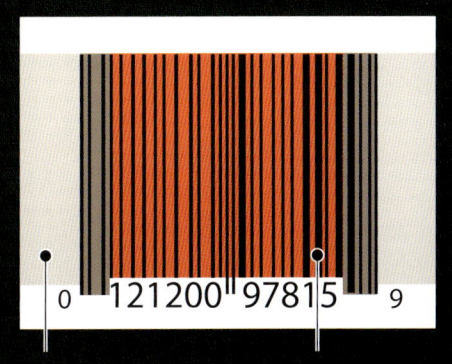

0 121200 97815 9

静默区
这是一个便于读取器区分条码和商品标签上其他部分的空白区域。

编码区
包含原产地、生产商和商品自身信息。

它们是如何运转的

光 纤

　　当今世界上效率最高、应用最广的信息传输系统，是基于一些简单的光学原理创建的。研究者发现，光纤不仅比传统的铜缆更轻、更经济、用途更广，而且它还能够允许数据流以更大的流量和更快的速度传输。电子数据穿过和人类发丝粗细相当的光纤，转换成光脉冲。光纤对医学领域也有很大的影响，它能够以微创的形式替代原先侵入性的手术和检查，从而减少病人的痛苦。

"发光"的线缆

　　一种叫作"全反射"的现象可以让光通过光滑的玻璃或塑料（纤维）管传导，这种传导方式不仅距离长，而且损耗低。光纤还被分成许多不同的组进行包裹，制作成光缆。

↑ 应用

　　远程通信无疑是光纤使用最广泛的领域。然而，它们也被用于其他许多领域，例如：

医学

　　利用多股光纤和透镜制成的高精度仪器，使得通过小孔道进行检查成为可能。这种被称为内窥镜的仪器可以用于诊断内脏观察和外科手术。

工业

　　内窥镜还被大量应用于工业领域。它们的弯曲能力可以把光束引导到视线之外的地方。

　　光纤最显著的优点在于它具有极好的柔韧性。它几乎能够被"折叠"至曲率半径仅为1厘米，这使安装新网络变得非常简单。

生活中的科技 51

光纤
它包括一个玻璃或塑料的核心，外层部分包裹的材料相似，但折射率却较低。

橡胶保护套

包裹层

核心

在光纤的核心区，光线在光纤壁上发生全反射。光纤就是以这样的方式毫无损耗地远距离传输信息。

39 000 千米

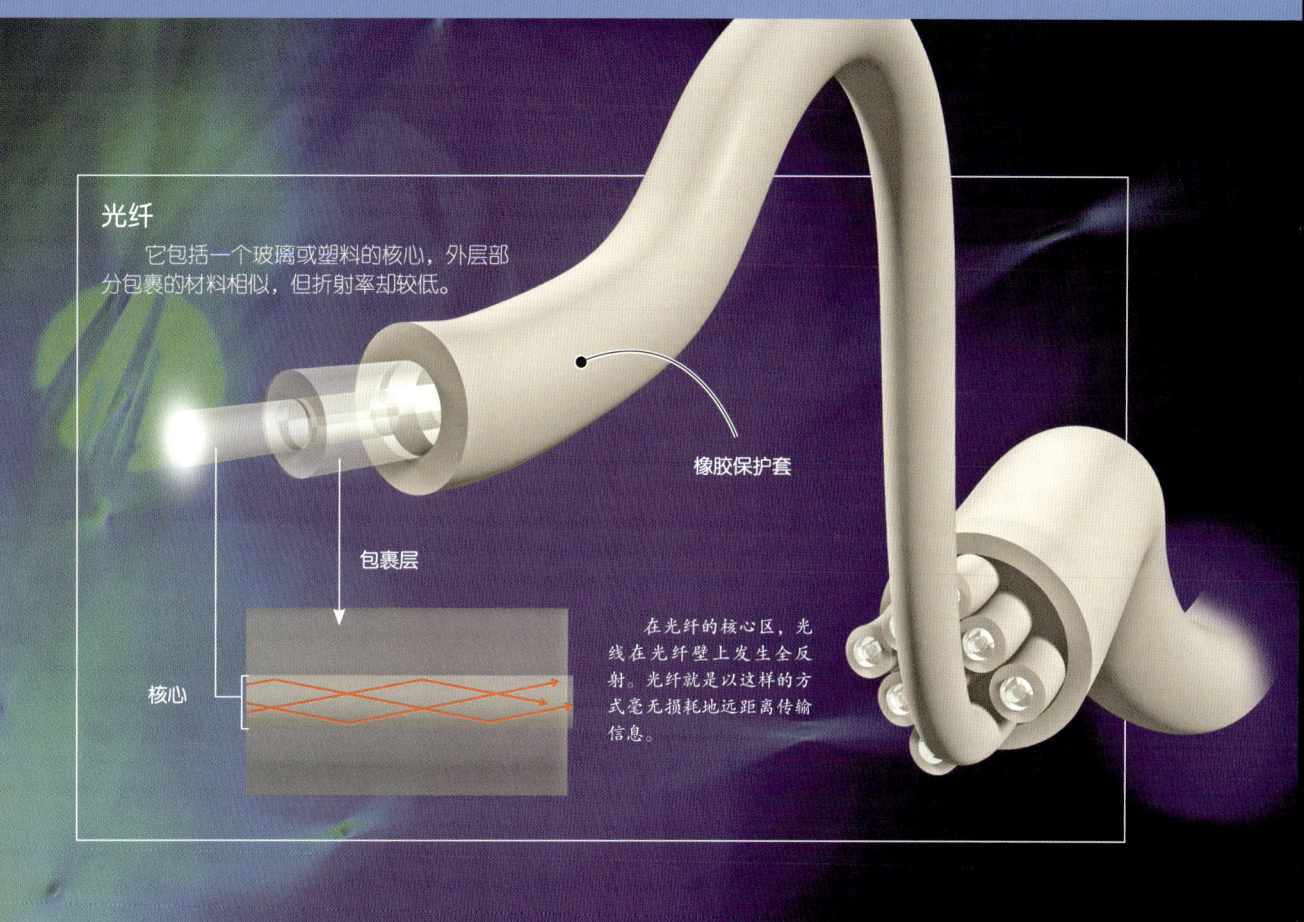

一根光纤的直径大概为0.1毫米。

SEA – ME – WE3 是世界上最长的光纤，它可以把远东、东南亚与中东、非洲及欧洲联系在一起。

光线之旅
把电信号转化成光信号是通过光纤传输数据的第一步，然后在"旅程"的最后阶段，光信号被转换回电信号。

① 电脑、电话、无线电发射机或电视发出二进制的数码或者模拟的电信号。

② 编码器读取电信号并用二极管（发光二极管或激光二极管）将其转换成光信号。

③ 二极管发出的光脉冲通过光缆传导。

④ 由于信号强度会随着距离衰减，因此在光缆中相隔一定距离就会装有光纤中继器，它们能够放大信号，但不会改变光信号的属性。

⑤ 在光缆的末端，光电二极管捕获到光信号，并在它到达接收设备（电视、电脑、电话等）之前通过解码器将其转换成电信号。

它们是如何运转的

触摸屏

其实，触摸屏发展所依赖的技术非常老旧——这一技术在 40 年之前就已经出现了。然而直到最近几年，这种精巧的设备才开始被广泛使用。这在很大程度上归因于智能手机和电子管理工具等设备的发展，在这些小型个人设备上使用键盘极不方便，触摸屏才因此得以发展。

多点触控是触摸屏最近的新发展。

液晶显示屏（LCD）

基层
整个触摸感知系统的玻璃基层。

多点触控

通常同一时间触摸屏幕只允许在一点触摸。然而随着苹果公司的产品 iPhone 手机系列的上市，使用者现在可以享受同时多点触控带来的便利。这项技术基于"电容"这种电现象，并使用一层电极。在这层电极上，每一次触摸都会转化成一个坐标点。

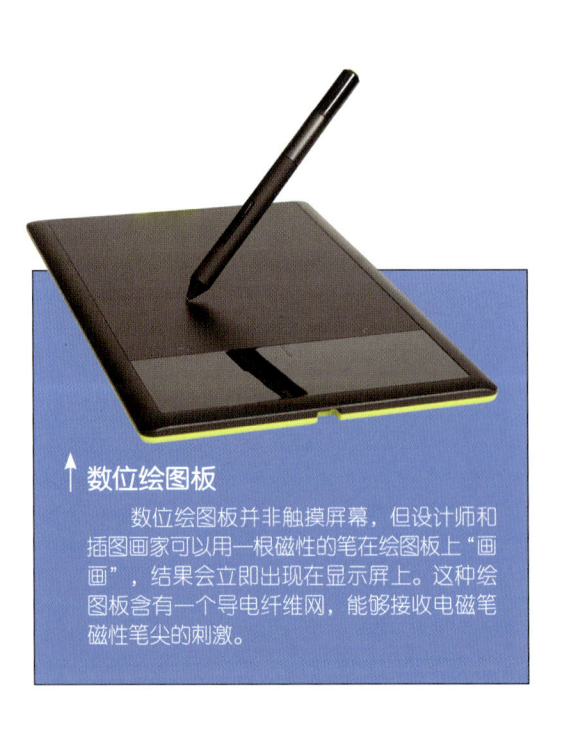

↑ 数位绘图板

数位绘图板并非触摸屏幕，但设计师和插图画家可以用一根磁性的笔在绘图板上"画画"，结果会立即出现在显示屏上。这种绘图板含有一个导电纤维网，能够接收电磁笔磁性笔尖的刺激。

复杂的触摸

只要在 iPhone 的屏幕上轻轻一点，就会激发一个复杂的电子和数学机制，这个机制能够确定屏幕上的接触位置和需要被激活的功能。

像 iPhone 这样的电容触摸屏幕必须用带电物体触摸。如果用塑料片之类的不带电的物体，屏幕就不能检测到触摸。这可以确保设备不会在口袋或包里被激活，但是戴着手套使用时就会比较困难。

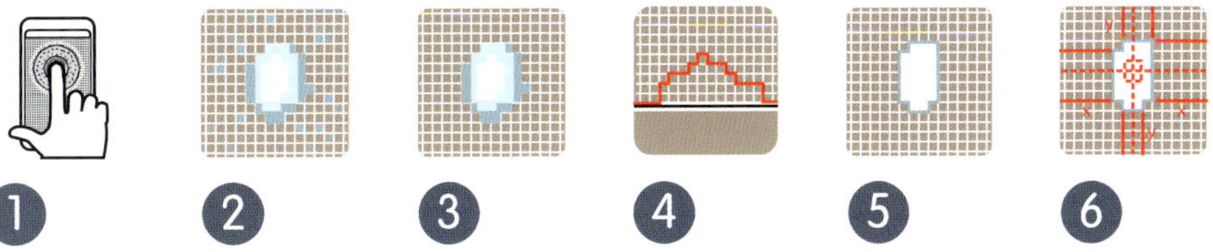

1 屏幕感受到了触摸。

2 原始数据被采集。

3 干扰点被消除。

4 系统计算触摸压力的程度。

5 一个"触摸区"被确定。

6 最后，系统计算出接触点的具体坐标。

电极层

透明的电极层是触摸屏的核心。所有的电极都带有统一的电荷。当一个导体（例如手指）接触屏幕时，电极的电荷就会改变。

保护层

防反射层

触摸屏的最外层。它一定要非常结实，因为屏幕上的这一层不仅经常被触摸，还要暴露在灰尘和各种环境之中。

中间层

传感器电路

解读电极的电荷变化（在多个接触同时发生时，传感器电路就需要同时进行多次解读），然后把信息传递给处理器，从而确认一个或多个接触点的位置。

其他的系统

有的屏幕使用声波、红外线或导电层，当屏幕受到按压时就会形成回路。

电阻屏幕

这是最稳定、最经济、用途最广的触屏技术。两层导电层之间由绝缘的间隙隔开，当它们被按压时就会互相接触。系统能够计算出接触点的坐标，甚至在某些情况下还能计算出压力的大小。

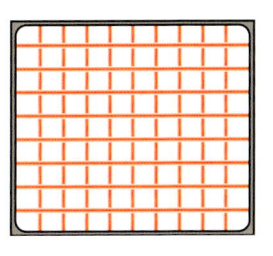

表面声波屏幕

这种屏幕上覆盖着一层超声波。当一个物体触碰屏幕时，超声波层就会受到干扰，然后系统就会检测到干扰源的位置。自动售货机和自动提款机通常使用这种屏幕。

它们是如何运转的

智能服装

在不久的将来，我们的服装将经历最令人惊叹的进步，这将会是自人类穿着衣服以来最激动人心的演进。智能纺织物和计算机化的服装已经存在，有些已经进入了市场供民众挑选。其中一些服装的材质，把几年前人们都不敢想象的特性整合在了一起。例如，有种衣服不仅能向穿戴者提供其身体对体育活动的反应数据，还能自我调整以提升穿戴者的舒适感。

实时信息
用装备有集成微型传感器和微电路的纺织物制成的服装可以监测穿用者的心率、血液中氧气和其他气体的含量、卡路里消耗以及呼吸速率。

5 000 000
阿迪达斯-1（Adidas-1）型智能穿戴芯片每秒的计算次数。

↑ 不同的使用者
很显然，智能服装会为运动员带来巨大的好处。此外，它还能让那些慢性病患者受益，特别是那些需要不时监测身体状况的患者，比如糖尿病患者和心脏病患者。

智能纺织物
作为纳米科技新研发出的产品，智能纺织物展示出许多惊人的优良特性，相信在不久的将来，它将得到广泛使用。

颜色
一种由塑料和玻璃制成的特殊纤维可以利用电路系统调整纺织物对光线的反射方式，从而改变纺织物的颜色。

舒适
人类曾梦想的纺织物——能够消除汗液、保持皮肤干爽并消除体表异味的纺织物，如今已成为现实。与此同时，另外的一些带给人体舒适体验的服装材料，如能够根据外界温度来提供透气或保暖的作用的面料，也已经面世。

耐用
既不会皱也不会脏，并且可以在穿着和清洗多年后，依然不变形的纺织物也已经被研发出来了。

防静电
可以消除静电的纺织物。对于过敏人群来说，它们能够防止毛发、花粉、灰尘和其他具有潜在危害性颗粒的聚集。

抗菌
能够阻止病毒、真菌、细菌生长的纺织物。

生活中的科技 55

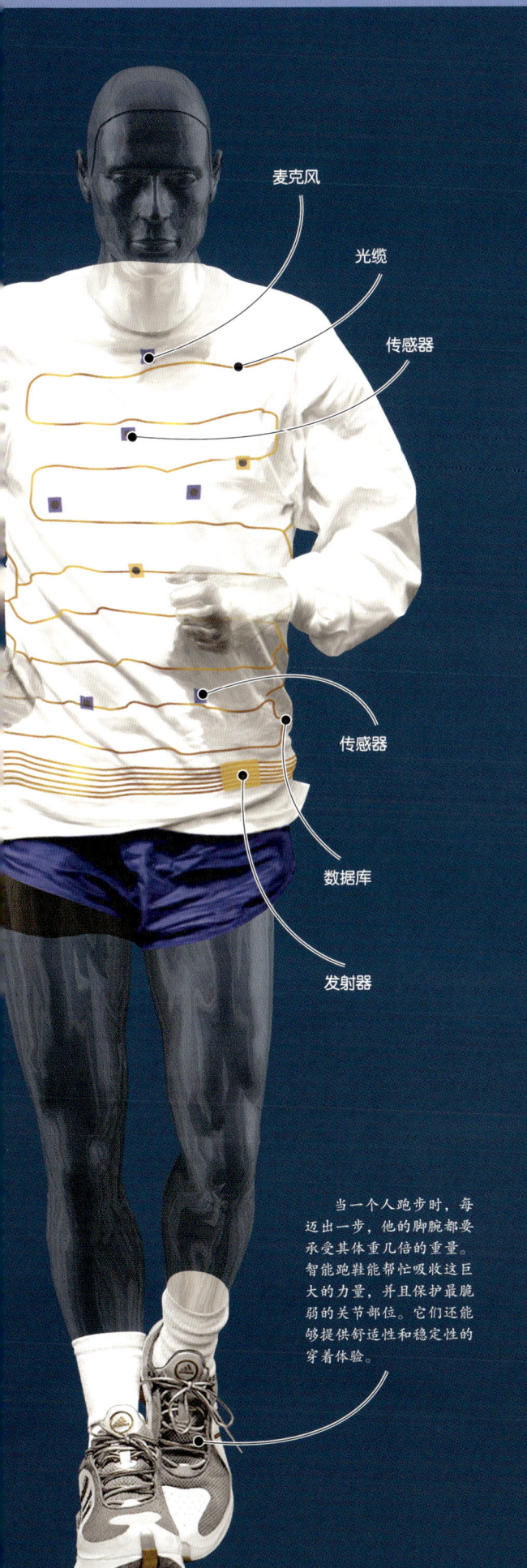

氯

氯是纺织物纤维中一种能够抑制病菌的元素。它的一项特性是能够摧毁细菌的细胞壁。它是漂白剂的主要成分。漂白剂通常被用在消毒剂中。

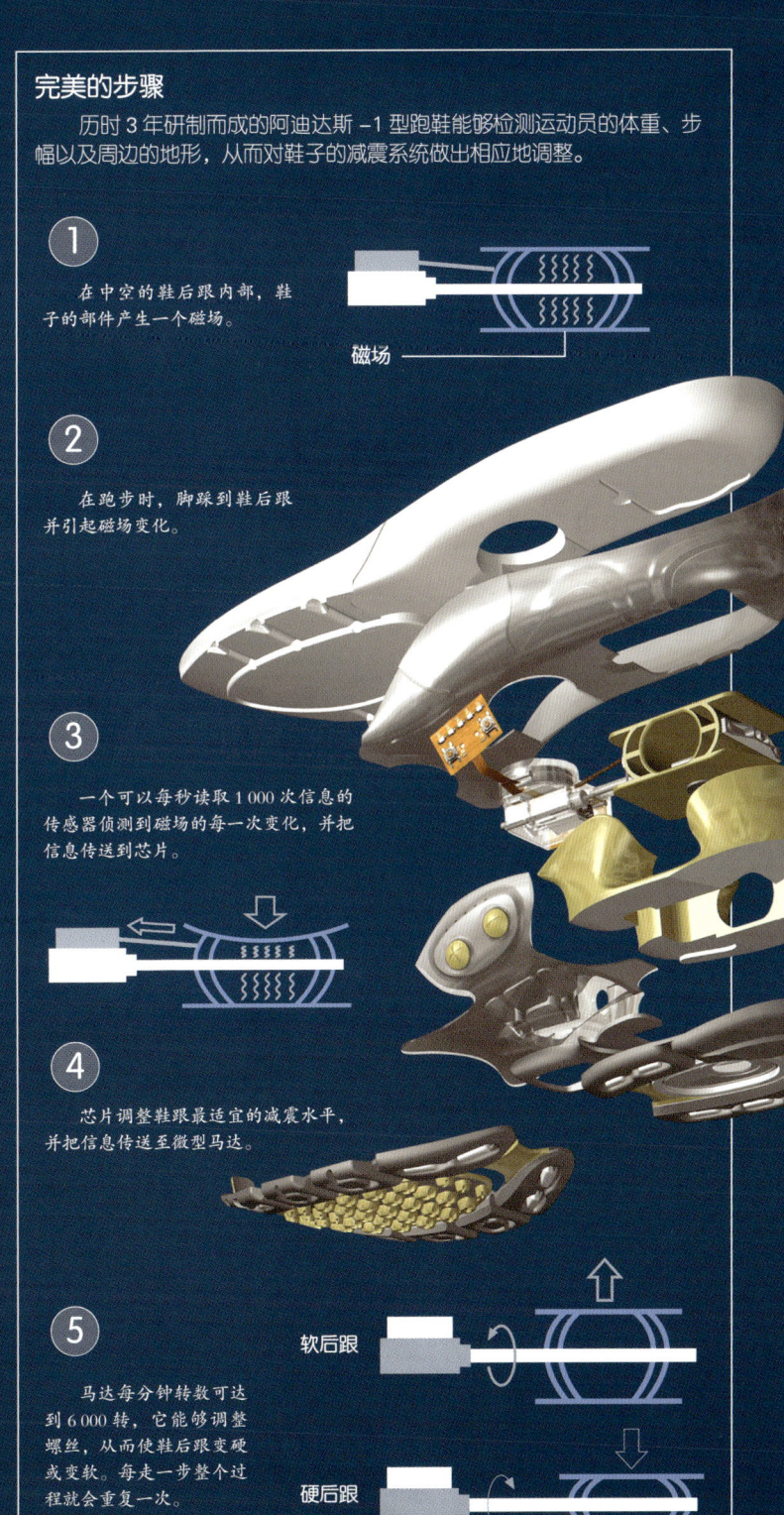

完美的步骤

历时3年研制而成的阿迪达斯–1型跑鞋能够检测运动员的体重、步幅以及周边的地形,从而对鞋子的减震系统做出相应地调整。

① 在中空的鞋后跟内部,鞋子的部件产生一个磁场。

磁场

② 在跑步时,脚踝到鞋后跟并引起磁场变化。

③ 一个可以每秒读取1 000次信息的传感器侦测到磁场的每一次变化,并把信息传送到芯片。

④ 芯片调整鞋跟最适宜的减震水平,并把信息传送至微型马达。

⑤ 马达每分钟转数可达到6 000转,它能够调整螺丝,从而使鞋跟变硬或变软。每走一步整个过程就会重复一次。

软后跟

硬后跟

麦克风
光缆
传感器
传感器
数据库
发射器

当一个人跑步时,每迈出一步,他的脚腕都要承受其体重几倍的重量。智能跑鞋能帮忙吸收这巨大的力量,并且保护最脆弱的关节部位。它们还能够提供舒适性和稳定性的穿着体验。

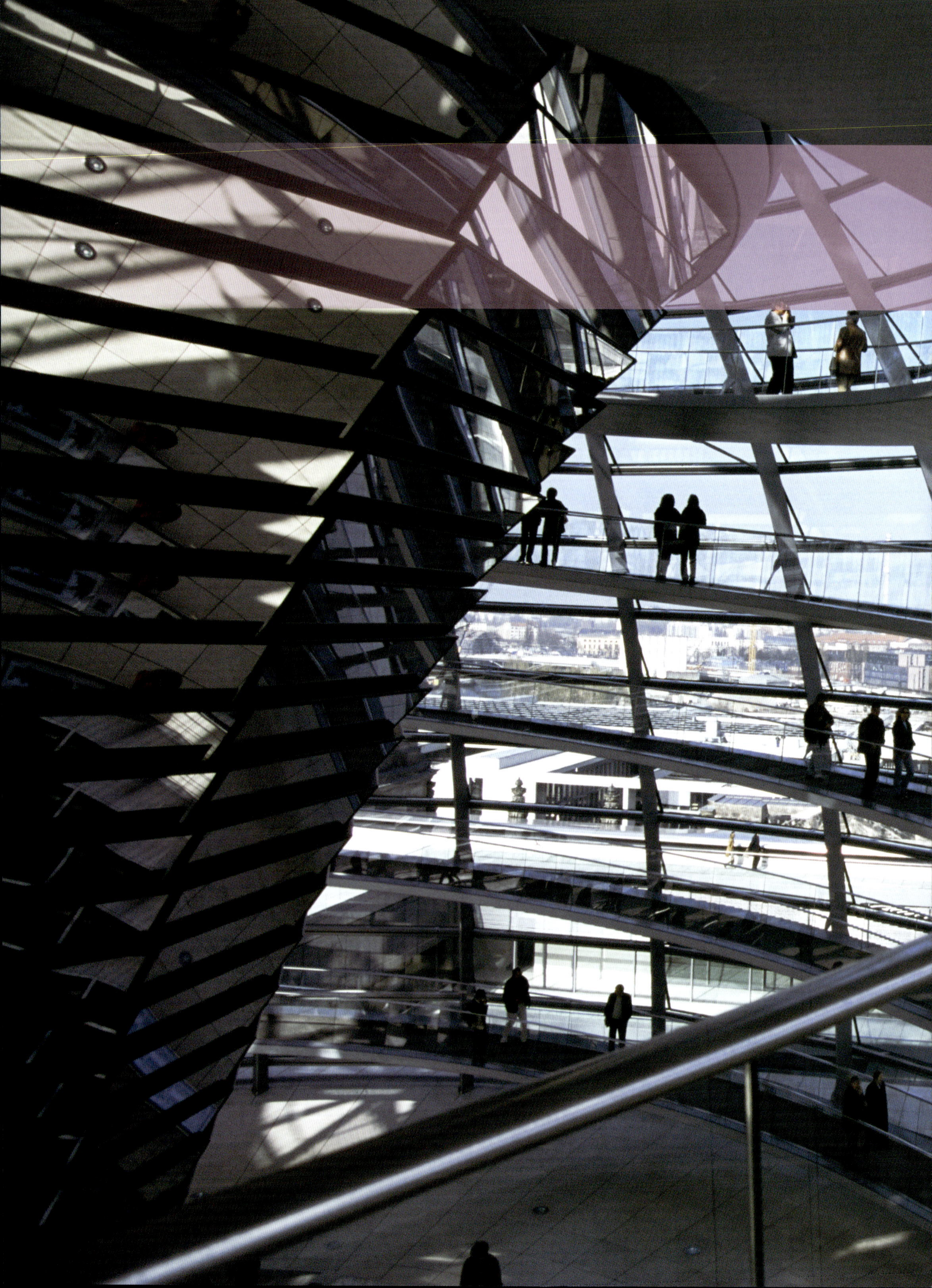

建 筑

它们是如何运转的

救世基督像

　　庄严、宏伟的救世基督像，坐落在巴西里约热内卢市中心的科尔科瓦多山上。这座雕像双臂展开，站立在仅 15 米见方的基座上。它位于海拔 709 米的山顶，周围环绕着风景秀丽的蒂茹卡国家森林公园（世界上最大的城市绿地）。这座高 38 米的雕像落成于 1931 年，是为了庆祝巴西独立 100 周年而建的。如今它已成为里约热内卢市，甚至是整个巴西的重要旅游景点之一。

基督像的创始人

这座雕像的创建者是工程师海多克·达·西尔瓦·科斯塔，艺术家卡洛斯·奥斯瓦尔德负责最后的设计，法国雕塑家保尔·兰多斯基制作了头部和双手。

← **雕塑原型**
雕塑家兰多斯基进行雕刻时曾以诗人玛格丽塔·洛佩斯·德·阿尔梅达的手为创作原型。

建造

这座雕像历时 5 年建成，于 1931 年 10 月 12 日竣工。雕像的所在地暴露在强风之中，脚手架只能勉强安装在基座上；此外还要建造出雕像张开的双臂和微微低下的头，这些都使它成了建筑工程的一项壮举。

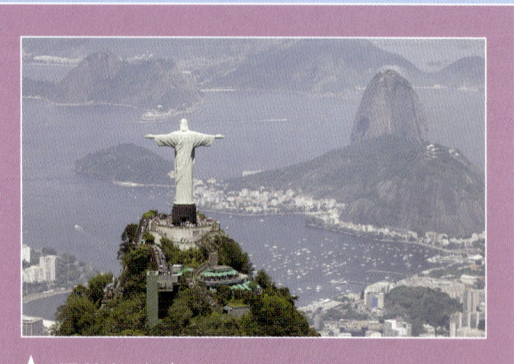

↑ **里约热内卢**
这是在直升机上拍到的里约热内卢和救世基督像的俯瞰图。从图中可以看到远处的甜面包山。

游览
每年有 180 万游客来参观救世基督像。游客们能够在这里欣赏到里约热内卢市和甜面包山雄美壮丽的全景。

LED 灯
过道外沿安装有 300 个遥控灯，用来突出雕像。

建筑 59

头部
雕像的头部微微低下，由50个部件拼接而成。基督向东遥望着瓜纳巴拉湾以及远方的耶路撒冷。

双臂
当时，里约热内卢市民进行了投票，决定让基督雕像张开双臂，展示出欢迎的姿态。

心脏
基督的心脏位于雕像11层。心脏长度为1.3米，按比例来说相当小，尤其是和他庞大的身躯相比。

外层
雕像的外层贴着马赛克。这些马赛克是由产自巴西米纳斯吉拉斯州的皂石制成的。

内部
钢梁骨架和楼梯构成了雕像的内部结构。

内部结构
整座雕像由加固的混凝土制成，里面共有12层。

装饰艺术风格

壮丽的里约救世基督像，是世界上最大的装饰艺术风格作品，也是巴西的标志。

基座
雕像的基座高8米，里面的阿帕雷西达圣母殿内有一个小教堂。小教堂能够容纳23人，用来举办婚礼和洗礼。

通道
救世基督像内，徒步的阶梯通道有220个台阶。2002年，人们安装了电动扶梯和3部观光电梯，参观、游览就更方便了。

它们是如何运转的

巴黎圣母院

　　从 10 世纪开始，欧洲经历了一段经济相对增长、繁荣的时期。大城市逐渐扩张，社会政治结构也经历了深刻的变革。在这种环境下，各个城市开始建造大型的天主教堂。巴黎圣母院既是哥特式建筑的标志，也是法国的标志，它由内到外，处处是珍宝。它始建于 12 世纪，以前，在同一个位置曾经建造过异教的神殿和基督教的教堂。它是当时基督教最大的教堂。

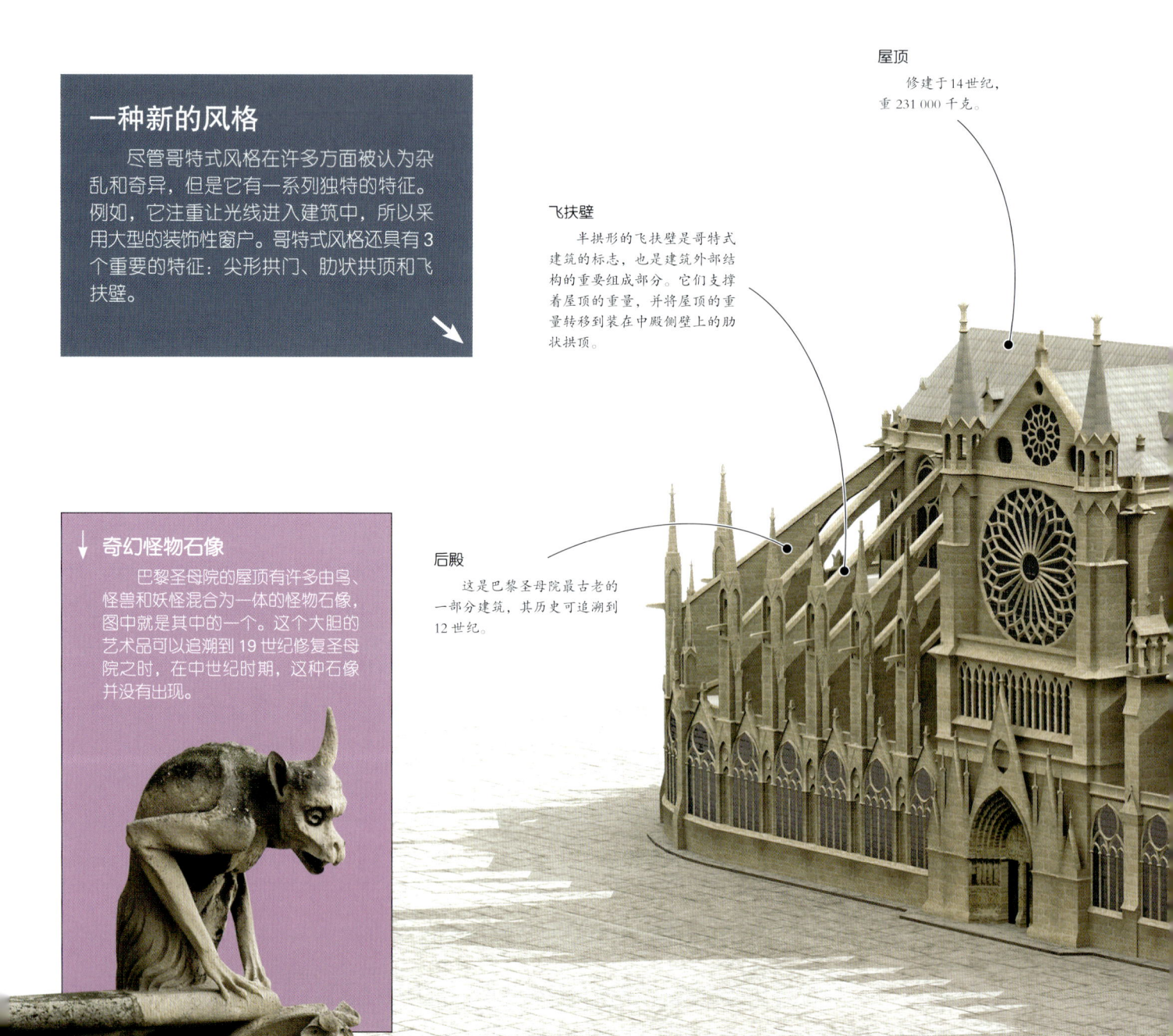

一种新的风格

　　尽管哥特式风格在许多方面被认为杂乱和奇异，但是它有一系列独特的特征。例如，它注重让光线进入建筑中，所以采用大型的装饰性窗户。哥特式风格还具有 3 个重要的特征：尖形拱门、肋状拱顶和飞扶壁。

屋顶
修建于14世纪，重 231 000 千克。

飞扶壁
　　半拱形的飞扶壁是哥特式建筑的标志，也是建筑外部结构的重要组成部分。它们支撑着屋顶的重量，并将屋顶的重量转移到装在中殿侧壁上的肋状拱顶。

后殿
　　这是巴黎圣母院最古老的一部分建筑，其历史可追溯到 12 世纪。

↓ 奇幻怪物石像
　　巴黎圣母院的屋顶有许多由鸟、怪兽和妖怪混合为一体的怪物石像，图中就是其中的一个。这个大胆的艺术品可以追溯到 19 世纪修复圣母院之时，在中世纪时期，这种石像并没有出现。

建 筑 61

内厅
圣母院的内部非常简朴，采用拉丁十字形结构。有一个大型的中厅。在大十字形翼和两边中殿侧廊交错的位置是唱诗班席。

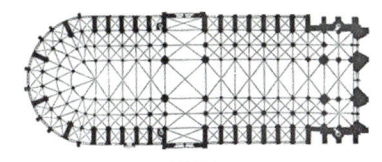

西面

3 个显著特征
这座哥特式大教堂有至少 3 个显著的特征：

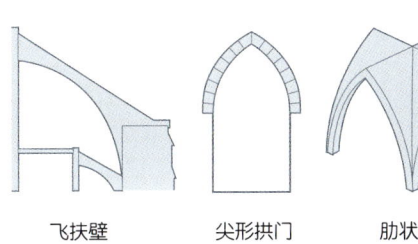

飞扶壁　　尖形拱门　　肋状拱顶

尖塔
建造于 19 世纪修复大教堂时。

塔楼
塔楼高 69 米。北侧的塔楼大约于 1240 年竣工，南侧的塔楼在 10 年之后建成。

西面
这是教堂最有名的一面，建造于 1200 年至 1250 年之间。

奇幻怪物走廊
奇幻怪物走廊连接着外侧的两个塔楼。它是一条装饰着奇幻怪物石像的柱廊。

玫瑰窗
玫瑰窗直径 9.6 米。它是装饰教堂的 3 个玫瑰花窗中最小的，位于圣母玛利亚露台的顶部。

国王长廊
国王长廊上有 28 尊雕像，每个雕像高 3 米，它们代表着基督之前的 28 位国王。

圣安妮门
这道门是献给圣母玛利亚的母亲圣安妮的，它是圣母院所在地上最早修建的教堂所留下的遗迹。圣安妮门可以追溯到 12 世纪。

最后的审判门
门上有基督受难和最后审判的场景。

圣母门
这道门是献给圣母的。圣母院主要供奉的是圣母玛利亚。

它们是如何运转的

圣彼得大教堂

当公元4世纪基督教成为罗马帝国的国教之后，巴西利卡造型就被用于建造最重要的教堂。位于梵蒂冈的圣彼得大教堂是教皇举办宗教仪式的首选之地。它建造于17世纪，形状就像一个拉丁的十字。圣彼得墓之上原先有一座教堂，圣彼得大教堂就建在之前那座教堂的原址上。圣彼得是第一位教皇，他在1世纪成了殉道者。

穹顶

这是世界上最大的穹顶，高136.57米，由米开朗琪罗设计，但是在他去世后才建成。

巨大的空间

圣彼得大教堂的与众不同之处在于它的结构非常简单：一个宽大的长方形大殿，周围有一个或多个被罗马柱环绕着的殿堂，入口的正对面是一个半圆形的后殿。

修建计划

半圆形后殿

通常在仪式进行时，宗教权威人士被安排在这里，而信徒们只能待在小殿堂中。

教皇的圣坛

它位于穹顶之下，上面覆盖着巨大的圣彼得华盖，高30米。它的造型会让人们想到所罗门的圣殿。圣坛位于圣彼得墓的正上方。

殿堂

大教堂里有3个殿堂。中央殿堂长187米、宽45米。殿堂之间用巨大的柱子隔开。

↑《皮埃塔》

圣彼得大教堂所拥有的雕塑和宗教珍宝不计其数，米开朗琪罗的《皮埃塔》就是其中的一件。这座雕像由大理石刻成，是这座教堂里最著名的雕像之一，也是参观教堂时绝对不容错过的景点。

建 筑 63

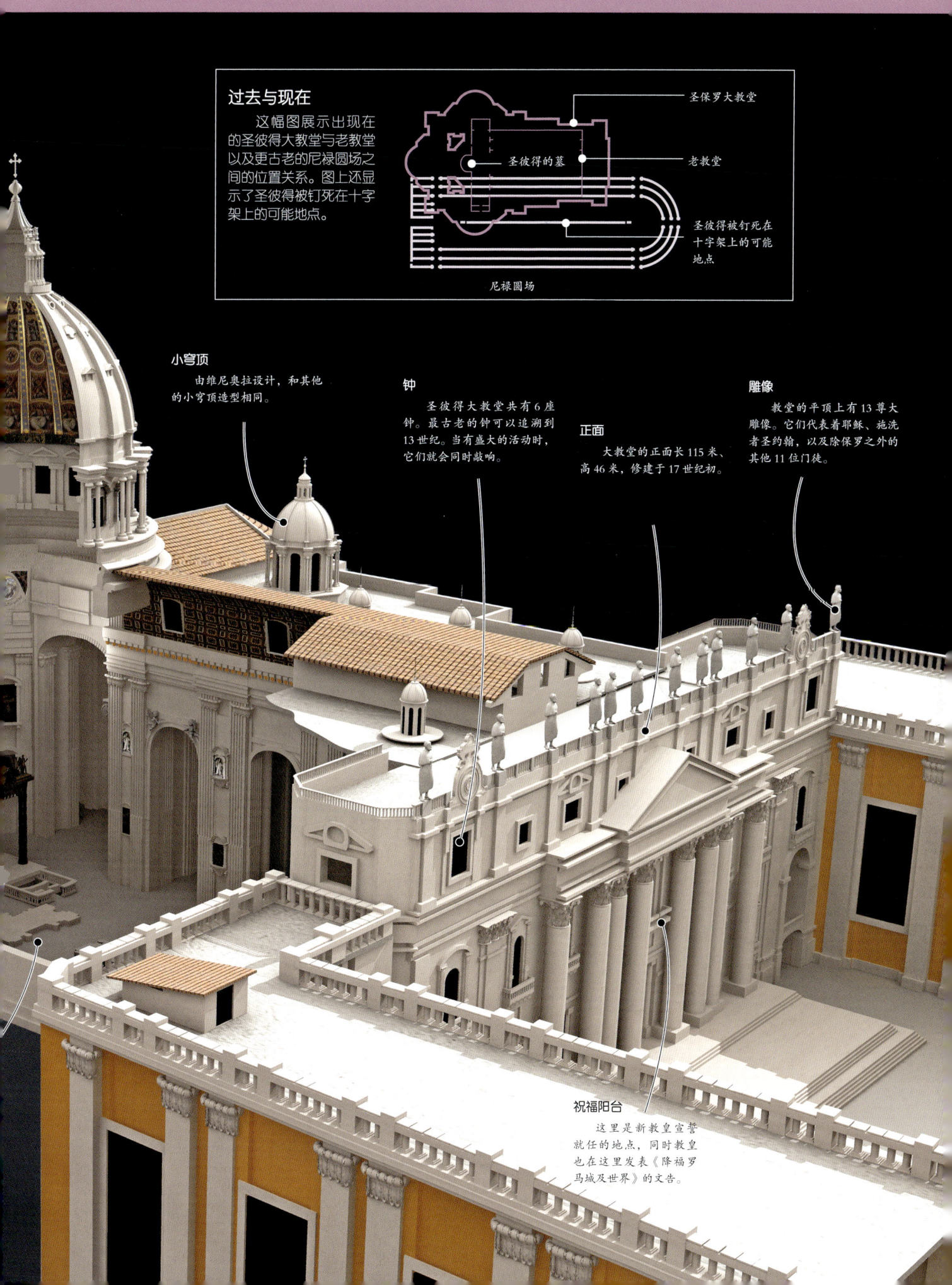

过去与现在

这幅图展示出现在的圣彼得大教堂与老教堂以及更古老的尼禄圆场之间的位置关系。图上还显示了圣彼得被钉死在十字架上的可能地点。

- 圣保罗大教堂
- 圣彼得的墓
- 老教堂
- 圣彼得被钉死在十字架上的可能地点
- 尼禄圆场

小穹顶

由维尼奥拉设计，和其他的小穹顶造型相同。

钟

圣彼得大教堂共有6座钟。最古老的钟可以追溯到13世纪。当有盛大的活动时，它们就会同时敲响。

正面

大教堂的正面长115米、高46米，修建于17世纪初。

雕像

教堂的平顶上有13尊大雕像。它们代表着耶稣、施洗者圣约翰，以及除保罗之外的其他11位门徒。

祝福阳台

这里是新教皇宣誓就任的地点，同时教皇也在这里发表《降福罗马城及世界》的文告。

它们是如何运转的

故 宫

在长达 500 多年的时间里，故宫（旧称紫禁城）一直是中国明朝（1368-1644）和清朝（1644-1912）的权力中心。故宫位于老北京城的中心，它并不是一座城市，而是世界上最大的宫殿建筑群，占地 0.72 平方千米。明朝时北京分为不同的区，故宫就位于北京城的中轴线上。普通人生活在北京城之外，高官才能居住在城里。只有生在帝王家的人才能住在北京城中心的故宫之内。普通人擅闯故宫就会被处死。

皇帝的宫殿

这个皇家宫殿建筑群修建于 1406–1420 年间。它曾经是明朝和清朝 24 位皇帝的皇宫。它分为两个部分：南边的外朝和北边的内廷。内廷是皇帝和他的家人以及宦官、仆人生活的地方。

1 000 000

故宫建设的最初阶段动用了 100 万名工人。之后又动用了 10 万名工匠将其完成。

建筑 65

1 500 千米

故宫所用的原木是从四川的森林里砍伐,并经过 1 500 千米的距离运到北京的。

装饰细节
故宫建筑的绝大部分是用木头建造的。房顶由坚固的柱子支撑。房顶和墙壁上的装饰细节令人叹为观止。

雕像
故宫内的动物雕像都有其象征意义:青铜狮子护卫宫殿;龙象征圣德与王权;仙鹤代表着皇帝和皇权延年不衰。

① 三大殿
太和殿是故宫建筑群中最重要的宫殿。

② 房屋
故宫内有超过 9 000 座宫殿和木制房屋。它们南北取直、左右对称分布。

③ 防御
故宫四周环绕着一条深 6 米、宽 52 米的护城河。

④ 精英的殿堂
这里是皇家宫殿。屋顶是黄色琉璃瓦,象征着天子的颜色。

⑤ 城墙
故宫四周环绕着一条护城河以及一堵高 10 米的城墙。城墙的 4 个角上分别有 4 个角楼。

瓦
所有的房屋无一例外全部装饰着黄色琉璃瓦,这是皇帝才能用的颜色。

↓ 龙椅
太和殿中的龙椅仅用于特定的仪式中,例如皇帝的生日、新年,以及派兵出征前。和其他的宫殿一样,太和殿也是坐北朝南,这样能使室内光线较明亮。

它们是如何运转的

德国国会大厦

　　20世纪末，德国国会大厦按照新文艺复兴式的建筑风格进行了彻底修缮。它不仅是一座历史悠久的建筑，还是柏林著名的旅游景点之一。重修之后的国会大厦成为德国联邦议院的会址。最初的国会大厦修建于19世纪末德国统一时期，在第二次世界大战中遭到了严重毁坏。在第二次世界大战后的几十年中，国会大厦基本上处于闲置状态。20世纪90年代为了庆祝德国统一，由英国建筑家诺曼·弗斯特主持，重新设计、修缮了国会大厦。

↑ 内部
　　国会大厦的内部在1994至1996年间被重新设计，建造时使用了大量混凝土、玻璃和钢材。现代化的装修风格既明亮又节能，建筑内不同的区域还使用了不同的颜色。

正面
由保罗·瓦洛特按照新文艺复兴风格设计。正面的入口由阶梯和柯林斯式的圆柱装饰。

弗斯特的杰作
　　国会大厦最初由保罗·瓦洛特设计，并于1894年建成。然而，它现在的外观却是由在1993年公开招标中胜出的英国建筑家诺曼·弗斯特重新修建的。

全体会议大厅
这个大厅位于国会大厦的中心位置，约1 200平方米。尽管会议大厅已经完全改建，但是大厅中央悬挂着的联邦鹰还是能表现出对这座建筑前身的致敬。游客们能够通过大厅上方的穹顶观看下面的会议现场。

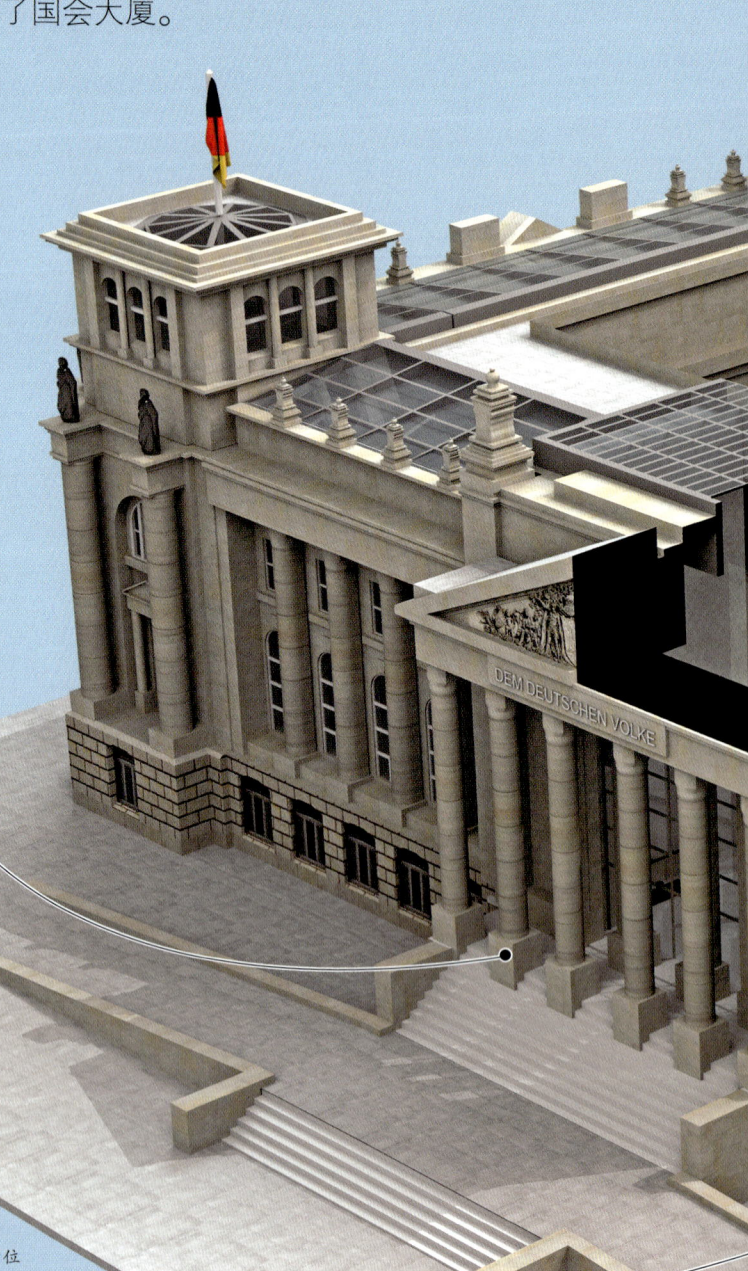

建 筑 67

坎坷的历史

国会大厦的变迁印证了德国 20 世纪的坎坷历史。它最初是为了德意志帝国的议会而设计的，然而随着纳粹的崛起，它丧失了原本的作用，直到 1999 年才再一次成了议会的所在地。

1933 年的纵火案

1933 年，在希特勒就任总理不久，一场不知起源的大火使国会大厦遭受到严重的毁坏。此后，它不再被用于举行议会会议。

第二次世界大战

战争的炮火使国会大厦几乎成为废墟。尽管在 20 世纪 60 年代进行过重建，但直到德国统一后它才成为德国联邦议院的会址。

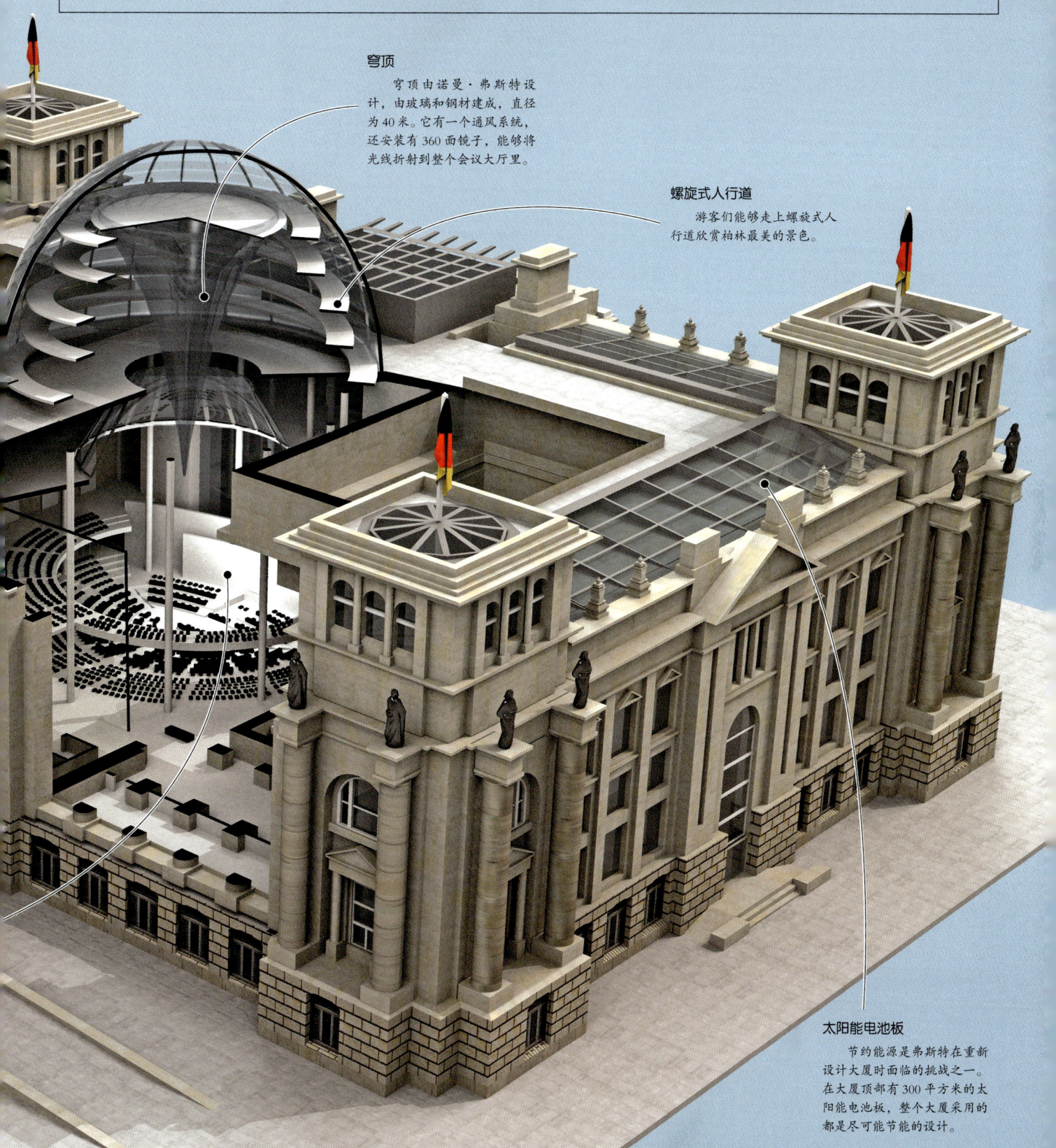

穹顶

穹顶由诺曼·弗斯特设计，由玻璃和钢材建成，直径为 40 米。它有一个通风系统，还安装有 360 面镜子，能够将光线折射到整个会议大厅里。

螺旋式人行道

游客们能够走上螺旋式人行道欣赏柏林最美的景色。

太阳能电池板

节约能源是弗斯特在重新设计大厦时面临的挑战之一。在大厦顶部有 300 平方米的太阳能电池板，整个大厦采用的都是尽可能节能的设计。

它们是如何运转的

圣索菲亚大教堂

　　4世纪期间，罗马帝国的首都由罗马迁到了君士坦丁堡（现称伊斯坦布尔），罗马帝国东西分治，拜占庭帝国开始崛起。6世纪前后，查士丁尼一世征服了地中海沿岸的大部分地区，收复了古罗马帝国的疆土，拜占庭帝国达到了鼎盛。查士丁尼下令修建了一些具有纪念意义的拜占庭式建筑。这些建筑受到了罗马和中东的双重影响，并具有浓厚的宗教意义。

圣索菲亚大教堂

　　查士丁尼一世下令修建了圣索菲亚大教堂。这是一座美丽的基督教大教堂。教堂中央有一个巨大的穹顶，这座大教堂在之后的1 000年中都是无与伦比的。1453年，圣索菲亚大教堂转变为了清真寺。1931年这座宗教建筑成了一座博物馆。

伟大的方案

　　修建穹顶对旧时代的建造者来说通常是一个难题。在圣索菲亚大教堂中，建造者们设计了一套复杂的承载力转移体系，如图中箭头所示。

半穹顶

　　帮助支撑中央穹顶，与另外的半穹顶和拱顶相互支撑，从而把穹顶的重量转移到墙体。

外部构造

　　大教堂的外墙全是灰泥墙，看起来像金字塔的外表一样，只有塔是由石头建成的。朴素的外墙与内部的奢华构成了鲜明的对比。

↑ 光芒闪耀

　　现在，圣索菲亚大教堂依旧容光焕发。长达20年的深入修复于2010年完工。这次修复复原了穹顶上镶嵌的金色马赛克画。

拱廊

　　外庭院内有5个拱廊，每个拱廊都由传统的石柱支撑，此外还有一个大型的洗礼台。

建 筑 69

帆拱
这是一个创新性的设计，它利用三角四面砖石把穹顶架设在4根巨型方柱以及柱子之间的圆拱壁之上。

穹顶
这是大教堂最别具一格之处。它高达55米、直径31米。它曾经在558年倒塌。重新设计的穹顶利用多孔砖来减轻重量。

扶壁墩
用来加固扶壁，能够减轻墙体的承重量。利用这种设计，外墙上就可以开凿许多窗户。

采光
光线透过中央穹顶底部的一圈40个窗洞照进教堂内部，营造出了让人印象深刻的内部氛围。

内部装饰
最初的教堂内部装饰着多彩的马赛克镶嵌画，铺砌着大理石砖，这种装潢能够利用光的折射增强教堂内的采光。

柱廊
多层的柱席由五颜六色的大理石圆柱相隔，柱头有雕花装饰。

内部结构
圣索菲亚大教堂有一个巨大的中央殿堂，还有两条装饰奢华的柱廊。

它们是如何运转的

贝尔兹大会堂

贝尔兹大会堂作为一个供犹太教开会、祈祷和学习的地方，它的由来尚不明确。犹太教据称是最古老的一神教。大会堂很可能在公元前700年就已经存在了。20世纪80年代贝尔兹哈西德派开始修建贝尔兹大会堂，2000年投入使用。耶路撒冷的贝尔兹大会堂是世界上最大的大会堂之一，共有6 000个座位。贝尔兹大会堂属于犹太教分支哈西德派（东正教），拥有最华丽的约柜之一。

吊灯

贝尔兹大会堂有9盏吊灯。它们高5.5米、直径3.4米。每盏灯上有200 000颗捷克水晶。

自由风格

贝尔兹大会堂并没有预设的建筑风格，这种建筑通常会根据当地流行的风格和建造时的历史背景来设计。不过，大会堂的一些建筑元素体现出了对所罗门神殿的致敬。

主殿

只在最重要的节日庆典和安息日使用。

入口

大会堂有4个入口，通过建筑周围小山丘中的4条街道就可以到达入口。

学习

贝尔兹大会堂设有多个学习场所。

← 创作灵感

耶路撒冷的贝尔兹大会堂是受到修建于1843年的乌克兰贝尔兹犹太会堂启发而建的。那个会堂有5 000个座位，在1939年纳粹入侵时被毁坏。

建 筑 71

重要元素

这些是所有犹太大会堂共有的常见重要元素：

1 犹太教灯台
7支分支烛台的灵感可能来自于摩西在西奈山看到的燃烧的荆棘。

2 律法卷轴
这是犹太教的圣书。

3 约柜
用于存放律法卷轴。

4 拉比的座椅

5 诵经台
这是诵读经文时站立的高于地面的平台。

6 讲道台

7 小会堂
这是平时举办庆典活动的地方。

约柜
这是一个高12米、重20吨的木制箱子。它能够放入70至100卷律法卷轴。

地面
由花岗岩和大理石铺设而成。

它们是如何运转的

圣墓教堂

圣墓教堂与天主教和东正教都有着密切的联系，因为根据福音书，这里是基督受难、安葬和复活的地方。它位于耶路撒冷旧城，地处东部（阿拉伯人）和西部（犹太人）之间。圣墓教堂是基督教的圣地之一，从 4 世纪开始就成了朝圣的中心。如今它是东正教耶路撒冷主教的主教座堂。

重建

326 年，基督教成为罗马帝国的国教后，君士坦丁一世在基督受难和复活之地修建了圣墓教堂。这座教堂屡遭战争毁坏，已经重建了许多次。

主穹顶

它是拜占庭式风格，包括一个半圆的穹顶。

修道院的房间

教堂附加的部分，远离中央殿堂。许多房间有小型的私人礼拜堂供修道士使用。

修道院

自从 451 年卡尔顿公会议之后，这里就成为一座独立的科普特教堂。它保持着东正教最纯正的信仰和教义。

神圣之地

为了保护这个基督受难和复活的地点，拜占庭人在曾经安放基督遗体的石头之上修建了圣殿，让这个地方高于基督的坟墓和他受难的各各他山。

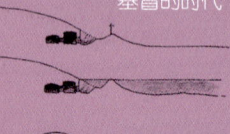

基督的时代

这里仍然是一座古老的维纳斯神庙，可以追溯到 2 世纪。

5 世纪时，人们在这个圣墓之上修建了圣殿。

低处的墙

低处的墙是用石头砌成的，而为了减轻重量，高处的墙则是由砖块建成的。由于砖块易碎，所以墙体经常出现细小的塌落。

建 筑 73

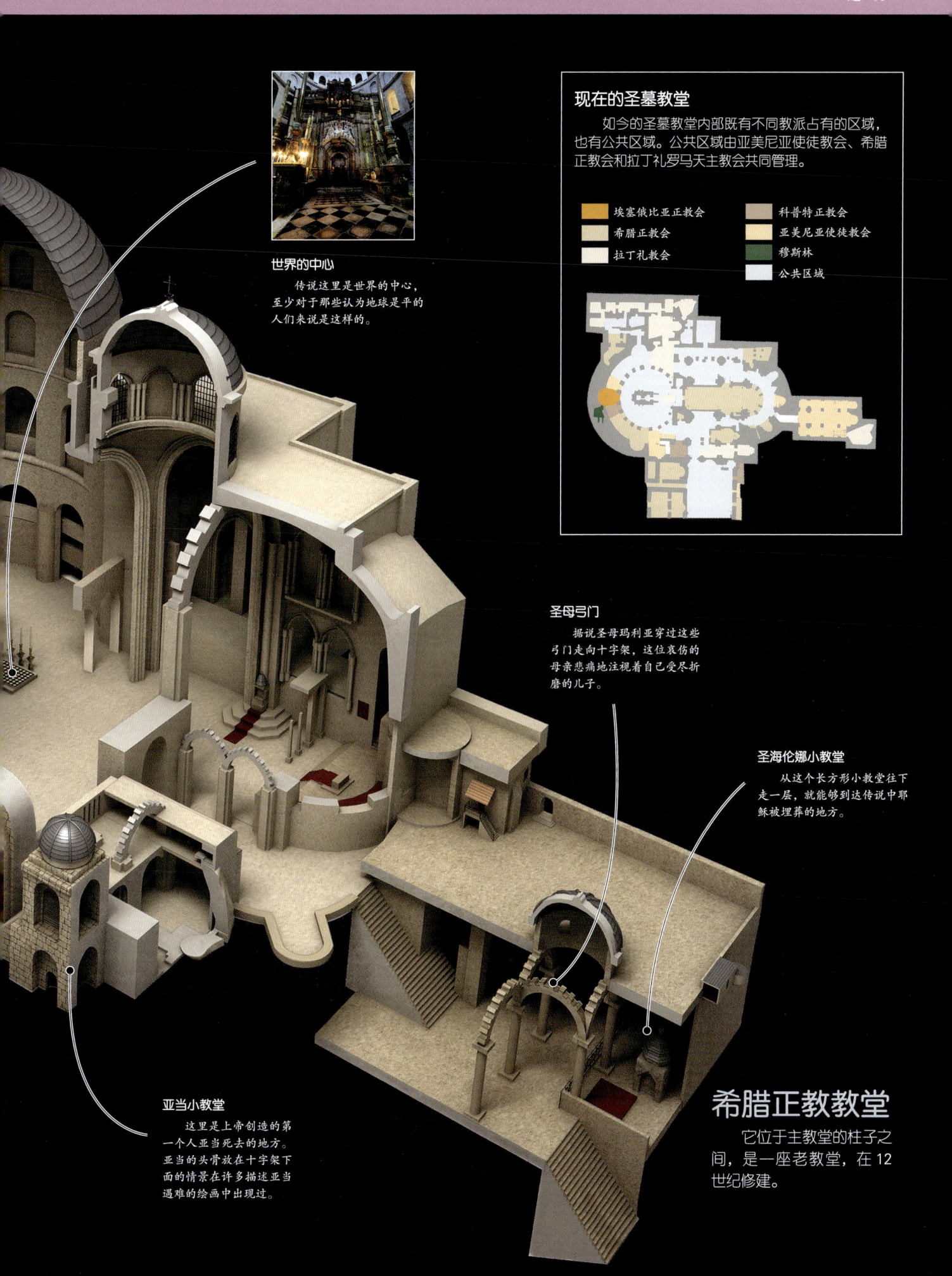

世界的中心
传说这里是世界的中心，至少对于那些认为地球是平的人们来说是这样的。

现在的圣墓教堂
如今的圣墓教堂内部既有不同教派占有的区域，也有公共区域。公共区域由亚美尼亚使徒教会、希腊正教会和拉丁礼罗马天主教会共同管理。

- 埃塞俄比亚正教会
- 希腊正教会
- 拉丁礼教会
- 科普特正教会
- 亚美尼亚使徒教会
- 穆斯林
- 公共区域

圣母弓门
据说圣母玛利亚穿过这些弓门走向十字架，这位哀伤的母亲悲痛地注视着自己受尽折磨的儿子。

圣海伦娜小教堂
从这个长方形小教堂往下走一层，就能够到达传说中耶稣被埋葬的地方。

亚当小教堂
这里是上帝创造的第一个人亚当死去的地方。亚当的头骨放在十字架下面的情景在许多描述亚当遇难的绘画中出现过。

希腊正教教堂
它位于主教堂的柱子之间，是一座老教堂，在12世纪修建。

它们是如何运转的

悉尼歌剧院

悉尼歌剧院是 20 世纪最具特色的标志性建筑之一，由约恩·乌松设计。它于 1973 年正式落成，在 2007 年被列入世界文化遗产。它的内部有 1 个歌剧院、1 个音乐厅、不同大小的剧场、1 个展览区，以及 1 个图书馆。贝壳状的屋顶沿着同一轴线排列，分别覆盖着 3 栋建筑。所有的屋顶都建在同一基座上。

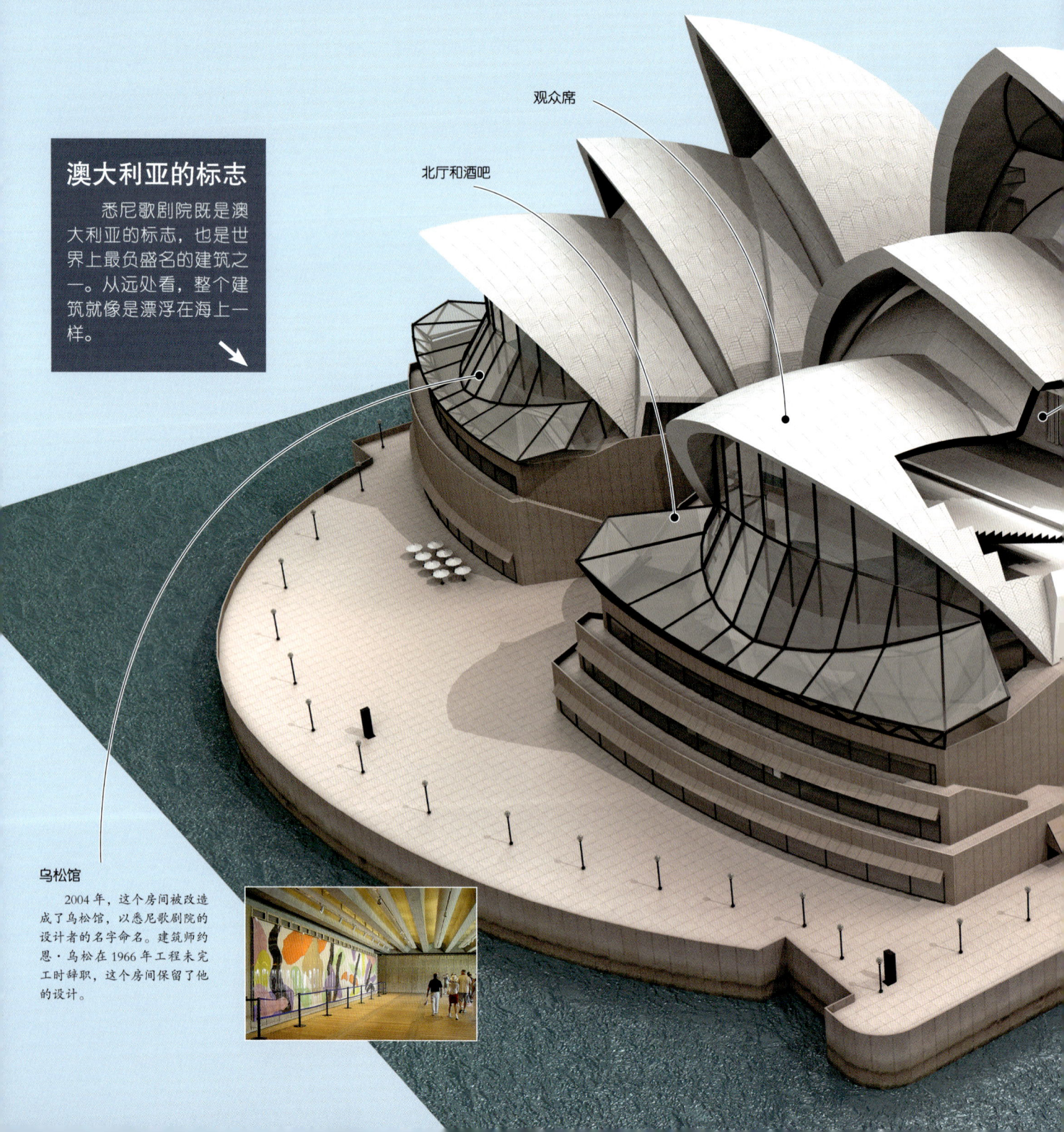

澳大利亚的标志

悉尼歌剧院既是澳大利亚的标志，也是世界上最负盛名的建筑之一。从远处看，整个建筑就像是漂浮在海上一样。

观众席

北厅和酒吧

乌松馆

2004 年，这个房间被改造成了乌松馆，以悉尼歌剧院的设计者的名字命名。建筑师约恩·乌松在 1966 年工程未完工时辞职，这个房间保留了他的设计。

建 筑 75

奥林匹克歌剧院
在 2000 年悉尼奥运会举办期间，铁人三项的游泳比赛在歌剧院的海边举行，自行车和跑步比赛在附近的皇家植物园举行。

音乐厅
这是悉尼歌剧院里最大的 5 个厅之一。交响乐、歌剧、芭蕾舞和具有高度文化价值的戏剧都会在这里上演。

拱顶
这些拱顶由一个钢筋混凝土的肋骨系统支撑，表面贴有 100 多万片纯白色和乳白色的瓷砖。

233

歌剧院的建造最初收到了 233 份设计方案，最终建筑师约恩·乌松胜出。

南厅和酒吧

餐厅
客人们能够在名厨纪尧姆·普拉希米的餐厅中一边品尝法式大餐，一边欣赏窗外的美景。歌剧院中还有另外 3 个餐厅和 6 个酒吧。

舞台

基座
这个坚固的基座上分布着各种服务室：化妆间、更衣室、储藏室、办公区和图书馆。

舞台边厢
舞台
南厅和酒吧
北厅和酒吧
观众席
化妆间
乐池
储藏室

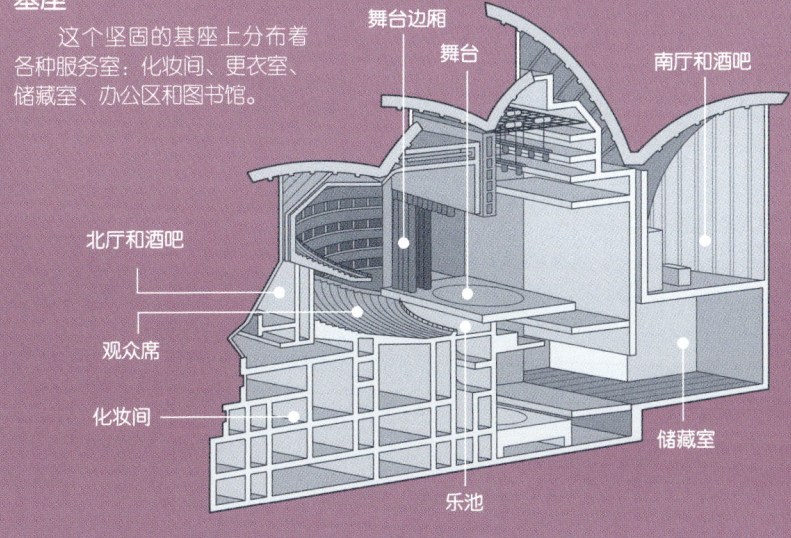

阿拉伯塔酒店

阿拉伯塔酒店矗立于阿拉伯联合酋长国的人工岛上，设计的灵感来自于帆船、海航的传统以及迪拜的旧船只。这栋奇迹式的建筑是世界上为数不多的七星级酒店之一，它实现了最先进技术、混凝土、钢筋、玻璃和巨型的玻璃纤维纺织布的完美结合。阿拉伯塔酒店高321米，从酒店的202间豪华套房里能够俯瞰波斯湾。

巨大的风帆

阿拉伯塔酒店的造型受到了帆船的启发，它的主要结构是靠一种叫作泰良的特殊纤维材料建成的。这种材料通过在玻璃纤维上覆盖特氟龙制成，可以使建筑结构抵御风、尘土和沙漠地区的高温。它的表面约有15 000平方米，被分成了12块。

15 000 平方米

阿拉伯塔酒店的巨型玻璃纤维纺织布的面积为15 000平方米，被分为12块。

↑ 灯光

灯光随着夜色的降临能够变换出150种颜色。整个巨大的帆船大楼外表都安装有灯。

降温效应

由于该地区强烈的日照和高温，酒店前面的区域覆盖有特殊的双层白色涂层，它能够使光线进入建筑内部，同时又能反射太阳的部分热量。

套间

阿拉伯塔酒店拥有202间豪华套房，面积介于169平方米至780平方米之间。这些套房中配备着先进的科技，位于建筑的两翼之间，由大型的钢材结构支撑。

↓ 直升机停机坪

这个停机坪高212米。2005年2月迪拜网球公开赛期间，罗杰·费德勒和安德烈·阿加西曾在这里进行网球比赛。

人工岛

人工岛由打入海底45米的250根基柱支撑。这个岛呈三角形，边长150米。

设计

岛的边缘有很多坑洞，可以使海水冲击的力量减弱。

建 筑 77

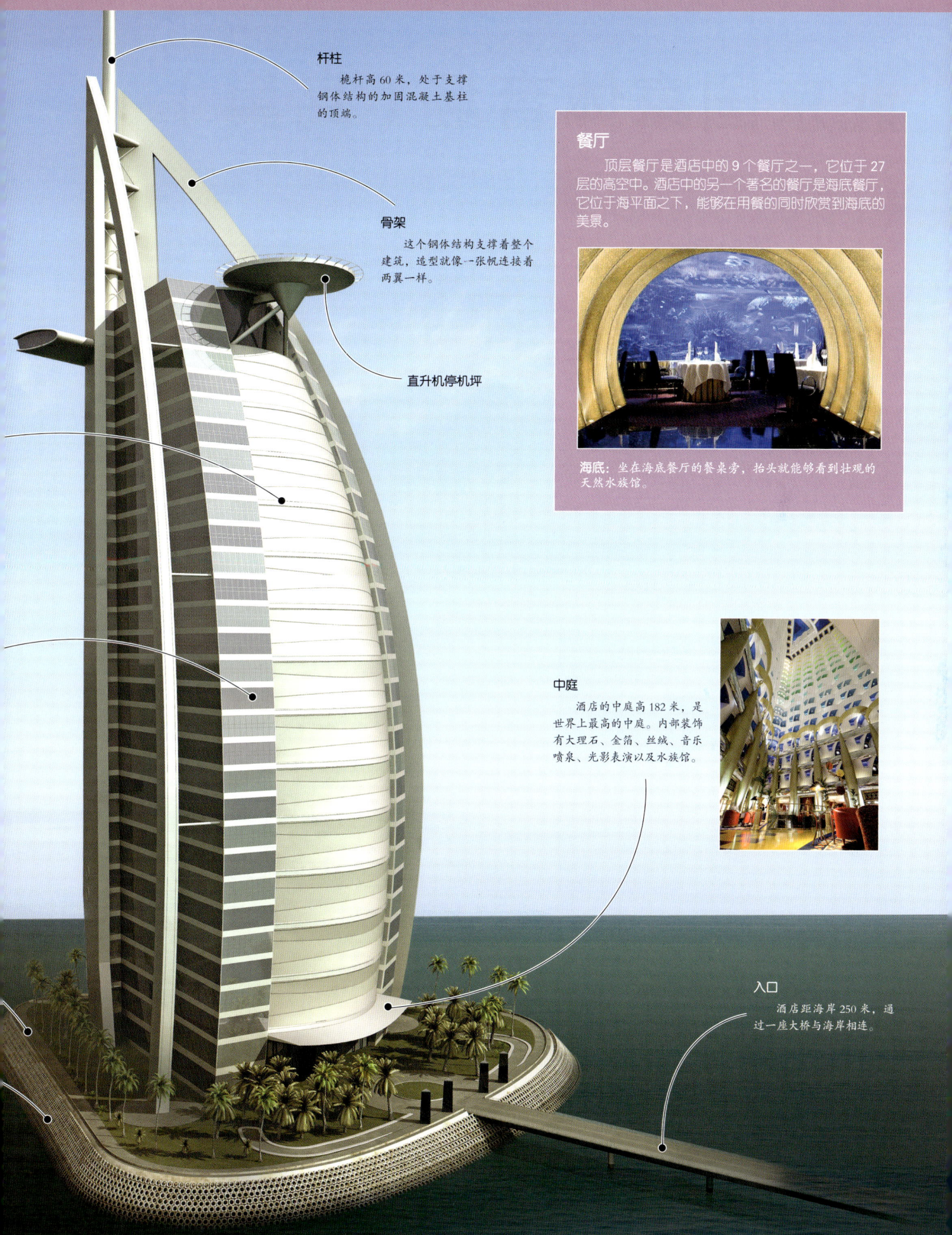

杆柱
桅杆高60米，处于支撑钢体结构的加固混凝土基柱的顶端。

骨架
这个钢体结构支撑着整个建筑，造型就像一张帆连接着两翼一样。

直升机停机坪

餐厅
顶层餐厅是酒店中的9个餐厅之一，它位于27层的高空中。酒店中的另一个著名的餐厅是海底餐厅，它位于海平面之下，能够在用餐的同时欣赏到海底的美景。

海底： 坐在海底餐厅的餐桌旁，抬头就能够看到壮观的天然水族馆。

中庭
酒店的中庭高182米，是世界上最高的中庭。内部装饰有大理石、金箔、丝绒、音乐喷泉、光影表演以及水族馆。

入口
酒店距海岸250米，通过一座大桥与海岸相连。

它们是如何运转的

北京国家体育场（鸟巢）

最近几十年来，大型体育赛事的盛行，及其附加的巨大商业效益，带动了一系列大型体育场馆的建设。这些投入巨资的建筑瑰宝在各个层面都装备着最先进的技术。北京国家体育场（鸟巢）就是一个典型的例子，它是2008年奥林匹克运动会的主体育场。4年一届的奥林匹克运动会是一场世界盛会，主办国会竭尽全力建设最好的体育场馆供比赛用。

建造
大约17 000名工人参与了体育场的建设。

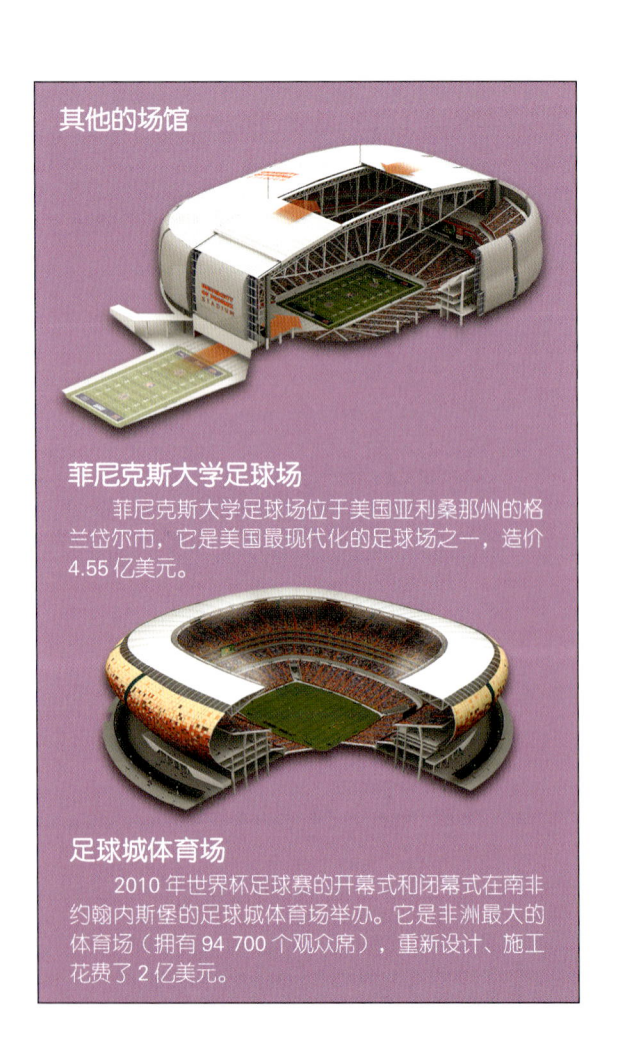

其他的场馆

菲尼克斯大学足球场
菲尼克斯大学足球场位于美国亚利桑那州的格兰岱尔市，它是美国最现代化的足球场之一，造价4.55亿美元。

足球城体育场
2010年世界杯足球赛的开幕式和闭幕式在南非约翰内斯堡的足球城体育场举办。它是非洲最大的体育场（拥有94 700个观众席），重新设计、施工花费了2亿美元。

钢材
建造体育场所用的钢材总长36千米。

用途

大型的体育场馆也被用作其他活动，例如音乐会、大型政治集会等。

建筑 79

鸟巢
体育场长 330 米，宽 296 米，高 69 米，可容纳 80 000 名观众。

膜
体育场的顶部覆盖着透明的双层膜。

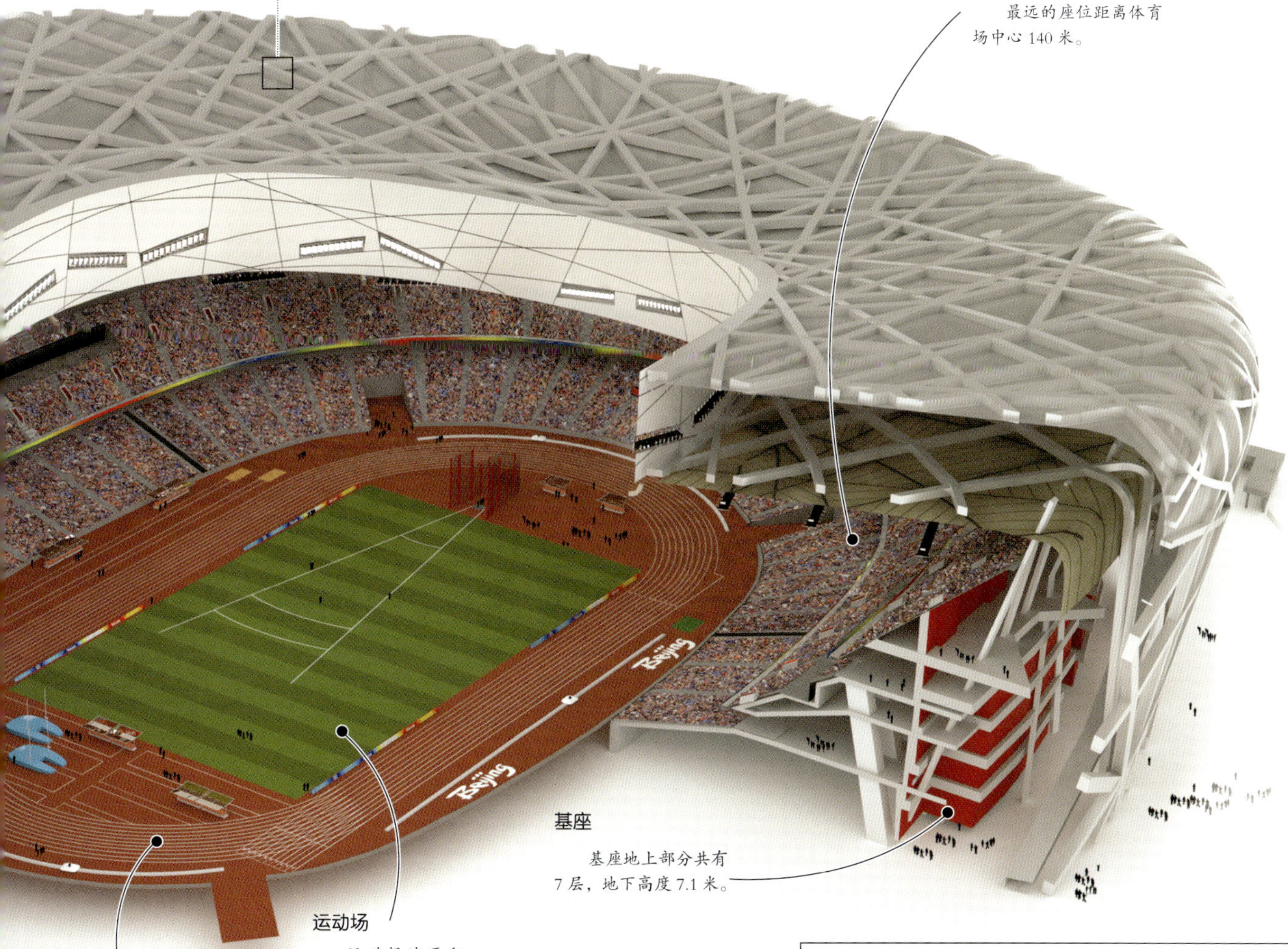

奥林匹克体育场
北京国家体育场由瑞士赫尔佐格和德梅隆公司设计。因其独特的造型，它也被称为"鸟巢"。这个体育场共耗资 4.2 亿美元，专为北京奥林匹克运动会而建，历时四年半完工。

公共区域
最远的座位距离体育场中心 140 米。

基座
基座地上部分共有 7 层，地下高度 7.1 米。

运动场
运动场地面积为 7 800 平方米。

田径跑道
共有 9 条跑道，每条跑道长 400 米。

占地面积：0.258 平方千米

节能
顶层的高强度塑料膜既有良好的透光性，又能够节约能源。

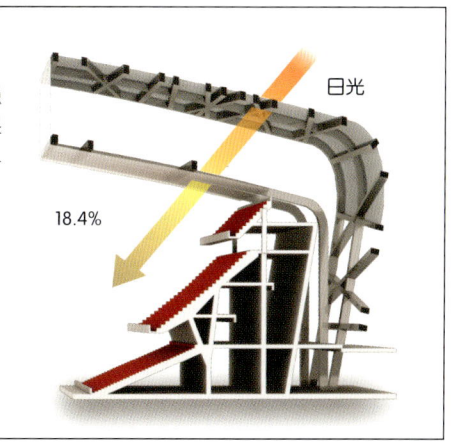

日光

18.4%

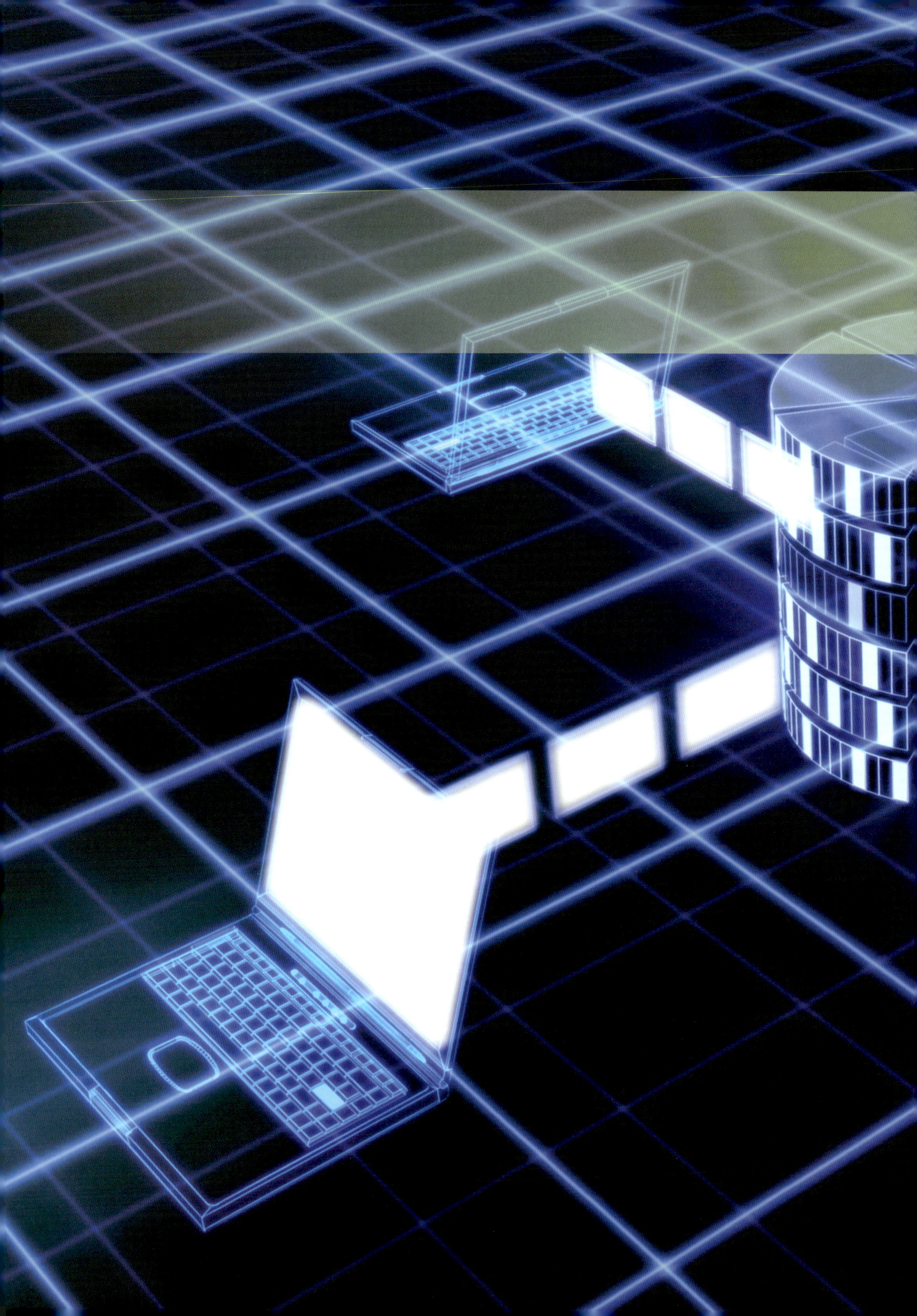

通 信

它们是如何运转的

电报机

电报机曾经改变了通信科技，而且改变了整个人类社会的生活方式。如今，电报机已经成了博物馆里的收藏品，但是它在 19 世纪初刚被发明时，就引发了一次技术革命。有史以来，信息第一次能够跨越漫长的距离，被实时地发送和接收。电报机的运营成本很低，但是它的制造成本却很高，至少在发明初期如此。在电报机发明初期，信息只能在有实际线路连接的两点之间进行传送。随着时间流逝，科技进步，线路被淘汰，电报从此可以在没有实际线路连接的地方之间传送。

电池
它用来储存电能，以供脉冲发生器工作。

点和线

尽管电报机设计样式各不相同，但是它们都保持着最初的基本理念。当电报员发送脉冲和切断电路时，电报机就会向接收端发送电信号。在接收电台，一根电磁铁根据收到的信号用敲击针在纸带上打孔标记。

脉冲发生器
它由电报员操控。当它被按下时，电流就会流经电线。短脉冲代表点，长脉冲代表破折号。

↑ **电传打字电报机**
电传打字电报机是 20 世纪常见的改进版电报机。电传打字电报机不需要用电线连接，还可以同时接收多条信息。有的型号甚至还带有显示器！

1874

这一年，托马斯·爱迪生为双路电报机申请了专利。这使得使用者可以同时传送多条信息。

通 信 83

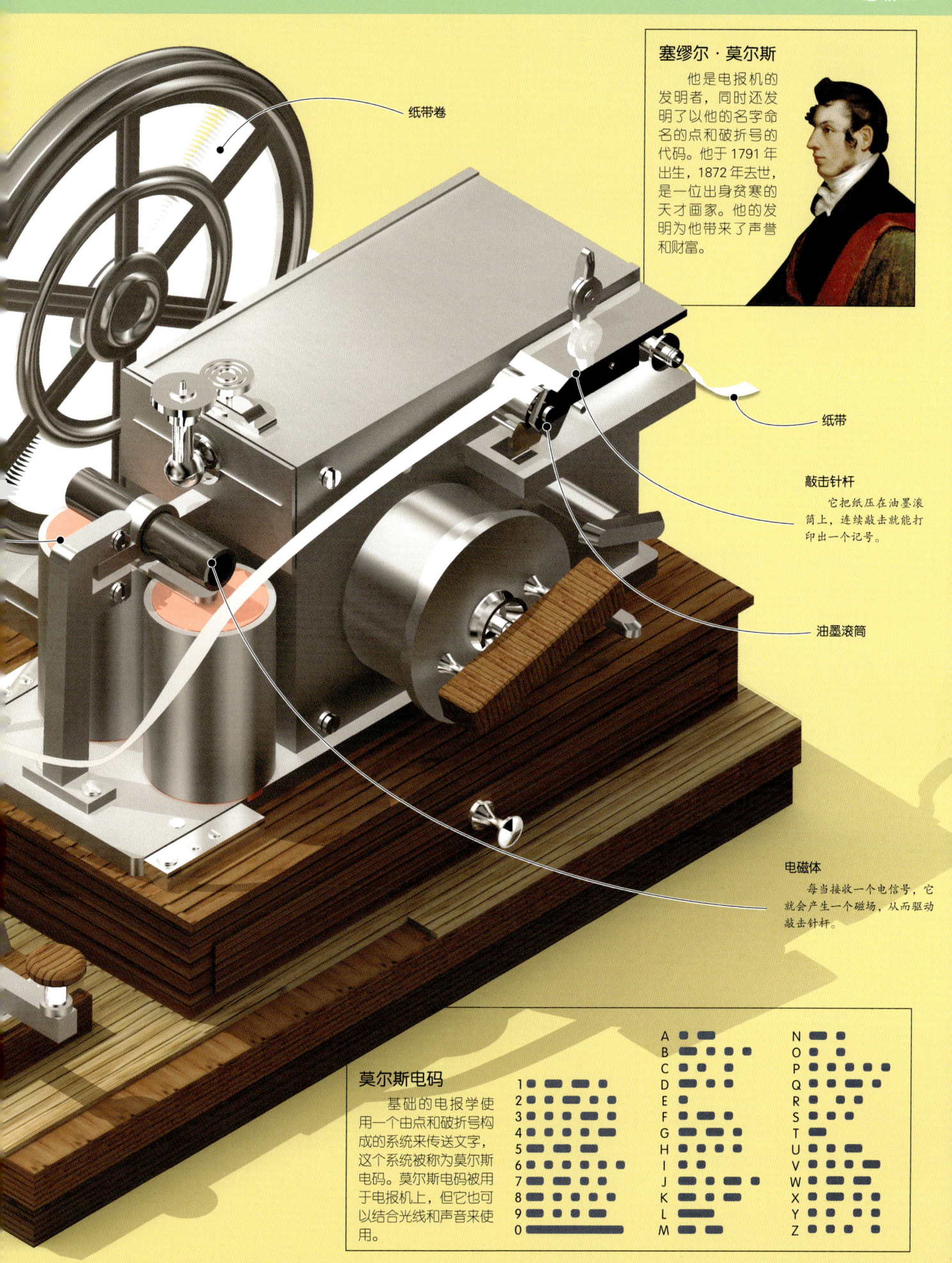

塞缪尔·莫尔斯

他是电报机的发明者，同时还发明了以他的名字命名的点和破折号的代码。他于1791年出生，1872年去世，是一位出身贫寒的天才画家。他的发明为他带来了声誉和财富。

纸带卷

纸带

敲击针杆
它把纸压在油墨滚筒上，连续敲击就能打印出一个记号。

油墨滚筒

电磁体
每当接收一个电信号，它就会产生一个磁场，从而驱动敲击针杆。

莫尔斯电码

基础的电报学使用一个由点和破折号构成的系统来传送文字，这个系统被称为莫尔斯电码。莫尔斯电码被用于电报机上，但它也可以结合光线和声音来使用。

它们是如何运转的

电　话

　　如果没有电话，我们如今所熟知的世界将会不复存在。电话无论是在家里还是在办公室都随处可见。自从移动电话出现之后，电话也可以被放在人们的口袋里随身携带了。电话发明于 19 世纪 70 年代。它的发明彻底改变了人们的交流方式——将距离拉近，实现了超远地理区域之间的直接交流。

电子线路
　　它们调整并放大信号以方便收听。

简单的原理
　　说话者的声音被转换成电信号，通过线路传送，然后再转换为声音，使接收者可以听到。自从电话发明以来，它的技术有了很大的提高，但是基本的原理却一直没有改变。

开关
　　拿起话筒的那一刻，它便激活了与本地电话交换机之间的联系，从而连接通话。

听筒
　　它随着电流振动，把从线路另一端传来的电信号还原成声音。

1963
按键式拨号电话公布于众，为普通用户提供了更简便的电话技术。

不同的通话方式
　　根据电话通话距离的远近和电话的类型，通话方式也有所不同。

固定电话
　　这种电话用金属网线连接，例如铜线以及最近几年开始使用的光纤。有时它的通信过程需要卫星参与。

移动电话
　　它只能在有限的范围内与地面天线连接。移动电话塔之间共同协作，如果通话者离开了覆盖范围，它们就会把信号传递至其他的信号塔。

卫星电话
　　它直接从卫星接收通信信号，因此它可以在全球任何地方拨打电话，但费用非常昂贵。

← **20 世纪 80 年代**
无线电话允许使用者一边说话一边移动，而无须停留在座机旁边。

通 信 85

1876

这一年，亚历山大·格拉汉姆·贝尔申请了电话的专利。在采用了扩音器后，电话使人们的交流跨越了距离限制。

线缆
它接收和发送被转化成电波的声音。

数字按键
每个键被按压时都会发出两种不同频率的音调。两种音调的组合代表着特定的数字。

话筒
它能把说话时的声波振动转化成电波，紧接着电话会把电波放大。

音调和脉冲

在电话发明之初，拨号是通过旋转式拨号盘来实现的。到了 20 世纪 80 年代，电话几乎全部采用按键拨号。

旋转式拨号
它依靠的是一个机械装置，这个装置能够根据转动量向电话交换机表明每个数字。旋转式拨号盘从电话发明之初就开始使用了。

按键式拨号
每个数字都可以发出两种不同频率的声调，以供交换机破解，这不同于电脉冲拨号方式。与旋转式拨号相比，它的错误率更低而且速度更快。

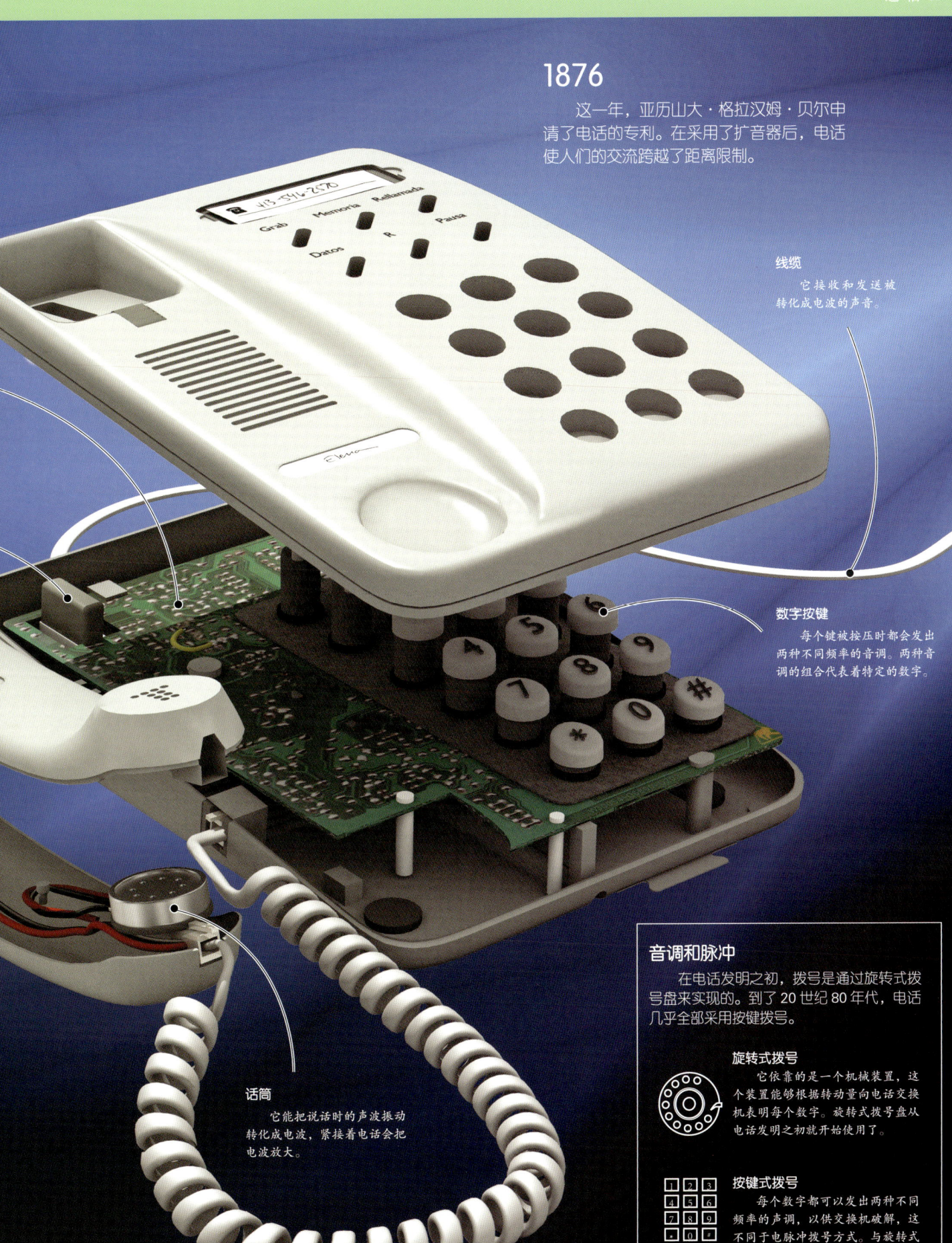

它们是如何运转的

收音机

全球每天收听收音机的人不计其数。19世纪20年代出现的无线电技术革命改变了全世界的文化传播方式，音乐、新闻和系列小说可以在一个地方广播，却在另一个地方被收听。收音机成为人们家里的重要设备，电台主持人则成了值得信赖的信息传播者。收音机这种设备能够接收以电磁波形式传播的无线电，并将其转换成声音。

显著的优势

收音机成功的关键之一在于它的简单性和低成本。最初它用于广播音乐，后来也被用来广播新闻和体育消息。19世纪50年代出现的晶体管推动了便携式收音机的发展。

矿石收音机

它是最初类型的收音机。它使用方铅矿（由硫和铅组成的矿物质）结晶来检测无线电波。它最大的优势在于构造简单，既不需要插电源也不需要安装电池。

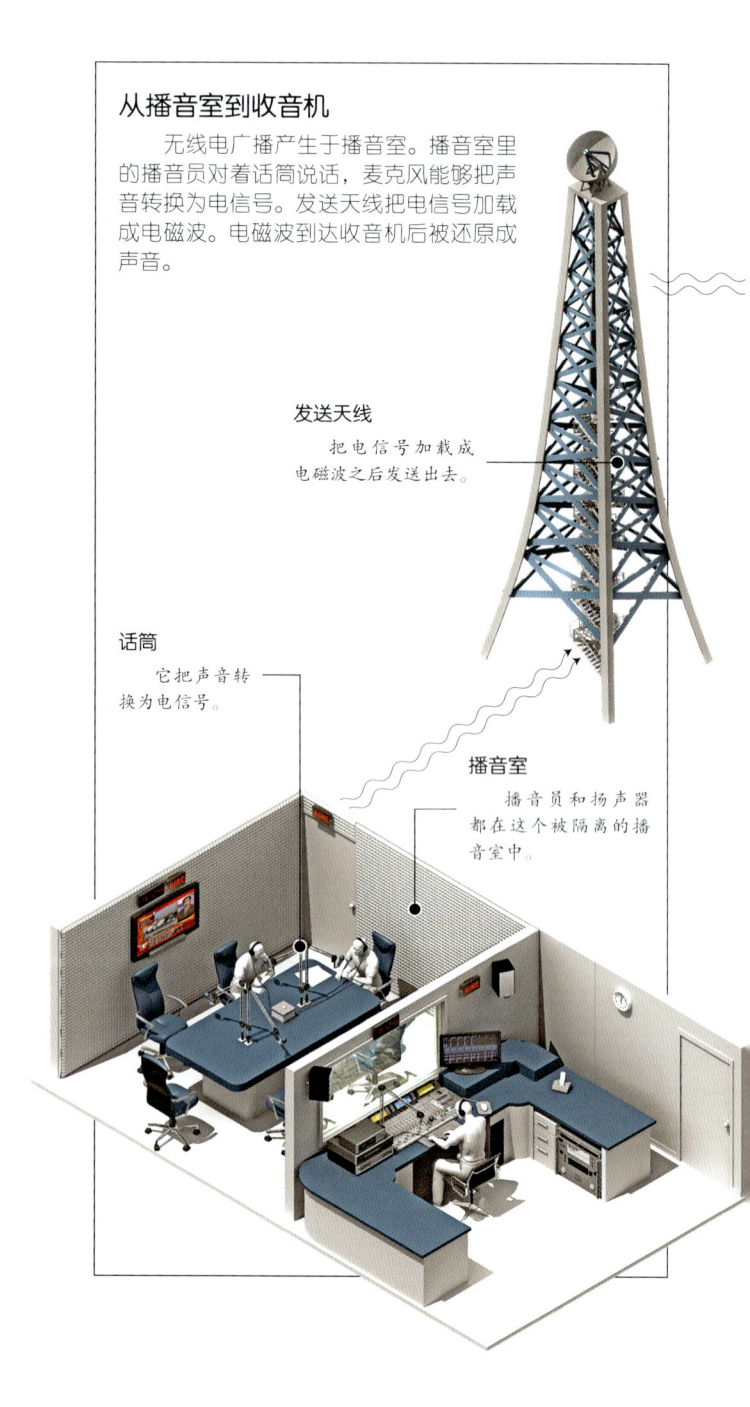

← 海因里希·鲁道夫·赫兹

这位1851年出生于德国的科学家证明了电磁波的存在，并制造了产生电磁波的工具。他在37岁时英年早逝。为了纪念他，国际单位制中频率的单位被命名为"赫兹"。

从播音室到收音机

无线电广播产生于播音室。播音室里的播音员对着话筒说话，麦克风能够把声音转换为电信号。发送天线把电信号加载成电磁波。电磁波到达收音机后被还原成声音。

发送天线
把电信号加载成电磁波之后发送出去。

话筒
它把声音转换为电信号。

播音室
播音员和扬声器都在这个被隔离的播音室中。

收音机

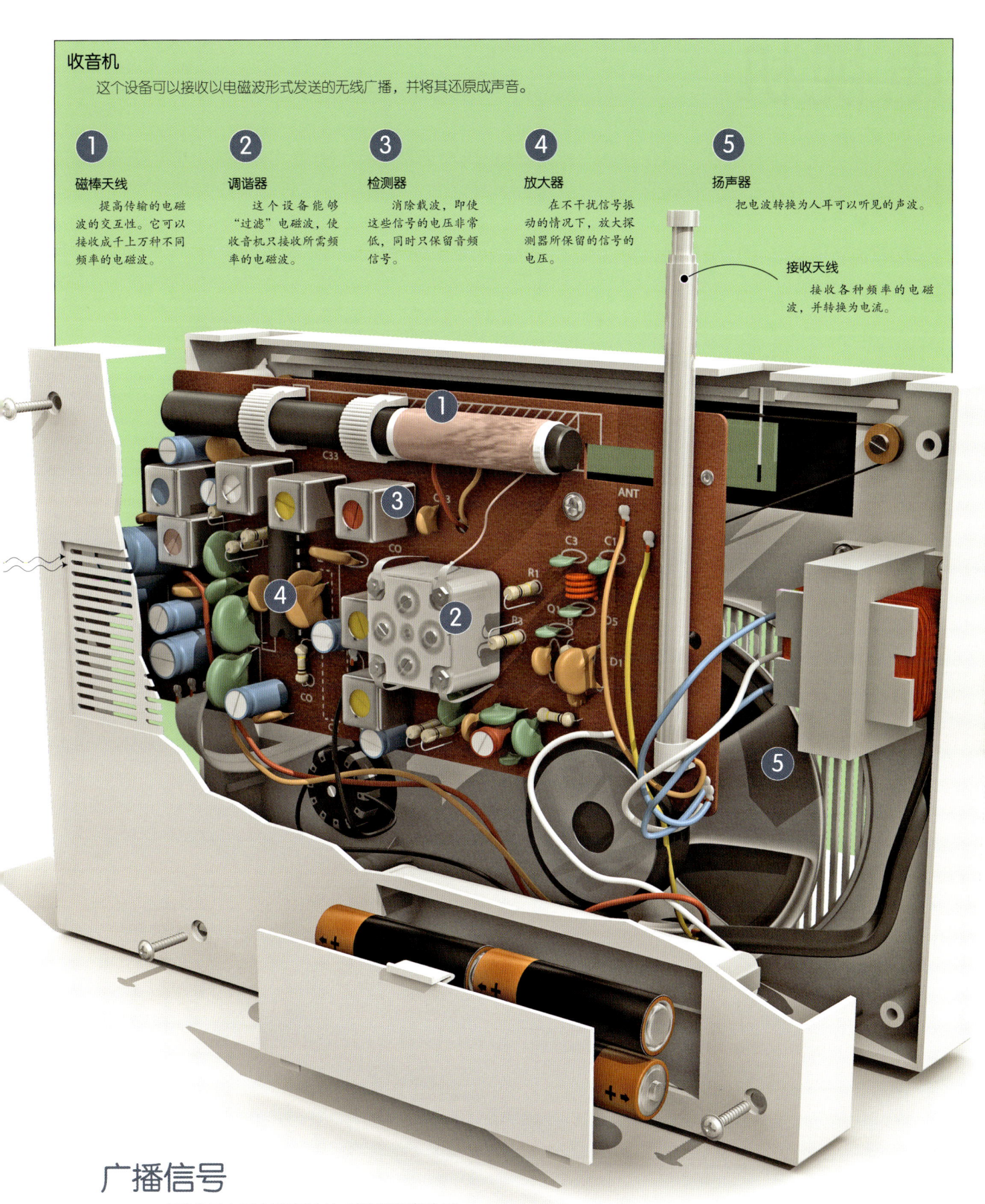

这个设备可以接收以电磁波形式发送的无线广播,并将其还原成声音。

1 磁棒天线
提高传输的电磁波的交互性。它可以接收成千上万种不同频率的电磁波。

2 调谐器
这个设备能够"过滤"电磁波,使收音机只接收所需频率的电磁波。

3 检测器
消除载波,即使这些信号的电压非常低,同时只保留音频信号。

4 放大器
在不干扰信号振动的情况下,放大探测器所保留的信号的电压。

5 扬声器
把电波转换为人耳可以听见的声波。

接收天线
接收各种频率的电磁波,并转换为电流。

广播信号

AM 广播信号由两个要素组成:载波和调制信号。

它们是如何运转的

电视机

在无线电技术被广泛使用仅仅 30 年后,电视机再次带来了社会变革。尽管在 19 世纪末期电视机的技术就已经存在了,但是直到第二次世界大战之后,电视机才在普通大众中广泛流行。如今电视机依然是最具影响力的大众传媒之一。人们对电视机喜恶交加、褒贬不一,对于它在广告和信息传播方面的作用也是各持己见。最先进的技术革新使得电视机变得更大更薄。

屏幕之后

电视接收器是一个可以把无线电信号转化成声音和图像的设备。为了显示彩色图像,早期电视的方法是在电视机屏幕上使用磷化物,这种物质遇到电流就会发光。

尤利乌斯·普吕克

德国数学家和物理学家普吕克是发现阴极射线的先驱。这项发明在多年之后推动了电视机的发展。

屏幕

屏幕含有磷,这种元素遇到电流就会发光。每一个电子光束都能使某一特定颜色的点发光。

这张图片展示了一个放大了很多倍的屏幕的一部分。人眼无法辨别这些点的区别,但是通过改变每一个点的亮度,就可能创造出任意一种颜色。每个点的亮度取决于通过天线到达电视机的电信号的强度。

↑ 重现动作

在标准定义中,每张图像都是一个单独的画面。美国的标准帧频是每秒 30 张画面。每帧画面都有一个奇数场和一个偶数场,对应电视上的分辨率扫描线。画面连续播放就会带来动态效果。

发光层

电子束

红、绿、蓝

图像被分割成一系列平行的线。每条线都是由不同亮度的点组成的。按照色光的三原色原理,它们被分离为三原色:红、绿、蓝。

荫罩

这是用来过滤电子束的金属层,能够把一些特定电子束和其他电子束"分离"。

通信 89

信号的路径

传统的电视信号有两种基本传输方式：通过天线或通过电缆。

通过天线

由高频波组成的电磁信号被发射出去。由于该信号的传播范围很小，所以要使用重发器或联络站。

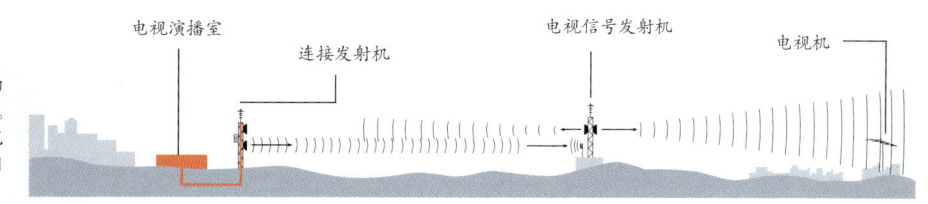

电视演播室　　连接发射机　　电视信号发射机　　电视机

通过电缆

信号通过电缆到达接收处。这种系统的基础设施更加昂贵，但是画质更好。

电子枪

它能够产生3种电子束，发出的光分别呈现出三原色：红、绿、蓝。每种电子束的强度取决于来自天线的信号。

电子束

声音

声音通过使用和FM无线广播同样的技术被编码和传送。

偏转线圈

它们产生的磁场能够控制电子束到达屏幕之前的运动轨迹。

天线

传统的电视有不同尺寸的偶极天线，以便接收来自不同频率的信号。电视机也可以通过电缆接收信号。

它们是如何运转的

传　真

　　20 世纪 80 年代出现的传真风靡了各大企业。本质上，传真可以被视为电子邮件的先驱，因为这是有史以来人类第一次可以在两地之间瞬间传送文本。图像同样可以被传送，但是具有更高的技术难度。传真机的工作过程是把一页文件分解成微小单元，然后自上向下逐行传送。不同亮度的微小单元被目标设备接收并转录。今天，尽管其他相关技术在不断进步，但是传真机依然在全球的办公领域占有一席之地。

三合一

接收和发送传真的设备由 3 部分整合而成：电话、扫描器和打印机。

1985

这一年第一台个人电脑、传真扩充卡 GammaFax 面世。

↑ 1842

这一年，苏格兰发明家亚历山大·贝恩成功传送了写在纸上的信号。贝恩使用了摆钟和他自己发明的设备。

①
扫描仪把页面分解成行，然后检测每一行中的暗点和亮点。

每个部分的高度可达 0.2 毫米。

W B W W W B W B

扫描的结果是形成一系列白色和黑色的点。这个过程被逐行重复，直到文件扫描结束。

②
暗点和亮点变成了电脉冲，接收端的传真机能够在解析信息的同时把信息打印出来。

低音(白点)　　高音(黑点)

③
打印机解析电脉冲，并把点和空白打印在相应的位置。

纽扣键盘
依据设备的不同，用户可以有多种不同的选择。

听筒
它使传真机能当作普通电话使用。

待发送传真的打印托盘

通 信 91

数字键盘

显示屏
能够显示操作信息。

文件进纸器

接收传真的打印托盘

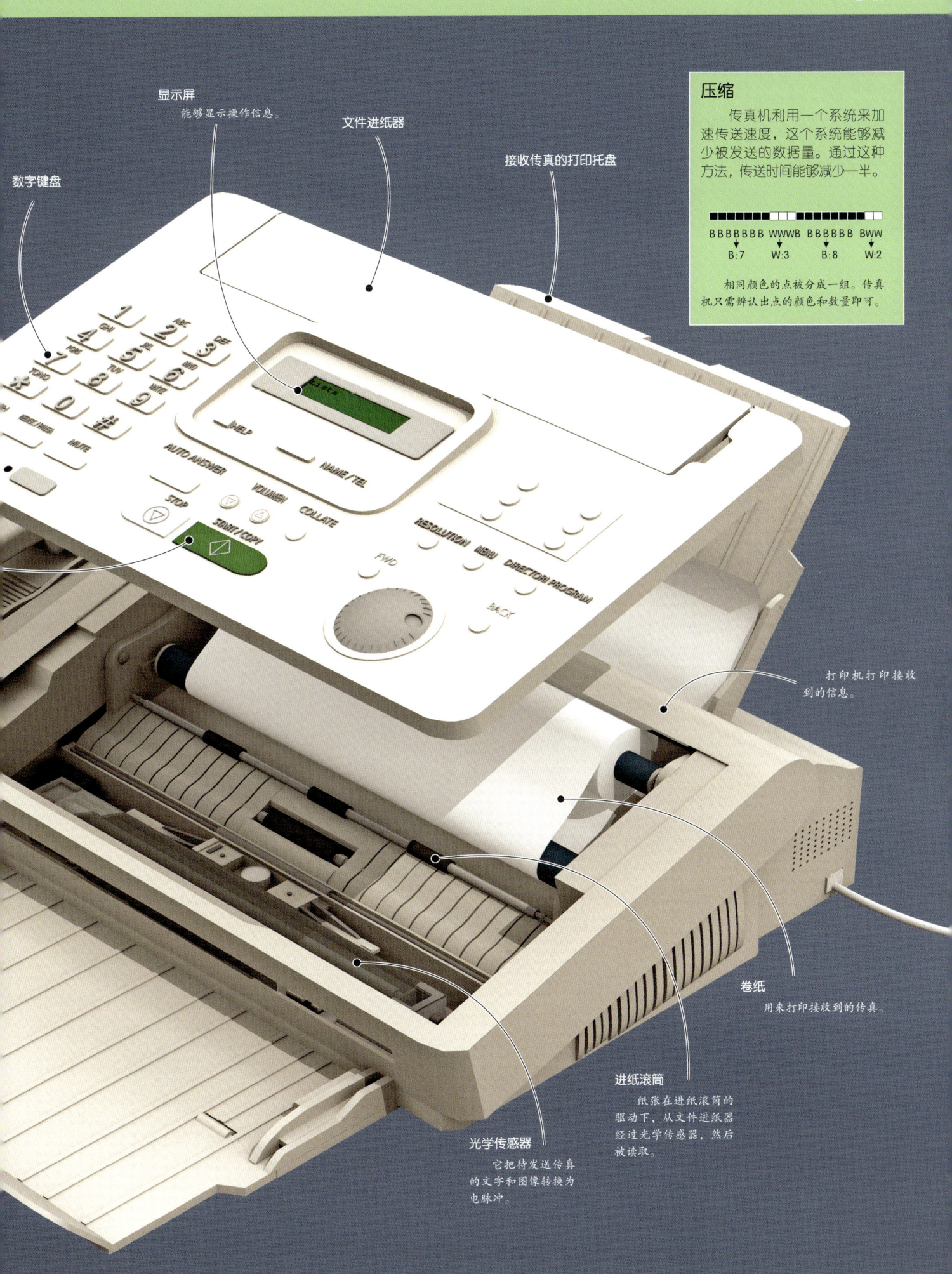

压缩

传真机利用一个系统来加速传送速度,这个系统能够减少被发送的数据量。通过这种方法,传送时间能够减少一半。

■■■■■■■ □□□■ ■■■■■■ ■□□
BBBBBBB WWWB BBBBBB BWW
B:7　　　W:3　　B:8　　W:2

相同颜色的点被分成一组。传真机只需辨认出点的颜色和数量即可。

打印机打印接收到的信息。

卷纸
用来打印接收到的传真。

进纸滚筒
纸张在进纸滚筒的驱动下,从文件进纸器经过光学传感器,然后被读取。

光学传感器
它把待发送传真的文字和图像转换为电脉冲。

互联网

互联网是能够把全球所有的电脑连接在一起的网络。互联网允许用户以不同的方式与人交流——人们可以与远方的人直接视频通话，可以足不出户购物，可以收发电子邮件、浏览新闻，也可以进行金融交易等等。所有连接万维网的电脑都可以接入到互联网。

环游世界

互联网上的信息被分成小块数据包，并通过不同的方式传送。数据包（例如一个网页或一张图像等）在到达目的地时被重新组合在一起。

1 电脑

每台电脑或终端都被分配了一个具有特殊意义的 IP 号。电脑可以借助自己的 IP 号向互联网服务提供商（ISP）提出请求。请求中包含另一个 IP 号，这个号代表着请求信息的"身份"。

2 互联网服务提供商（ISP）服务器

互联网服务提供商 (ISP) 服务器为电脑提供了网络连接。它们也托管网站。当它们收到一台电脑的请求后，它们就会把命令发送至世界各地的网络。

数据包

它们是二进制信息（由 0 和 1 构成的语言）构成的片段，是整个信息的一部分。每个数据包都用数字标记了源和目的地址。

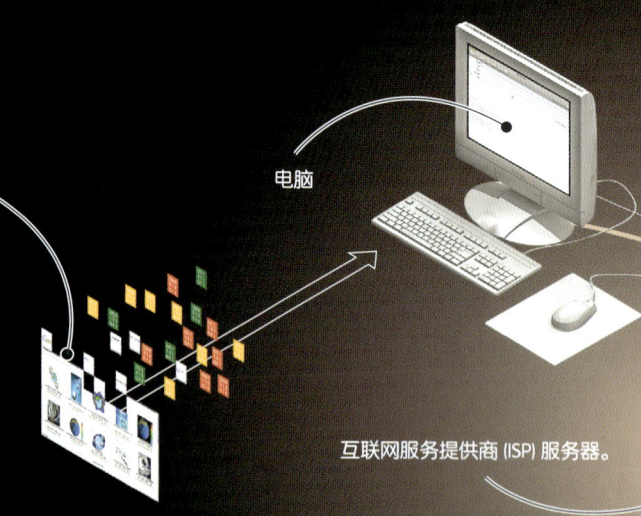

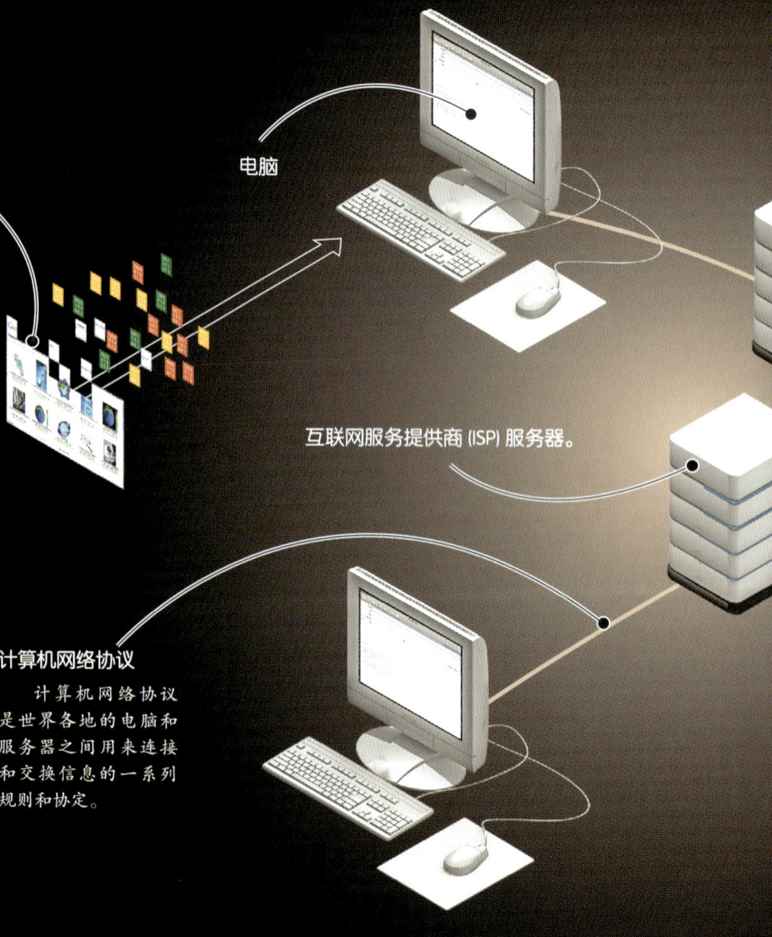

电脑

互联网服务提供商 (ISP) 服务器。

计算机网络协议

计算机网络协议是世界各地的电脑和服务器之间用来连接和交换信息的一系列规则和协定。

↑ 网站或网页

网页上含有用超文本传输协议（HTML）和其他更复杂的语言，例如 Java 和 Flash 动画等，被写成一系列计算机程序。

全球的网络连接

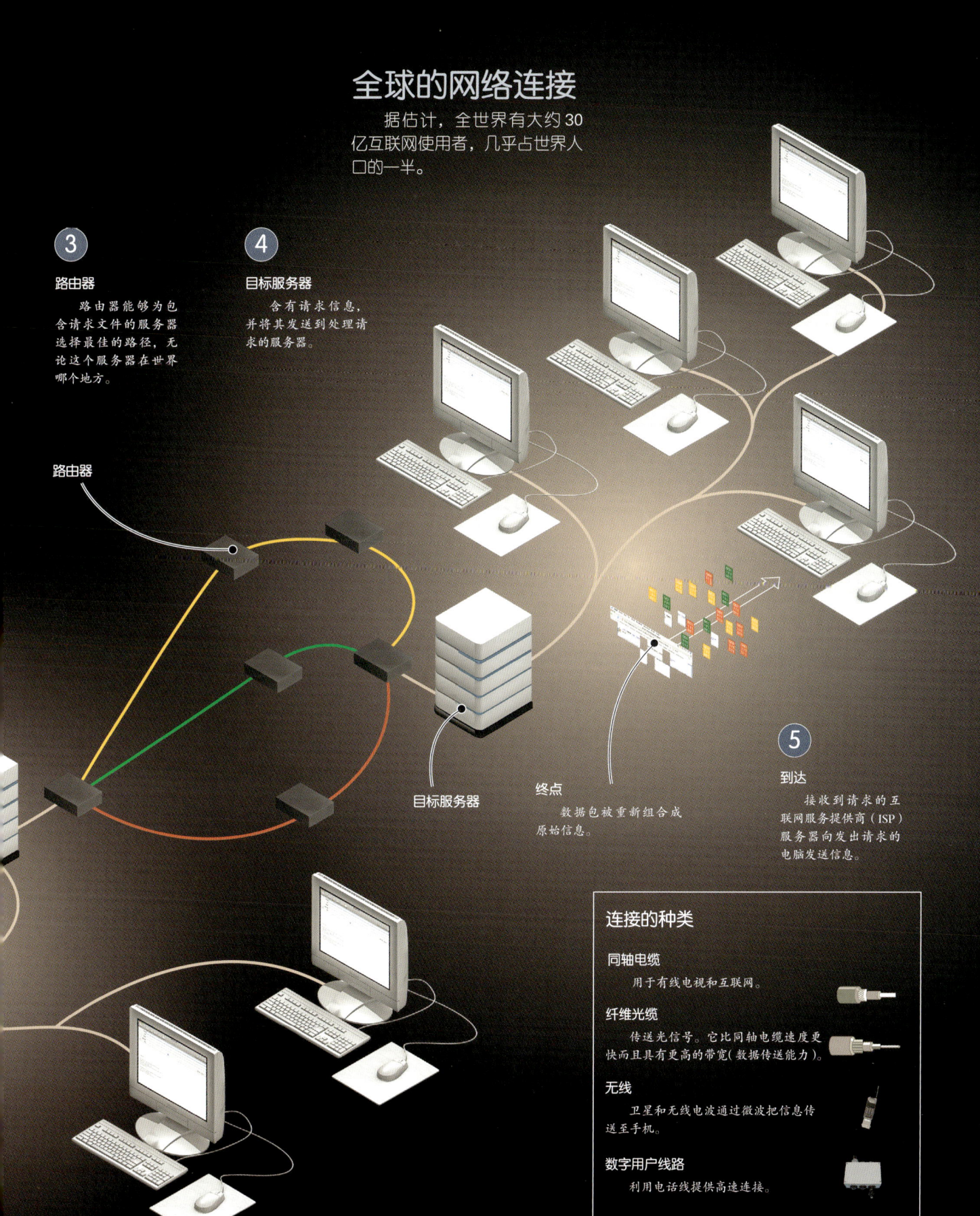

据估计，全世界有大约 30 亿互联网使用者，几乎占世界人口的一半。

3 路由器

路由器能够为包含请求文件的服务器选择最佳的路径，无论这个服务器在世界哪个地方。

4 目标服务器

含有请求信息，并将其发送到处理请求的服务器。

路由器

5 到达

接收到请求的互联网服务提供商（ISP）服务器向发出请求的电脑发送信息。

目标服务器

终点

数据包被重新组合成原始信息。

连接的种类

同轴电缆

用于有线电视和互联网。

纤维光缆

传送光信号。它比同轴电缆速度更快而且具有更高的带宽（数据传送能力）。

无线

卫星和无线电波通过微波把信息传送至手机。

数字用户线路

利用电话线提供高速连接。

它们是如何运转的

电子邮件

就在短短 20 年前，送达一封信还意味着要等待数日、数周甚至数月。电报适合短信息的传送；电话允许直接交流但缺乏书面记录；传真机提供了另外一种选择，但过于昂贵。电子邮件的出现改变了这一切。除了传送文本，电子邮件还能以高效、高速和廉价的方式传送音乐、视频、图像和表格等。因此，电子邮件在某些用途上已经取代了传统信件。

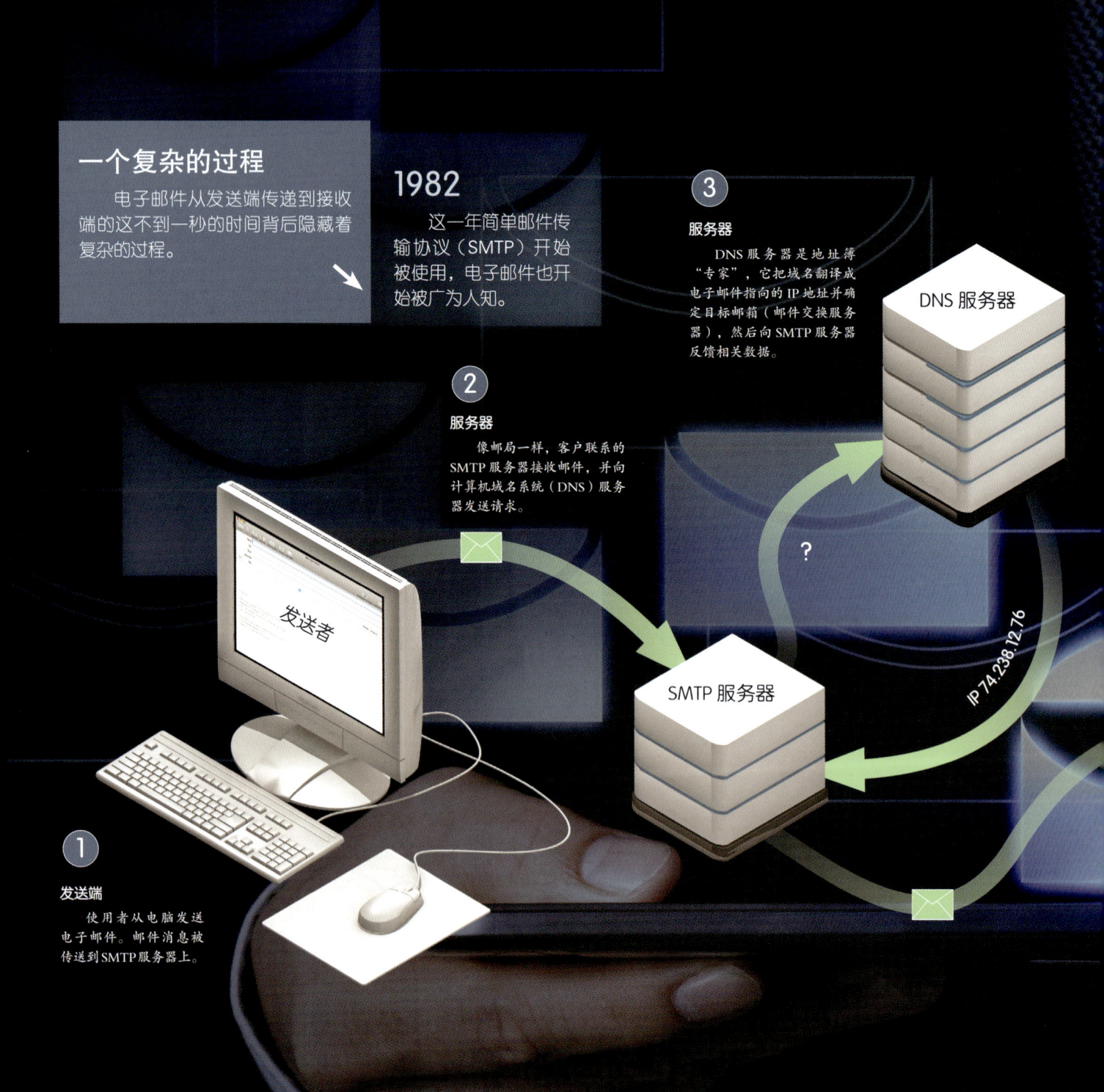

一个复杂的过程

电子邮件从发送端传递到接收端的这不到一秒的时间背后隐藏着复杂的过程。

1982

这一年简单邮件传输协议（SMTP）开始被使用，电子邮件也开始被广为人知。

3
服务器

DNS 服务器是地址簿"专家"，它把域名翻译成电子邮件指向的 IP 地址并确定目标邮箱（邮件交换服务器），然后向 SMTP 服务器反馈相关数据。

2
服务器

像邮局一样，客户联系的 SMTP 服务器接收邮件，并向计算机域名系统（DNS）服务器发送请求。

发送者

DNS 服务器

SMTP 服务器

IP 74.238.12.76

1
发送端

使用者从电脑发送电子邮件。邮件消息被传送到 SMTP 服务器上。

通信 95

电子邮件地址

它由被"@"分开的两部分组成，这个符号之前曾被用作阿拉伯语的重量单位。第一部分表明用户数据，第二部分表明用户所属的服务器。

john@server.com

用户信息　　　　域名信息

↓ 消息

尽管电子邮件消息有一些独特的结构要素，但它实质上和纸质消息类似。

发送按钮

To　收件人

Cc:　抄送（Cc）
向其他人发送电子邮件的副本。

Bcc:　抄送（Bcc）

Subject
邮件的主题

附件
邮件可以包含任何种类的附件。

消息的正文
正文中可以包含文本、图像和动画等。

⑤ 接收端
当接收端连接至电子邮件服务器时，就能接收从发送端发来的电子消息。

④ 邮件交换（MX）服务器
SMTP 服务器接收到相关数据后，就把消息发送到接收端的 MX（或文件传送代理 MTA）服务器。在接收端打开电脑检查邮件之前数据一直储存在那里。

并非所有的电子邮件都是好消息

一些新的概念伴随着电子邮件出现：垃圾邮件和计算机病毒。它们都会对电脑的使用造成危害。

垃圾邮件

垃圾邮件是不需要的或来路不明的电子邮件。它们可能是广告，还有可能含有计算机病毒和木马等恶意文件。

计算机病毒

计算机病毒是能够通过电子邮件快速传播的程序，当使用者运行这些程序时病毒就会被激活。计算机病毒能够摧毁软件，向第三方发送信息，或者使电脑直接处于计算机病毒程序的控制之下。

它们是如何运转的

数字电视

液晶显示（LCD）电视，尤其是高清电视的发明，把画面质量提升到了一个新信号的高度。然而，与这项革新得益于与之同时出现的数字电视的发展。数字电视取代了传统的模拟信号电视系统。这个概念包含整个电视过程的数字化，既包括把捕捉到的图像用简单的0和1序列编码，也包括把这些0和1转化为彩色像素。

数字世界

和早期模拟电视一样，数字电视也起始于演播室。它通常通过电缆或卫星被传递到每一台能够接收到其信号的电视机中。

① 图像

高分辨率的数码摄像机拍摄视频，并用0和1组成的二进制语言编码信息。

② 储存

信息被传送至高速运行的电脑，然后被上传到在线服务器。

③ 传送

以压缩的数字形式传送信息，无论是通过电缆还是卫星，都能以极高的速度传送巨大的信息流。

液晶显示

液晶显示技术的运用引发了电视机尺寸和画质的革新。LCD电视拥有平板显示屏，比传统的电视机重量轻、能耗小。

2009

这一年美国要求所有的电视台播放数字节目。

→ 多样式、多频道

数字电视的一个重要特征在于，得益于数据的高速传送，电视台能够用不同的软件把它们的信号细分为几个低分辨率的频道，或者只用单频道以保证最佳分辨率。

通 信 97

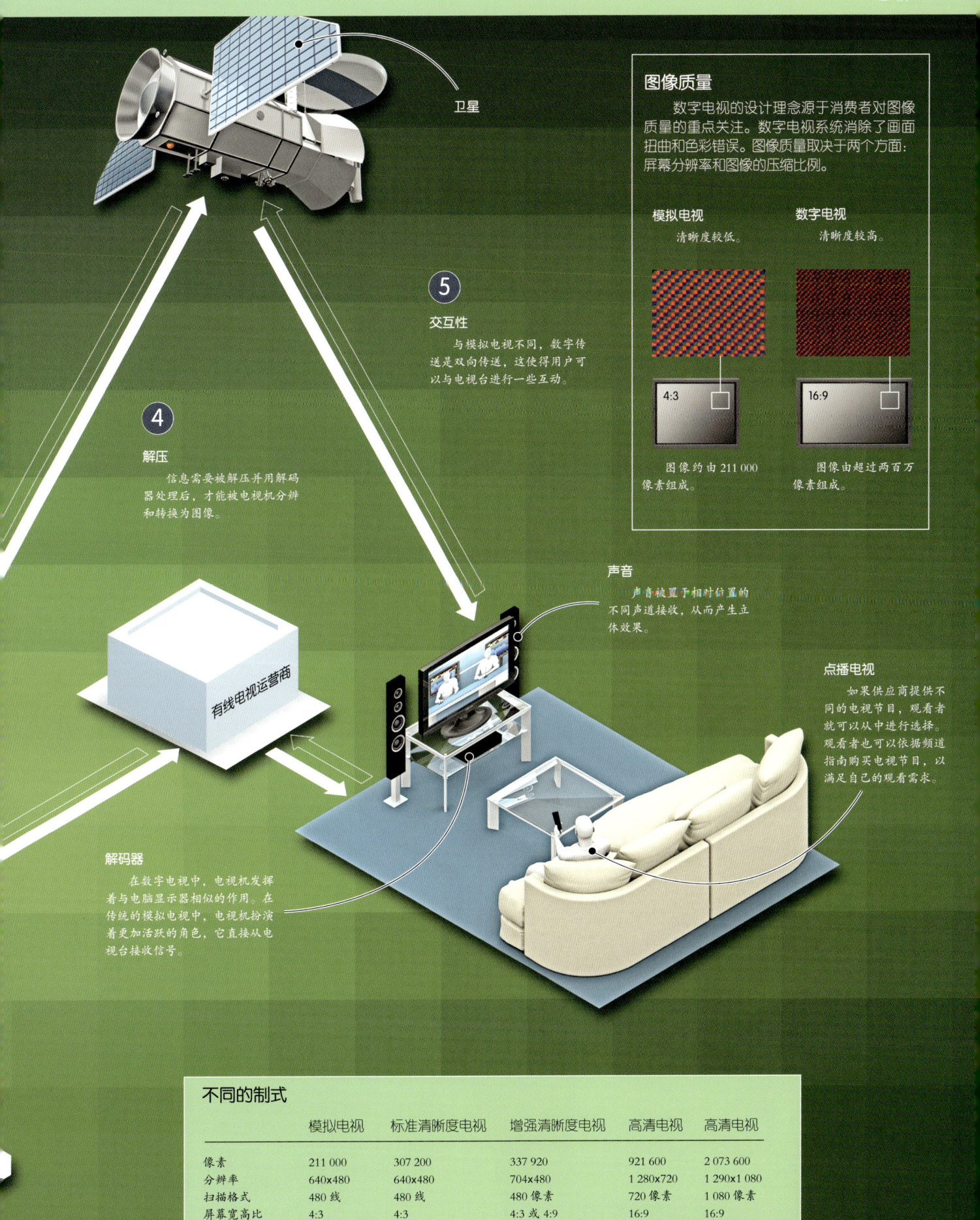

图像质量

数字电视的设计理念源于消费者对图像质量的重点关注。数字电视系统消除了画面扭曲和色彩错误。图像质量取决于两个方面：屏幕分辨率和图像的压缩比例。

模拟电视
清晰度较低。

数字电视
清晰度较高。

4:3
图像约由 211 000 像素组成。

16:9
图像由超过两百万像素组成。

卫星

⑤ 交互性
与模拟电视不同，数字传送是双向传送，这使得用户可以与电视台进行一些互动。

④ 解压
信息需要被解压并用解码器处理后，才能被电视机分辨和转换为图像。

有线电视运营商

声音
声音被置于相对位置的不同声道接收，从而产生立体效果。

点播电视
如果供应商提供不同的电视节目，观看者就可以从中进行选择。观看者也可以依据频道指南购买电视节目，以满足自己的观看需求。

解码器
在数字电视中，电视机发挥着与电脑显示器相似的作用。在传统的模拟电视中，电视机扮演着更加活跃的角色，它直接从电视台接收信号。

不同的制式

	模拟电视	标准清晰度电视	增强清晰度电视	高清电视	高清电视
像素	211 000	307 200	337 920	921 600	2 073 600
分辨率	640x480	640x480	704x480	1 280x720	1 290x1 080
扫描格式	480 线	480 线	480 像素	720 像素	1 080 像素
屏幕宽高比	4:3	4:3	4:3 或 4:9	16:9	16:9
质量	普通	较好	很好	非常好	极好

它们是如何运转的

卫 星

20 世纪以来，许多当今社会所依赖的通信技术有了飞速的发展。海底通信电缆尽管通信能力有限，却实现了洲际连接。一些无线电信号也强大到无须电缆就可以跨越大洋。然而电视广播却不可能跨越大洋触及全球的观众。1962 年，第一颗通信卫星的发射改变了这一切。这是地球有史以来第一次与卫星实现连接。

真正的革命

卫星可以接收到从地球上发送出来的信号（例如电话），然后再把这个信号转发到地球上的另一个地方。通信卫星位于地球同步轨道上，也就是说它们和地球的旋转速度相同，因此它们能始终保持在地球上方相对静止的位置。通信卫星一般距离地表 36 000 千米。

卫星传送

卫星传送的原理非常简单，因为无线电波以光速传播。因此，地球上相隔很远的两地之间几乎瞬间可以建立连接。

1 地球上的站点向卫星发送信号。

2 卫星接收、放大并转发信号。

3 地球上的接收站台接收卫星信号并转发到本地。

现代卫星

固定的收发天线 能够对准地球上特定的位置。

转发器 这是卫星的核心。它对大气造成的无线电信号扭曲进行校正。

太阳能电池板 吸收太阳光并将其转换为电能。

反射器 捕捉信号并直接转发。

地面卫星天线 为了收发卫星信号，重达 380 吨的地面卫星天线被建造在 15 层高的建筑里。

美国缅因州安杜佛 ①

通信 99

→ **第一次传送**
历史上人造卫星首次播送全球电视是 1962 年 7 月 11 日。在美国缅因州安杜佛飘扬的美国国旗的图像被转播到了法国普勒默博杜。这个画面的第一次公开转播在 12 天之后得以实现。

36 000 千米
这是同步卫星与地面保持相对静止所需的卫星轨道高度。

电星一号的能力
它可以传送 600 个电话连接频道或 1 个电视频道。

卫星天线
用于从地表向卫星发送指令。同时，卫星也把它的位置信息和运行能力的相关数据发送回地面。

电星一号

卫星赤道上的天线
它们接受来自地球的、被放大的微波信号。

②

微波放大器
它们放大来自地球的信号以供转发。

太阳能电池板
它们把太阳能转化为支持卫星运转的电能。

③ 法国普勒默博杜

轨道
卫星根据不同的功能，使用不同的轨道。

地球同步轨道
现有的通信卫星处于距离地面 36 000 千米的轨道上。它们与地球的旋转速度完全一致，因此它们总是处在地球上空某一个固定的位置。

椭圆轨道
电星一号沿椭圆形轨道旋转，每 2.5 小时绕地球一周。因此，这颗卫星只能传送约 20 分钟的直播信号。

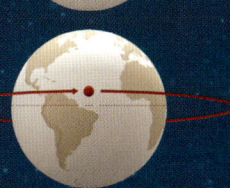

它们是如何运转的

全球定位系统

全球定位系统（GPS）是由美国国防部研制的。它使得定位世界上任何地方的人、车辆或飞机成为可能。它是利用一个由数十颗导航卫星组成的系统来实现定位功能的。GPS 在 1995 年被全面部署，尽管它的设计初衷是供军事使用，但是如今它已经成为许多人生活中必不可少的一部分。欧洲联盟正在发展一个由 30 颗卫星组成的类似系统，将其命名为"伽利略"卫星定位系统。

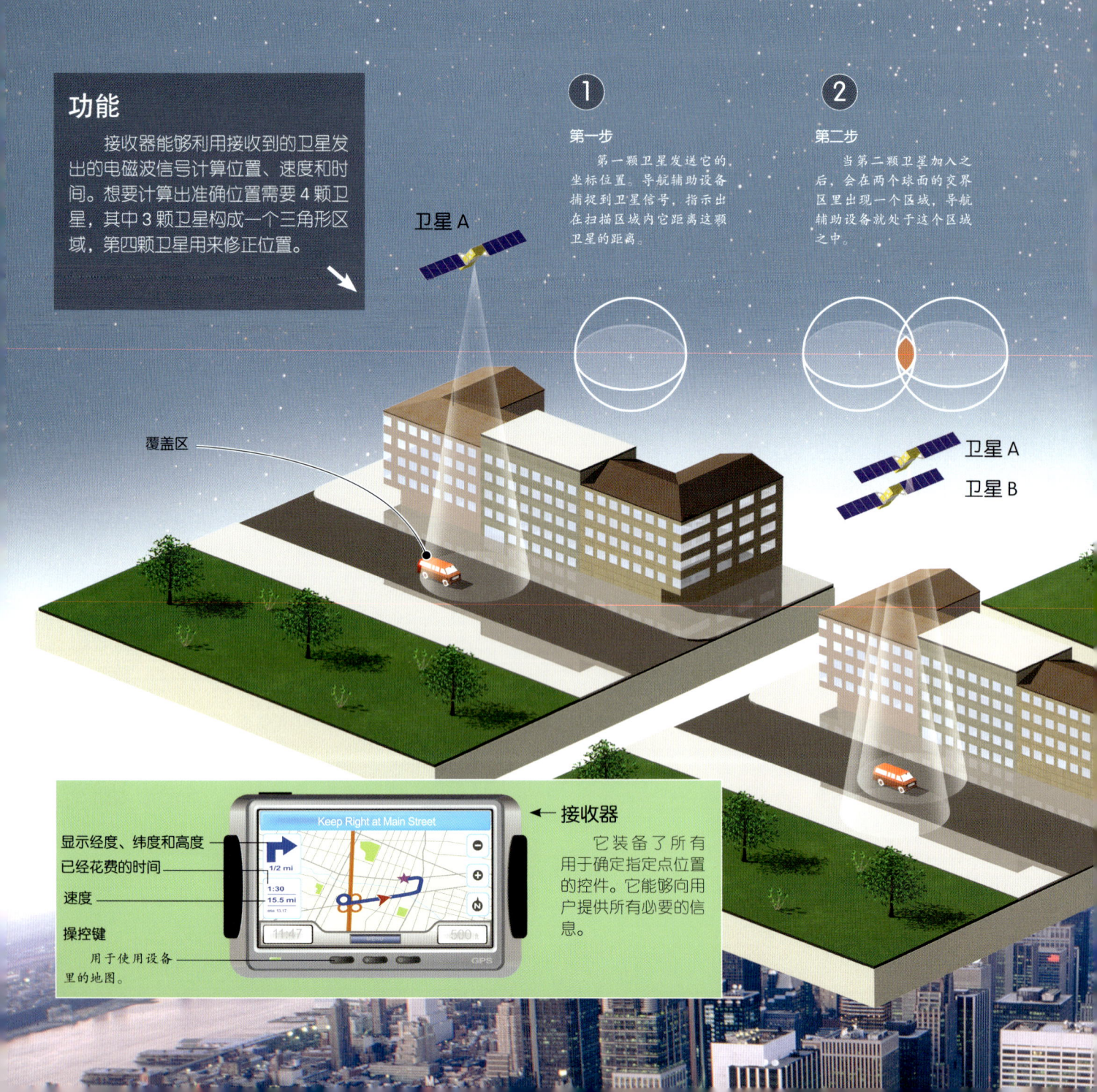

功能

接收器能够利用接收到的卫星发出的电磁波信号计算位置、速度和时间。想要计算出准确位置需要 4 颗卫星，其中 3 颗卫星构成一个三角形区域，第四颗卫星用来修正位置。

❶ 第一步
第一颗卫星发送它的坐标位置。导航辅助设备捕捉到卫星信号，指示出在扫描区域内它距离这颗卫星的距离。

❷ 第二步
当第二颗卫星加入之后，会在两个球面的交界区里出现一个区域，导航辅助设备就处于这个区域之中。

卫星 A

覆盖区

卫星 A
卫星 B

接收器
它装备了所有用于确定指定点位置的控件。它能够向用户提供所有必要的信息。

显示经度、纬度和高度
已经花费的时间
速度
操控键
用于使用设备里的地图。

应用

尽管 GPS 最初是作为军事导航系统而开发的，但它目前已经被用于各个不同的领域。它在工作、商业、娱乐和体育活动中的广泛应用正在改变着我们的生活方式。

运动
GPS 设备向运动员提供时间、速度和距离等信息。

军事
用于远程控制和导航系统。

科学
应用于古生物学、考古学，还可用于动物追踪。

探险
指明方向并标记参照点。

交通
用于空中和海上导航。它在汽车上的用途也日益增加。

农业
绘制土地中不同区域肥沃或贫瘠状况的示意图。

7.5 亿美元
这是每年用于维护整个全球定位系统的花销。

③ 第三步
结合第三颗卫星，就能确定一个交点，这个点就是导航辅助设备所处的具体位置。

电磁波
接收器利用卫星发送的电磁波计算出所搜寻的点的距离和位置。电磁波以每秒 300 000 千米的速度传播。

④ 第四步
第四颗卫星用来修正一切可能存在的定位误差。

卫星 A
卫星 B
卫星 C

卫星 A
卫星 B
卫星 C
卫星 D

它们是如何运转的

移动电话

手机在短短几十年的时间里就得以风靡全球,几乎没有什么发明能像它一样在短期内带来如此广泛的影响。手机在许多国家是一种不可或缺的工具,其销售量每年都超过 10 亿部。其中,智能手机不仅小巧轻便,还是一个真正的工作站,其功能远远超过了它的最初功能。

30 亿
根据近期的数据,全球大约有 30 亿手机用户,约占世界人口数量的一半。

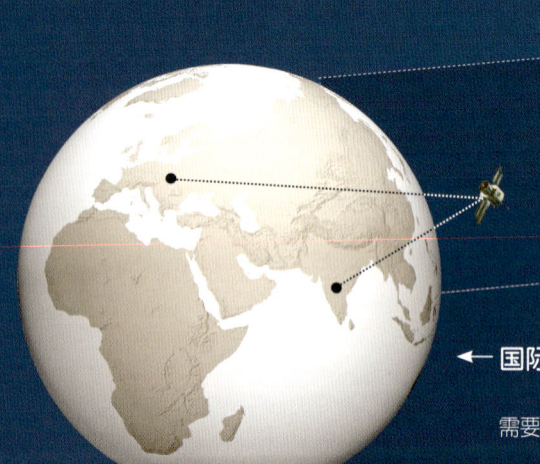

通信
移动运营商把一片区域划分为一个由许多基站组成的系统。每个基站都有一根天线,能够探测到这片区域内出现的某个特定的手机,还能通过手机的识别码来识别手机的身份。

① 呼叫
当我们拨打一个号码时,本地发射塔上的天线会识别出主叫方和被叫方,然后把信息传送给交换机。

← **国际长途电话**
像固定电话一样,国际通信也需要借助卫星来完成。

780 克
这是摩托罗拉 DynaTAC 8000X 的重量,它是第一款商业化的手机。近些年新研发生产的手机重量大多不足 50g。

通 信 103

→ **手机的变革**

自从 1983 年第一部手机问世以来，移动电话不仅变得越来越小巧，同时还具备了许多新的特征，例如照相和连接互联网等。

1983 年摩托罗拉 DynaTAC 8000X
第一部移动电话。

1996 年摩托罗拉 Star TAC
第一部翻盖手机。

2000 年三星 SCH-M105
第一部安装有 MP3 音乐播放器的手机。

2007 年苹果 iPhone
拥有一块 8.9 厘米的触摸屏幕，还具备 Wi-Fi 网络连接。

② 交换机

交换机管理着一个数据库，其中包括所有开机的手机和它们的蜂窝基站的位置。交换机确定被叫方的位置后，就会将信息发送至目标基站。

运动中

基站探测到移动电话的运动，随着信号在一个基站变弱，它会在另一个基站变强。这种运动能够实现无缝通信连接，即便在基站之间高速运动，信号也不会中断。

当手机用户离开服务商的网络时，其他的网络运营商就有可能为他提供服务。这种情况下手机就会进入漫游模式。

③ 连接

本地发射塔与主叫方手机建立连接。

→ **智能手机**

除了拥有通话以及日历、计算器和相机等传统功能，智能手机还具备先进的计算处理能力，从而通过 Wi-Fi 连接至互联网或通过蓝牙连接到其他设备。

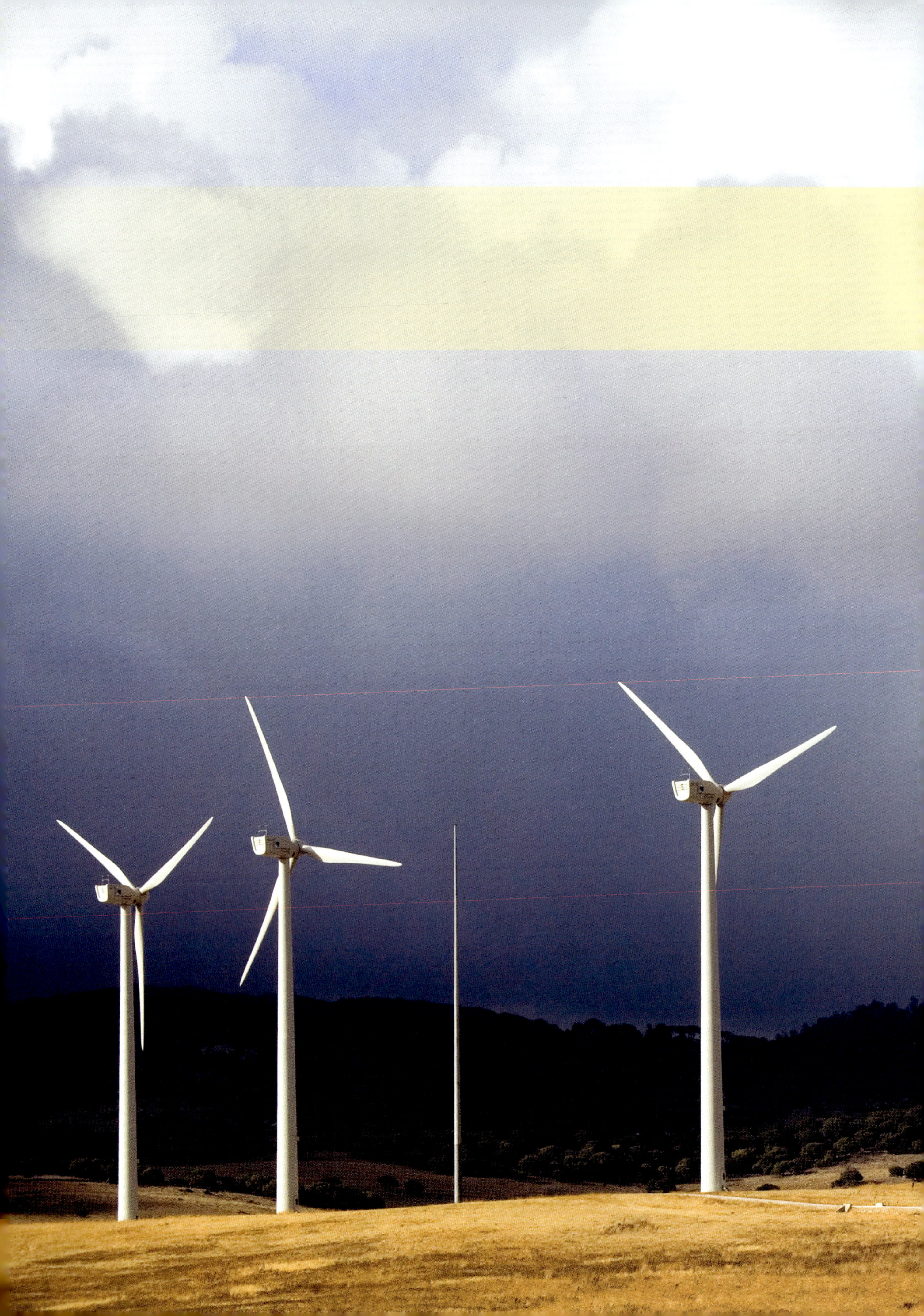

能　源

它们是如何运转的

蒸汽机

　　外燃机——蒸汽机能够把水蒸气的热能转换为机械能，它对于17世纪和18世纪发生在英国的工业革命至关重要。外燃机的发明是一个漫长的历程，从最初的构想和不切实际的装置，一直到詹姆斯·瓦特改良蒸汽机，共经历了数年。蒸汽机取代了畜力、磨坊甚至人类劳动，因而它对工业和交通的发展具有开创性的重要意义。

↑ 瓦特的重大贡献

詹姆斯·瓦特1736年出生于苏格兰，曾在格拉斯哥大学学习仪器制造。1763年，他开始改良托马斯·纽科门在1712年制造的发动机，在其原有基础上加入了一个分离的气室来冷却水蒸气。1769年，瓦特为这项发明申请了专利，奠定了蒸汽机工业应用的基础。

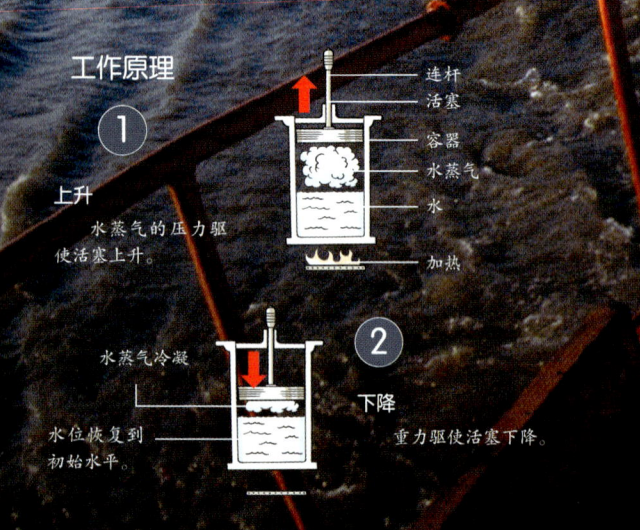

交通

瓦特的蒸汽机为高压水蒸气的使用奠定了基础。这项技术在19世纪得到了完善，并开启了蒸汽机在交通领域中的应用。

工作原理

1 上升
水蒸气的压力驱使活塞上升。

连杆、活塞、容器、水蒸气、水、加热

2 下降
水蒸气冷凝，水位恢复到初始水平。重力驱使活塞下降。

瓦特的革新

他使用一个分离的容器来冷凝水蒸气。

水蒸气从气门的上方或下方通过。活塞上升或下降取决于是否有水蒸气涌入。

进气口　排气口

锅炉

活塞运动中喷出的水蒸气在冷凝器中液化。

能源 107

一项革命性的发明

根据定义，蒸汽机是通过水蒸气的压力来实现其功能的。这种压力在机械设备的辅助下就能够被用作驱动力，例如纽科门和瓦特制造的蒸汽机原型中汽缸里的活塞就属于这种机械设备。

应用纪年

主要应用于工业、采矿业和交通运输业。

抽水

托马斯·萨弗里对之前的装置加以改进，使其能够用于从矿井中抽水。他在 1698 年为这台蒸汽机申请了专利。1712 年，纽科门对这台蒸汽机进行了改良。

纺纱厂和织布

主要用于带动纺织机器运转，后来也用于熨烫操作。

消毒

这个模型制造于 1900 年左右。除了其他用途之外，它还可以对护理用水进行消毒，并用于医学发展。

交通

应用于船舶、汽车和铁路机车。

发电

这是它目前最重要的应用之一。水蒸气推动叶轮，叶轮的机械能被转换为电能。

289

在经过 15 年的经营之后，1880 年博尔顿和瓦特公司销售出了 289 台蒸汽机。这些机器主要被用于纺织工业，同时还被用于煤矿里的水泵和水锤中。

能量来源对比

1800 年左右

瓦特的蒸汽机　　　　= 14 ~ 40 匹马　　马拉碾磨　　　　= 36.6 个人力（最少）
11~30 千瓦特　　　　　　　　　　　　300 ~ 450 瓦特

它们是如何运转的

天然气开采

　　天然气依靠易获取和高效率的优势，成为继石油之后地球上第二重要的能源。天然气被誉为最清洁的化石燃料。科技的进步，尤其是页岩气的发现，使天然气储量的统计数据在过去的 15 年里出现了爆炸式的增长。这些进展使得世界上越来越多的地方开始依靠天然气提供能源。

幽灵能量
　　天然气是一种无色无味的气体，它包含 70% 到 90% 的甲烷，这种成分使它成为一种可利用的能源。

液化石油气
　　液化石油气（LPG）是一种天然气的副产品。它被封装进圆柱形钢瓶中，偏远地区的人们把它用于锅炉或发动机的燃料。

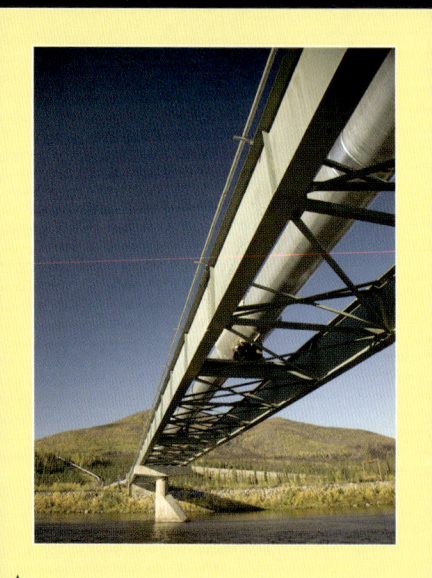

❶　❷

↑ 无损耗的旅途
　　天然气的优势之一就是它可以被高效地运输。从天然气矿床开采出来之后，它通过航运或输气管道被运送到数千米之外的地方，运送过程中的损耗非常小。

起源
　　天然气来自于远古时期小型海洋植物和动物的腐烂降解，这些动植物死于大约 200 万年前。

能 源 109

1 抽取
天然气是通过一个洞从矿床里抽取出来的。当气体处于受压状态时，就会自行升向地面。如果它不处于受压状态下，就必须使用抽气泵抽取。

2 精炼
固体和潮湿的成分被分离开。然后像丙烷和乙烯之类的副产品也被分离开来。

3 配送
天然气经过蒸馏和转化后，从中提取出主要成分甲烷，然后通过输气管道被输送至使用地。

4 液化
在必须海运或需要储存的情况下，天然气会被压缩和冷却到零下161摄氏度，从而被液化。

5 运输
大型加压双壳船用来运输液态天然气。

6 气化
经过运输后，液化天然气被转化回气态，并通过天然气管线网进行分送。

7 分送
天然气到达居民和商业消费者处。

无损耗的运输
天然气从其所在地被运送至使用地的过程中不会有损耗的风险。它依靠船舶和管道进行运送。

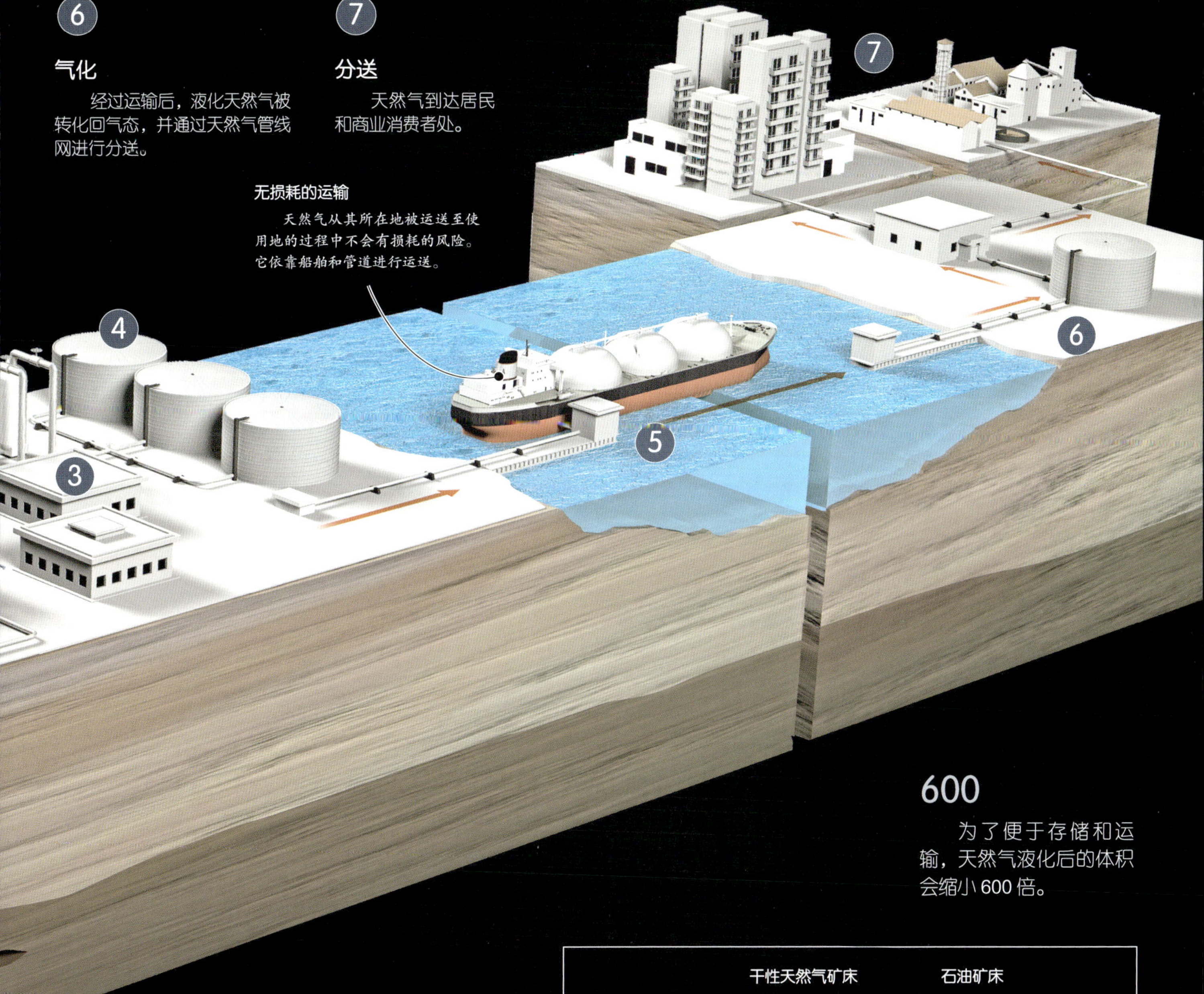

600
为了便于存储和运输，天然气液化后的体积会缩小600倍。

页岩层
天然气往往存储于不具有渗透性的岩层之间的多孔岩石之中，不具有渗透性的岩层和石油并没有必然的联系。

干性天然气矿床
不具有渗透性的岩石
天然气室
不具有渗透性的岩石

石油矿床
不具有渗透性的岩石
天然气室
石油

它们是如何运转的

石油开采

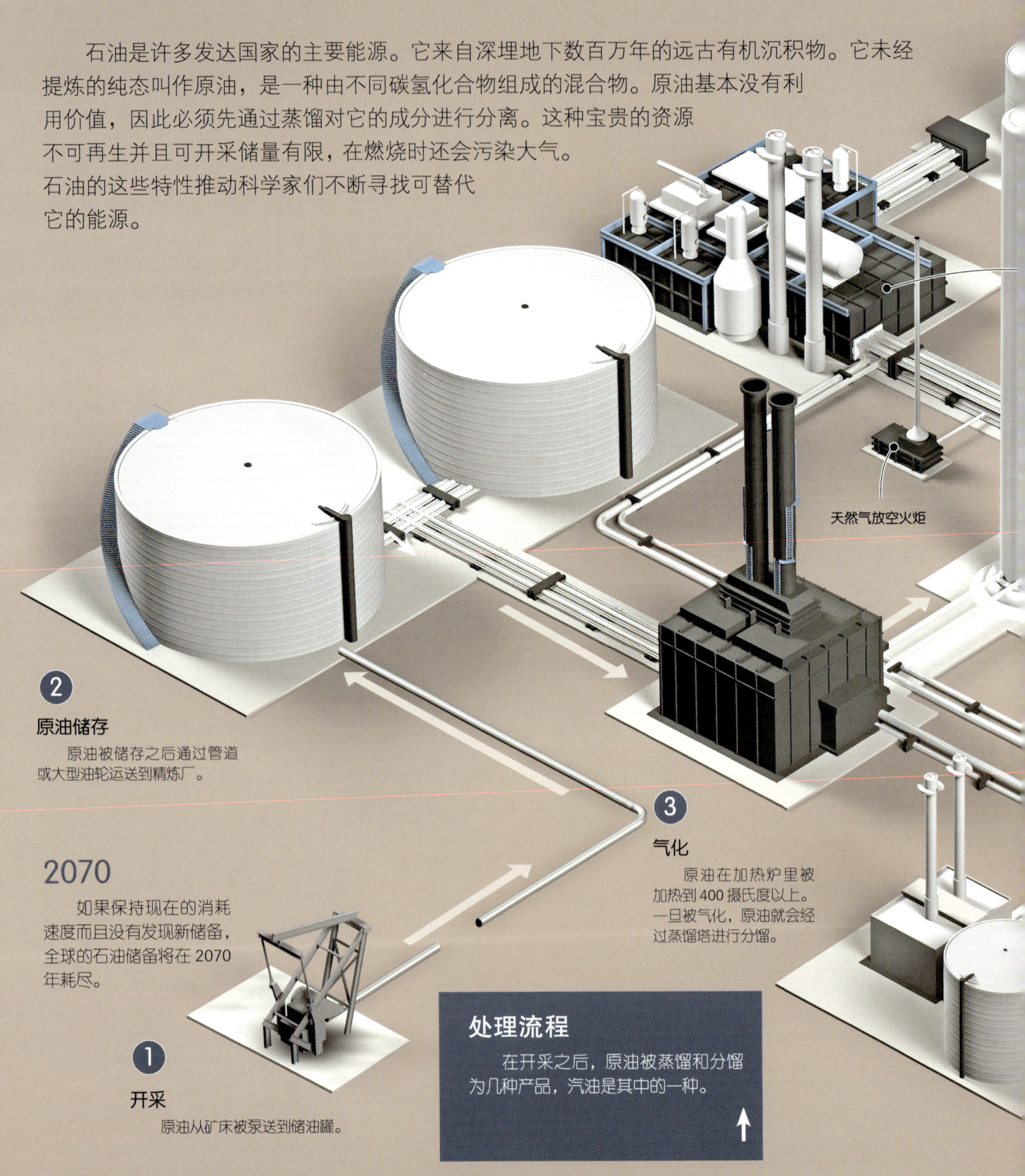

　　石油是许多发达国家的主要能源。它来自深埋地下数百万年的远古有机沉积物。它未经提炼的纯态叫作原油，是一种由不同碳氢化合物组成的混合物。原油基本没有利用价值，因此必须先通过蒸馏对它的成分进行分离。这种宝贵的资源不可再生并且可开采储量有限，在燃烧时还会污染大气。石油的这些特性推动科学家们不断寻找可替代它的能源。

天然气放空火炬

②
原油储存
　　原油被储存之后通过管道或大型油轮运送到精炼厂。

2070
　　如果保持现在的消耗速度而且没有发现新储备，全球的石油储备将在2070年耗尽。

③
气化
　　原油在加热炉里被加热到400摄氏度以上。一旦被气化，原油就会经过蒸馏塔进行分馏。

①
开采
　　原油从矿床被泵送到储油罐。

处理流程
　　在开采之后，原油被蒸馏和分馏为几种产品，汽油是其中的一种。

能 源 111

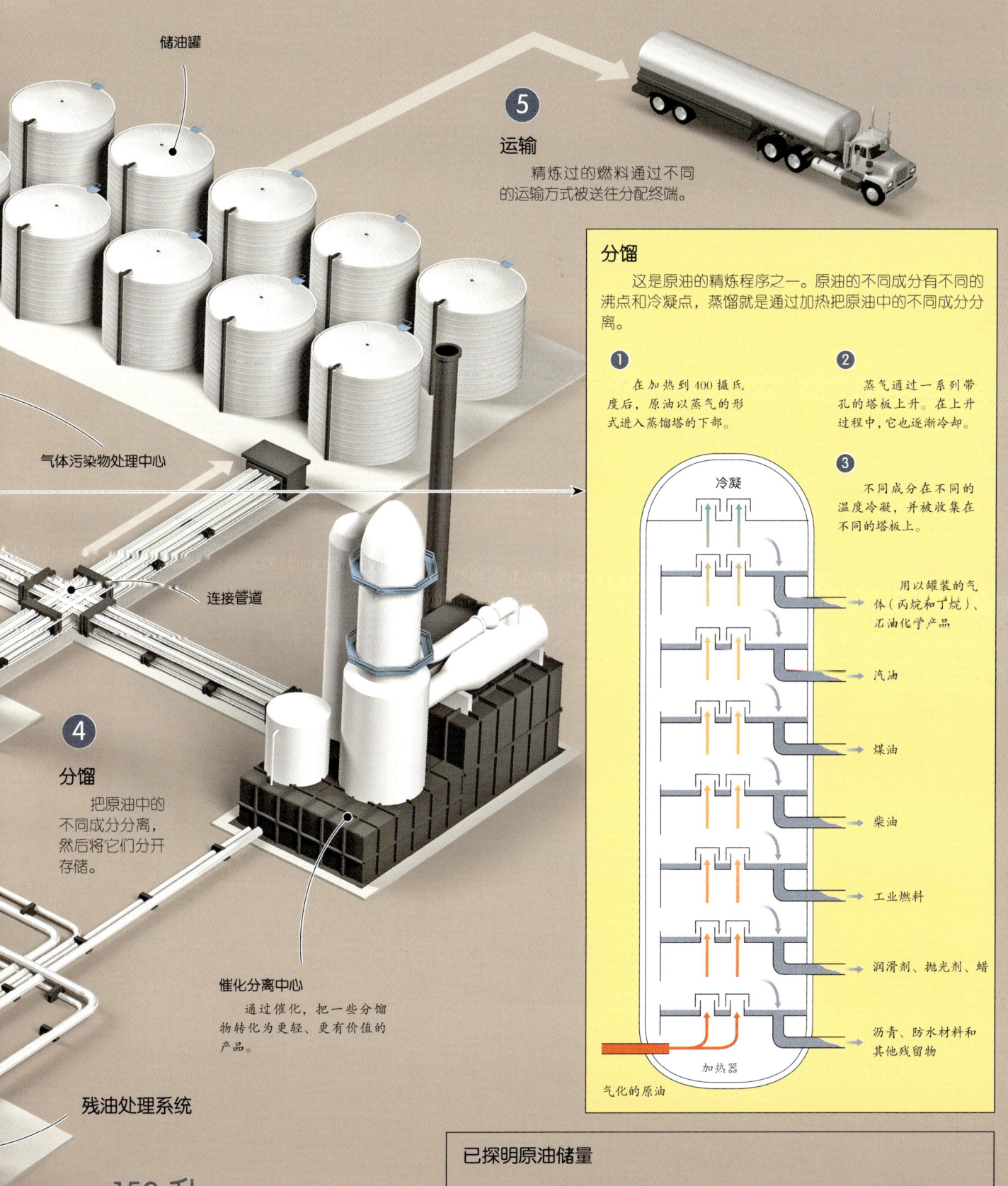

储油罐

⑤ 运输
精炼过的燃料通过不同的运输方式被送往分配终端。

气体污染物处理中心

连接管道

④ 分馏
把原油中的不同成分分离，然后将它们分开存储。

催化分离中心
通过催化，把一些分馏物转化为更轻、更有价值的产品。

残油处理系统

159 升
这是一桶石油的体积。目前全球每天的石油需求量大约是 9 100 万桶。

分馏
这是原油的精炼程序之一。原油的不同成分有不同的沸点和冷凝点，蒸馏就是通过加热把原油中的不同成分分离。

① 在加热到 400 摄氏度后，原油以蒸气的形式进入蒸馏塔的下部。

② 蒸气通过一系列带孔的塔板上升。在上升过程中，它也逐渐冷却。

③ 不同成分在不同的温度冷凝，并被收集在不同的塔板上。

- 用以罐装的气体（丙烷和丁烷）、石油化学产品
- 汽油
- 煤油
- 柴油
- 工业燃料
- 润滑剂、抛光剂、蜡
- 沥青、防水材料和其他残留物

冷凝
加热器
气化的原油

已探明原油储量

1 委内瑞拉 297.6	6 也门 101.5
2 沙特阿拉伯 265.9	7 阿拉伯联合酋长国 97.8
3 加拿大 173.9	8 俄罗斯 87.2
4 伊朗 157	9 利比亚 48
5 伊拉克 150	10 尼日利亚 37.2

单位：10 亿桶（2012 年）来源：《BP 世界能源统计年鉴》

它们是如何运转的

核反应堆

通过控制核反应来获取电能是最有效和最清洁的方式之一。尽管这项科技已经被运用了半个世纪，但是它仍然处于争议之中，因为它的使用会对环境和人类的健康造成威胁，同时还会产生带有剧毒的废料。核能会产生巨大的辐射，这种辐射一旦泄露就会造成难以弥补的损害。

慢化剂

中子必须以特定的速度与原子核碰撞，才能使原子核发生裂变。中子的速度通过慢化材料来控制，例如轻水、重水以及石墨等。

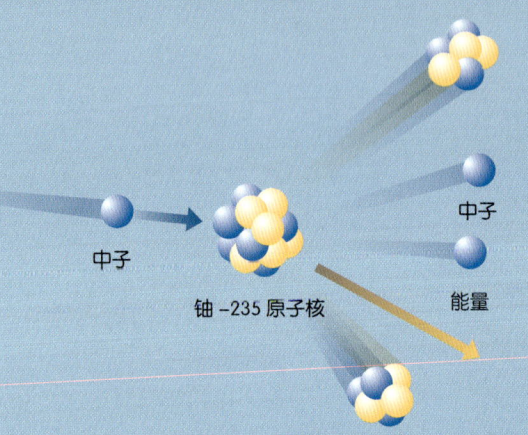

中子

铀-235原子核

中子

能量

裂变

某些原子（例如铀-235）的核被中子撞击后会发生分裂。在分裂过程中，它们会释放出巨大的能量以及新的中子。这些新的中子又继续轰击其他铀-235原子，从而产生链式反应。

能量的产生

核裂变的目的是产生温度极高的蒸气，从而驱动涡轮发电机。利用反应堆产生的核能就能够获取高温蒸气。

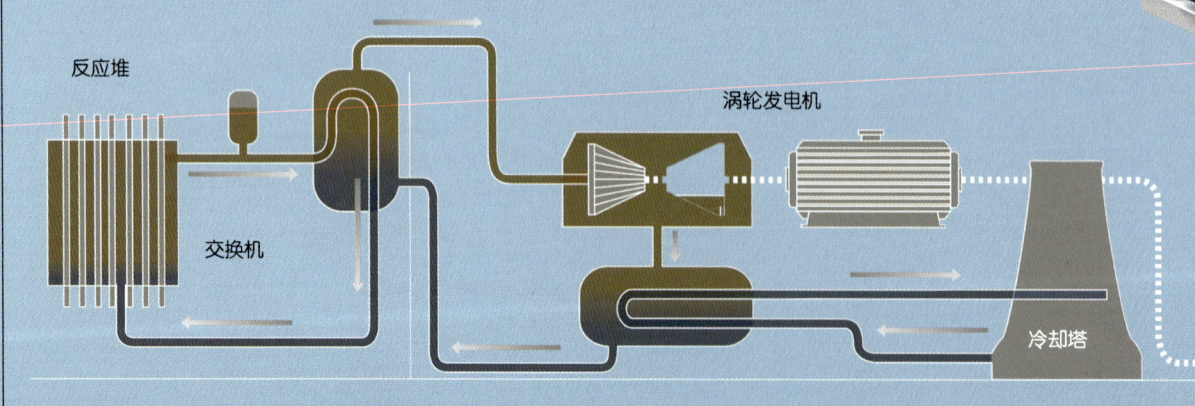

反应堆

涡轮发电机

交换机

冷却塔

1 水
受压水和慢化剂一起在泵的作用下经过反应堆的堆芯，然后堆芯的温度就会上升好几百摄氏度。

2 蒸气
所产生的蒸气进入到交换机中，高温的蒸气在交换机中把水加热，直至水也转化为蒸气。

3 电
蒸气进入涡轮机组并驱动它们旋转、发电。

4 回收
蒸气冷凝为液态水，然后被重新使用。

能 源 113

370 000 兆瓦
这是全球的核能发电反应堆的装机容量。

移动式起重机
用于向反应堆里填充核燃料的机器。

分离器
从蒸气中将液态水分离出来。

传送至涡轮机的蒸气

热水管

冷水管

泵
保持系统中液体的循环流动。

变压器

⑤ 传输
在电被传输之前，需要经过变压器升压。

反应堆堆芯
核反应发生的地方，包含放射性燃料。

438
这是 2012 年世界各地运营中的核电站的数量。还有 63 座以上的核电站正处于施工的不同阶段。

铀
铀天然存在于自然界中，通常与其他矿物质以化合状态存在着。除此之外，只有 0.7% 的铀是可以产生核裂变的铀-235 同位素。铀的比例通过一个叫作"浓缩"的过程就能够提高 3%-5%。

① 原始的矿石需要经过处理，直到获得一种俗称为"黄饼"的物质。黄饼中 80% 的成分是铀。

② 在反应过程中，首先制得四氟化铀（UF_4），随后制得六氟化铀（UF_6）。

③ 气态的六氟化铀在离心分离机中被反复地旋转，直到获得所需浓度的铀-235。

④ 浓缩后的气态铀又变回了固态。

⑤ 经过压制后得到小块状的浓缩铀。这些浓缩铀就能够用作核反应堆的燃料。

⑥ 这些小块被装入中空的管里，然后这些管子会被放进核反应堆堆芯。

燃料棒

铀芯块

它们是如何运转的

生物燃料制造

世界上的石油资源终会耗尽，加之全球市场上化石燃料的高价位，由玉米等农作物制成的添加酒精（乙醇）的汽油或柴油的应用前景越来越广阔。然而，这种生物能源面临着新的挑战。其中一个挑战是对于环境的影响：任何形式的大规模开发利用生物燃料都可能导致丛林和林地被单一农作物种植园所取代，这些种植园将仅用于种植制作生物燃料所需的原材料。

乙醇

乙醇是一种全球使用的医用酒精的主要成分。乙醇能够以不同的比例和汽油混合，纯净的乙醇还能够被用作一种燃料。乙醇的纯度越高，发动机燃烧燃料所需的改造程度就越高。

1 收获
甘蔗、甜菜、玉米、丝兰、马铃薯，甚至是木材都能够被用作制造乙醇，尽管它们的效率有所不同。

2 碾磨
原材料被碾磨后形成的粉末与水相混合。然后再加入酶，帮忙把淀粉转化为糖。

3 煮浆
混合物被加热至150摄氏度杀菌，然后在一个水制冷系统中冷却。

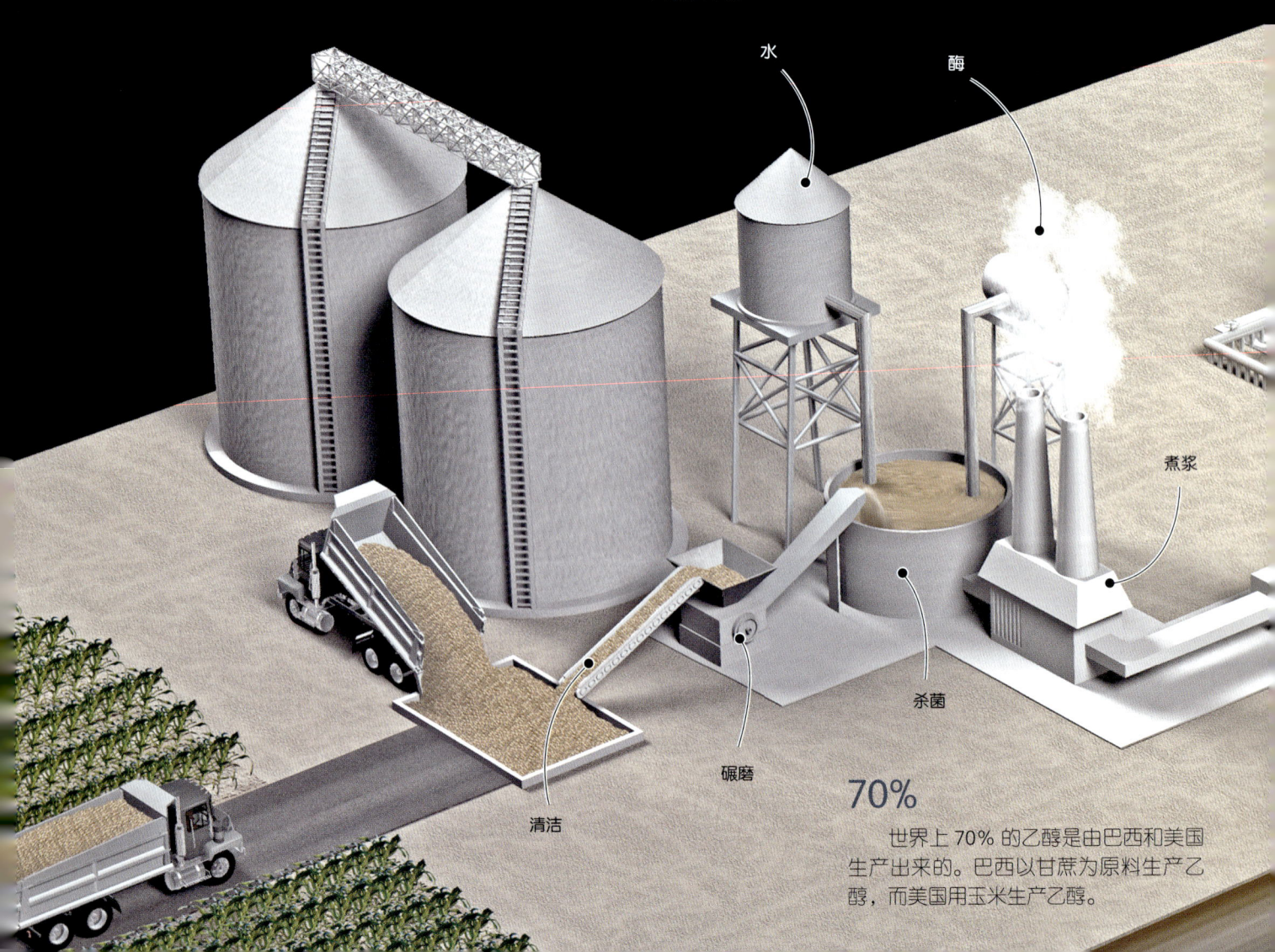

水
酶
煮浆
杀菌
碾磨
清洁

70%

世界上 70% 的乙醇是由巴西和美国生产出来的。巴西以甘蔗为原料生产乙醇，而美国用玉米生产乙醇。

能源 115

玉米粒

胚芽
这是玉米粒中唯一有生命的部分。胚芽中除了包含遗传物质、维生素和矿物质之外，还包括25%的油。

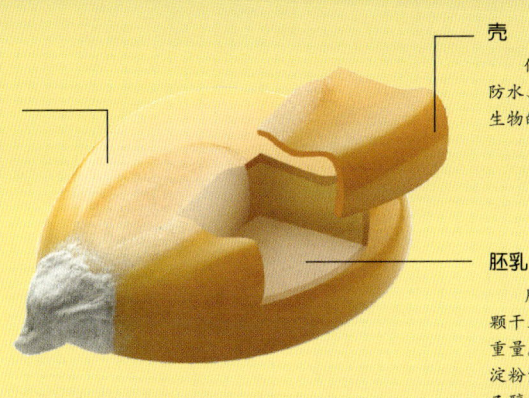

壳
保护种子以防水、昆虫和微生物的威胁。

胚乳
胚乳占据了一颗干玉米粒70%的重量。它所含有的淀粉能够用于制造乙醇。

全球燃料乙醇生产（2013）

（单位：百万加仑）注：1加仑 ≈ 3.78 升

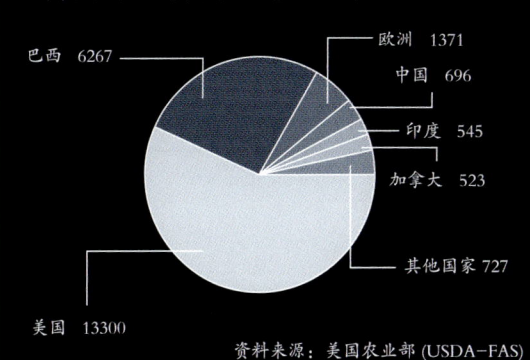

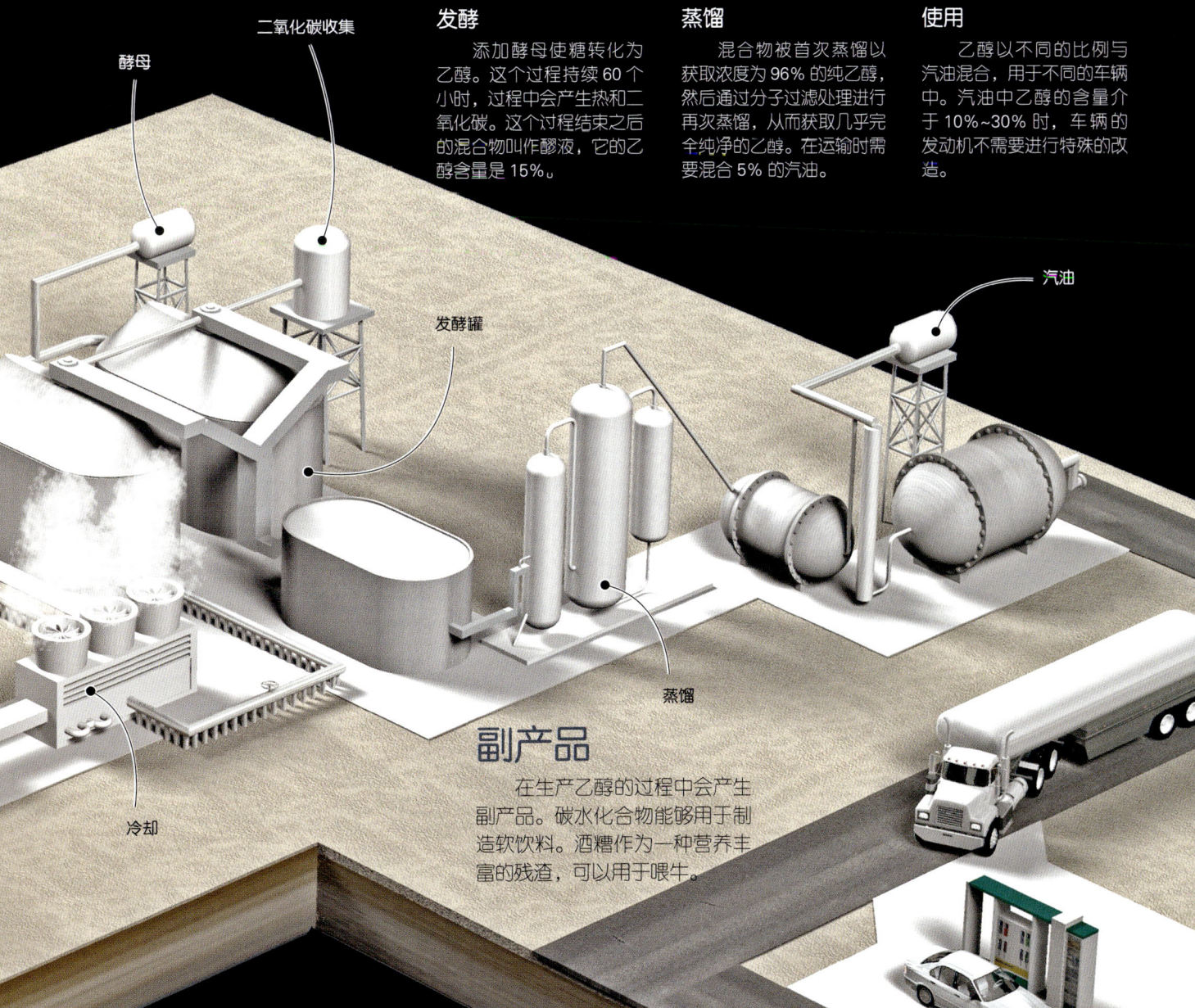

- 巴西 6267
- 欧洲 1371
- 中国 696
- 印度 545
- 加拿大 523
- 其他国家 727
- 美国 13300

资料来源：美国农业部（USDA-FAS）

4 发酵
添加酵母使糖转化为乙醇。这个过程持续60个小时，过程中会产生热和二氧化碳。这个过程结束之后的混合物叫作醪液，它的乙醇含量是15%。

5 蒸馏
混合物被首次蒸馏以获取浓度为96%的纯乙醇，然后通过分子过滤处理进行再次蒸馏，从而获取几乎完全纯净的乙醇。在运输时需要混合5%的汽油。

6 使用
乙醇以不同的比例与汽油混合，用于不同的车辆中。汽油中乙醇的含量介于10%~30%时，车辆的发动机不需要进行特殊的改造。

- 酵母
- 二氧化碳收集
- 发酵罐
- 汽油
- 蒸馏
- 冷却

副产品
在生产乙醇的过程中会产生副产品。碳水化合物能够用于制造软饮料。酒糟作为一种营养丰富的残渣，可以用于喂牛。

它们是如何运转的

太阳能供暖

利用太阳能为日常生活发电和供暖变得越来越流行。这种清洁而且无穷无尽的能源应用范围十分广泛，它既可以用于通信卫星的充电电池，也可以用于公共交通，还可以用于在世界各地建造数量众多的家用太阳能设备。

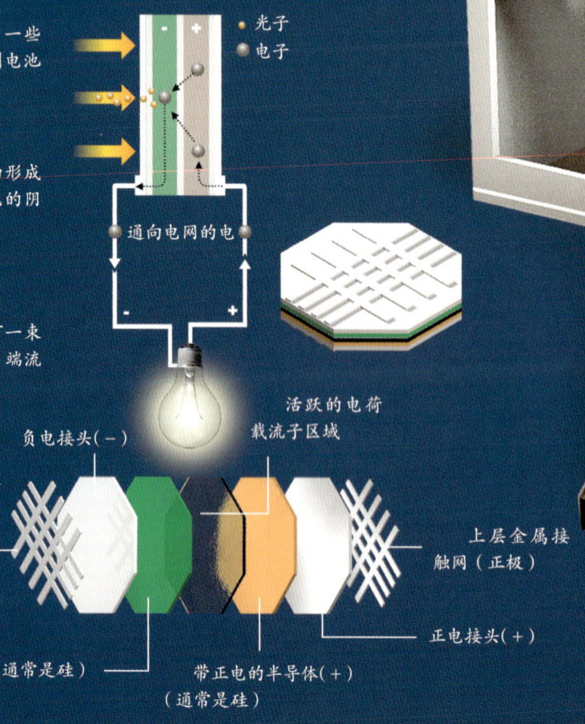

能量调节器

太阳热能

太阳光还能够被用于给房屋和水加热。这种情况使用的是太阳能集热器，它们能够收集来自太阳的热量，但是却不能发电，必须使用太阳能电池或光伏电池才能够发电。

太阳能电池

它主要是由一层薄的半导体材料（例如硅）构成的。光伏效应，也就是把太阳光转化为电能的过程，就在这层半导体材料上发生。

① 太阳光照射在电池上。一些光子驱动电子，使电子跳到电池的受光面。

② 带负电的电子在受光面形成一个负端，这样就给带正电的阴暗面留出了空位。

③ 一旦电路闭合，就会有一束持续的电子流（电流）从负端流向正端。

④ 只要太阳照射电池，这束电流就会持续存在。

光子
电子

通向电网的电

活跃的电荷载流子区域

负电接头（−）

上层金属接触网（正极）

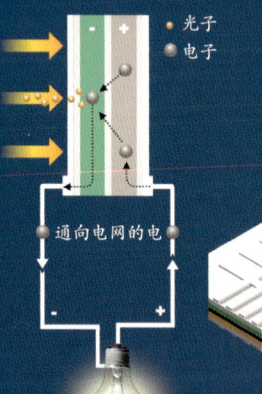

正电接头（+）

上层金属接触网（负极）

带负电的半导体（−）（通常是硅）

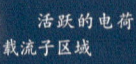

带正电的半导体（+）（通常是硅）

能源 117

投资

利用太阳能需要高额的启动成本,这是发展工业规模太阳能所面临的一个主要问题。这笔费用使得太阳能和其他价格低廉的能源相比之下失去了竞争优势。

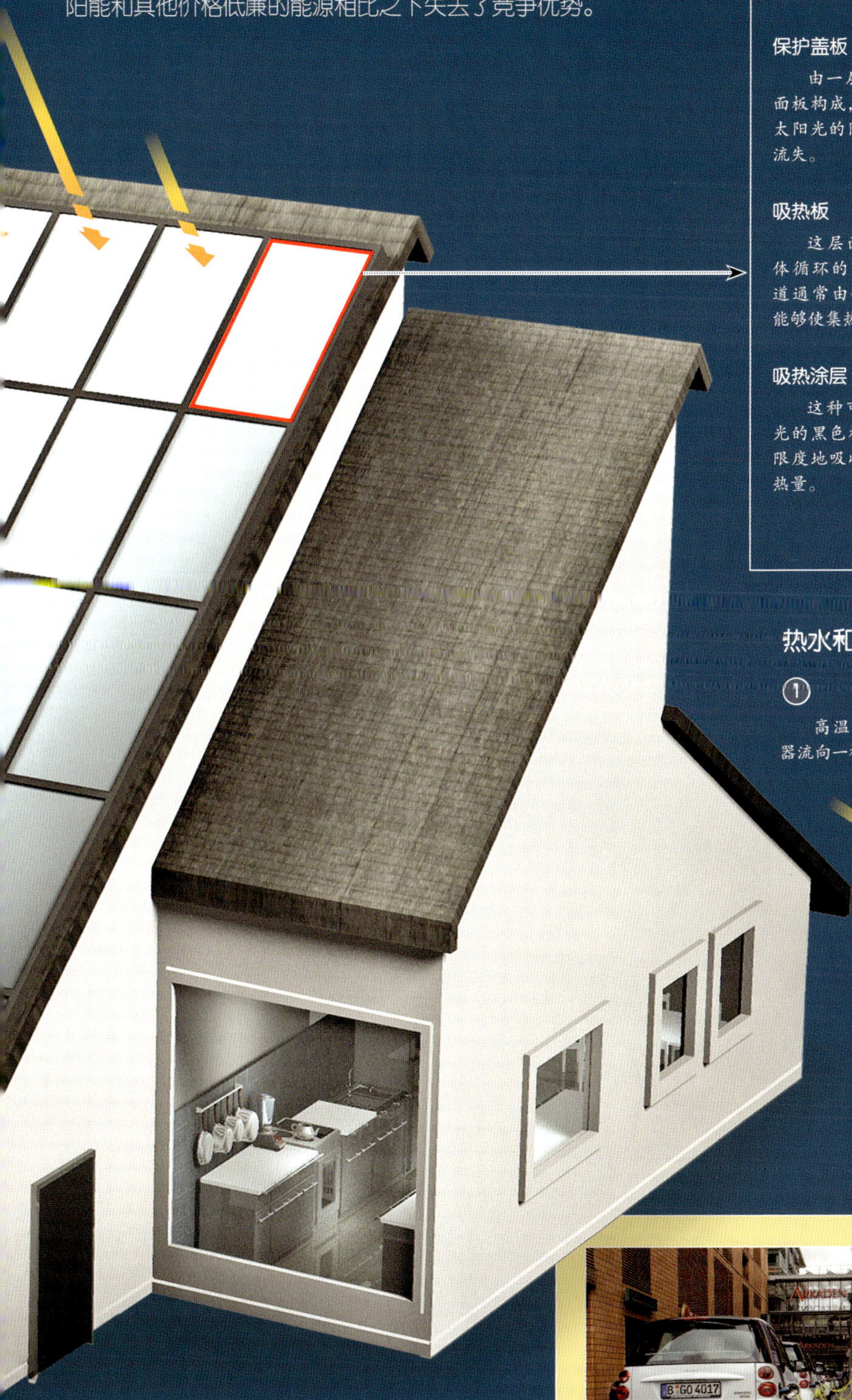

集热器

它和温室效应一起发生作用。它吸收来自太阳的热量,并且防止热量流失。与此同时,它将一根含有流体(水或汽)的管道加热,从而加热锅炉(换热器)。

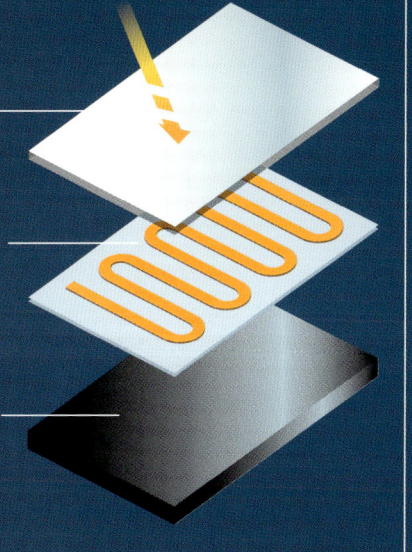

保护盖板
由一层或多层玻璃面板构成,能够在吸收太阳光的同时防止热量流失。

吸热板
这层面板上有供流体循环的管道,这些管道通常由铜制成,它们能够使集热器内部升温。

吸热涂层
这种可以折射太阳光的黑色材料能够最大限度地吸收来自太阳的热量。

热水和供热循环

① 高温液体从集热器流向一根环形管道。

② 高温液体进入热交换器,在这里生活用水加热。

③ 从交换器中流出的水的温度适用于日常使用和房屋供暖。

④ 泵把冷却液输送到集热器,这个过程再次循环。

热水出水管
冷水进水管

← 其他应用

几乎在每一种需要用电的系统中,太阳能都能够起到至关重要的作用,而且对环境不会造成破坏。尽管这项科技目前的使用成本高于煤炭、天然气和石油,但是这个成本差距应该在不久的将来就能够得到改变。

82 摄氏度

太阳能集热器在用于室内供暖或加热水时所能达到的最高温度。

它们是如何运转的

风力涡轮机

　　风力发电是通过驱动巨大的风力涡轮机（风车）来实现的，这是目前最具市场前景的可再生能源之一。风能是一种取之不尽用之不竭的无污染清洁能源，它的利远大于弊。而它最显著的缺点在于人们无法精准地预测风的力度和方向，以及数量众多的大型风车可能会对当地的自然景观带来负面的影响。

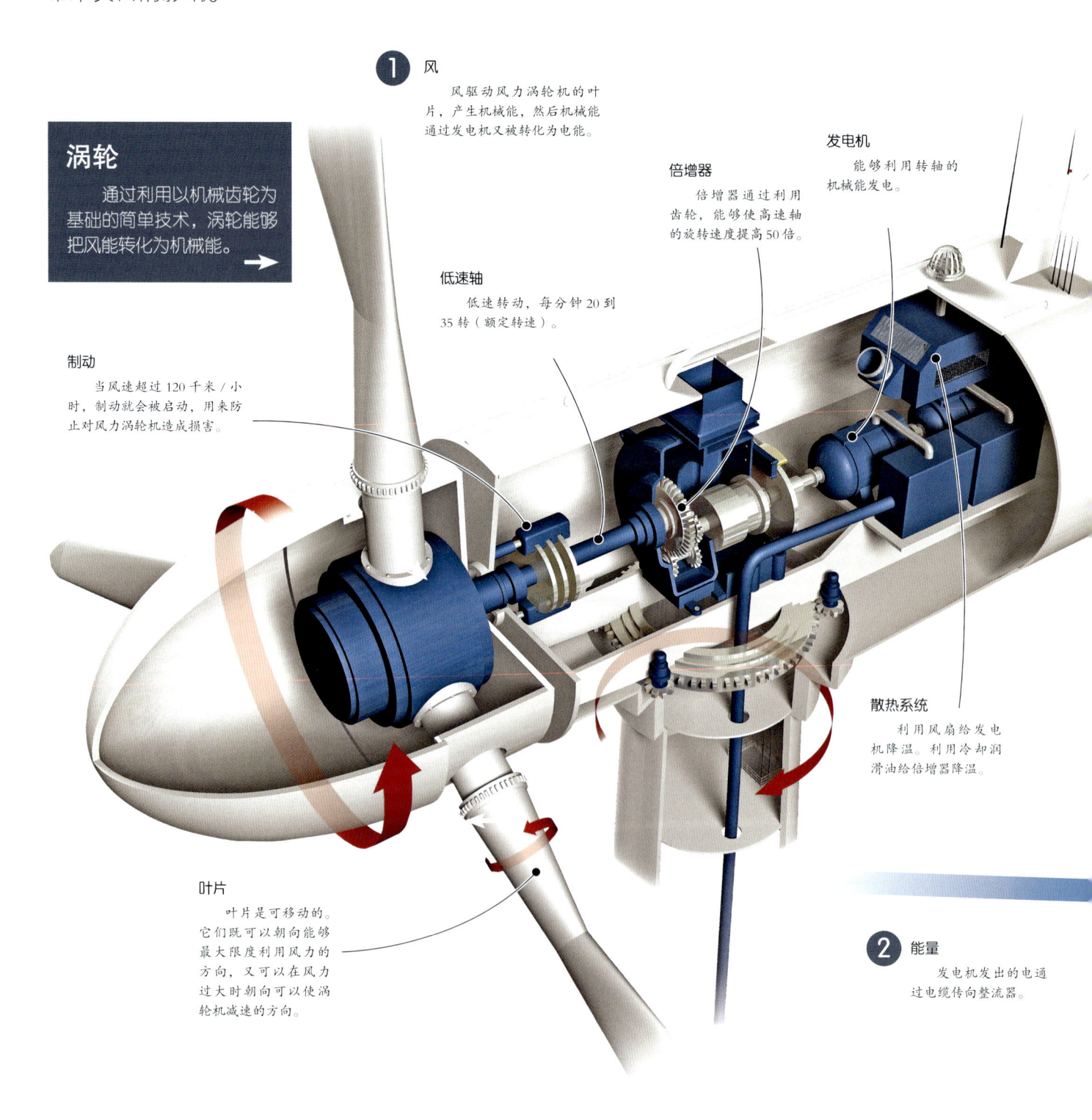

❶ 风
风驱动风力涡轮机的叶片，产生机械能，然后机械能通过发电机又被转化为电能。

涡轮
通过利用以机械齿轮为基础的简单技术，涡轮能够把风能转化为机械能。→

倍增器
倍增器通过利用齿轮，能够使高速轴的旋转速度提高50倍。

发电机
能够利用转轴的机械能发电。

低速轴
低速转动，每分钟20到35转（额定转速）。

制动
当风速超过120千米/小时，制动就会被启动，用来防止对风力涡轮机造成损害。

散热系统
利用风扇给发电机降温。利用冷却润滑油给倍增器降温。

叶片
叶片是可移动的。它们既可以朝向能够最大限度利用风力的方向，又可以在风力过大时朝向可以使涡轮机减速的方向。

❷ 能量
发电机发出的电通过电缆传向整流器。

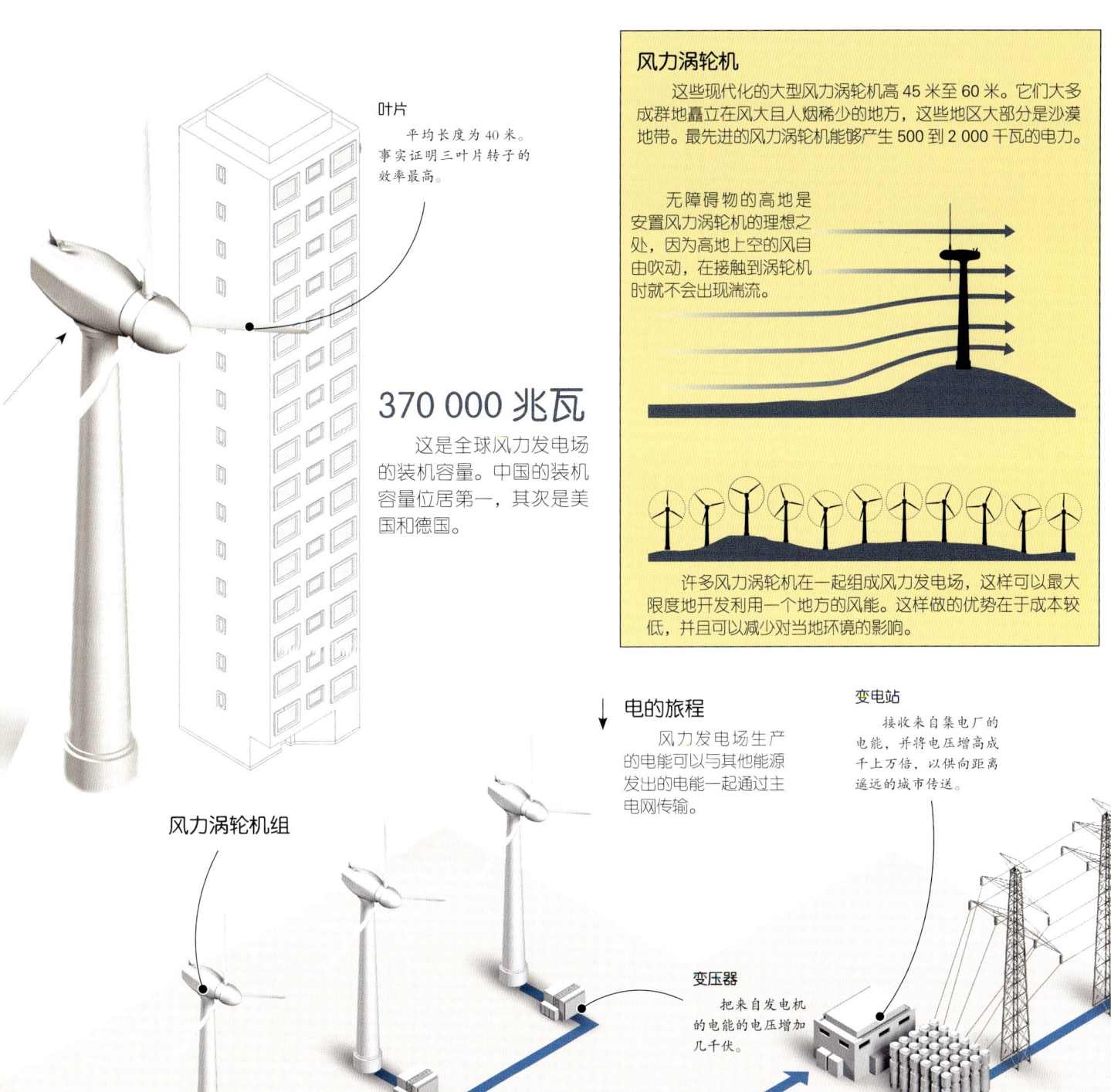

能 源 119

风力涡轮机

这些现代化的大型风力涡轮机高 45 米至 60 米。它们大多成群地矗立在风大且人烟稀少的地方，这些地区大部分是沙漠地带。最先进的风力涡轮机能够产生 500 到 2 000 千瓦的电力。

无障碍物的高地是安置风力涡轮机的理想之处，因为高地上空的风自由吹动，在接触到涡轮机时就不会出现湍流。

许多风力涡轮机在一起组成风力发电场，这样可以最大限度地开发利用一个地方的风能。这样做的优势在于成本较低，并且可以减少对当地环境的影响。

叶片
平均长度为 40 米。事实证明三叶片转子的效率最高。

370 000 兆瓦
这是全球风力发电场的装机容量。中国的装机容量位居第一，其次是美国和德国。

电的旅程
风力发电场生产的电能可以与其他能源发出的电能一起通过主电网传输。

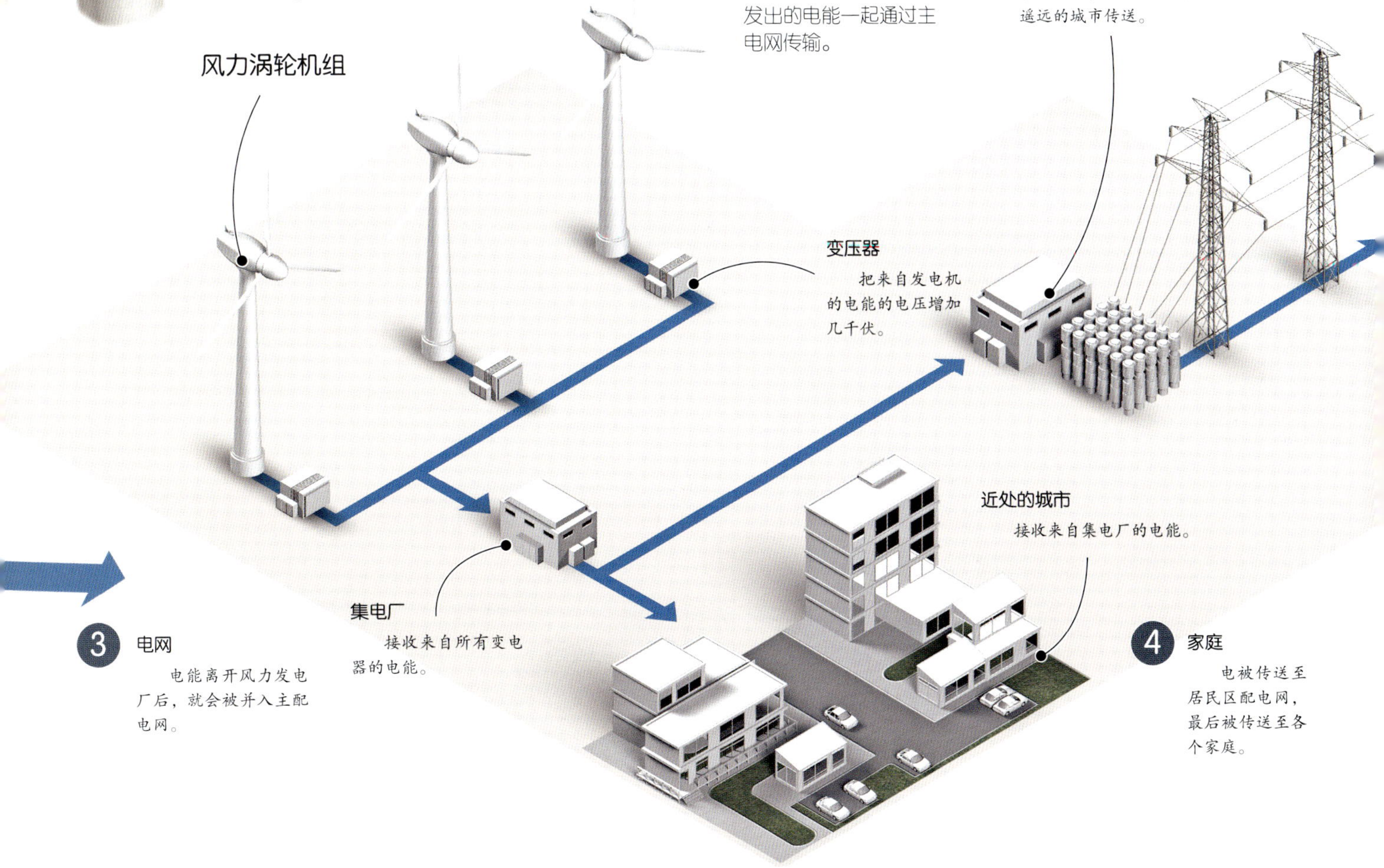

变电站
接收来自集电厂的电能，并将电压增高成千上万倍，以供向距离遥远的城市传送。

风力涡轮机组

变压器
把来自发电机的电能的电压增加几千伏。

近处的城市
接收来自集电厂的电能。

③ 电网
电能离开风力发电厂后，就会被并入主配电网。

集电厂
接收来自所有变电器的电能。

④ 家庭
电被传送至居民区配电网，最后被传送至各个家庭。

它们是如何运转的

水电能源

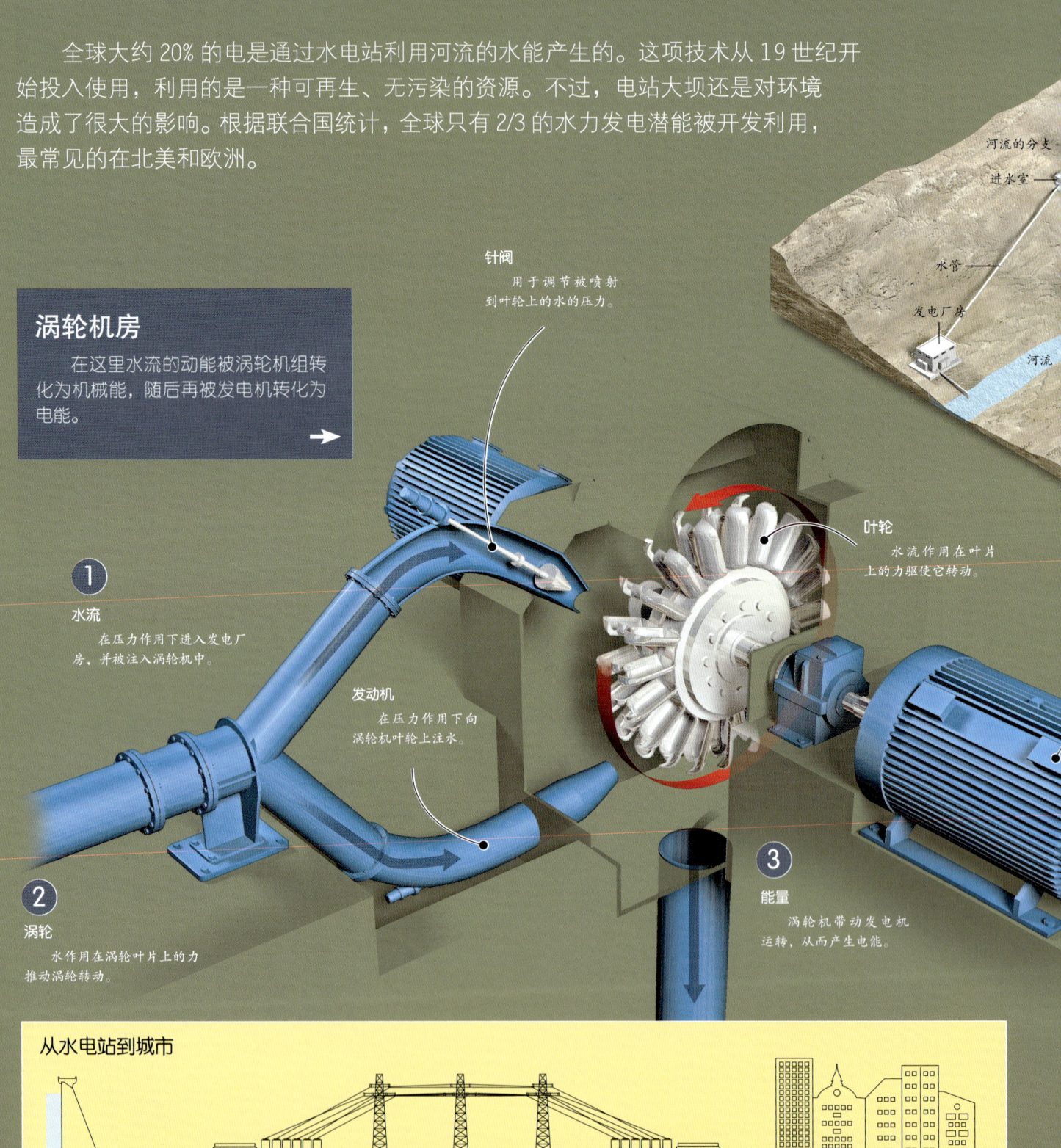

全球大约 20% 的电是通过水电站利用河流的水能产生的。这项技术从 19 世纪开始投入使用，利用的是一种可再生、无污染的资源。不过，电站大坝还是对环境造成了很大的影响。根据联合国统计，全球只有 2/3 的水力发电潜能被开发利用，最常见的在北美和欧洲。

河流的分支
进水室
水管
发电厂房
河流

针阀
用于调节被喷射到叶轮上的水的压力。

涡轮机房
在这里水流的动能被涡轮机组转化为机械能，随后再被发电机转化为电能。

叶轮
水流作用在叶片上的力驱使它转动。

① 水流
在压力作用下进入发电厂房，并被注入涡轮机中。

发动机
在压力作用下向涡轮机叶轮上注水。

② 涡轮
水作用在涡轮叶片上的力推动涡轮转动。

③ 能量
涡轮机带动发电机运转，从而产生电能。

从水电站到城市

发电厂产生的电力被输送到一个变压器中，其电压增加，准备输送。

电能通过高压电线进行远距离传送。

电力再次被传送到变压器中，降低电压，然后分配给千家万户。

能　源　121

▼ 引水式水电站
引水式水电站没有水库。它只是简单地利用可用的水流，因此它依赖于水流的季节性变化。同时，它还无法利用偶发性的水流过剩。

▼ 坝式水电站
由大坝拦截形成一座水库，能够保证水流的持续性，因此能量不受河流水位变化的影响。

① 水进入发电厂房驱动涡轮机组。涡轮机转动，带动发电机发电。

② 水库中的水被使用后又流回到河流中。

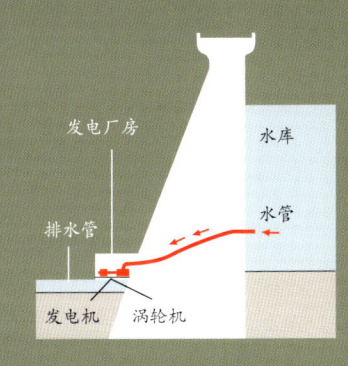

发电厂房　水库
排水管
发电机　涡轮机　水管

中国
中国是世界上最大的水力发电生产国（95 000 兆瓦装机容量），紧随其次的是美国、加拿大和巴西。

水库
引水管　大坝
发电厂房

22 500 兆瓦
这是 2012 年中国三峡大坝的总装机容量。之前的纪录保持者是位于巴拉圭和巴西边境的伊泰普水电站，它的装机容量为 12 600 兆瓦。

发电机
把涡轮机组的机械能转化为电能。

▼ 抽水蓄能电站
它拥有两个处于不同高度的水库。通过这种方式，水能够被再次利用，从而提高了对水资源的利用效率。

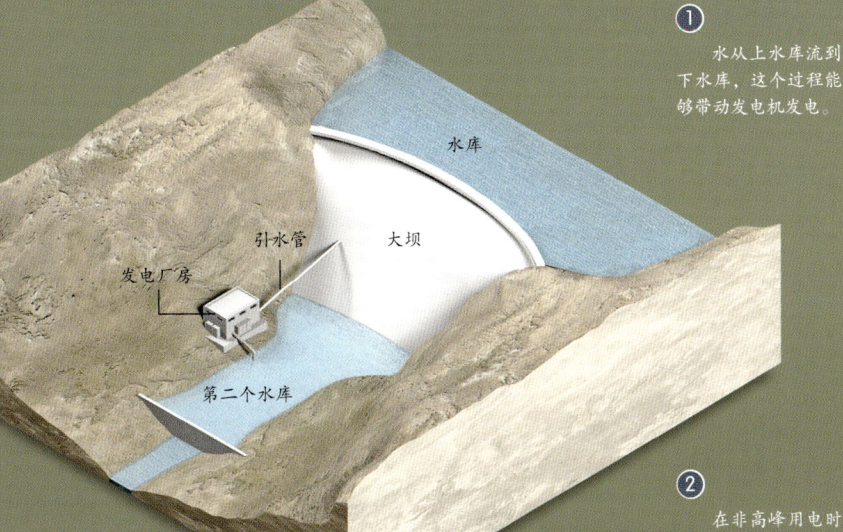

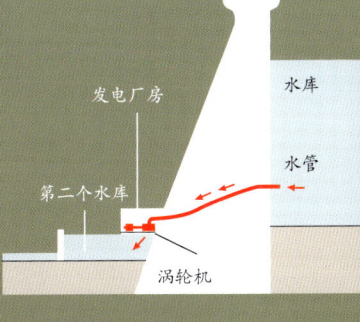

① 水从上水库流到下水库，这个过程能够带动发电机发电。

发电厂房　水库
水管
第二个水库
涡轮机

水库
引水管　大坝
发电厂房
第二个水库

② 在非高峰用电时段，水被抽回上水库，以供再次利用。

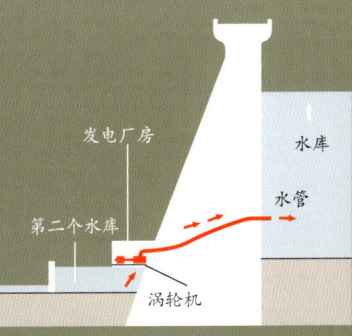

发电厂房　水库
水管
第二个水库
涡轮机

它们是如何运转的

地热能

地热能是最清洁和最具发展潜力的能源之一。第一座地热发电厂在 100 多年前就开始运营。地热发电站利用地球内部散发出的热量来发电。然而地热发电站的发展受到了许多限制,例如它们必须建造在火山活动强度高的地区。由于类似的火山活动越来越少,地热发电站的作用也可能会变得越来越小。

发电站的类型

并非所有的地热发电站都是一样的。它们的设计取决于地热沉积物的类型,而能量就来源于沉积物。

干蒸气发电设备

有的沉积物可以直接提供热水,而不是蒸气。水的温度非常高,能够被用于发电。

- 涡轮
- 连接发电机的轴
- 来自沉积物的蒸气
- 蒸气输送至冷凝器。

双循环式发电设备

沉积物中的热水用来给一个热交换器升温。交换器给用于产生蒸气的有机液体加热,产生的蒸气驱动涡轮发电。

- 连接发电机的轴
- 有机液体
- 蒸气输送至冷凝器。
- 来自沉积物的热水
- 热交换器

闪蒸发电设备

最常见的类型。沉积物提供温度特别高的热水,热水在发电设备中汽化后驱动涡轮发电。

- 蒸气输送至冷凝器。
- 来自沉积物的热水
- 二次注水

沉积物

沉积物是地下水和蒸气的聚集之处,尽管有时裂缝或多孔岩石中也含有水和蒸气。地下的水和蒸气受热于岩浆,能够被用作可再生能源。

↓地热沉积物的类型

地热沉积物依据它们的温度和所提供的资源(水或蒸气)来分类。

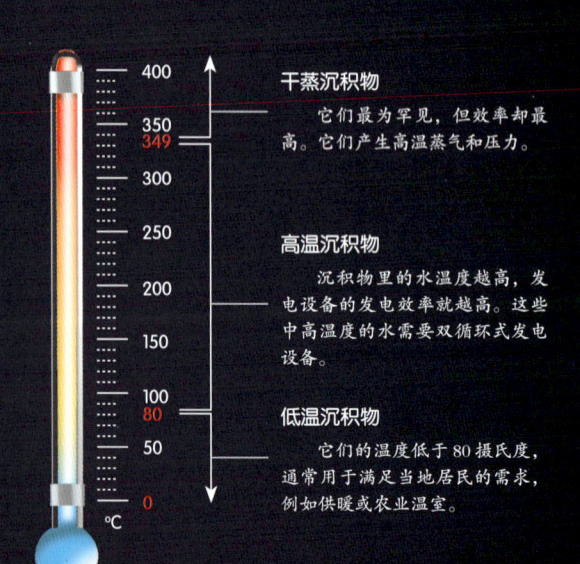

- 400
- 350
- 349
- 300
- 250
- 200
- 150
- 100
- 80
- 50
- 0 °C

干蒸沉积物
它们最为罕见,但效率却最高。它们产生高温蒸气和压力。

高温沉积物
沉积物里的水温度越高,发电设备的发电效率就越高。这些中高温度的水需要双循环式发电设备。

低温沉积物
它们的温度低于 80 摄氏度,通常用于满足当地居民的需求,例如供暖或农业温室。

能 源 123

1

蒸气

蒸气依靠自身压力从沉积物中上升。

2

发电

蒸气进入发电站后就会驱动涡轮，涡轮进而带动发电机运转。

3

输送

产生的电经过变电站后通过高压电缆传输。

4

回收

使用过的蒸气被压缩（转换成水），然后被再次注入沉积物中。

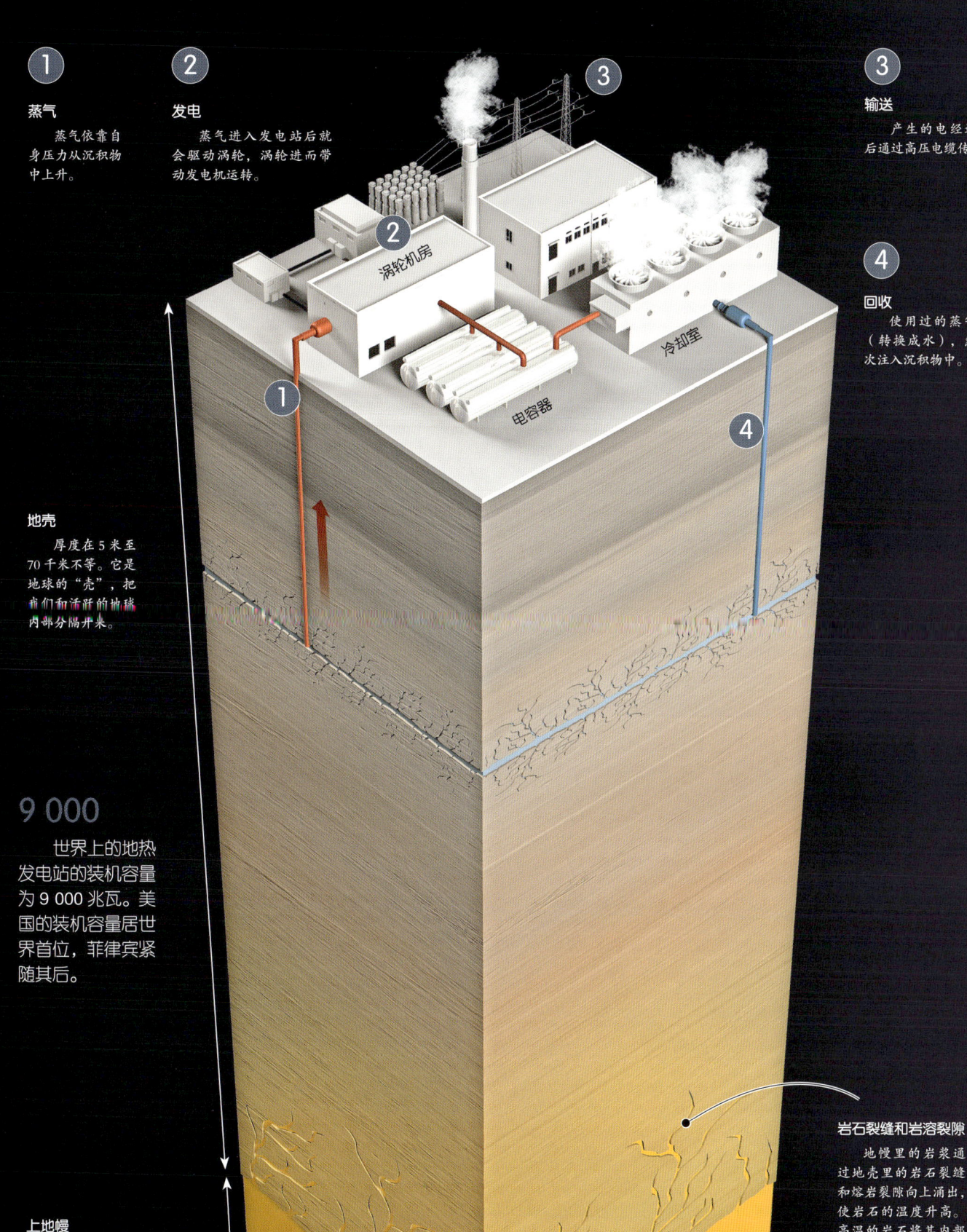

涡轮机房

电容器

冷却室

地壳

厚度在5米至70千米不等。它是地球的"壳"，把我们和活跃的地球内部分隔开来。

9 000

世界上的地热发电站的装机容量为9 000兆瓦。美国的装机容量居世界首位，菲律宾紧随其后。

上地幔

深度延伸至600千米。它是由部分熔化的岩石（岩浆）构成的黏性层，熔岩的温度将近1 300摄氏度。

岩石裂缝和岩溶裂隙

地幔里的岩浆通过地壳的岩石裂缝和熔岩裂隙向上涌出，使岩石的温度升高。高温的岩石将其内部含有的水加热。

它们是如何运转的

潮汐发电站

潮汐的变化和波浪的力量包含着巨大的能量，这些能量能够被用于发电。潮汐能既不会污染大气环境，也不会向化石燃料那样消耗资源。潮汐发电站类似于水电站，包括一条横跨入海口的拦水堤坝，以及一个用于放置涡轮发电机组的发电机房。

堤坝的位置

潮汐发电站必须位于河流的入海口，或是位于狭窄的海湾。这些地方的潮差（低潮和高潮之间的潮位差别）高于平均值。

12 小时 25 分钟

这是两次高潮或是两次低潮之间相隔的大概时间。这个时间取决于地理位置以及其他因素，例如风和洋流。

闸门
涨潮时打开闸门让海水流入，然后关闭闸门防止水流出。

潮汐能发电机房
发电机房内有用于发电的涡轮机组。这些涡轮把水的动能转换为机械能，然后再转换为电能。

基座
基座由混凝土建造而成，能够防止海水对地面的侵蚀。

闸门
在发电过程中，闸门能够调节排出并流经涡轮的水量。

涡轮机组
海水的流动为涡轮机组提供能量。当它们转动时，就会带动发电机发电。

能 源 125

始华湖潮汐发电站

这是世界上最大的潮汐发电站，于 2011 年开始运行。它位于韩国，装机容量达 254 兆瓦。

← 潮差

为了有效地发电，高潮和低潮之间至少需要 4 米的差距。这个差距限制了潮汐发电站的选址数量。

变电站
在将发出的电力传输之前，增加电压。

高压电网
将电能传输到被消费的地区。

堤坝
位于海岸之间，横跨入海口。用于在涨潮时蓄水。

发电

和水电站一样，水库中的蓄水推动涡轮转动，从而使发电机发电。

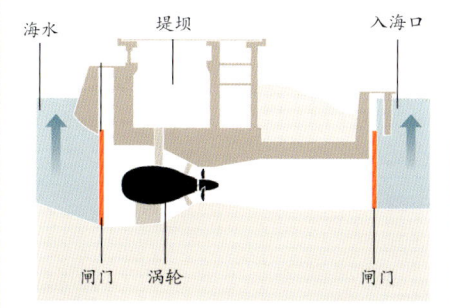

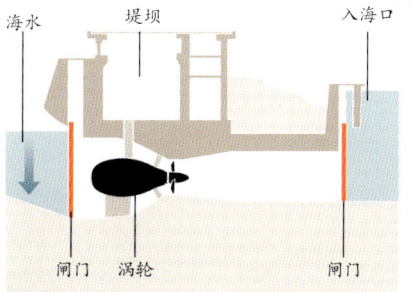

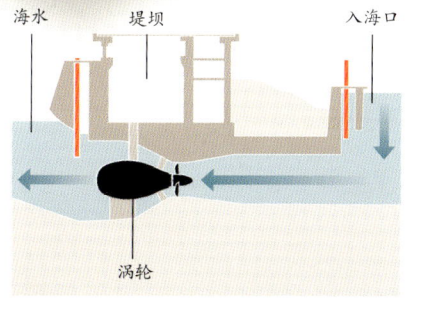

海水　堤坝　　　入海口　　海水　堤坝　　　入海口　　海水　堤坝　　　入海口

闸门　涡轮　　闸门　　　闸门　涡轮　　闸门　　　　　涡轮

❶ 涨潮
在涨潮期间，入海口的水位上升。堤坝的闸门打开让海水流入。

❷ 蓄水
当涨潮结束时，入海口的水位开始下降。堤坝的闸门关闭，防止蓄水泄出。

❸ 发电
在落潮期间，排出的蓄水经过涡轮机组，使发电机发电。

它们是如何运转的

生物沼气池

当厌氧细菌（不需要依靠氧气生存的细菌）在腐败和发酵等过程中分解代谢有机物质时，它们就会释放出沼气。这种气体能够被当作一种能源，用来供暖和发电。它们还能产出营养价值极高的营养土，被用于农业生产或水产养殖。这项技术作为一种替代能源，在偏远地区有广泛的应用前景。这种技术不但能够满足这些地区人们的能源需求，还有助于回收利用有机废物。

艾克赛特

1895年，这座位于英国的城市首次利用来自于污水处理厂的沼气点亮了路灯。

圆顶
它被建于地下，以混凝土、砖和石块填充。

反应池
厌氧细菌在这个封闭的室内分解有机质废物，产出的气体（被称为沼气）和营养土被收集起来供随后使用。

1 废物
有机废物被倒入反应池，并与水混合。

2 腐化槽
在这里厌氧细菌使废物发酵，它们产出气体和营养土。

3 沼气
它是发酵过程中产生的气体，包含甲烷和二氧化碳。它可以被用来做饭、供暖和发电。

4 营养土
它是农业生产的理想选择，富含营养元素，而且没有臭味。

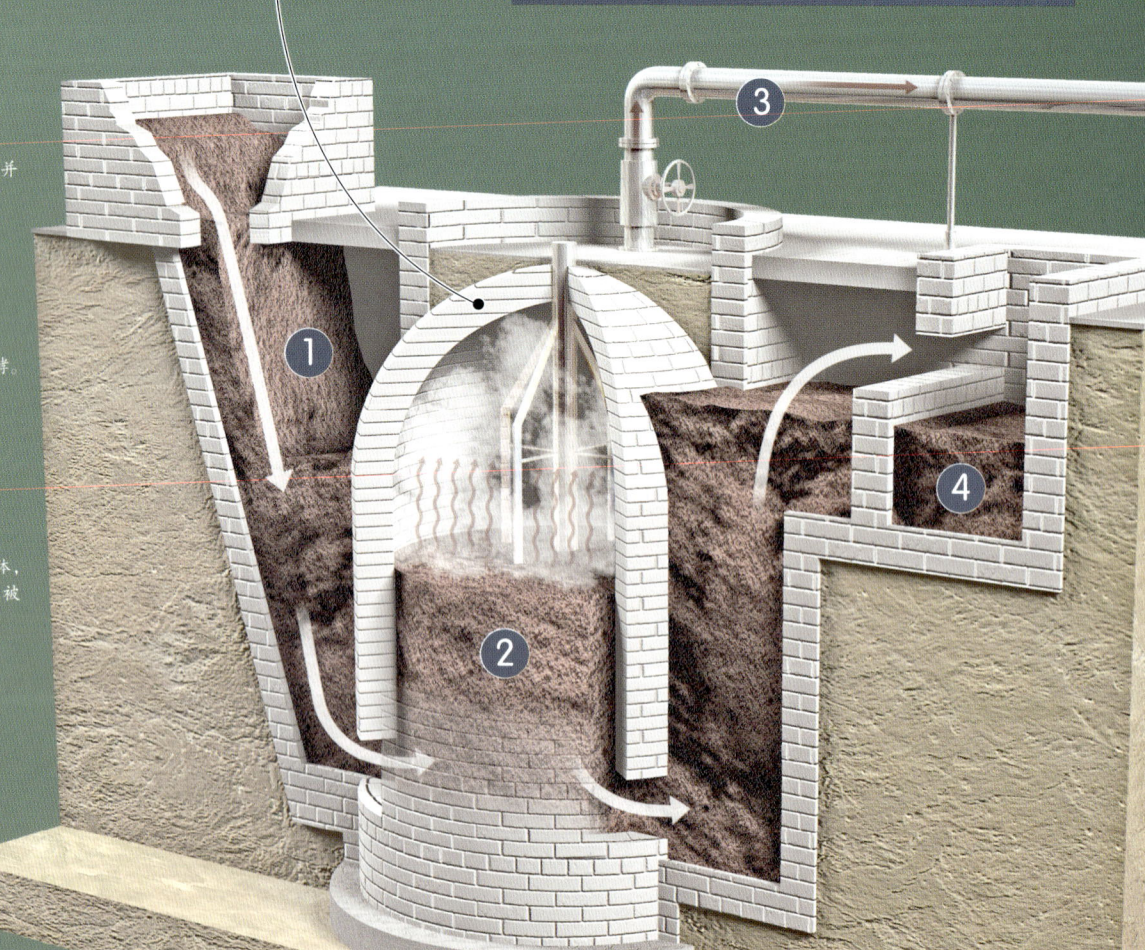

能 源 127

有机废物
在城市和农村都可以被使用。

← 生态循环
作为一种回收利用的途径,生物沼气池为处理有机垃圾提供了一种替代性的解决方案,这种方案得到了越来越多的大城市和农用工业的认可。

发展水产养殖

土壤处理

肥料

家庭用气

沼气

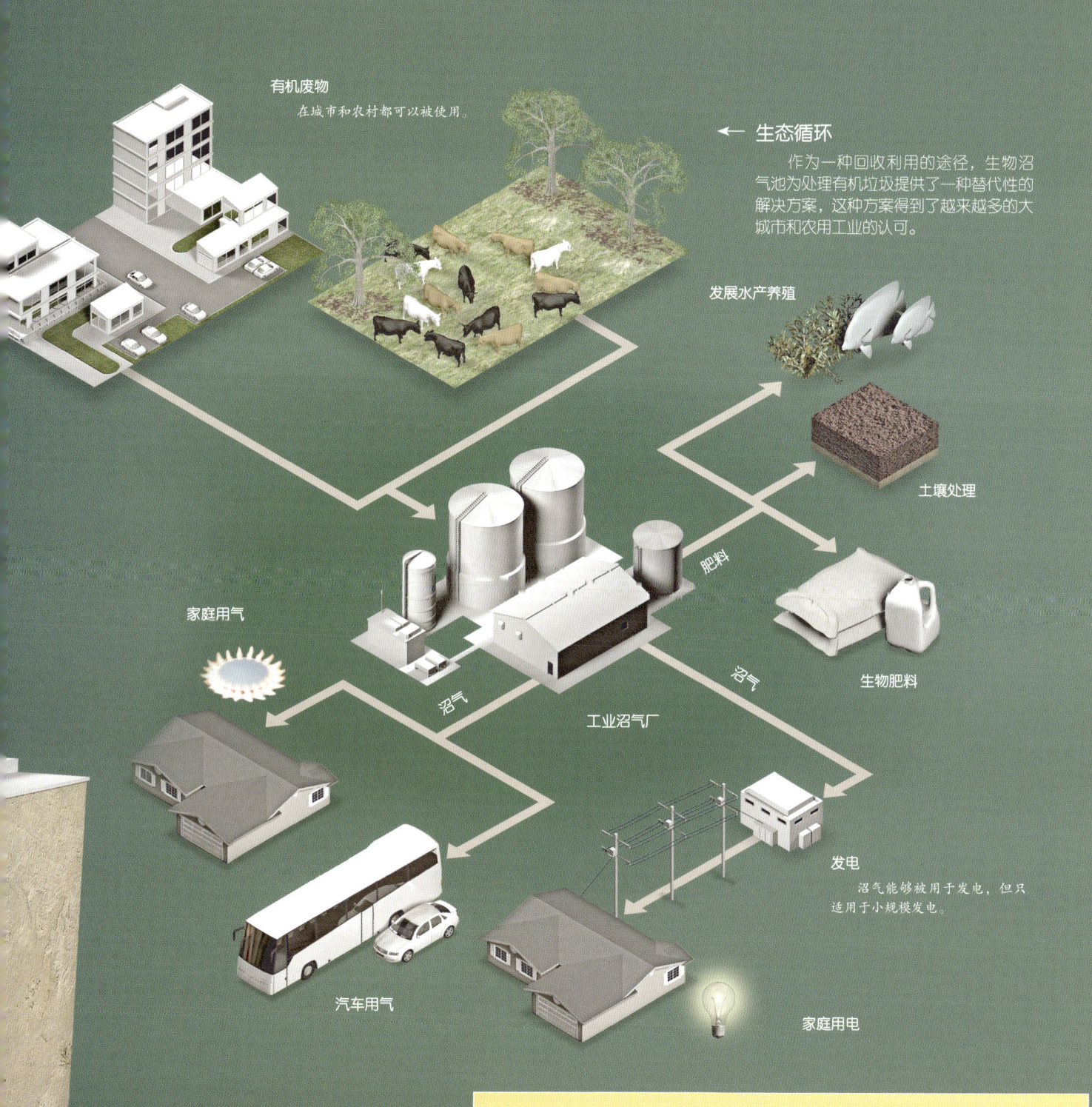

沼气

生物肥料

工业沼气厂

发电
沼气能够被用于发电,但只适用于小规模发电。

汽车用气

家庭用电

病原菌
实验室检测显示生物降解的过程能够把有机废物中多达 85% 的有害病原体杀死,否则这些病原体就会被释放到环境之中。

← 沼气
沼气是生物降解产生的气体,由多种气体混合而成。它的成分取决于废物的构成和废物分解的过程:55%~70% 的甲烷（CH_4）,30%~45% 的二氧化碳（CO_2）,1%~10% 的氢气（H_2）,3%~5% 氮气（N_2）,0.1% 的硫酸（H_2SO_4）。

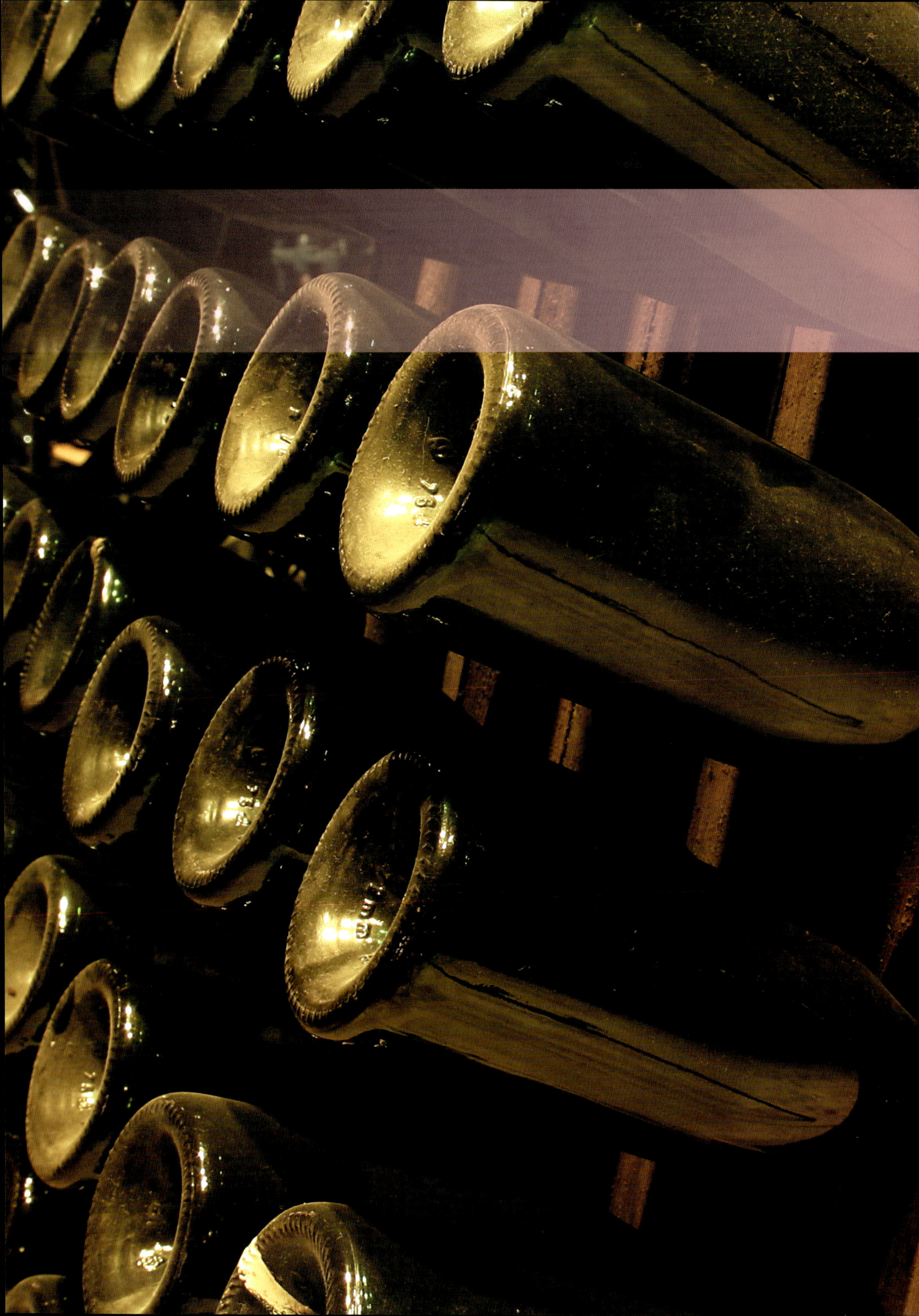

食品工业

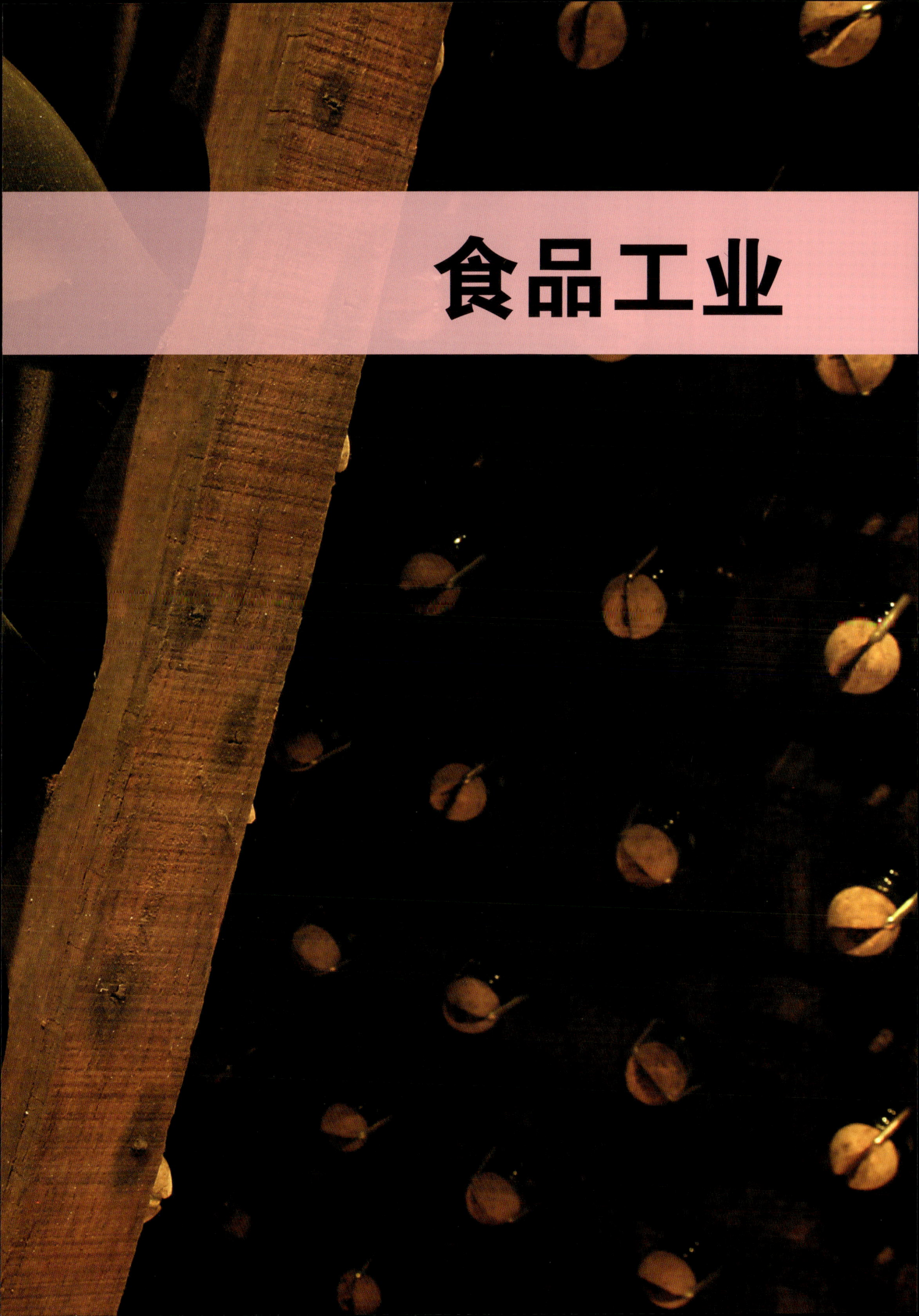

它们是如何运转的

牛奶生产

在 18 世纪之前，人们极少会购买牛奶，因为它只能存放几个小时就变质了。提供新鲜牛奶以满足城市居民的需求在当时并非易事。20 世纪发明的巴氏消毒法使牛奶可以保存一段时间，从那时起牛奶才成为了一种普遍流行的饮品，并得以批量生产。

牛奶

这种天然食品为人体提供了重要的营养元素。包括巴氏消毒法在内的一系列现代化生产过程能够确保牛奶的质量。

1 挤奶和在农场的牛奶保存

通过机械化方式挤出的牛奶温度大约在 37 摄氏度。为了防止变质，牛奶会被立刻冷却至 4 摄氏度以下。

2 收集

为了防止被污染，牛奶的酸碱值（pH 值）是被严格控制的，从农场运走时，它会被装在大型冷藏车中以防变质。

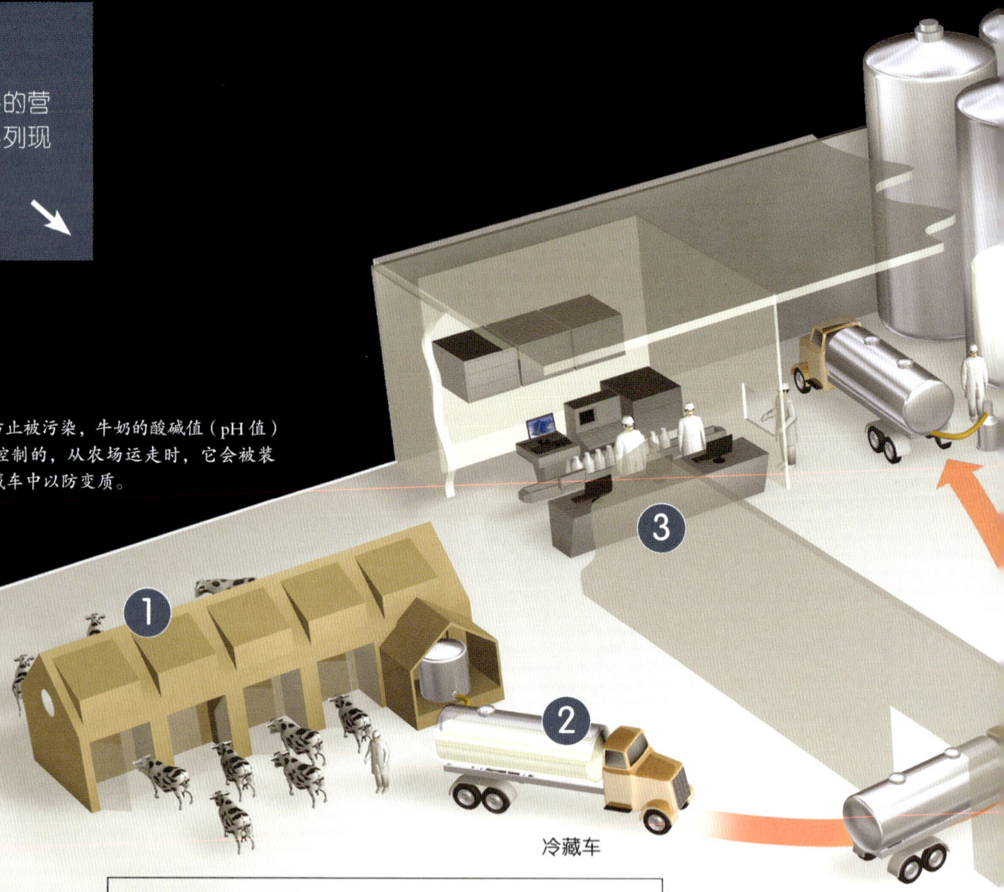

冷藏车

离心机的内层，在这里奶油以颗粒沉淀物的形式被倒出。

▼ 路易斯·巴斯德（1822-1895）

法国化学家。他发现食物变质是细菌造成的，他还首次发明了防止物质变坏的有效方法。

主要的奶牛品种

荷斯坦牛
产自于德国。在过去的 300 年里，这些黑白花奶牛适应了不同的环境气候。

娟姗牛
传播范围最广的英国奶牛品种。它的骨架棱角使其非常适于产奶。

爱尔夏牛
产自于苏格兰西南部，是最古老的奶牛品种（自 17 世纪就开始被用于产奶）。它们身上有明显的红斑，易于辨认。

食品工业 131

3 分析
牛奶被运送至工厂后就要进行磷酸酶试验：如果结果呈阳性，说明这是未经加工和未经加热过的牛奶。

4 奶桶和消毒
为了配合运输或加工，牛奶会被加热到57~68摄氏度之间，这个过程能够在减少细菌的同时保持未被加工过的牛奶的风味和营养。

5 分离
制作奶制品，需要将牛奶和奶油在离心机中分离。奶制黄油或者鲜奶油，需要将油加热到127摄氏度，减少足够的水分就可以了。要想制作酸奶和奶酪，就需要把牛奶和奶油以不同比例混合，并加入适量的发酵剂。

6 均质
为了确保批量产品的质量相同，就需要在极高的压力下，粉碎牛奶中的脂肪球。

7 巴氏灭菌法
确保在去除牛奶中潜在有害微生物的同时保持牛奶的原有特性。这个方法首先利用间接加热的方法使牛奶迅速加热，然后再使牛奶流过一根冷却管以快速冷却。

8 装瓶
牛奶容器需要经过过氧化氢消毒处理，并且需要用试剂条检测以确保容器中没有过氧化氢残留液。

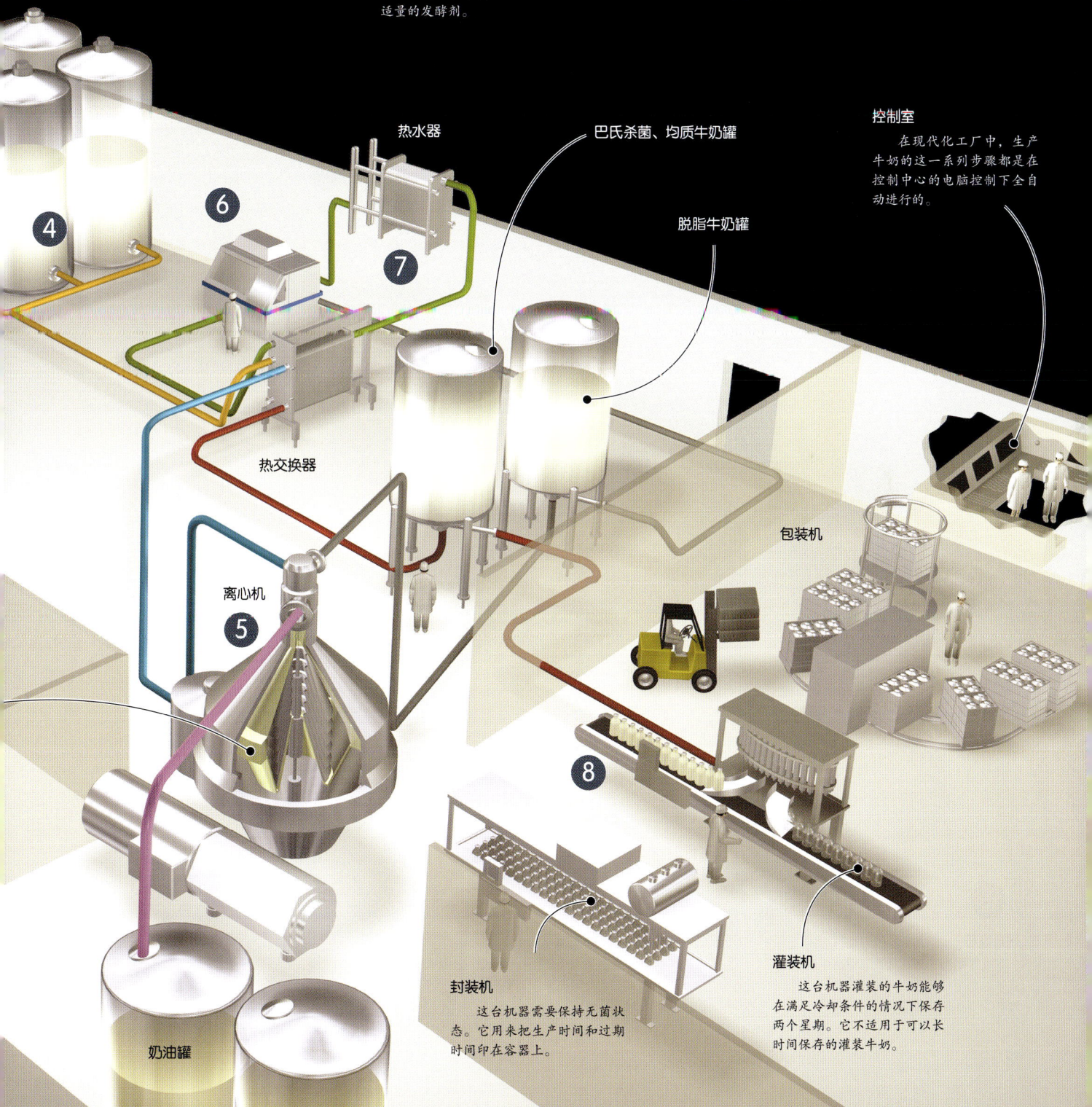

热水器

巴氏杀菌、均质牛奶罐

脱脂牛奶罐

控制室
在现代化工厂中，生产牛奶的这一系列步骤都是在控制中心的电脑控制下全自动进行的。

热交换器

包装机

离心机

奶油罐

封装机
这台机器需要保持无菌状态。它用来把生产时间和过期时间印在容器上。

灌装机
这台机器灌装的牛奶能够在满足冷却条件的情况下保存两个星期。它不适用于可以长时间保存的灌装牛奶。

它们是如何运转的

肉类加工

如今肉类加工是一个烦琐的生产流程，这个流程起始于饲养动物的农场，终结在消费者的餐桌上。为了确保最佳肉质，动物们需要在偏远地区被合理地饲养，还要避免应激情况的出现，特别是在运输过程中。肉产品根据不同的用途需要经过冷冻或冷藏加工，这道工序在冷却厂完成。在肉类加工过程中，生肉的清洗和消毒以及所用的器具都至关重要。

↓ **护理和质量**

使动物能够做好准备面向市场的第一步是肥育。当牛到达加工厂后，如果它们闻到血腥味就会停下来，甚至拒绝进入击昏箱。正因如此，大型肉类加工厂装有排气风扇以净化环境。如今，大部分肉会在屠宰日期后的4~10天被消费掉。

❷ 运输动物

在运输过程中一定要注意不能让牛受伤，因为这样可能严重影响肉质。

❸ 屠宰场

屠宰是工业化肉类生产的第一步。切割肉是一个高难度工作。

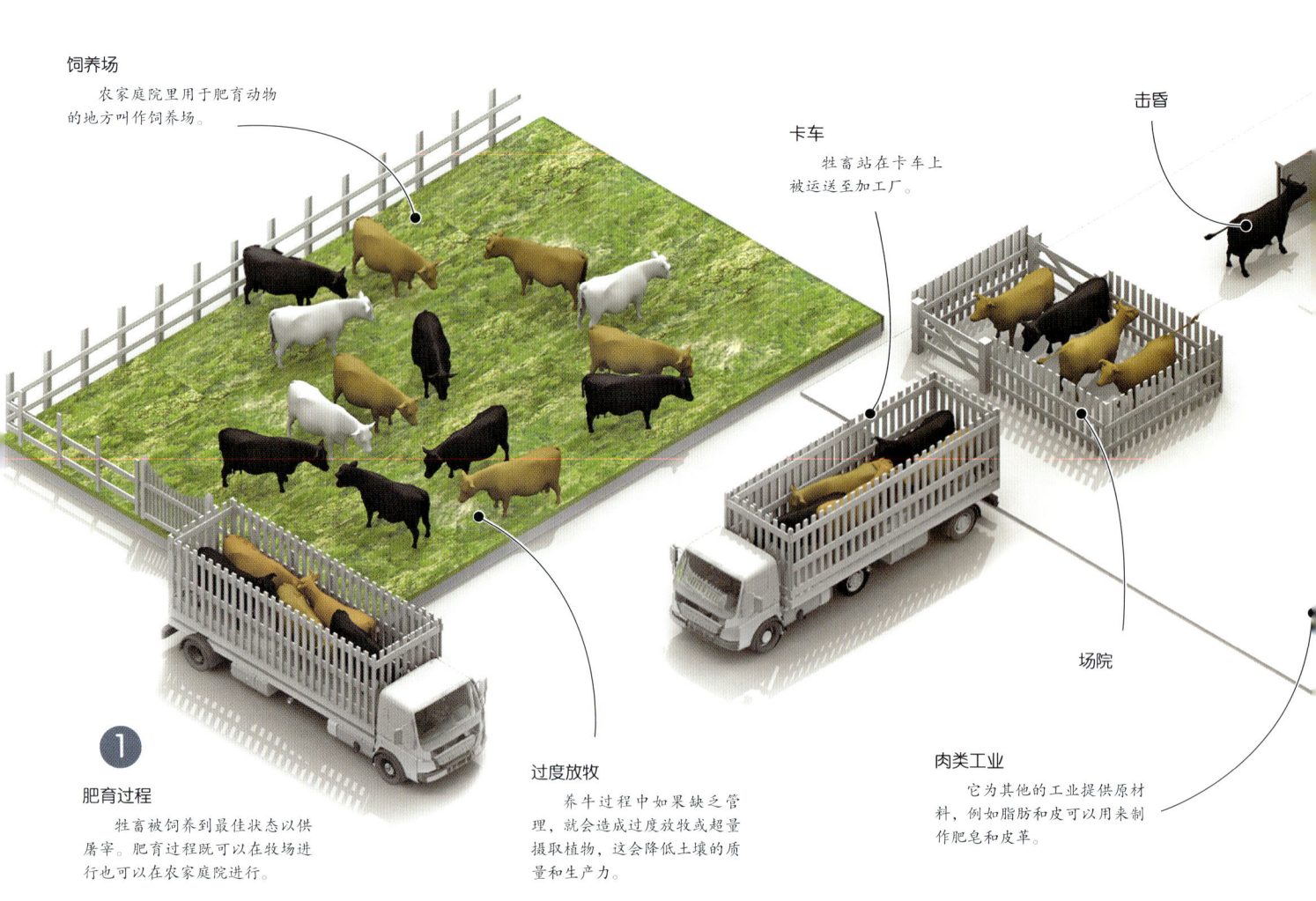

饲养场

农家庭院里用于肥育动物的地方叫作饲养场。

卡车

牲畜站在卡车上被运送至加工厂。

击昏

❶ 肥育过程

牲畜被饲养到最佳状态以供屠宰。肥育过程既可以在牧场进行也可以在农家庭院进行。

过度放牧

养牛过程中如果缺乏管理，就会造成过度放牧或超量摄取植物，这会降低土壤的质量和生产力。

肉类工业

它为其他的工业提供原材料，例如脂肪和皮可以用来制作肥皂和皮革。

场院

食品工业 133

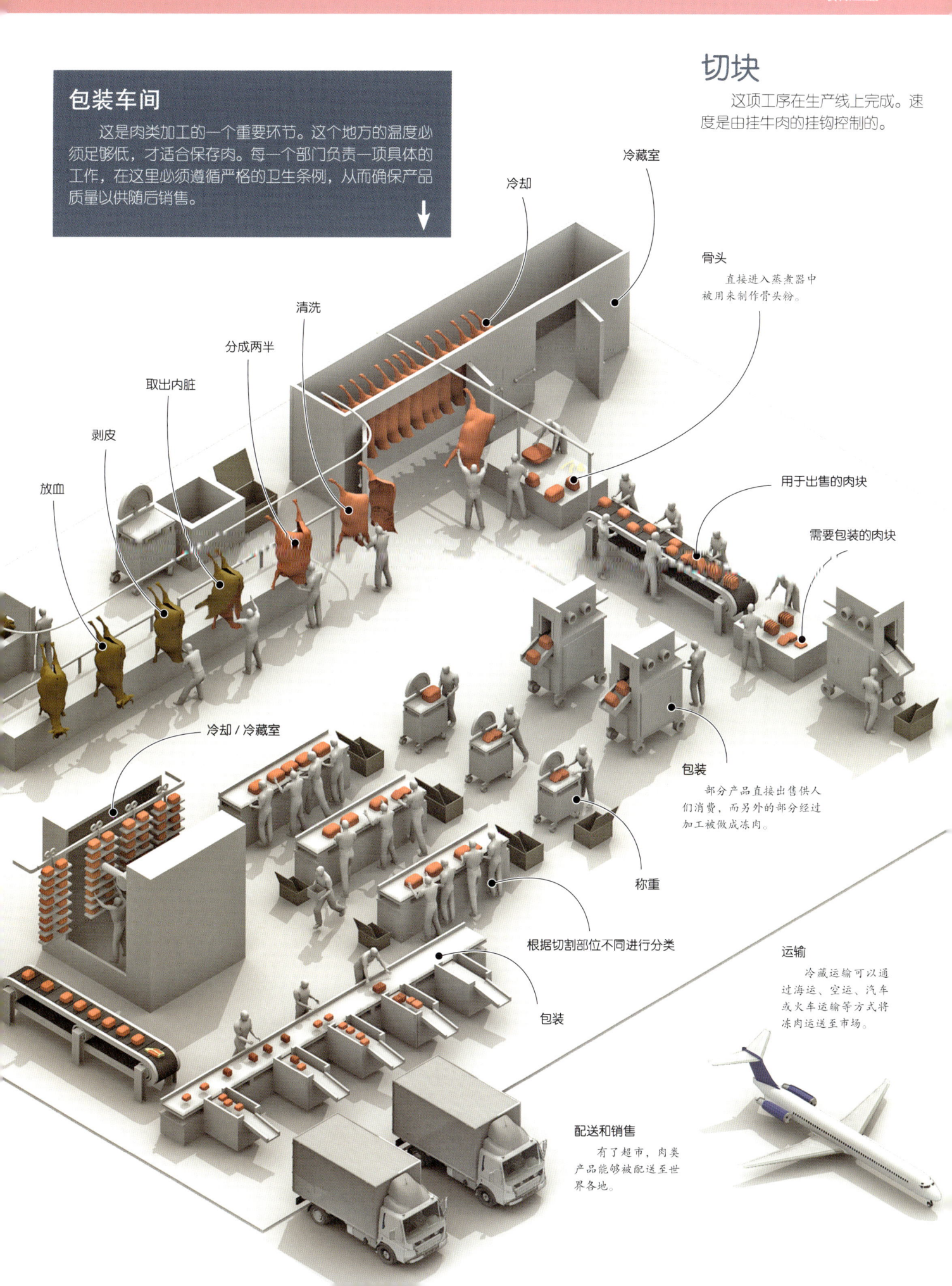

切块

这项工序在生产线上完成。速度是由挂牛肉的挂钩控制的。

包装车间

这是肉类加工的一个重要环节。这个地方的温度必须足够低，才适合保存肉。每一个部门负责一项具体的工作，在这里必须遵循严格的卫生条例，从而确保产品质量以供随后销售。

冷藏室

冷却

清洗

分成两半

取出内脏

剥皮

放血

骨头
直接进入蒸煮器中被用来制作骨头粉。

用于出售的肉块

需要包装的肉块

冷却/冷藏室

包装
部分产品直接出售供人们消费，而另外的部分经过加工被做成冻肉。

称重

根据切割部位不同进行分类

包装

配送和销售
有了超市，肉类产品能够被配送至世界各地。

运输
冷藏运输可以通过海运、空运、汽车或火车运输等方式将冻肉运送至市场。

它们是如何运转的

渔　业

全球范围内对鱼类和贝壳类的需求促使人们使用高效率的捕鱼船和捕鱼技术。然而这些捕鱼船和捕鱼技术的使用对环境和鱼类繁殖场造成了越来越严重的破坏。每一年，渔网会造成全球范围内超过 30 万头鲸、海豚和鼠海豚死亡。对于许多海洋物种来说，最大的威胁是它们会误入渔网被捕，而这些渔网本应用于捕捉供人类消费的鱼类。

10%
现存的鱼类物种中有10% 正濒临灭绝。

本地渔船
用来在浅水中捕鱼。这些渔船捕获的鱼类通常就在周边地区销售。

石沪
在退潮时，成群的小鱼就会被搁浅在沪堤内。

↑ 过度捕捞
渔业是世界上重要的食物来源，并为人们提供了就业机会。同时它还为全球的消费者提供了他们所需的动物蛋白中的16%。然而，环境污染、气候变化以及不负责任的捕捞方法对全球的海洋资源造成了严重的破坏。

耙贝壳
在低潮时，捕鱼者用耙把沙就能够集中收获海贝和其他水生贝壳类动物。

传统捕鱼
传统捕鱼是一种使用范围广、捕捉规模小的捕鱼活动，有经验的渔夫使用合适的捕鱼工具就可以直接捕捉。他们常常利用鱼叉、手拖网、钓鱼竿和鱼栅等装备来捕获鱼和贝壳。所使用的船只包括独木舟、小摩托艇在内的各种船只。

长袋陷阱网
由一系列圆锥形的网构成，在一侧末端是一个圆柱形网。它们能够捕捉顺着水流游到网里的鱼。

食品工业 135

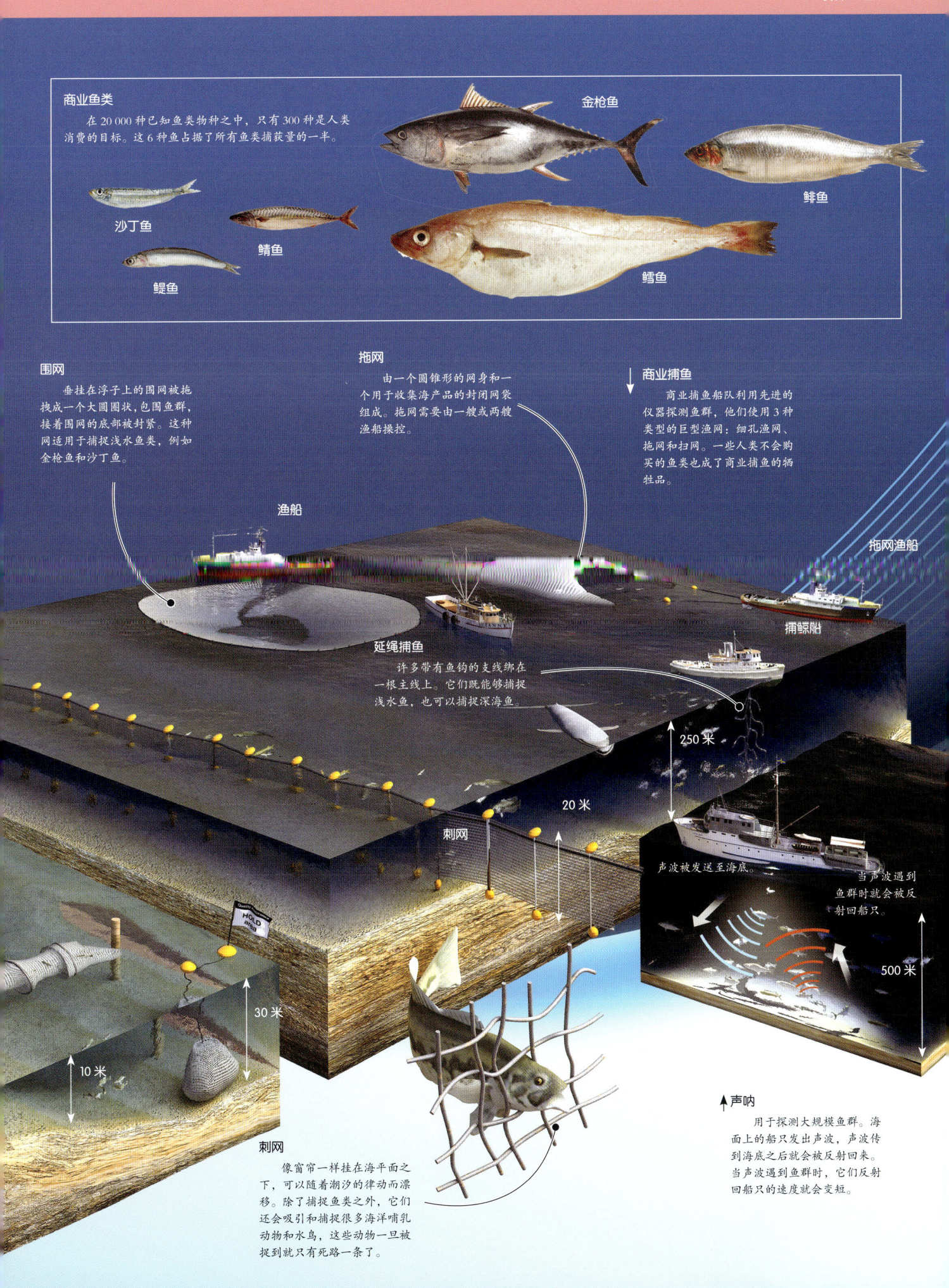

商业鱼类

在 20 000 种已知鱼类物种之中，只有 300 种是人类消费的目标。这 6 种鱼占据了所有鱼类捕获量的一半。

- 金枪鱼
- 鲱鱼
- 沙丁鱼
- 鲭鱼
- 鳀鱼
- 鳕鱼

围网

垂挂在浮子上的围网被拖拽成一个大圆圈状，包围鱼群，接着围网的底部被封紧。这种网适用于捕捉浅水鱼类，例如金枪鱼和沙丁鱼。

拖网

由一个圆锥形的网身和一个用于收集海产品的封闭网袋组成。拖网需要由一艘或两艘渔船操控。

商业捕鱼

商业捕鱼船队利用先进的仪器探测鱼群，他们使用 3 种类型的巨型渔网：细孔渔网、拖网和扫网。一些人类不会购买的鱼类也成了商业捕鱼的牺牲品。

- 渔船
- 拖网渔船
- 捕鲸船

延绳捕鱼

许多带有鱼钩的支线绑在一根主线上。它们既能够捕捉浅水鱼，也可以捕捉深海鱼。

250 米
20 米
30 米
10 米
500 米

声波被发送至海底。
当声波遇到鱼群时就会被反射回船只。

刺网

像窗帘一样挂在海平面之下，可以随着潮汐的律动而漂移。除了捕捉鱼类之外，它们还会吸引和捕捉很多海洋哺乳动物和水鸟，这些动物一旦被捕到就只有死路一条了。

▲ 声呐

用于探测大规模鱼群。海面上的船只发出声波，声波传到海底之后就会被反射回来。当声波遇到鱼群时，它们反射回船只的速度就会变短。

它们是如何运转的

鱼类加工

　　人类在史前时代就开始捕鱼为食，这是一种通过捕捞的方式获取、补充食物的方式。然而，大规模的商业捕捞直到20世纪初才开始。冷藏技术的进步、内燃机船的使用，以及工业化港口设施的完善使得跨洋捕鱼成为现实，同时也为渔业带来了革命性的发展。如今，过度捕捞和非法捕鱼严重威胁着海洋物种的多样性，需要有效的法规规范所有相关公司的捕捞活动。

非法捕捞

　　非法捕捞破坏了自然生态系统，损害了传统捕鱼人的利益，同时还会耗尽海洋哺乳动物的自然食物资源。

从港口开始

　　港口服务的聚集是渔业革新的一个重要特征。各种各样重要的工序得以用一种更快速、更经济的方式实现，例如船舶入港、鱼类加工处理，以及捕鱼必备品的供给。

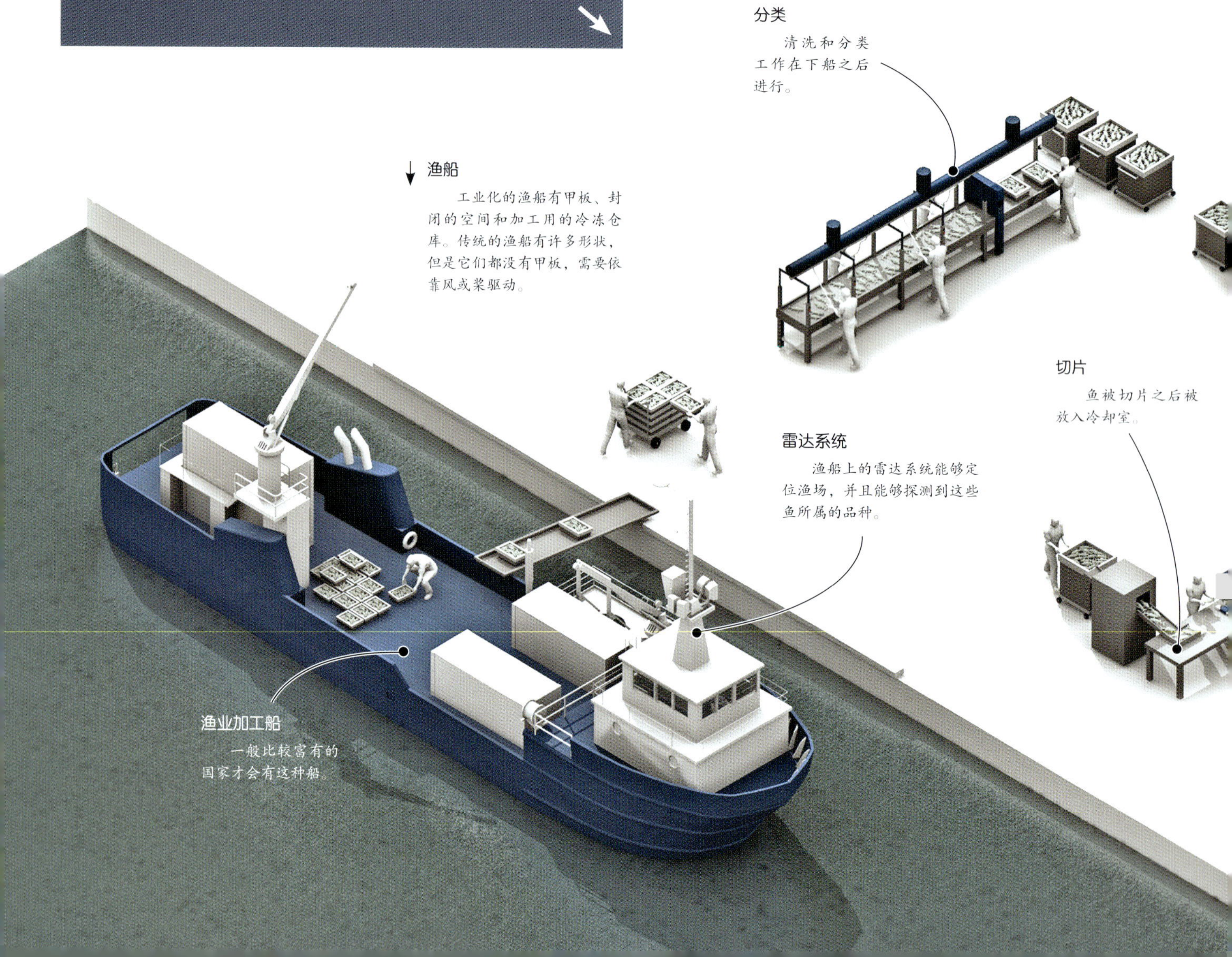

分类
清洗和分类工作在下船之后进行。

渔船
工业化的渔船有甲板、封闭的空间和加工用的冷冻仓库。传统的渔船有许多形状，但是它们都没有甲板，需要依靠风或桨驱动。

切片
鱼被切片之后被放入冷却室。

雷达系统
渔船上的雷达系统能够定位渔场，并且能够探测到这些鱼所属的品种。

渔业加工船
一般比较富有的国家才会有这种船。

食品工业 137

← **用于销售的产品**

出售的方式多种多样：整鱼、切片或者是装罐。鱼贩和超市出售品种繁多的鱼和各式各样的鱼块。

❶ 卸货

使用装有充足冰块的塑料篮或容器，可以防止鱼变质，也能减少腥味。

❷ 分配

根据所装载货物的不同可以选用不同种类的卡车。例如，鱼粉在运输存储时既不能被冷藏也不能被密封。

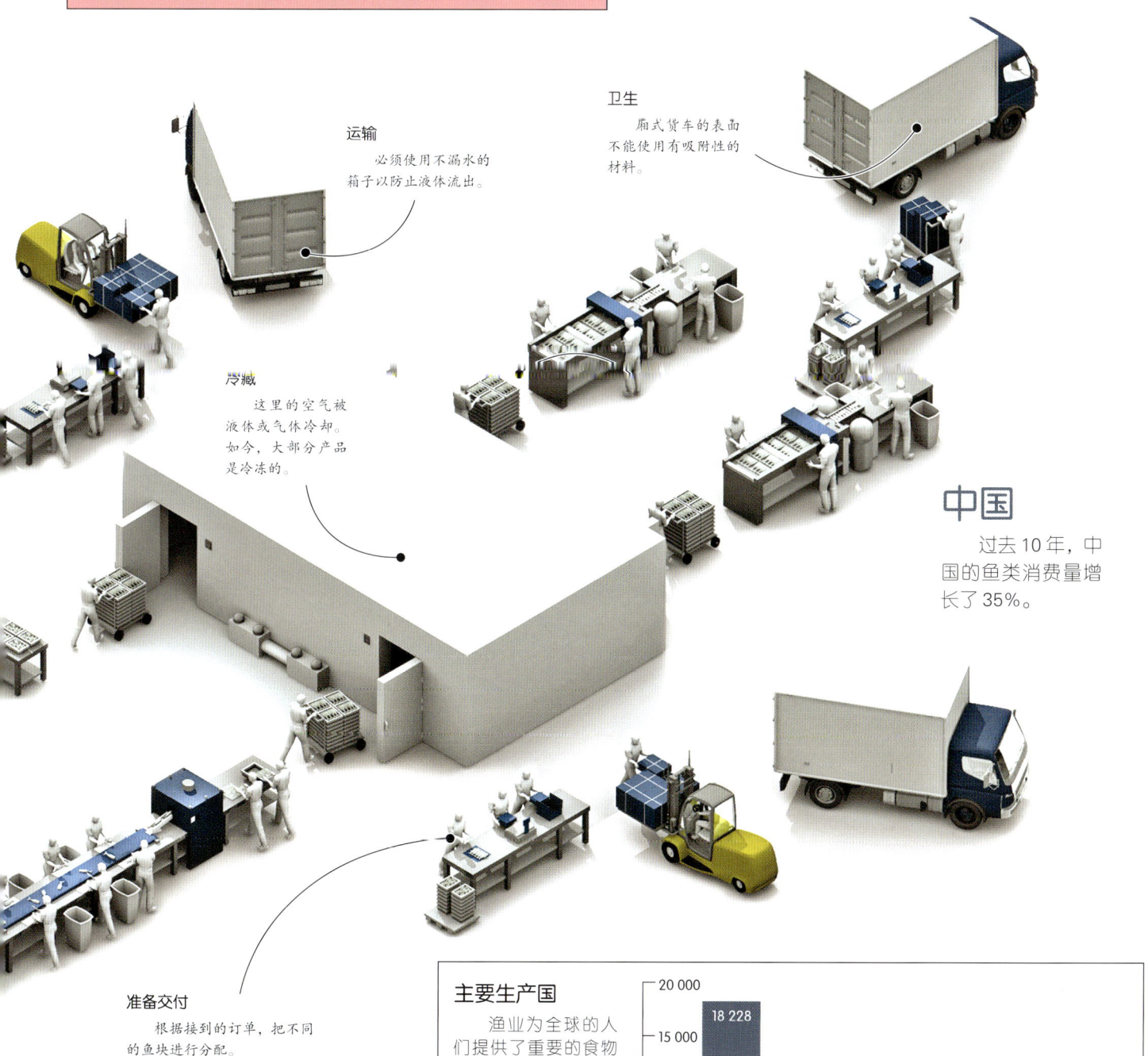

卫生

厢式货车的表面不能使用有吸附性的材料。

运输

必须使用不漏水的箱子以防止液体流出。

冷藏

这里的空气被液体或气体冷却。如今，大部分产品是冷冻的。

中国

过去10年，中国的鱼类消费量增长了35%。

准备交付

根据接到的订单，把不同的鱼块进行分配。

主要生产国

渔业为全球的人们提供了重要的食物来源和就业岗位。这些是主要的鱼类出口国。（单位：百万美元，2012年）

资料来源：联合国粮食和农业组织

中国	18 228
挪威	8 912
泰国	8 079
越南	6 278
美国	5 753
智利	4 386

它们是如何运转的

番茄工厂

美洲殖民地的占领使人们发现了许多从未被当作食物的植物，最重要的例子就是被全球消费的番茄。现在，种植番茄的技术复杂性已经到达了非常高的水平，这些技术不仅能够解决害虫侵扰和不利的环境条件等问题，同时还使无土培育番茄成为可能。

传统种植

在菜园里，番茄植株需要依据它们的年生长周期进行种植，还要使用营养充分的土壤，防治害虫。

温室
幼苗在这里生长，使它们不受到霜冻的伤害。

肥料
为土壤提供养分。

播种
冬末

收获
夏初

灌溉
在生长过程中，每棵植株每周需要超过2升的水。

好邻居
在同一片菜地里种植胡萝卜和卷心菜，有利于番茄的生长。

移植
当幼苗有3片或4片真叶时，它们就能够被移植。

木栅栏
帮助植株垂直向上生长。

A层
含有植物生长所需的重要营养

B层
使雨水和来自灌溉的水能够良好地排出

沙壤土
最有利于番茄的生长。

食品工业 **139**

转基因作物
利用生物技术培育的植物具有更强的适应性，它们能够生长在正常条件下无法生存的土壤里（例如盐分很高的土壤里）。

播种
冬季

收获
夏季/秋季

晚熟作物
转基因番茄与非转基因的番茄相比，成熟的时间慢很多。

高产量
农田的设计追求的是最大限度地利用可用空间。

盐碱土
由于缺乏降雨，矿物质停留在A层里，从而增加了这一层土壤的盐度。

A层
高浓度的盐含量。

B层
黏土保存有吸收进土壤里的水分。

水培植物
水和营养素足够支持番茄的生长。因此，在没有任何土壤的惰性基质中种植作物具备可行性。这项技术非常有助于沙漠地区结出番茄，也使得人类全年都可以收获番茄。

1 脱氧核糖核酸（DNA）
选择基因材料。

2 基因
分离具有理想生物特性的基因。

3 细菌DNA
基因被插入到细菌质粒中。

4 繁殖
培养细菌以复制基因改造过的质粒。

5 转移
这段基因被插入到植物DNA中。

6 新品种
获取的植物能够生产出具有理想特性的番茄。

↑ 水培温室
种植者可以调节栽培的光线、水分、营养素和温度。

它们是如何运转的

橄榄油加工厂

橄榄油自古代起就已经成为人们饮食的一部分，如今它仍然是最受欢迎的油类之一，这要归因于它的香味和营养特性。获取高质量的橄榄油要经过一系列程序，这一程序起始于培育橄榄树，终结于包装最终产品。橄榄油的质量受到很多因素的影响，首先是农田的质量，同时还有土壤、气候、油的种类，以及种植和收获所用的技术等。在提取橄榄油过程中的剩余操作（运输、存储、制造和提取）对于保持橄榄油的质量起到了重要的作用。

橄榄果

以质量闻名的橄榄油是橄榄果的主要产品。大约10千克的橄榄果能产出2升的橄榄油。

1 种植
种植橄榄树所要满足的条件包括：翻耕过的田地、适宜的气候、海拔高度达到700米，以及多达40厘米的年降水量。

2 清洗和分类
用水仔细清洗果实，然后根据它们的品相进行分类。

3 研磨
机器把果实砸开并混合后制成均匀的糊状物。这个步骤必须在果实收获当天进行。

石轮
也会在这一步用到石锤压榨系统。

收集
通过敲击树枝让橄榄果落在地上就可以收集到果实，这个过程既可以用手也可以用机器完成。

新植株
通过扦插法、压条法或是嫁接法进行繁殖。

◀ 油的质量
特级初榨橄榄油是将品质良好的橄榄果进行初次压榨得到的，它的酸度不超过0.8%。初次压榨之后再进行压榨就会得到其他等级的橄榄油。

95%
世界上95%的橄榄油产自地中海地区。西班牙、意大利和希腊是世界上的橄榄油主要生产国。

食品工业 **141**

橄榄的生长阶段（在南半球）

1 花
按花序排列，每个花序上有10~40朵小花。

五月

2 生长
核果变硬，果实成长。

七月
八月
九月

3 青橄榄
果实呈现这个颜色时，表示果实可以吃了。

十月

4 逐渐成熟
果皮开始出现紫色的斑点。

十一月

5 成熟的果实
氧化过程使果实的颜色变黑。

种子

十二月

→ 压榨
这种工具本身有一个液压结构，能够大力挤压下面的橄榄饼盘。

4 压榨
按照传统工序，这种包含整个橄榄果的糊状物会被放到一个叠加的圆盘系统上，然后用液压机进行压榨。

5 提炼
获取的油从其他固体残渣、杂质和水中分离。在古代，这个过程是通过倾析来实现的，这要求油被压榨出来之后静置一段时间。如今，这个过程可以通过倾析离心机来完成。

过滤器
这里会使用离心机。

残渣
能够被用于获取其他种类的油。

均质
在最后一步，从许多个漏斗中流出的油被混合在一起，从而得到统一的产品。

6 存储
初榨橄榄油中含有的脱脂成分必须在存储和包装过程中被完好地保存。它必须被放置在温度恒定的阴凉之处。

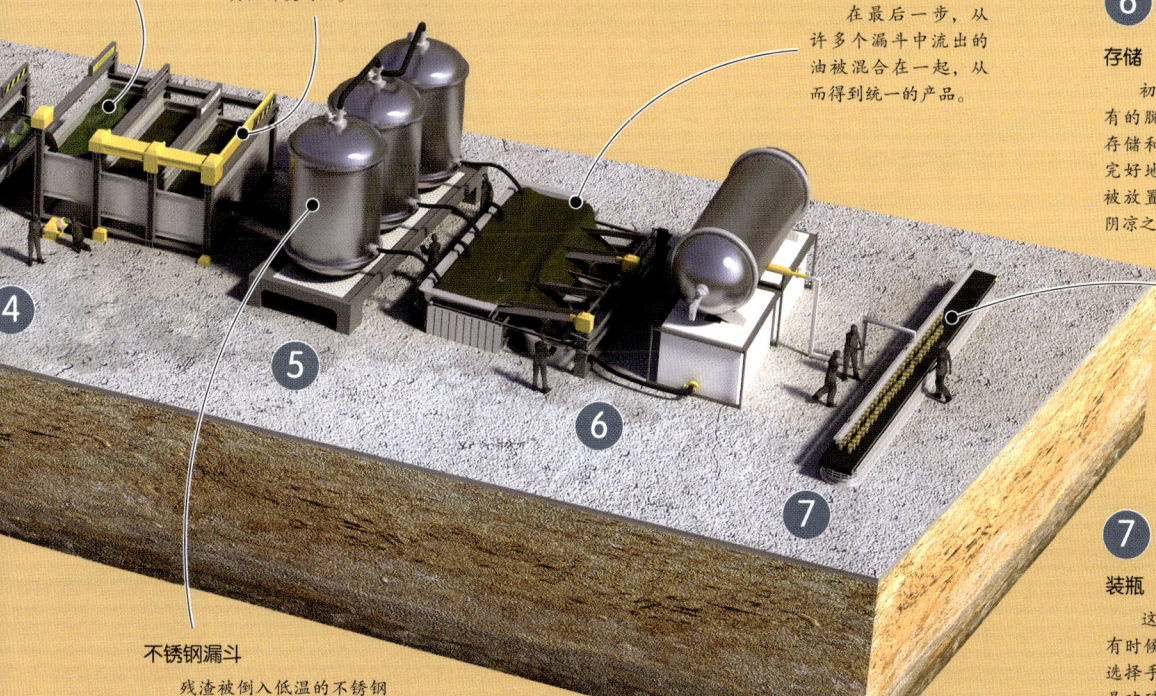

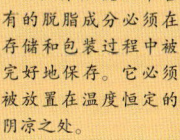

瓶
油以瓶装的形式被送至市场。

4

5

6

7

不锈钢漏斗
残渣被倒入低温的不锈钢漏斗中，里面的温度不能太高也不能过低，因为橄榄油会在0~2摄氏度之间结晶。

7 装瓶
这一步骤在加工厂中进行，有时候为了保证产品的质量也会选择手工操作。装瓶通常使用的是玻璃、铝和塑料材质的容器。瓶子不能被长期暴露在阳光下直射、有气味或是高温的环境下。

它们是如何运转的

新农业

农业起源于大约 1 万年前，自那时起人们就开始种植粮食。人们认识到，如果能够使用适当的技术，就能够增加农田的产量，从而增加粮食的储备量。人们同时还认识到，耕种活动越密集，土地的消耗就越快，土壤肥力流失的速度也会越快。新的农业技术能够解决这两个问题，然而目前还没有方法能够解决农业所面临的所有问题。

1亿公顷

这是全球使用零耕作技术的种植面积。

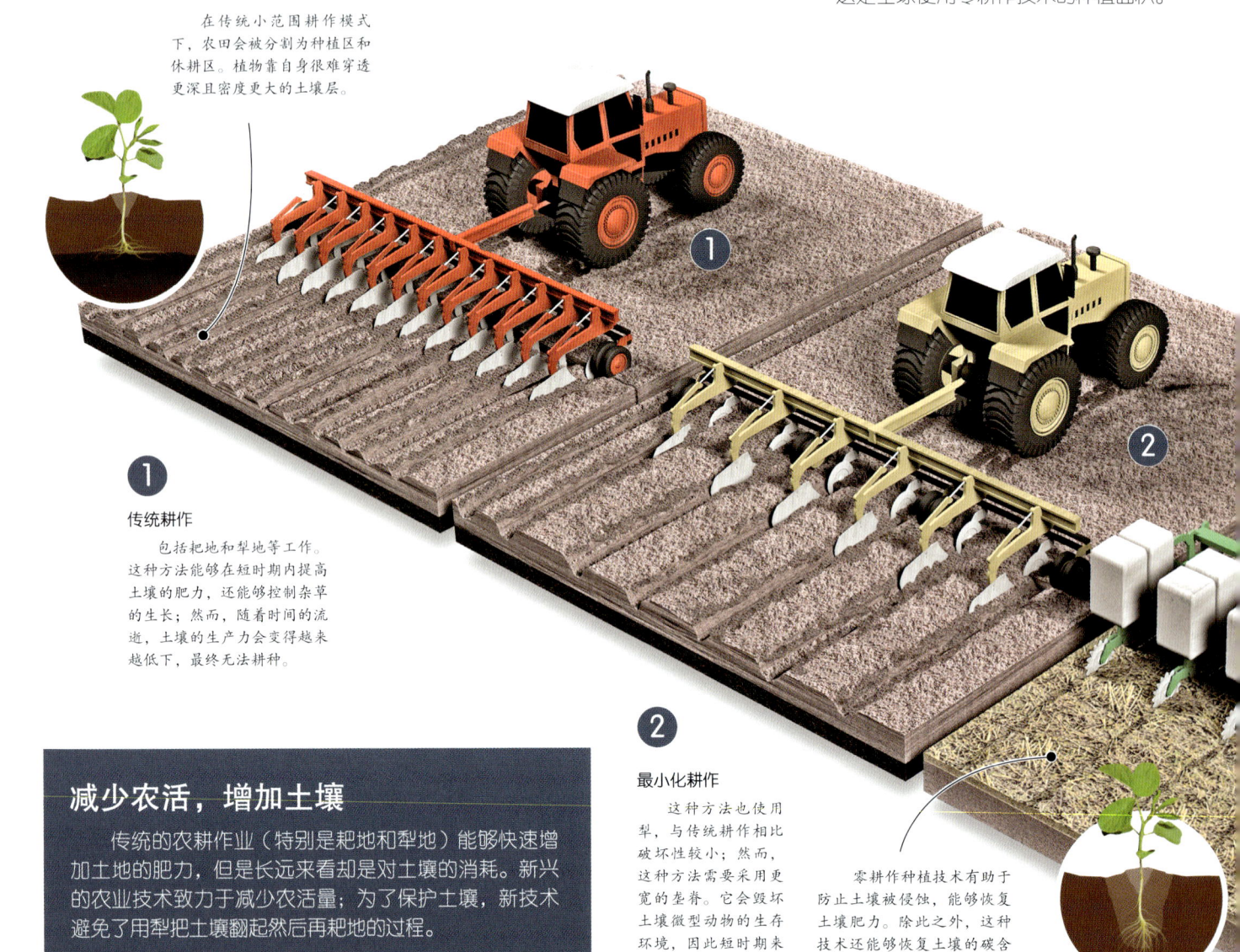

在传统小范围耕作模式下，农田会被分割为种植区和休耕区。植物靠自身很难穿透更深且密度更大的土壤层。

❶ 传统耕作

包括耙地和犁地等工作。这种方法能够在短时期内提高土壤的肥力，还能够控制杂草的生长；然而，随着时间的流逝，土壤的生产力会变得越来越低下，最终无法耕种。

减少农活，增加土壤

传统的农耕作业（特别是耙地和犁地）能够快速增加土地的肥力，但是长远来看却是对土壤的消耗。新兴的农业技术致力于减少农活量；为了保护土壤，新技术避免了用犁把土壤翻起然后再耙地的过程。

❷ 最小化耕作

这种方法也使用犁，与传统耕作相比破坏性较小；然而，这种方法需要采用更宽的垄脊。它会毁坏土壤微型动物的生存环境，因此短时期来看会对土壤造成损害。

零耕作种植技术有助于防止土壤被侵蚀，能够恢复土壤肥力。除此之外，这种技术还能够恢复土壤的碳含量，防止碳与氧气结合形成二氧化碳。

食品工业 **143**

转基因作物

尽管转基因技术是否对人类健康有无害仍具有争议性，还出现了全球性的反对它的活动，但是转基因作物已经为一些国家带来了福音，例如美国、巴西和阿根廷。这些转基因的农作物具备了新的品质，从而使它们能更有效地面对市场和销售。

它们的原理是什么？

转基因作物具有与众不同的特质。例如生长时间更长的西红柿，或是不受风侵扰的侏儒向日葵，还有能够抵抗害虫的转基因大豆。

除草剂

使用除草剂后，除了转基因大豆之外的杂草都死了，因为转基因大豆中包含能够对除草剂产生抗药性的基因。

← 精细农业

通过全球定位系统（GPS）有可能提高农田的产量。

装有 GPS 的收割机能够绘制出农作物产量地图，因为缺水或缺肥导致产量相对较低的田地就会在地图上显示出来。供应到这些低产量田地中的肥料和水的量就能够做出调整，从而提高整块农田的效率。

左下方这幅插图显示出一块玉米地里不同区域的产量。利用 GPS 提供的信息，农民就能够做出必要的调整，从而使整片玉米地的产量实现最大化。

高产量

低产量

▲ 有机耕作

另一种有机耕作的流行趋势——在耕作中不使用化肥或合成农药。有机耕作使用的是纯天然的肥料和害虫防治策略。

零耕作最主要的诟病在于随着土壤的肥力增加，杂草和害虫也会相应增多，因此需要使用更多的农药来控制它们。

❸ 零耕作

土壤不需要用耙或犁来耕种，之前庄稼的残留物会被剩到田地里。随着时间的流逝，这些物质就变成了一层潮湿、营养丰富、有机的覆盖层，可以保护土壤不受到侵蚀。它也不会伤害微型动物群和植物群。

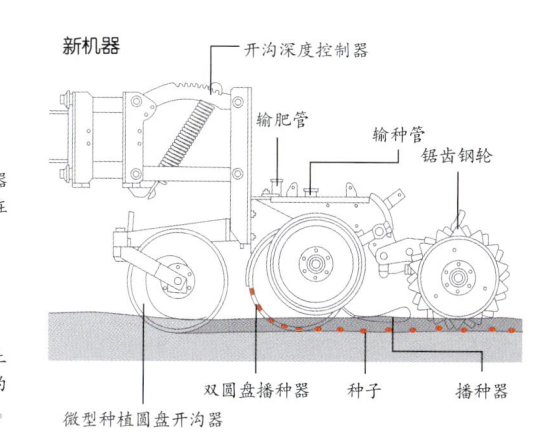

新机器

开沟深度控制器
输肥管
输种管
锯齿钢轮
微型种植圆盘开沟器
双圆盘播种器
种子
播种器

播种

❶ 圆盘开沟器在有机覆盖层开出深约 10 厘米的沟。

❷ 双圆盘播种器按照精确的深度在种沟内播种。

❸ 锯齿钢轮把种沟覆土压实。

❹ 剂量计向土壤内喷洒少量的杀虫剂和除草剂。

它们是如何运转的

藻类工业

藻类是许多亚洲国家食物和传统药材的一部分，除此之外它们还有很多其他的用途。根据生长的水域不同，藻类有许多种不同的类型。一些藻类中含有高达 25% 的矿物质、微量元素和蛋白质（取决于不同的品种）。它们还含有许多氨基酸和大量维生素。海藻工业于 17 世纪发源于日本，随后传到西方。人们主要从海藻中提取碘以及其他具有较高经济价值的化学品。

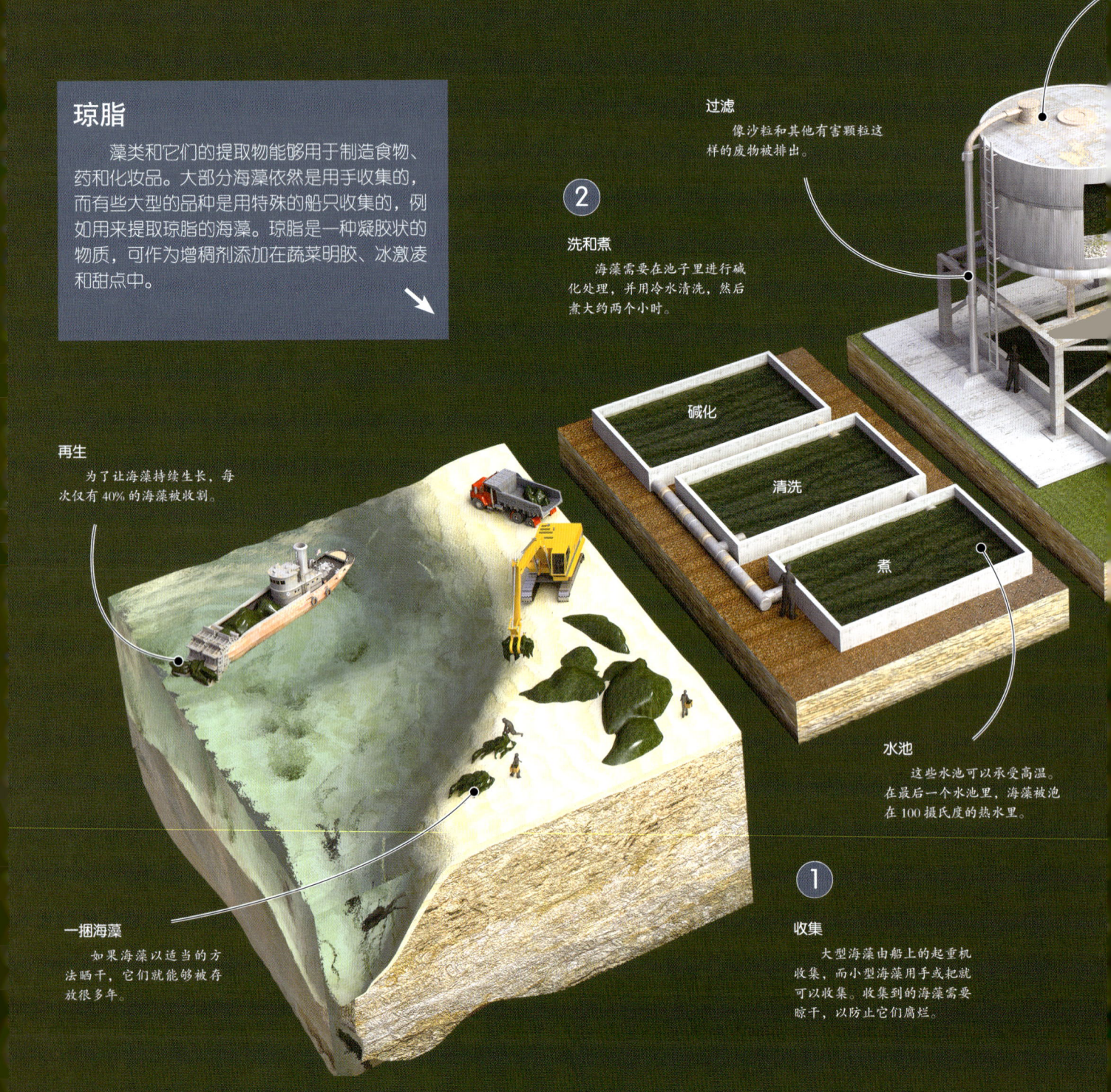

琼脂
藻类和它们的提取物能够用于制造食物、药和化妆品。大部分海藻依然是用手收集的，而有些大型的品种是用特殊的船只收集的，例如用来提取琼脂的海藻。琼脂是一种凝胶状的物质，可作为增稠剂添加在蔬菜明胶、冰激凌和甜点中。

过滤
像沙粒和其他有害颗粒这样的废物被排出。

2 洗和煮
海藻需要在池子里进行碱化处理，并用冷水清洗，然后煮大约两个小时。

碱化

清洗

煮

再生
为了让海藻持续生长，每次仅有 40% 的海藻被收割。

水池
这些水池可以承受高温。在最后一个水池里，海藻被泡在 100 摄氏度的热水里。

1 收集
大型海藻由船上的起重机收集，而小型海藻用手或耙就可以收集。收集到的海藻需要晾干，以防止它们腐烂。

一捆海藻
如果海藻以适当的方法晒干，它们就能够被存放很多年。

食品工业 145

10 千克 / 平方厘米

这是在烘干海藻过程中所施加的热空气压力。

加工池
不含石子和贝壳的藻类混合物被倒入加工池中。池子里的一个机器慢慢地搅拌混合物。

凝胶化
温度随着管道的延伸而降至25摄氏度，在这个过程中会发生凝胶化作用。

湿润的凝胶

干燥带
这里有70~80摄氏度的热气。

压碎海藻
用盐水漂白能够提高它的质量。

研磨装置
干琼脂粉经过反复地研磨，里面的颗粒物就会变小。

质量控制
在反复过筛的每个阶段都需要采集样品用于检查。

压干机

凝胶
含有1%的琼脂。

3
变形
滤出液中只含有水和海藻提取物。在经过一系列加工程序后，溶液冷却，这时会获得含有1%琼脂的凝胶，然后琼脂凝胶被压成厚度为1厘米的薄片。

4
干燥
厚1厘米的凝胶片被两层尼龙相压。然后，它们被放置在平台上开始晾干。之后凝胶片被放到一个传送带上，利用热蒸气使其进一步干燥。

5
完工
产品在磨成粉末的过程中必须经过不断地研磨和过筛，以除去任何可能存在的结块和杂质。在海藻产品提炼的过程中需要不停地采集样品。一旦样品通过检查，最终产品就能够进行包装。

蛋白质
藻类中的蛋白质含量在4%到70%之间，因品种不同而有差异。

4 千克
这是获取1千克干琼脂所需的鲜海藻重量。

多种多样的藻类

裙带菜
它在太阳下被晒干，最常见的用法是用于厨房中制作沙拉和汤。它富含维生素B_{12}和钙，适宜儿童和孕妇食用。

昆布
它在太阳下被晒干，并被切成长条。它可以通过磨碎、油炸，以及醋泡等方式被食用。它富含维生素B_{12}、海藻酸、镁和碘。

海苔
这是一种红色的海藻，被晒干后切成小方块进行包装。它富含氨基酸、钙、磷、维生素A、C、D、B_1、B_2和蛋白质，有助于提高记忆力。

它们是如何运转的

转基因食品

转基因食品一直存在。葡萄酒就是一个例子，它是由发酵的葡萄转变而来的。然而，基于 DNA 解码的现代生物科技使这些过程变得可预测和可控。这个过程能够提高某一植物的具体特性，比如使它对害虫有更强的抗性，并拥有更高的营养品质。这项技术的目标是生产更多具备更好的营养特性的食品。

海洋草莓

科学家们试图把鲽鱼的一个基因转移到草莓里，从而增强草莓抗霜冻的能力。通过这一简单的步骤，草莓的产量能够大幅度提高。

1 鲽鱼的抗冻基因被复制并拼接到来自于细菌的质粒中。

2 携带鲽鱼抗冻基因的细菌质粒被插入到第二个细菌中。

3 一个草莓细胞被植上了这个抗冻基因，然后这个基因被整合入草莓的 DNA 中，草莓的转基因就此产生。

4 新的转基因草莓能够进行多次遗传。

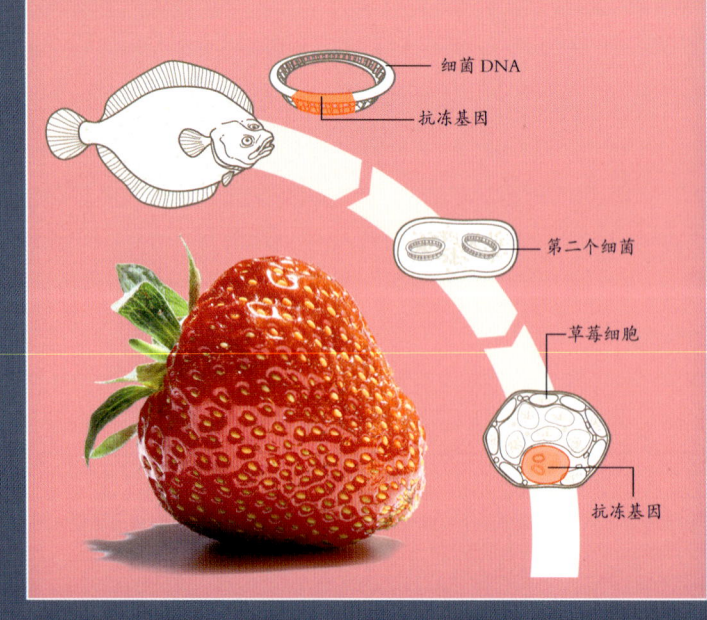

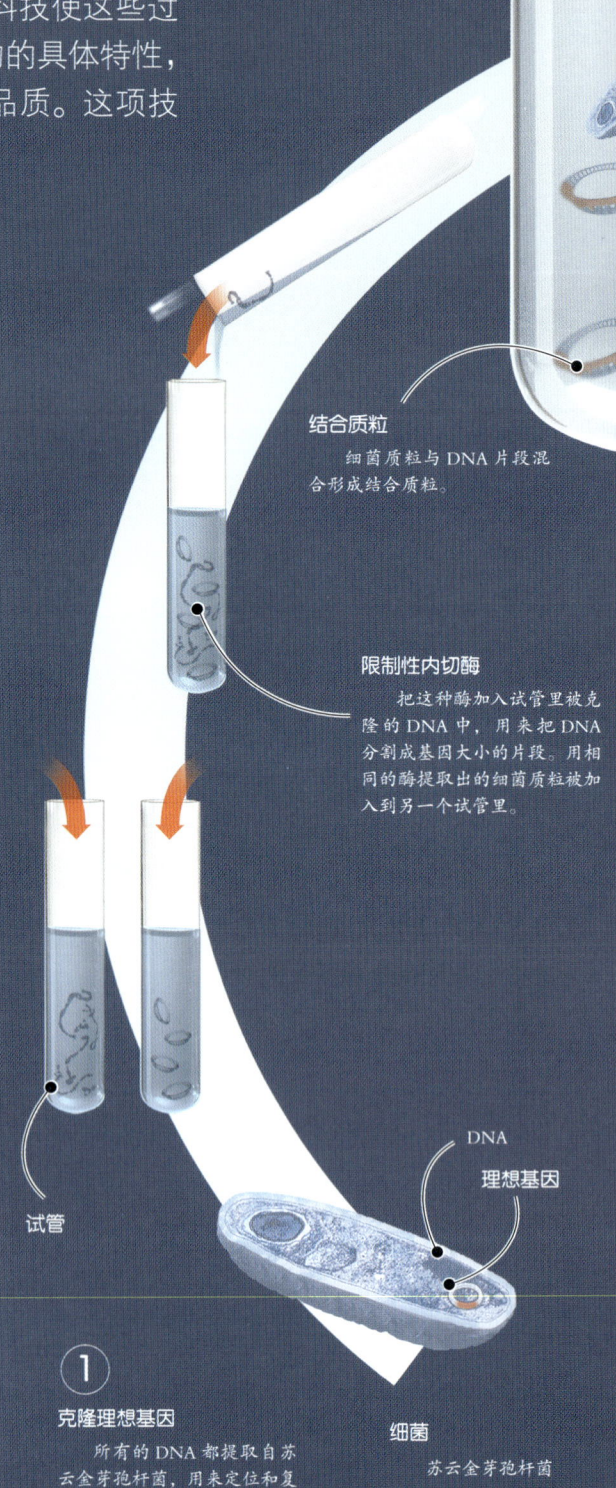

- 细菌 DNA
- 抗冻基因
- 第二个细菌
- 草莓细胞
- 抗冻基因

细菌

结合质粒
　细菌质粒与 DNA 片段混合形成结合质粒。

限制性内切酶
　把这种酶加入试管里被克隆的 DNA 中，用来把 DNA 分割成基因大小的片段。用相同的酶提取出的细菌质粒被加入到另一个试管里。

试管

DNA
理想基因

1 克隆理想基因
　所有的 DNA 都提取自苏云金芽孢杆菌，用来定位和复制控制这一特性的基因。

细菌
苏云金芽孢杆菌

食品工业 **147**

- 细菌内源质粒
- 携带细菌毒素的转基因质粒

理想基因
细菌繁殖，从而获得有机体内成千上万个基因中的每一个基因的复制品。理想基因被定位，并产生成百上千个复制品。

转基因细菌
重组质粒进入将要表达基因的细菌。

② 修饰基因设计
基因由编码序列（目标基因）和调控序列组成，改变调控序列可以使基因以理想的方式表达。被选定的基因拥有某一种优点，例如可以对除草剂产生抗性。

目标基因　被选择的基因

金颗粒
数百个金颗粒成为成千上万个新基因的复制品的载体。

③ 转化
重组基因被导入到玉米细胞的细胞核中，从而使它能够与一些染色体合并。科学家们使用基因枪来实现这个效果。

玉米细胞培养基
金颗粒被射向细胞样品。

如果金颗粒进入到细胞核，这个基因就会被溶解，并能够被合并到染色体的DNA中。

- 细胞核
- 染色体

④ 培养
转基因玉米细胞被分散到包含所需营养物质的作物介质中。这些细胞通过增殖从转基因细胞形成一整株植物。成熟的转基因植株被移植到农田中。

← 标签
转基因食品拥有自己的标签，这在大多数国家是一项法律要求。在超市购买水果、蔬菜或者谷物时，我们必须仔细地查看标签。以玉米和大米为例，用于食品的转基因产品比例只有9%。这必须在成分列表中说明清楚。

← 苏云金芽孢杆菌玉米（简称 Bt 玉米）
Bt 转基因玉米能够对西方玉米根虫产生抗性，这种根虫以植物的根部为食。Bt 玉米能够产生 Bt 毒素，这种毒素本来是由一种土壤细菌产生的。当西方玉米根虫的幼虫试图吃掉 Bt 玉米的根部或者它们的成虫试图吃掉玉米的子叶时，这些害虫就会被 Bt 玉米产生的毒素杀死。

它们是如何运转的

转基因农场

转基因动物是指把外源基因通过基因工程的方法整合到动物的基因组中，然后代代相传。这个领域的最初成果是用细菌培养基研发出来的，第一只靠外源基因获得的"整体"动物是一只老鼠。科学家会对其他哺乳动物进行以医学或动物繁殖为目的的基因操纵，例如兔子、猪、牛、绵羊、山羊和猴子。

人类的第八凝血因子基因

第八凝血因子的基因

1 第八凝血因子

第八凝血因子被识别出来之后进行基因复制，然后通过一个程序使这个基因仅仅在猪的乳腺内被表达，从而使它们产的奶中携带这种凝血因子。

2 动物转基因

这一步需要通过在显微镜下把人类的第八凝血因子基因直接注射到受精卵中来实现，从而使这个序列整合到受精卵的基因组中。

3 植入

4 出生

食品工业 **149**

低成本

血友病患者注射的第八凝血因子和第九凝血因子的蛋白来自于人类血浆，非常昂贵。如果将来能够通过纯化转基因牲畜产生这类蛋白，就能够使注射的成本降低至每支仅1美元。

转基因猪

美国弗吉尼亚理工大学制药工程研究所的研究者们拥有3只转基因猪的样本。

➡ 转基因抗过敏猫

一家美国公司正在销售一种转基因猫。该公司声称这种猫能够产生极低水平的唾液蛋白质，而正是这种蛋白质造成了人类对猫的过敏反应。

将金丝蛛的基因移植到山羊体内，山羊奶中就可以产生重组蛛丝（也叫生物钢）。这种产品的强度是钢铁的五倍，但是比钢铁更轻。它的材质是丝状的，可生物降解。

⑤
含有第八凝血因子的奶
当母猪成年之后，它们产的奶中就会含有第八凝血因子，这种因子能够帮助治疗血友病患者。

⑥
第八凝血因子
这种物质从奶中提取出来。蛋白被纯化之后就能够得到理想的药品。

⬅
能治愈血友病的猪

弗吉尼亚理工大学制药工程研究院的科学家们将人类第八凝血因子蛋白基因移植到一些转基因猪体内。这种蛋白作为一种凝结剂，能够对A型血友病患者起到重要的治疗作用。

它们是如何运转的

种子库

根据最悲观的预测，地球上每天大约有 20 个物种灭绝。尽管这个数据很难得到确认，但事实上生物多样性正在以惊人的速度减少。目前，在挪威的一个遥远的岛上，科学家们正在努力使尽可能多的种子种类得以保存。用于存储这些种子样品的冷藏装置几乎能够经受得起任何大灾难。这里能够储存数十万种不同品种的种子，多达 25 亿颗，它们在这里可以免受灭绝的威胁。

200 年

种子库的内部装置至少能够运行 200 年，不过这个结构的建造目的是使其能够永久存在。

新的挪亚方舟

种子库位于挪威海拔 100 多米的一座山的内部深处，这座山坐落在靠近北极冻土带区的一个岛屿上。它建造的目的在于保护成千上万的种子品种，防止它们遭受到任何不可预见的灾难。

安全门

它们对外界环境构成了一道屏障，能够防止任何种类的污染。它们还能够防爆。

入口隧道

这里有许多道安全门，能够对任何可能出现的问题提供加倍的防范。

↑ **冻土**

这座山的表面是一层冻土。就算所有的冷却系统失效，这层冻土也将会保证种子所处环境的温度不高于零下 5 摄氏度。

要想进入种子库，首先必须经过装有摄像头的安全门。

种子库外面的气候非常恶劣，有许多北极熊出没。

入口通道

食品工业 **151**

靠近北极
种子库坐落在挪威斯瓦尔巴群岛的斯瓦尔巴岛上。距离这里最近的小镇是朗伊尔城,这里有 2 000 户居民。种子库离北极只有 1 120 千米。

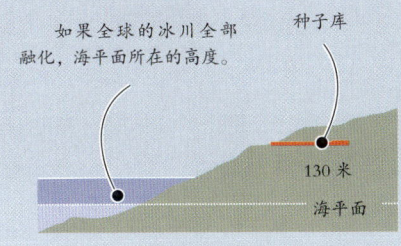

如果全球的冰川全部融化,海平面所在的高度。

种子库

种子库建在高出海平面 130 米的地方,它不会受到冰川融化的威胁,因为就算全球的冰川全部融化,海平面也只会升高 60 米。

130 米
海平面

冷藏库的墙
冷藏库的墙厚 1 米,是由加固钢筋混凝土和两扇密封门构成的。

1 米

这座砂岩山以及这些拥有加固结构的装置能够使种子库抵挡得住地震、核战争以及任何其他想象得到的威胁。

重型门能够防止空气进入。通往冷藏库的门都是防爆的。

冷藏库
种子库内有 3 个冷藏库,它们是由厚 1 米的加固钢筋混凝土墙和两扇密封门构成的。种子储存在零下 18 摄氏度的条件下。

每个盒子里有 400 个信封。

130 米

尽管其他植物物种的样品也会存储在这里,但是斯瓦尔巴种子库优先保证食用物种的种子安全。

每个信封或样品平均包含同一品种的 450 颗种子。

储存
这些种子存储于真空包装的铝箔信封中,每个信封尺寸为 26.5 厘米 ×9 厘米。每个信封上都标有条形码,以区分种子的种类。这些信封按顺序放在一个 40 厘米 ×28 厘米的塑料收纳盒中。

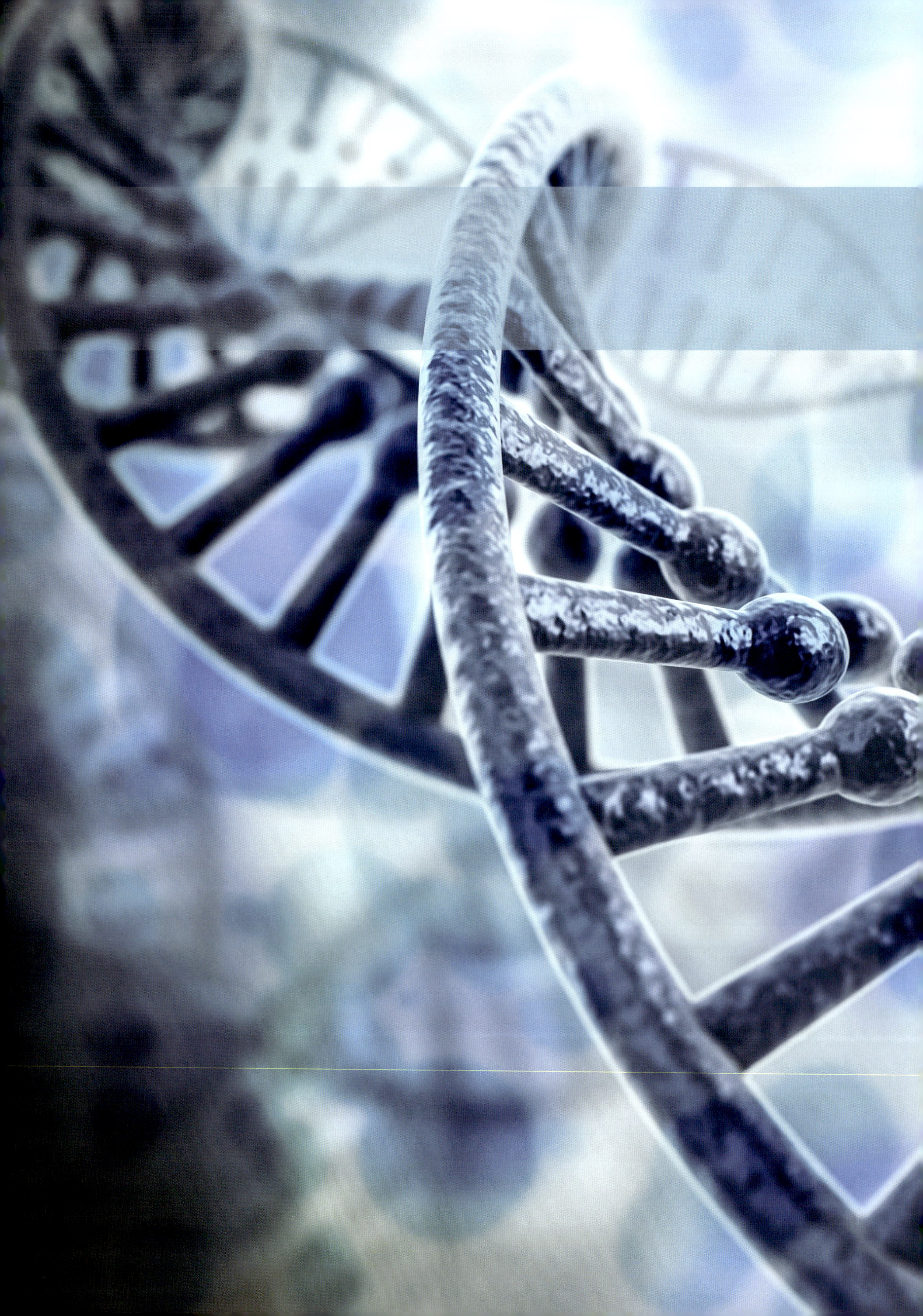

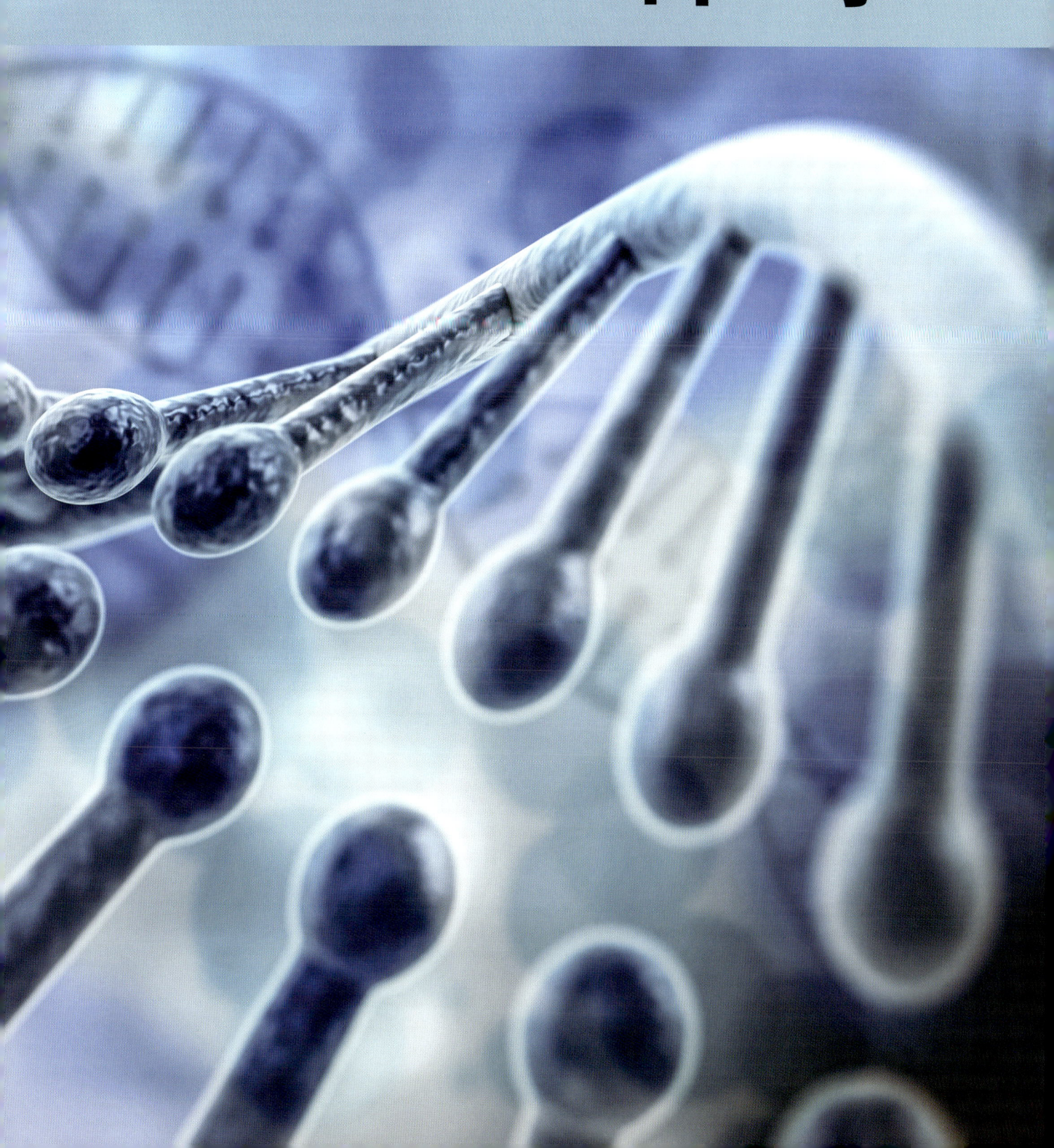

科　学

它们是如何运转的

气象站

气象学是研究天气和气候的学科。大部分气象数据是由来自世界各地的气象学家记录的，这些数据包含云量、气温、风力和风向、气压、能见度以及雨雪等。每一个气象站通过无线电和卫星将气象数据发送出去，气象学家可以使用这些气象数据预报天气并绘制气象图。

工作站

传统气象站负责检测温度、湿度、风速和风向、日照、降雨以及大气压。某些地方的气象站也会监测土壤的温度和附近的河流。完备的气象数据使得预测不同的天气现象成为可能。

空盒气压计

可用于测量大气压力。气压的变化通过箭头显示。

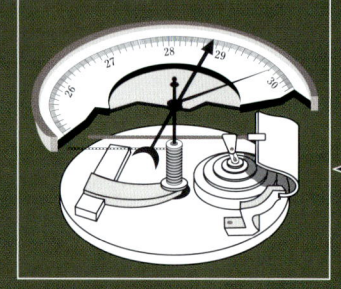

气象工作站

气象学家收集大气层不同高度的数据。他们在地面使用的不同种类的仪器包括：测量气温的温度计、测量湿度的湿度计和测量大气压的气压计。

自动气压计

测量大气压并记录气压的变化。

射入的光线穿过这个透明半球并聚集起来。

← 日照仪

这个仪器用于测量日照时间。它有一个可以像棱镜一样聚集太阳光的球形玻璃。太阳光被投射到球形玻璃后方的纸板上，然后随着光线增强，就会在纸板上留下印迹。

汽化表

也叫蒸发计。水蒸气蒸发成为水蒸气的过程中会导致水量减少，这个仪器就是用来测量户外水的有效蒸发速率的。

科 学 155

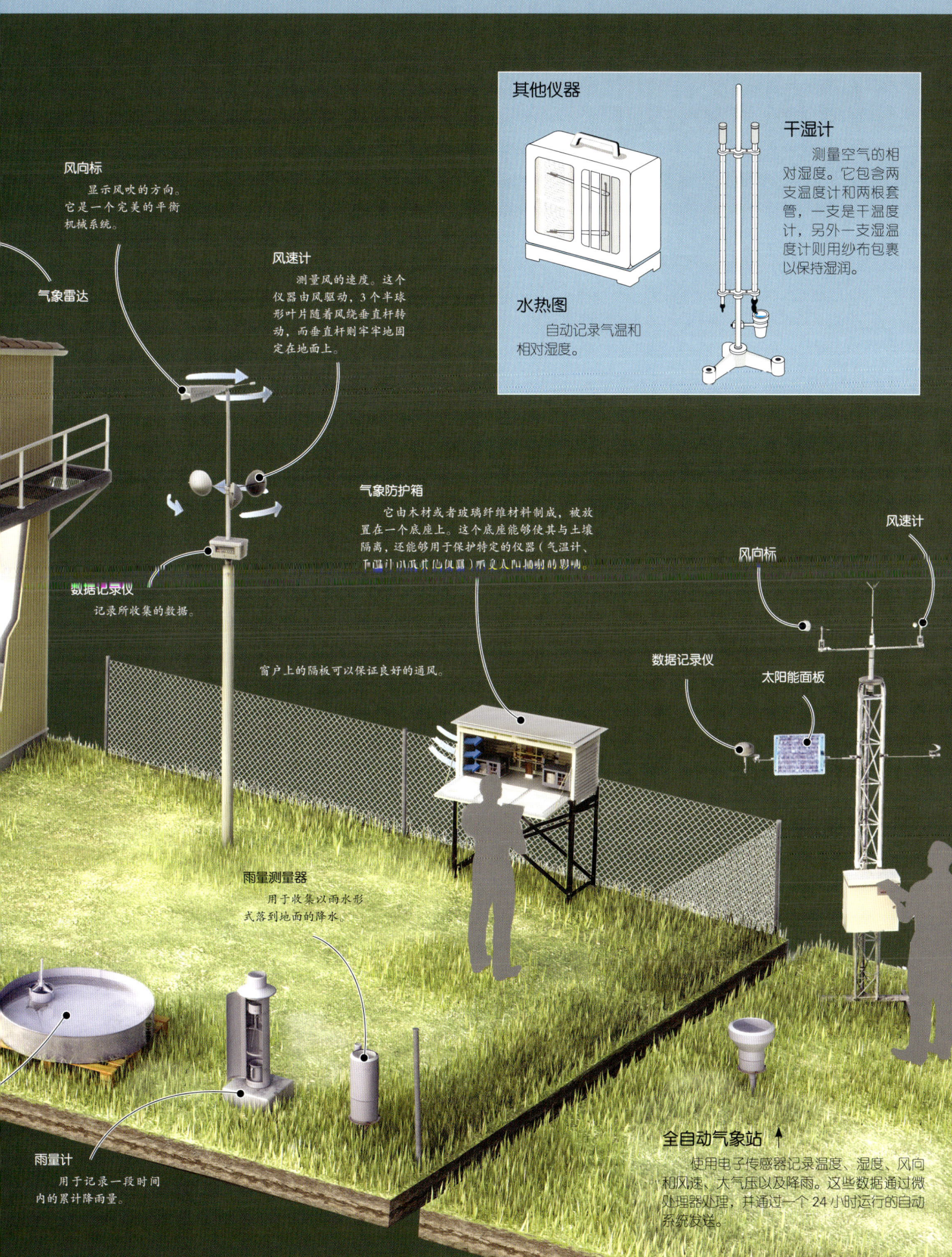

其他仪器

干湿计
测量空气的相对湿度。它包含两支温度计和两根套管，一支是干温度计，另外一支湿温度计则用纱布包裹以保持湿润。

水热图
自动记录气温和相对湿度。

风向标
显示风吹的方向。它是一个完美的平衡机械系统。

气象雷达

风速计
测量风的速度。这个仪器由风驱动，3个半球形叶片随着风绕垂直杆转动，而垂直杆则牢牢地固定在地面上。

气象防护箱
它由木材或者玻璃纤维材料制成，被放置在一个底座上。这个底座能够使其与土壤隔离，还能够用于保护特定的仪器（气温计、干温计以及其他仪器）所受太阳辐射的影响。

窗户上的隔板可以保证良好的通风。

数据记录仪
记录所收集的数据。

风向标

风速计

数据记录仪

太阳能面板

雨量测量器
用于收集以雨水形式落到地面的降水。

雨量计
用于记录一段时间内的累计降雨量。

全自动气象站 ↑
使用电子传感器记录温度、湿度、风向和风速、大气压以及降雨。这些数据通过微处理器处理，并通过一个24小时运行的自动系统发送。

它们是如何运转的

DNA 检测

　　从亚历克·杰弗里斯爵士提出用 DNA 图谱进行人体鉴别的想法到现在，这项法医学的技术已经具备了十分重要的意义。建立一个准确无误的基因指纹可以对犯罪现场发现的证物（例如头发、体液等）进行科学的分析，并与嫌疑人的基因进行匹配。此外，DNA 检测还是确定祖先家族关系的一项重要技术。

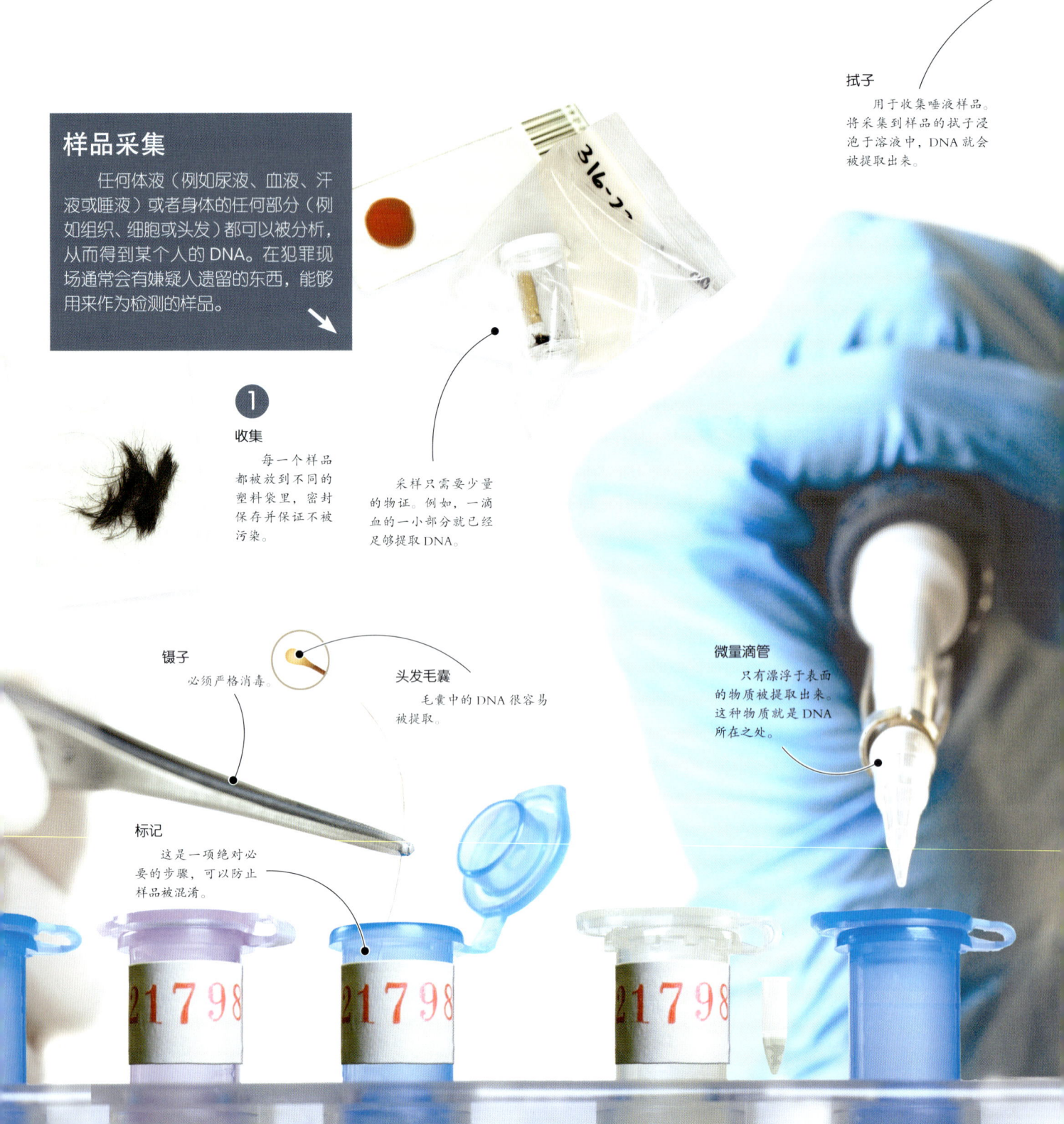

样品采集

　　任何体液（例如尿液、血液、汗液或唾液）或者身体的任何部分（例如组织、细胞或头发）都可以被分析，从而得到某个人的 DNA。在犯罪现场通常会有嫌疑人遗留的东西，能够用来作为检测的样品。

拭子
用于收集唾液样品。将采集到样品的拭子浸泡于溶液中，DNA 就会被提取出来。

1 收集
每一个样品都被放到不同的塑料袋里，密封保存并保证不被污染。

采样只需要少量的物证。例如，一滴血的一小部分就已经足够提取 DNA。

镊子
必须严格消毒。

头发毛囊
毛囊中的 DNA 很容易被提取。

微量滴管
只有漂浮于表面的物质被提取出来。这种物质就是 DNA 所在之处。

标记
这是一项绝对必要的步骤，可以防止样品被混淆。

科 学 157

③ DNA 扩增

聚合酶链式反应（PCR）是在 PCR 基因扩增仪中完成的。这种仪器利用高温、短的合成核苷酸序列和酶可以将 DNA 片段按需求多次复制。基因扩增使得在保留现有 DNA 的同时对大量相同 DNA 进行检测成为可能。扩增之后，这些 DNA 片段通过毛细管电泳的方式被分离。

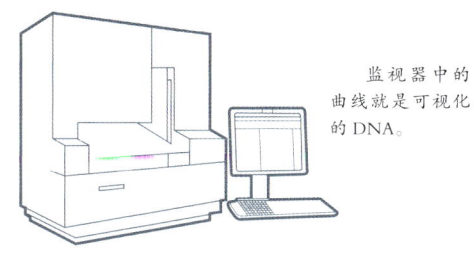

监视器中的曲线就是可视化的 DNA。

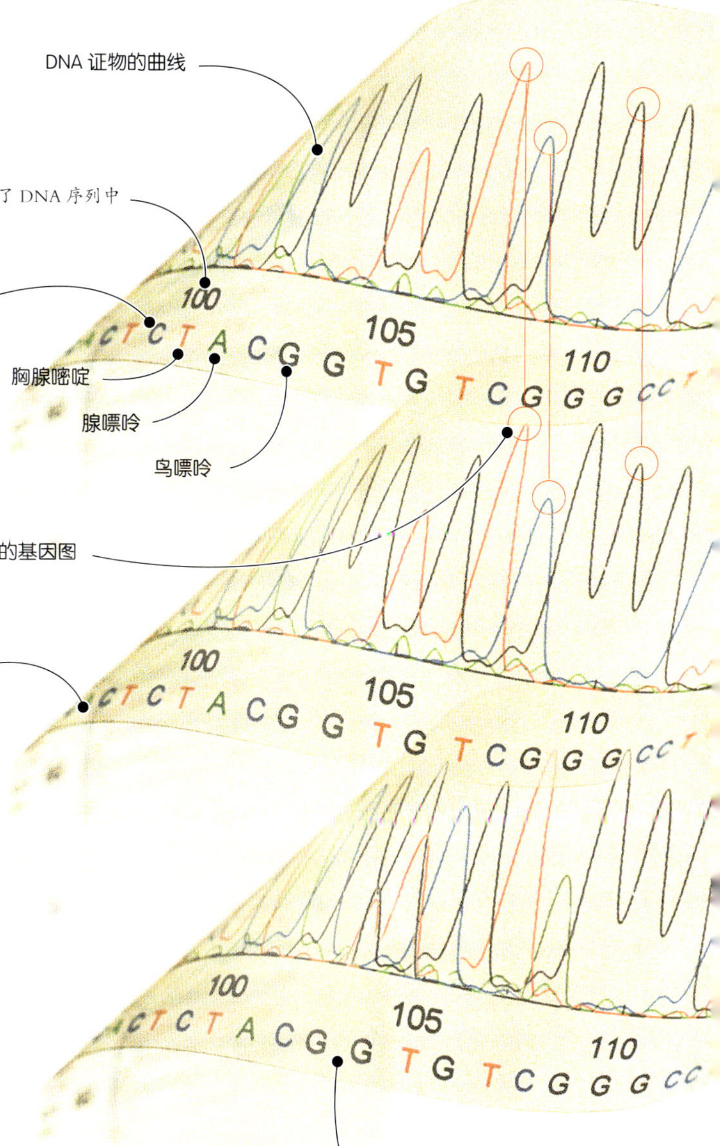

DNA 证物的曲线

数字代表了 DNA 序列中的一个位置。

胞嘧啶
胸腺嘧啶
腺嘌呤
鸟嘌呤

与证物吻合的基因图

犯罪嫌疑人 A 的 DNA 曲线

② DNA 分离

Ⓐ 分解头发
头发被分割成数段，然后被放置于试管中，并加入溶剂。

Ⓑ 离心
悬浮的 DNA 必须通过离心的方法与其他细胞组织分离。

Ⓒ 沉淀
加入 95% 的乙醇溶液，摇晃试管，然后以更快的速度离心。

Ⓓ 表层漂浮物质
加入 70% 的乙醇溶液，然后把混合物用水润洗。这样没有杂质的 DNA 就会被提取出来，可以用于分析。

这是装有 DNA 剩余样品的样品管。

④ 显像和对比

结果以曲线形式在仪器上呈现出来。根据图像序列中曲线的高度就能够确定每一个碱基在曲线上的特定位置。然后将犯罪现场遗留证据的 DNA 和犯罪嫌疑人的 DNA 进行比对。如果某一个犯罪嫌疑人曾经在犯罪现场，那么这个人的 DNA 曲线与现场遗留证据的 DNA 曲线至少有 13 个位点完全吻合。

13 位点

在美国，必须至少发现 13 个完全吻合的位点才能控告犯罪嫌疑人。

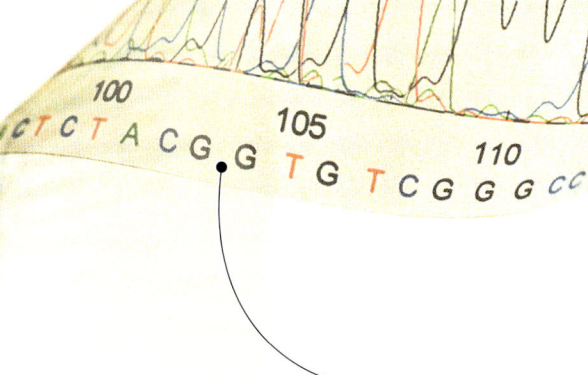

犯罪嫌疑人 B 的 DNA 曲线

排除率（PE）

总体来说，如果要把一个 DNA 检测结果作为有效的犯罪证据，那么理论上至少必须能够保证高于 99.9 999 999% 的排除率。排除率按照百分比来衡量，却以人的数量来表示，这个人数是指所能排除的提取自犯罪现场的 DNA 的可能携带者的人数。因此，有一个样品是随机取自某一个人的（作为一种证据），并将这个人的 DNA 与现场证据的 DNA 和犯罪嫌疑人的 DNA 做比对。

1 000 000 000
十亿分之一是统计性保证。

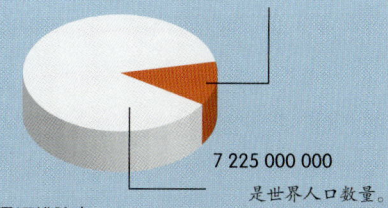

7 225 000 000
是世界人口数量。

保证排除率
子女 DNA：一亿分之一
法医 DNA：十亿分之一

它们是如何运转的

克隆牛

　　"克隆"这个名词本身会引发争议。严格来说,克隆是指使用生物技术得到与一个生物体完全相同的另一个生物体。现在最常用的技术是体细胞核转移技术。它不仅被用于克隆多利羊,还被用于克隆包括泽西牛在内的其他动物。这项技术是用供体细胞的细胞核取代卵细胞的细胞核。当卵细胞分化时,它就会产生出与供体完全相同的个体。在这一过程中,供体和克隆体之间存在着微小的差异。只有一种情况下才会出现完美克隆,并且是自然地产生,那就是同卵双胞胎。

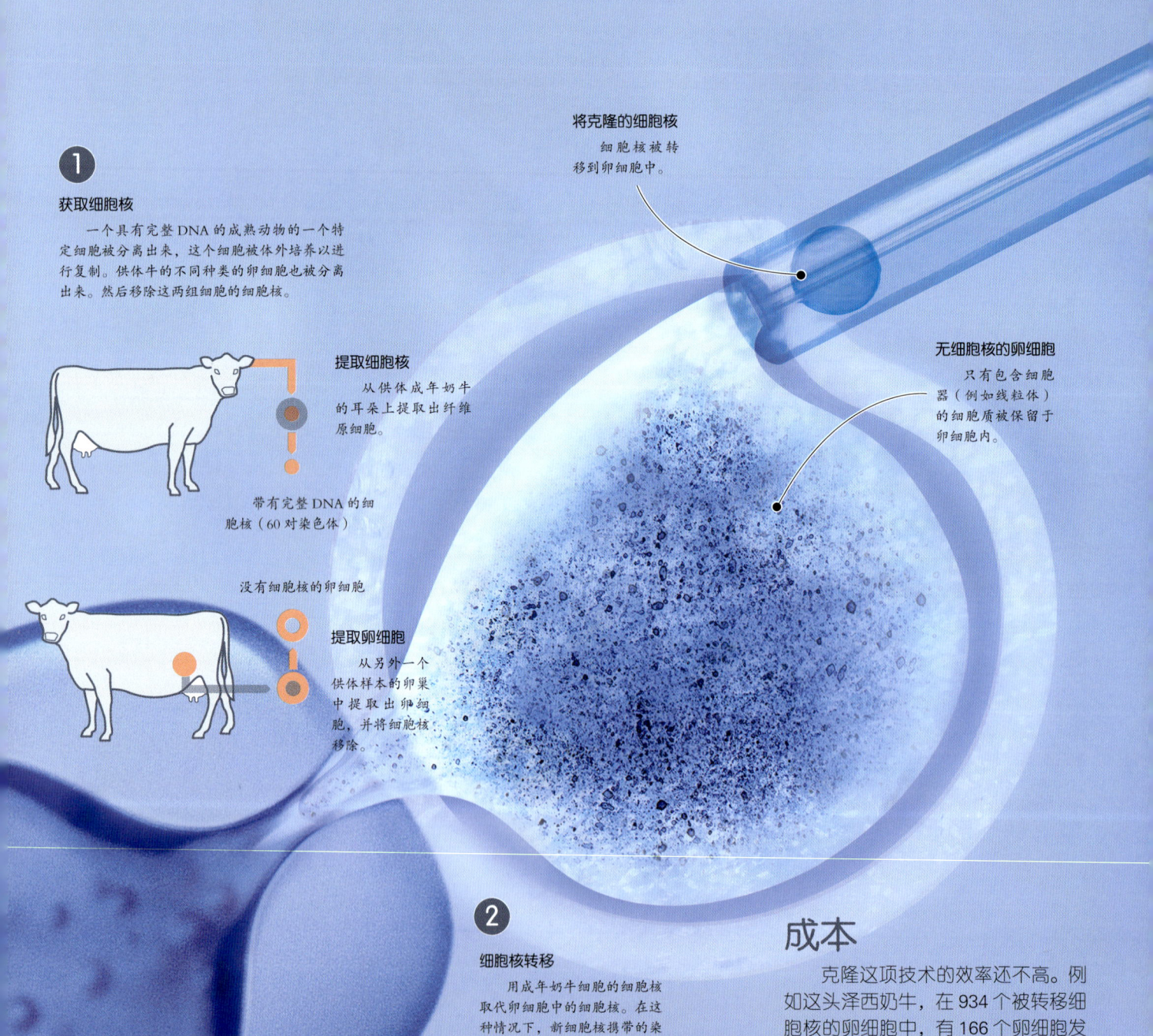

❶ 获取细胞核

一个具有完整 DNA 的成熟动物的一个特定细胞被分离出来,这个细胞被体外培养以进行复制。供体牛的不同种类的卵细胞也被分离出来。然后移除这两组细胞的细胞核。

提取细胞核
从供体成年奶牛的耳朵上提取出纤维原细胞。

带有完整 DNA 的细胞核(60 对染色体)

没有细胞核的卵细胞

提取卵细胞
从另外一个供体样本的卵巢中提取出卵细胞,并将细胞核移除。

将克隆的细胞核
细胞核被转移到卵细胞中。

无细胞核的卵细胞
只有包含细胞器(例如线粒体)的细胞质被保留于卵细胞内。

❷ 细胞核转移

用成年奶牛细胞的细胞核取代卵细胞中的细胞核。在这种情况下,新细胞核携带的染色体使卵细胞能像自然受精那样完成受精。细胞一旦融合,就会像正常受精卵那样开启细胞分裂程序。

成本

　　克隆这项技术的效率还不高。例如这头泽西奶牛,在 934 个被转移细胞核的卵细胞中,有 166 个卵细胞发生了融合,而其中只有一个细胞发育成功。

科 学 159

各种各样的应用

克隆技术可以用于获取新的器官和组织，也可以用于复制 DNA 片段。

吸管
用于将新的细胞核引入卵细胞中。

2 个细胞

8 个细胞

16 个细胞

4 培养
细胞在体外培养直到胚胎结构形成并长到合适的大小，从而能够被移植（胚泡）。这个过程大约持续一周的时间。

3 融合
通过光放电作用使外来的细胞核和卵细胞的细胞质开始融合。小时以后，钙被加入细胞中以激活受精过程。细胞核和细胞质之间开始发生相互作用，然后细胞开始分裂。

5 受精
胚泡被移植到供体母牛的子宫内。如果一切顺利，卵泡会附着于子宫壁上继续生长。

6 胚胎发育
一旦移植成功，卵泡会开始生长。由于所有的基因信息都来自于单一的供体细胞，生出来的小牛在基因上会与供体细胞核完全相同。

它们是如何运转的

生物芯片应用

用一块包含生物材料的小且扁平的基片制成的设备通常被称为生物芯片（字面意思为生物的基片）。人们利用生物芯片来获取基因信息。生物芯片是一种微型设备，它集成了成千上万的探针，这些探针由具有已知序列的基因材料组成。当这些探针和生物样品（例如取自病人的样品或实验样品）接触的时候，只有与芯片上的探针相互补充的核苷酸链可以进行杂交。这种作用会产生一种特殊的光，光扫描器可以读出这种光并通过电脑将信息解读出来。

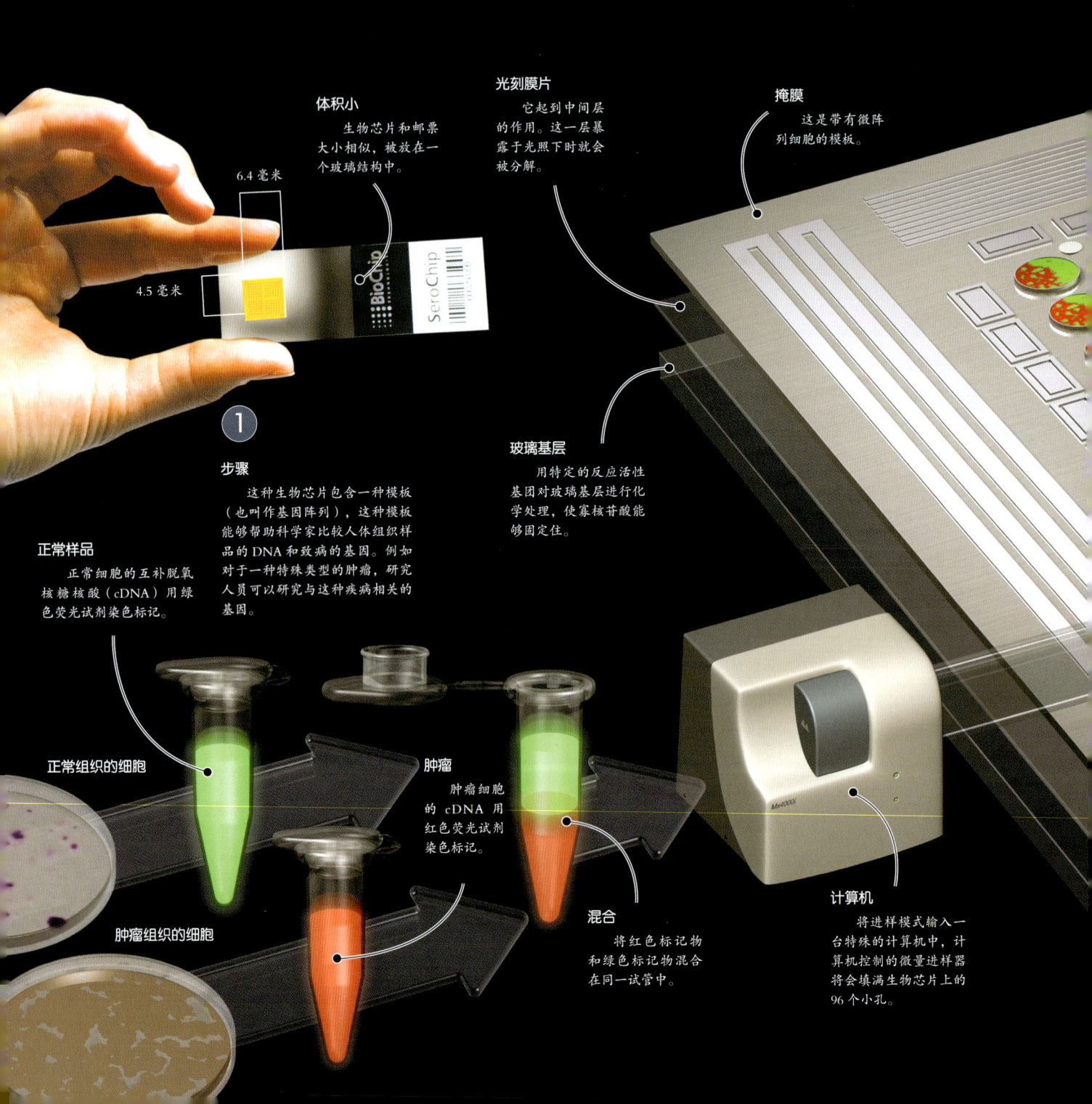

体积小
生物芯片和邮票大小相似，被放在一个玻璃结构中。

6.4 毫米
4.5 毫米

光刻膜片
它起到中间层的作用。这一层暴露于光照下时就会被分解。

掩膜
这是带有微阵列细胞的模板。

1 步骤
这种生物芯片包含一种模板（也叫作基因阵列），这种模板能够帮助科学家比较人体组织样品的 DNA 和致病的基因。例如对于一种特殊类型的肿瘤，研究人员可以研究与这种疾病相关的基因。

玻璃基层
用特定的反应活性基团对玻璃基层进行化学处理，使寡核苷酸能够固定住。

正常样品
正常细胞的互补脱氧核糖核酸（cDNA）用绿色荧光试剂染色标记。

正常组织的细胞

肿瘤
肿瘤细胞的 cDNA 用红色荧光试剂染色标记。

肿瘤组织的细胞

混合
将红色标记物和绿色标记物混合在同一试管中。

计算机
将进样模式输入一台特殊的计算机中，计算机控制的微量进样器将会填满生物芯片上的 96 个小孔。

科 学 161

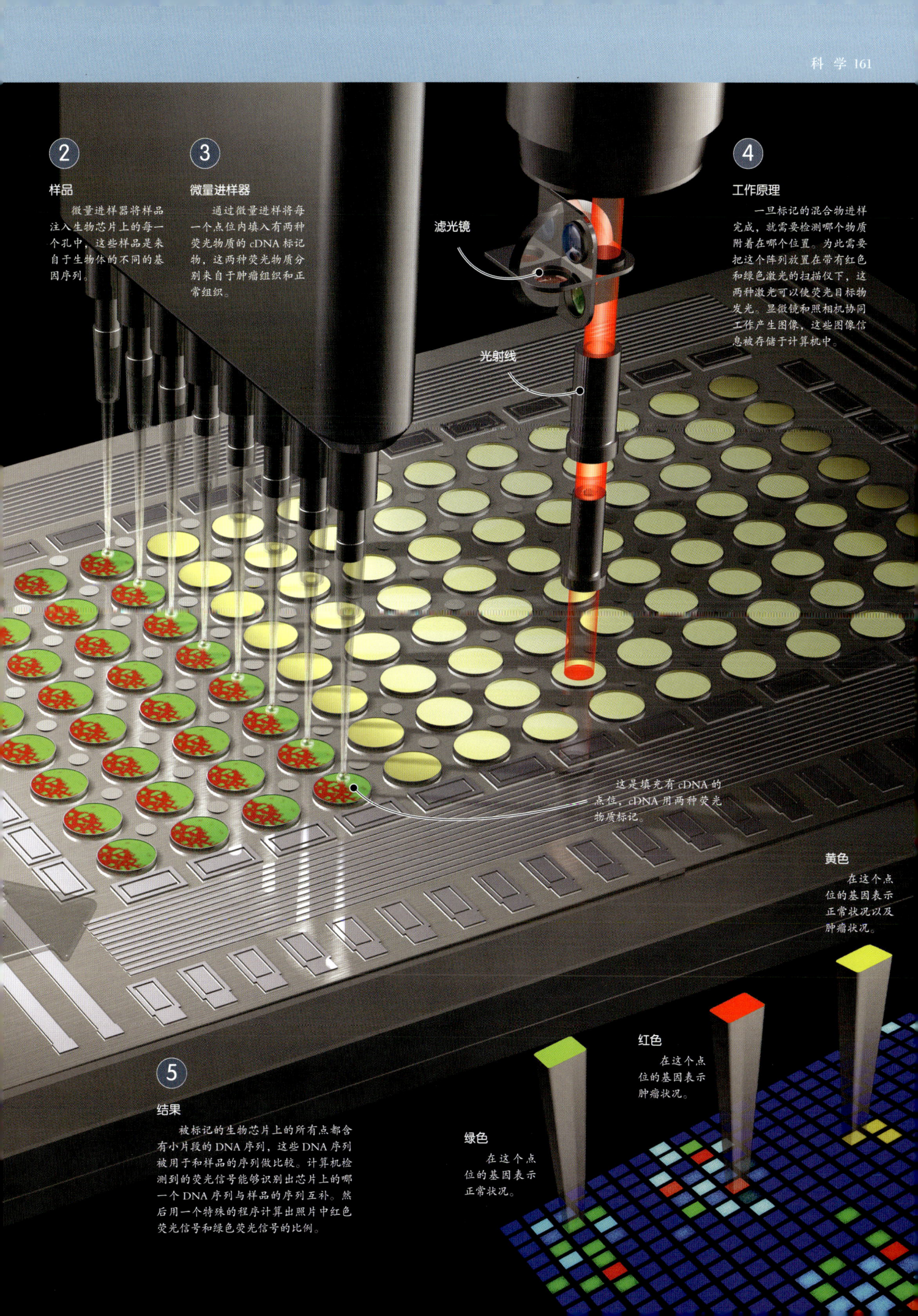

2 样品
微量进样器将样品注入生物芯片上的每一个孔中,这些样品是来自于生物体的不同的基因序列。

3 微量进样器
通过微量进样将每一个点位内填入有两种荧光物质的 cDNA 标记物,这两种荧光物质分别来自于肿瘤组织和正常组织。

滤光镜

光射线

4 工作原理
一旦标记的混合物进样完成,就需要检测哪个物质附着在哪个位置。为此需要把这个阵列放置在带有红色和绿色激光的扫描仪下,这两种激光可以使荧光目标物发光。显微镜和照相机协同工作产生图像,这些图像信息被存储于计算机中。

这是填充有 cDNA 的点位,cDNA 用两种荧光物质标记。

黄色
在这个点位的基因表示正常状况以及肿瘤状况。

红色
在这个点位的基因表示肿瘤状况。

5 结果
被标记的生物芯片上的所有点都含有小片段的 DNA 序列,这些 DNA 序列被用于和样品的序列做比较。计算机检测到的荧光信号能够识别出芯片上的哪一个 DNA 序列与样品的序列互补。然后用一个特殊的程序计算出照片中红色荧光信号和绿色荧光信号的比例。

绿色
在这个点位的基因表示正常状况。

它们是如何运转的

水下考古

自助潜水设备的发明使得水下考古在 20 世纪取得了长足的进展。水下考古还受益于与其他专家的合作，例如地质学家、修复专家、化学家和文献专家。这个专业为人类提供了许多新的信息，包括关于过去的战争、淹没在水下的远古贸易船只的残骸，以及失事船只里船员和乘客的生命信息。

目标

这门学科的关注点在于复原长期沉于水下的船只，主要目标是定位各种失事船只，以及发掘伴随这些失事船只的无数件散落于海床之上的考古遗物。

沉船

潜水员找到了一艘 1025 年在莱海湾失事的船。

完好的状态

由于水中氧气少且化合物活性低，非金属的考古遗物在这种状态下能够得到完好保存。

辅助技术

小型遥控潜水器可以探测潜水员无法到达的地方，如深海和狭小的空间。例如这个名为"扳机鱼"的潜水器（右图），它装备有两个 150 瓦的卤素灯，每一个卤素灯都配有一台拍摄范围 300 米的摄像机。

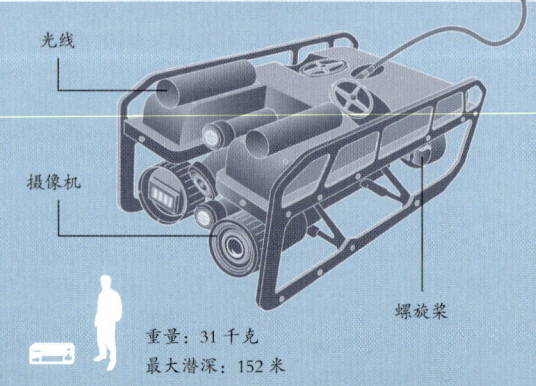

光线
摄像机
螺旋桨

重量：31 千克
最大潜深：152 米

科 学 163

→ 保存文物

水下考古学所面临的最大问题是如何保存所发现的遗物。当这些物品离开海洋之后，它们和环境之间的平衡被打破，就此引发的物理、化学反应会加速物品的分解过程。因此，样品必须由专业人员运送到可以保存的实验室。

探索泰坦尼克号

这个铃铛来自于传奇的泰坦尼克号，这艘巨轮于1912年在北大西洋中沉没。它的残骸由罗伯特·巴拉德在1985年发现。

选择性移出

只有能够在空气中保存的物品才能被带出水面，这一点至关重要。在空气中会迅速分解的物品应该被留在原地。

组织和工具

任务通常分配给4个小组：一个小组位于水面上，待在与遗址垂直的船里；辅助小组在附近的海滩上负责后勤；接收小组负责保存物品；水下小组由潜水员组成，负责探索水下遗址。这些是潜水员常用的工具：

记录本

现场记录非常重要。潜水员用一种特殊的笔和可以用这种笔书写的复合膜纸做记录。

提升袋

潜水员无法搬运的大型遗物（或沉淀物）可以用提升装置抬起。

网格

便携式网格可以将考古遗址分成若干部分，并进行系统地清理，然后通过素描或照相做进一步勘测。

气升管

这是一根通过水面控制的长管，它可以通过吸水将遗物周围的沉淀物吸出，并清理该区域。

它们是如何运转的

大型强子对撞机

　　大型强子对撞机（LHC）是位于欧洲粒子物理研究所（CERN）的大型科研仪器。它被安装在横跨法国和瑞士边界、直径约 8.5 千米的地下隧道中。这个仪器的目的是用巨大的能量使粒子产生对撞。这个过程会使粒子撞碎，借此科学家就能够收集到关于宇宙量子力学的数据。这些信息可以帮助科学家发现新的基本粒子，同时还能够确认基本粒子的存在，而这些基本粒子之前仅存在于理论之中。

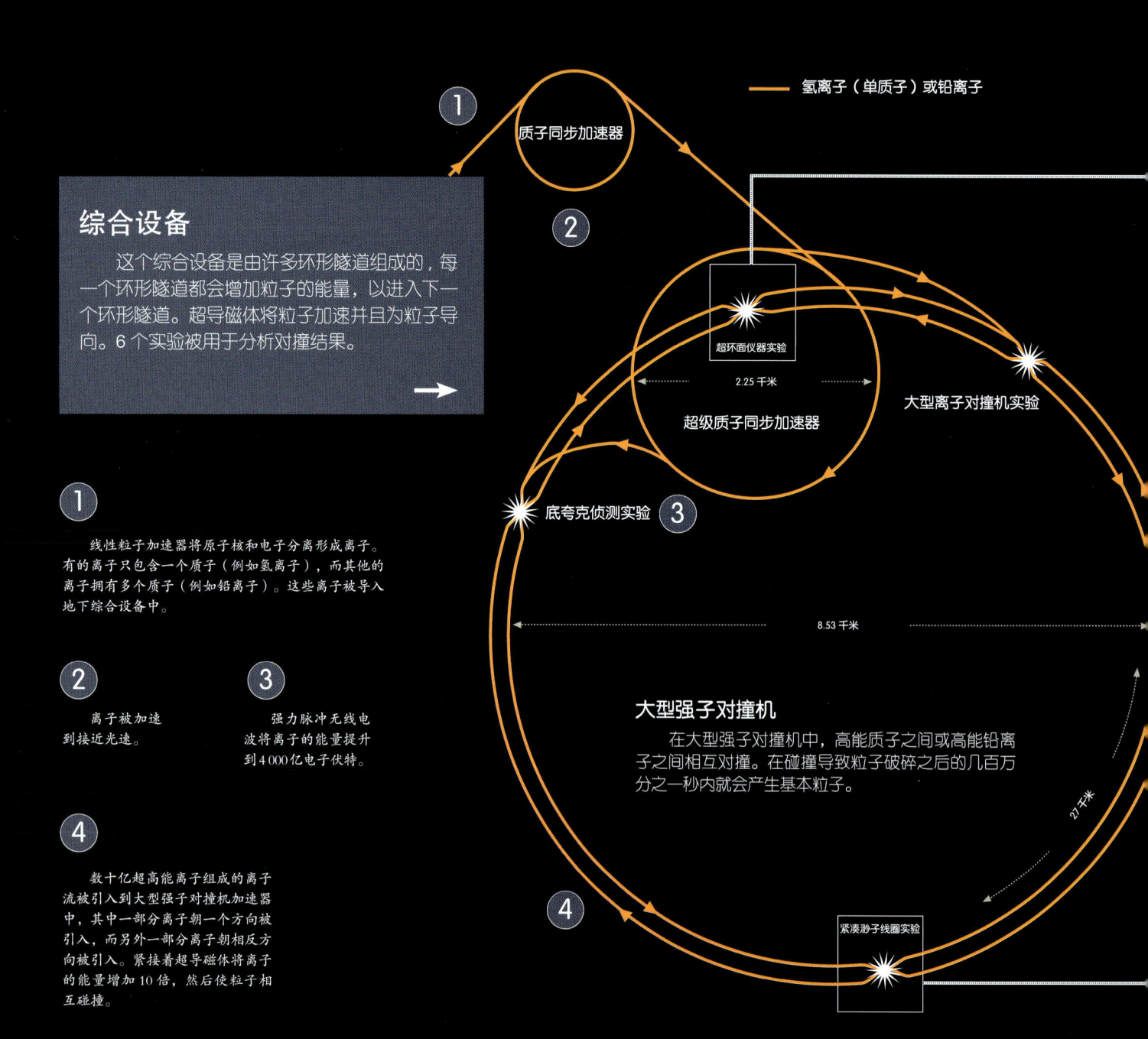

── 氢离子（单质子）或铅离子

① 质子同步加速器

②

超环面仪器实验

2.25 千米

超级质子同步加速器

大型离子对撞机实验

底夸克侦测实验 ③

8.53 千米

综合设备

　　这个综合设备是由许多环形隧道组成的，每一个环形隧道都会增加粒子的能量，以进入下一个环形隧道。超导磁体将粒子加速并且为粒子导向。6 个实验被用于分析对撞结果。
→

大型强子对撞机

　　在大型强子对撞机中，高能质子之间或高能铅离子之间相互对撞。在碰撞导致粒子破碎之后的几百万分之一秒内就会产生基本粒子。

27 千米

④

紧凑渺子线圈实验

①
　线性粒子加速器将原子核和电子分离形成离子。有的离子只包含一个质子（例如氢离子），而其他的离子拥有多个质子（例如铅离子）。这些离子被导入地下综合设备中。

②
　离子被加速到接近光速。

③
　强力脉冲无线电波将离子的能量提升到 4 000 亿电子伏特。

④
　数十亿超高能离子组成的离子流被引入到大型强子对撞机加速器中，其中一部分离子朝一个方向被引入，而另外一部分离子朝相反方向被引入。紧接着超导磁体将离子的能量增加 10 倍，然后使粒子相互碰撞。

科 学 165

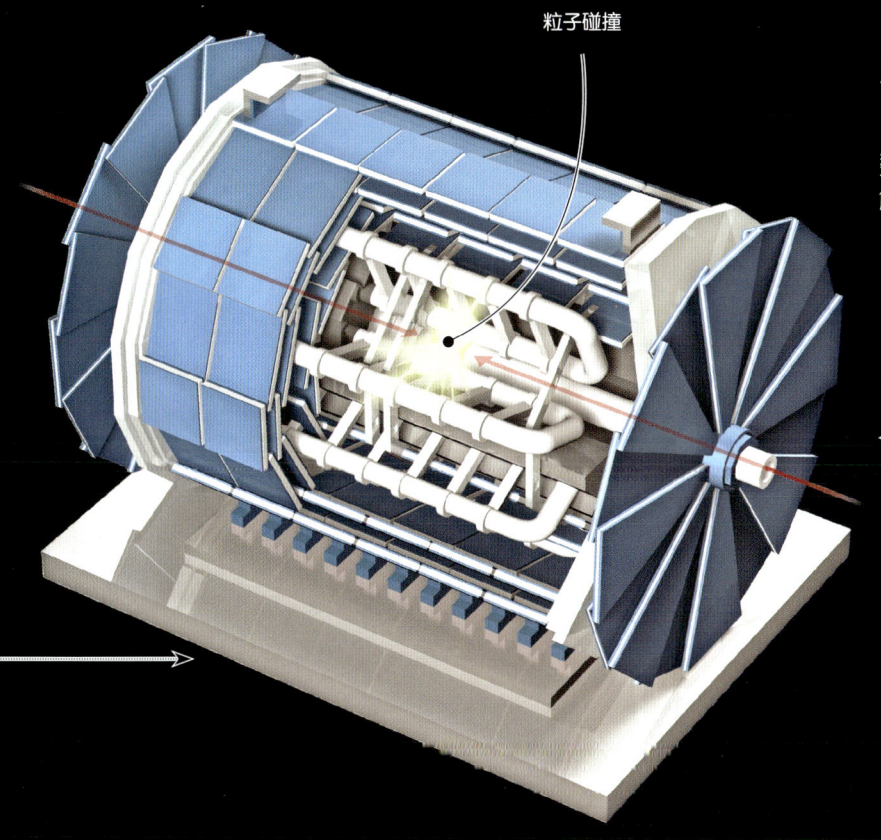

粒子碰撞

宇宙大爆炸

通过获取关于基本粒子和基本力的数据，大型强子对撞机可能会使人类了解到宇宙大爆炸瞬间之后宇宙的性质。

← **超环面仪器探测器**
这个仪器设计的目的在于探索物质的本质和主宰宇宙的基本力。通过分析粒子碰撞能够达到这个目的。这个仪器重达 7 700 吨。

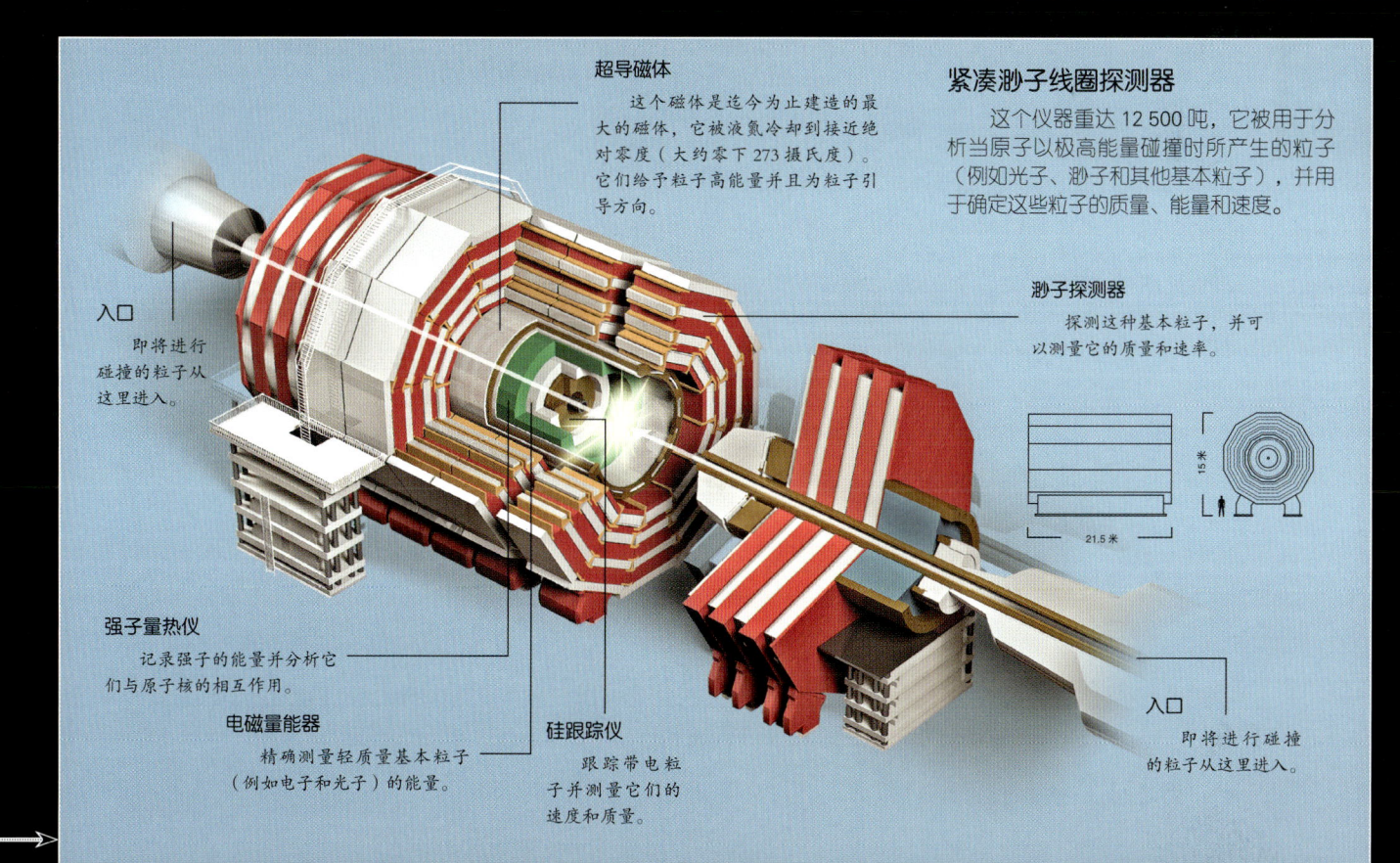

超导磁体
这个磁体是迄今为止建造的最大的磁体，它被液氮冷却到接近绝对零度（大约零下 273 摄氏度）。它们给予粒子高能量并且为粒子引导方向。

紧凑渺子线圈探测器

这个仪器重达 12 500 吨，它被用于分析当原子以极高能量碰撞时所产生的粒子（例如光子、渺子和其他基本粒子），并用于确定这些粒子的质量、能量和速度。

渺子探测器
探测这种基本粒子，并可以测量它的质量和速率。

入口
即将进行碰撞的粒子从这里进入。

强子量热仪
记录强子的能量并分析它们与原子核的相互作用。

电磁量能器
精确测量轻质量基本粒子（例如电子和光子）的能量。

硅跟踪仪
跟踪带电粒子并测量它们的速度和质量。

入口
即将进行碰撞的粒子从这里进入。

15 米　21.5 米

它们是如何运转的

碳年代测定法

　　碳年代测定法是一项非常可靠的追溯有机残余物年份的方法。它可以测定距今 6 万年之久的有机体。这项技术由威拉得·利比（1960 年诺贝尔化学奖获得者）在 1949 年发明，1977 年粒子加速质谱的出现使它更加完善。这种方法利用一种碳的同位素——碳 -14。所有的有机体在它们的生命过程中都会吸收碳。当有机体死后，它们的有机残余物中的碳 -14 会按照规律性的固定速度减少，这样就可以测定有机物的年龄。加速质谱（AMS）能够分析非常小的样品。

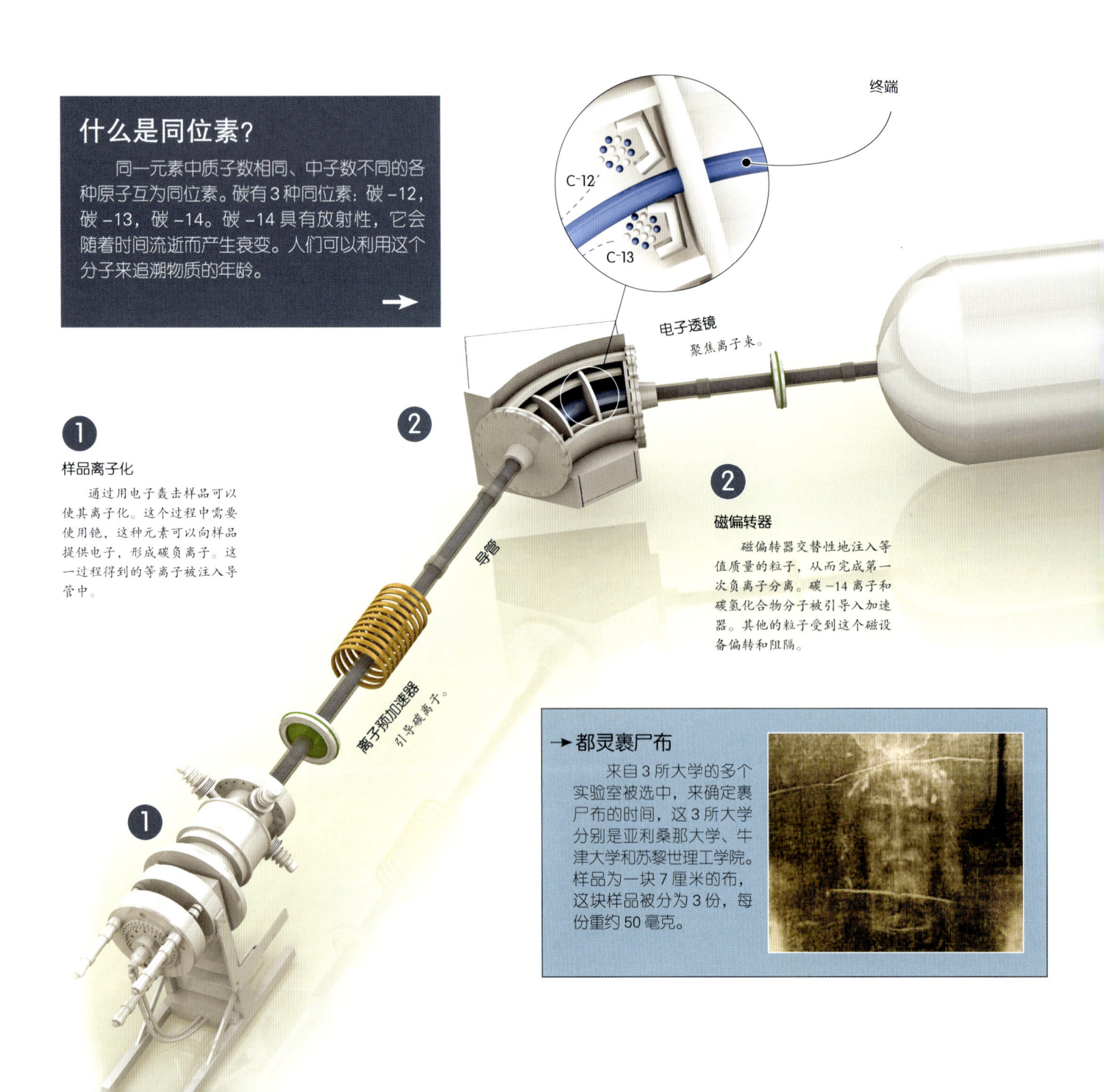

什么是同位素？

　　同一元素中质子数相同、中子数不同的各种原子互为同位素。碳有 3 种同位素：碳 -12，碳 -13，碳 -14。碳 -14 具有放射性，它会随着时间流逝而产生衰变。人们可以利用这个分子来追溯物质的年龄。

终端

C-12
C-13

电子透镜
聚焦离子束。

❶ 样品离子化

　　通过用电子轰击样品可以使其离子化。这个过程中需要使用铯，这种元素可以向样品提供电子，形成碳负离子。这一过程得到的等离子被注入导管中。

导管

离子预加速器
引导碳离子。

❷ 磁偏转器

　　磁偏转器交替性地注入等值质量的粒子，从而完成第一次负离子分离。碳 -14 离子和碳氢化合物分子被引导入加速器。其他的粒子受到这个磁设备偏转和阻隔。

➤ 都灵裹尸布

　　来自 3 所大学的多个实验室被选中，来确定裹尸布的时间，这 3 所大学分别是亚利桑那大学、牛津大学和苏黎世理工学院。样品为一块 7 厘米的布，这块样品被分为 3 份，每份重约 50 毫克。

科 学 167

其他方法
物质的年份还可以用其他的科学技术来测定。

树木年轮学
这个记载时间的方法基于分析树的年轮。每一棵树的树干截面每年会产生一个圆环。圆环的宽度根据当年的气候条件而改变。

再羟基化
这个方法用来测定陶瓷的年份。它测量的是从最初烤制到现在，被黏土重新吸收的水分量。

钾——氩
这个技术和放射性碳定年法类似，是基于从钾-40同位素到氩-40这一逐渐变化的过程中所产生的放射性衰变。

铀-238
和放射性碳定年法或钾氩定年法相似。这种方法可以测定几十亿年前的物质。

热释光
这种方法计算的是无机物质中的晶体结构在一段时间内所释放出的辐射，和碳-14定年法类似。

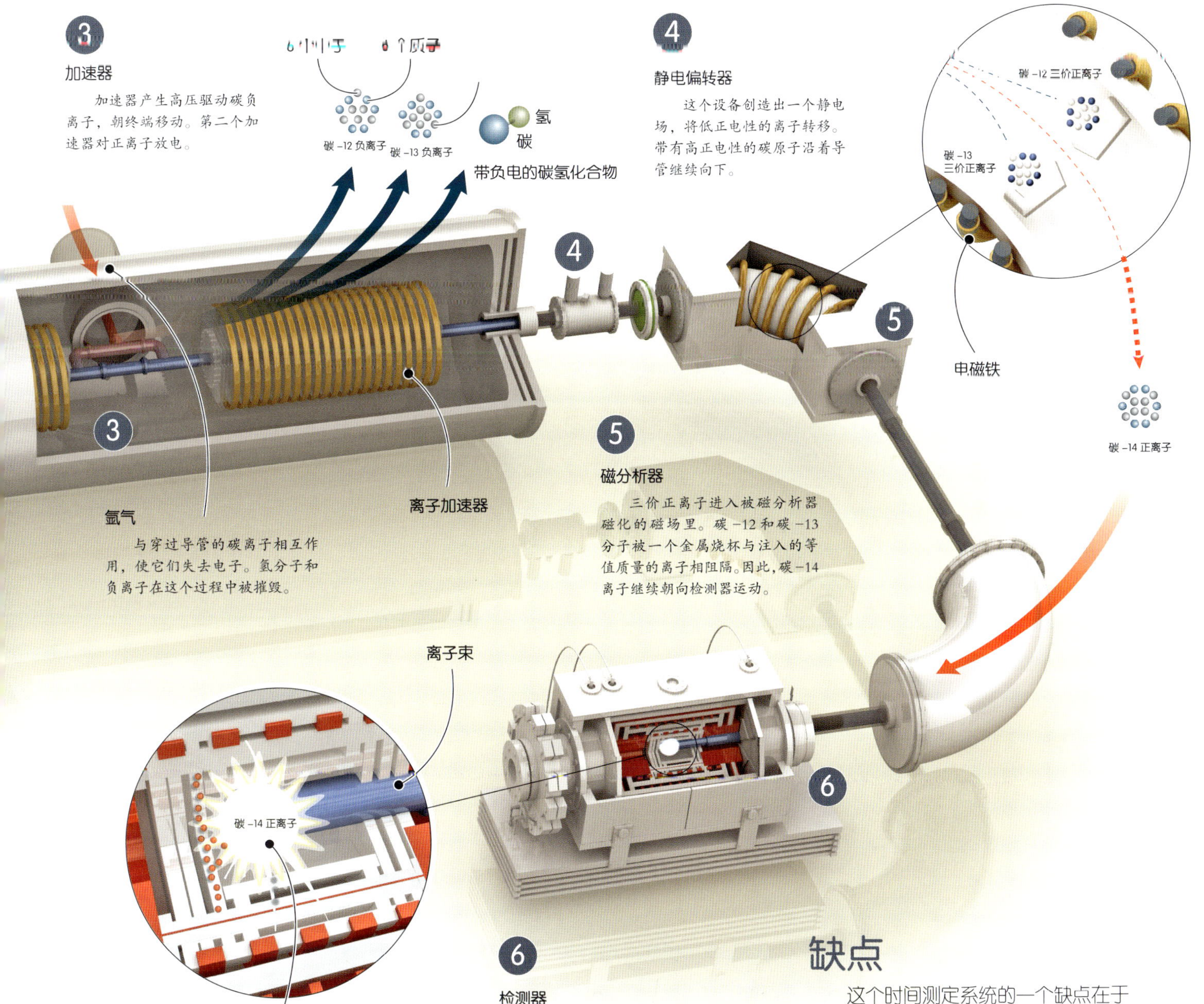

3 加速器
加速器产生高压驱动碳负离子，朝终端移动。第二个加速器对正离子放电。

6个电子　6个质子
碳-12负离子　碳-13负离子
氢
碳
带负电的碳氢化合物

4 静电偏转器
这个设备创造出一个静电场，将低正电性的离子转移。带有高正电性的碳原子沿着导管继续向下。

碳-12 三价正离子
碳-13 三价正离子
电磁铁
碳-14 正离子

3 氩气
与穿过导管的碳离子相互作用，使它们失去电子。氢分子和负离子在这个过程中被摧毁。

离子加速器

5 磁分析器
三价正离子进入被磁分析器磁化的磁场里。碳-12和碳-13分子被一个金属烧杯与注入的等值质量的离子相阻隔。因此，碳-14离子继续朝向检测器运动。

离子束
碳-14 正离子

6 检测器
当碳分子与检测器的硅片碰撞时就会产生脉冲。这个脉冲的数量与离子的能量成比例。离子的数量和能量被电脑处理，然后通过谱图显示出来。

硅片中和这个效应，释放出一个与离子的能量成比例的电荷。

缺点
这个时间测定系统的一个缺点在于它假设在过去的60 000年里大气中产生的碳-14量没有变化。而众所周知，这个数字在不同的时间和不同的地点都有所变动，因此这是必须要考虑的一个因素。

它们是如何运转的

移　植

　　若人体某一器官出现问题，当其他所有的治病方法都无效时，最后的希望通常是通过移植的方法用一个健康的器官替换病变的器官。有些器官能够由活人捐赠，例如肾，这个过程并不会对捐赠者造成太大伤害。不过，通常被移植的器官来自于死者。这个领域不断地有技术突破，最近出现了脸移植技术，这会涉及连接许多高度复杂的神经。

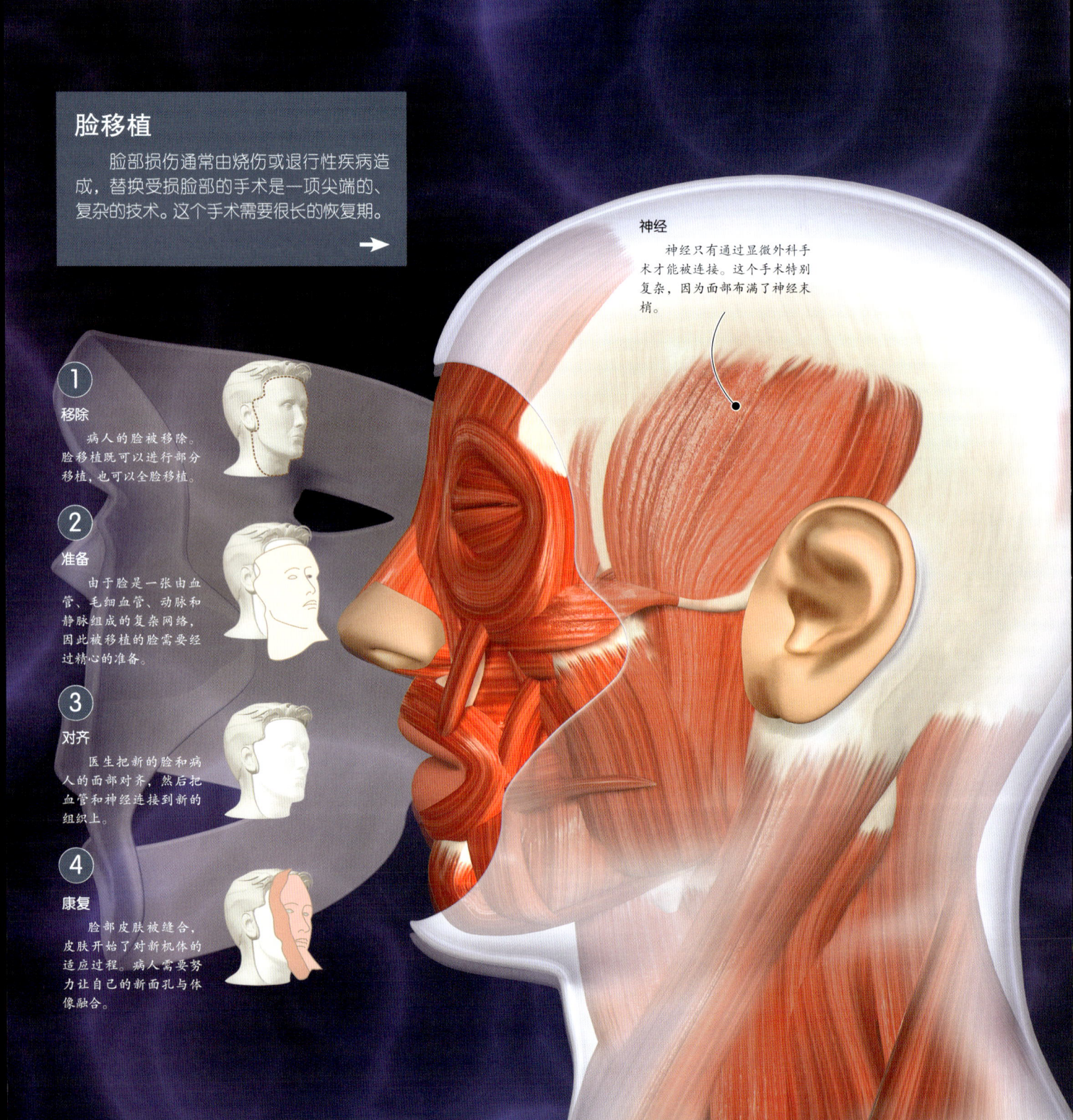

脸移植

　　脸部损伤通常由烧伤或退行性疾病造成，替换受损脸部的手术是一项尖端的、复杂的技术。这个手术需要很长的恢复期。

神经

　　神经只有通过显微外科手术才能被连接。这个手术特别复杂，因为面部布满了神经末梢。

1 移除
病人的脸被移除。脸移植既可以进行部分移植，也可以全脸移植。

2 准备
由于脸是一张由血管、毛细血管、动脉和静脉组成的复杂网络，因此被移植的脸需要经过精心的准备。

3 对齐
医生把新的脸和病人的面部对齐，然后把血管和神经连接到新的组织上。

4 康复
脸部皮肤被缝合，皮肤开始了对新机体的适应过程。病人需要努力让自己的新面孔与体像融合。

科 学 169

移植的类型

在器官移植和组织移植这两种手术之中，器官移植目前为止更难操作。它们需要通过复杂的手术把血管和导管连接在一起。组织移植更简单：细胞被注入，之后再被植入。

同种异体移植

一个生物把器官捐献给另外一个同一种类但不同基因的生物。

自体移植

这种移植的捐赠者和接受者是同一个人。典型的例子就是把健康的皮肤移植到受伤的部位。

同基因移植

这种移植的捐赠者和接受者拥有相同的基因。

异种移植

这种移植的捐赠者和接受者来自于不同的物种（例如从猴子到人）。进行这种类型的移植，接受者产生排异反应的可能性最大。

心脏移植

当病人被麻醉之后，在他的胸口打开一个切口。在医生换心脏的过程中，病人心脏和肺的功能被一个机械泵替代，主动脉被夹住。移植完成后，医生把健康的心脏与病人的静脉和动脉缝合，把主动脉钳子松开，并且控制住所有的出血。

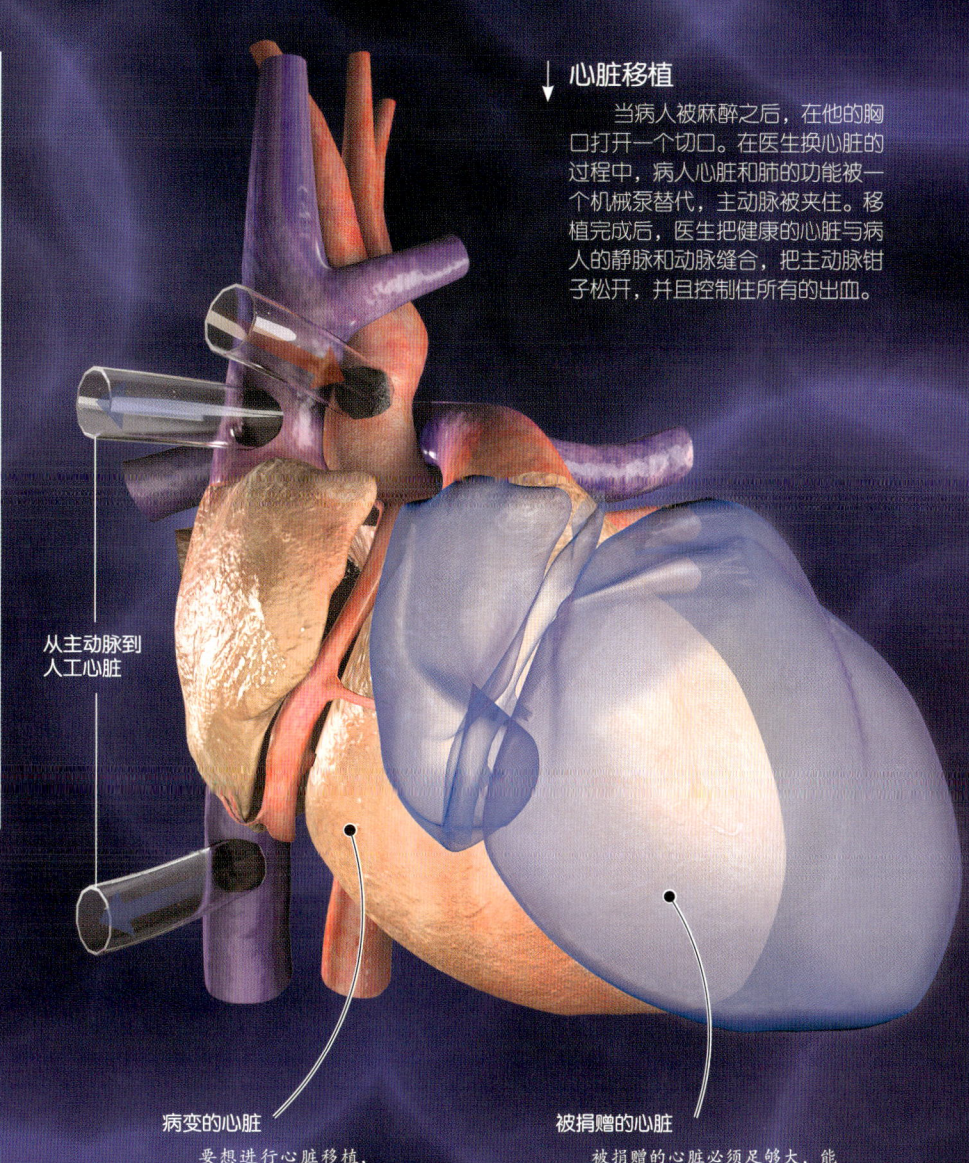

从主动脉到人工心脏

病变的心脏

要想进行心脏移植，必须使心脏停止跳动。这可以通过降低病人的体温实现。这样做的另一个好处在于能够维持脑部的血液循环。

被捐赠的心脏

被捐赠的心脏必须足够大，能够满足患者的需求。如果捐赠者的身高和体重是平均水平，所捐出的心脏极有可能会适用于绝大部分的心脏移植受益者。

捐赠者

一般来说，大部分捐赠发生在捐赠者死亡之后，不过还有一些捐赠，例如血液、脐带血或肾脏，却可以在捐赠者活着的情况下进行。

肝脏移植

那些遭受恶性、无法治愈甚至威胁生命的肝病折磨的患者们如今有可能尝试肝脏移植。最典型的肝脏移植的例子是那些受慢性肝炎或肝硬化（一种自身免疫疾病）折磨的人们。捐赠者不能有任何感染，并且在捐赠时不能有任何心脏或肺部疾病。

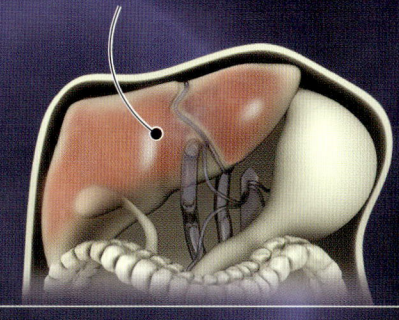

肝脏

① 被捐赠的肝脏

在捐赠者死亡之后，肝脏以及它连接的血管和胆管被立即取出。

② 新的肝脏

与大静脉和剩下的血管融合。胆管的另一端被缝合。一根探针被插入到再生的胆管里，用于排出血液和胆汁。

它们是如何运转的

四维超声

　　四维超声是产科诊断检查领域的最新进展。四维超声成像把时间作为一个新的变量，能够产生实时彩色画面，看起来就像是在观看一部宝宝在子宫内生长的电影。然而，这并不是一部电影，而是胎儿反射的回声形成的超声波扫描图像。这些回声经过分析后被转换成图像，转换的过程通过一个能够进行数学计算的强大的处理器完成。目前四维超声并没有完全被医生接受，许多医生仍然倾向于使用传统的二维超声。

5 000
　　传感器发射超声波并检测由胎儿反射回的超声波的频率。

超声窗口
　　超声机利用一个手持的超声探头在孕妇的腹部移动检查。超声探头含有一个能够发出超声（高频）波的传感器，超声波能够穿过腹部并被胎儿反射，从而产生回声。这些被反射回的超声波被传感器探测到，然后被转换为图像。

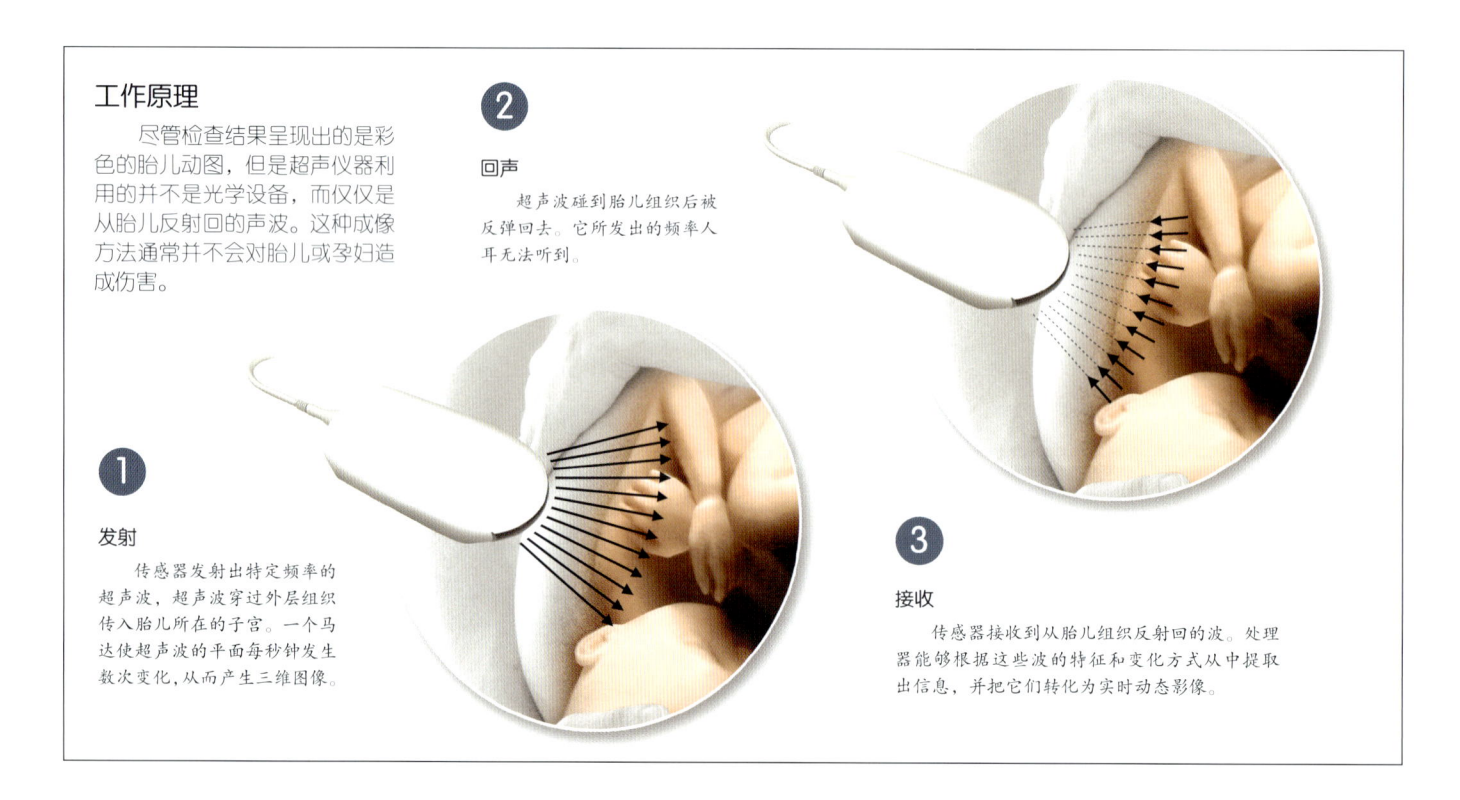

工作原理
　　尽管检查结果呈现出的是彩色的胎儿动图，但是超声仪器利用的并不是光学设备，而仅仅是从胎儿反射回的声波。这种成像方法通常并不会对胎儿或孕妇造成伤害。

❶ 发射
　　传感器发射出特定频率的超声波，超声波穿过外层组织传入胎儿所在的子宫。一个马达使超声波的平面每秒钟发生数次变化，从而产生三维图像。

❷ 回声
　　超声波碰到胎儿组织后被反弹回去。它所发出的频率人耳无法听到。

❸ 接收
　　传感器接收到从胎儿组织反射回的波。处理器能够根据这些波的特征和变化方式从中提取出信息，并把它们转化为实时动态影像。

科 学 171

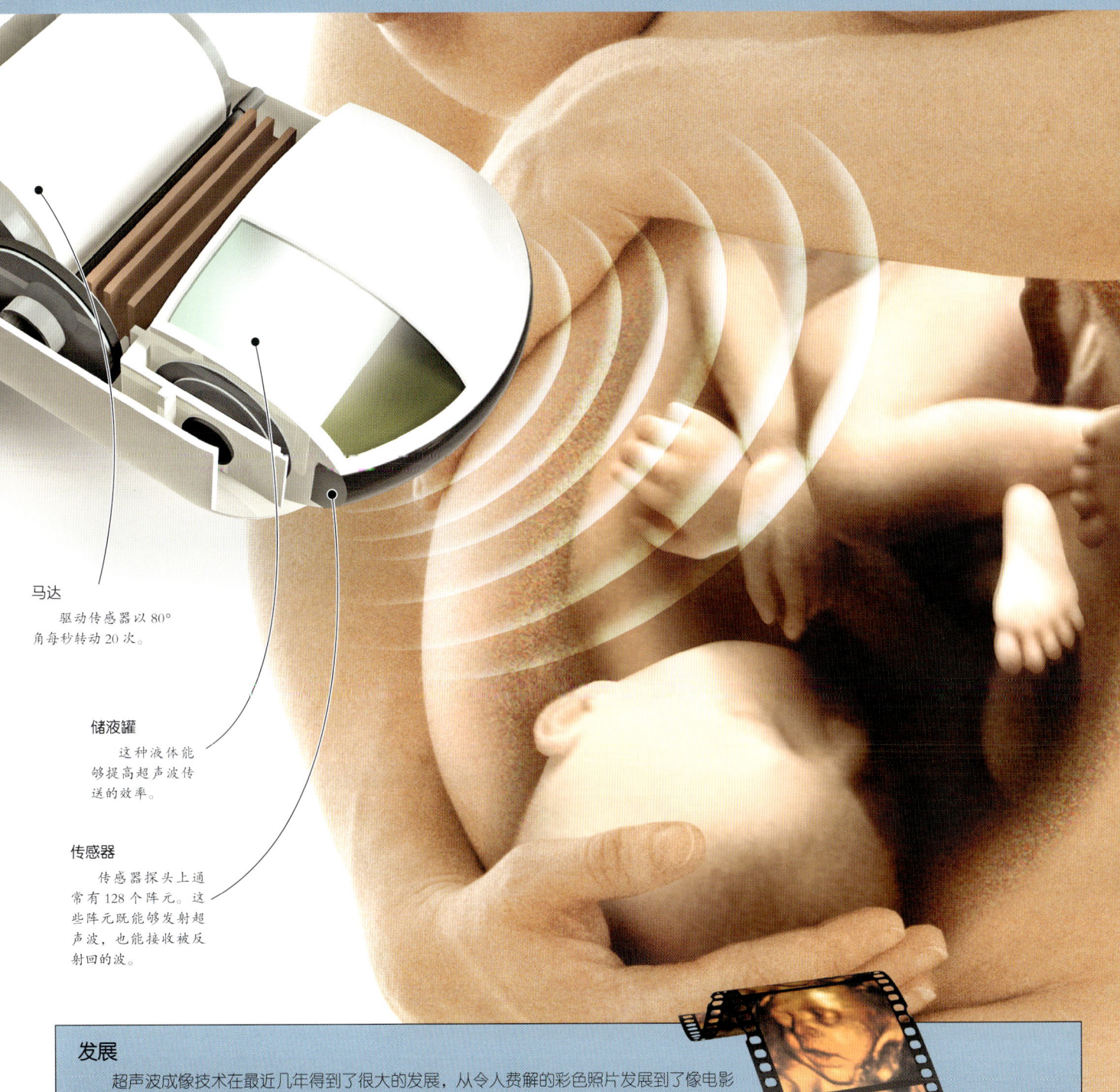

马达
驱动传感器以 80°
角每秒转动 20 次。

储液罐
这种液体能
够提高超声波传
送的效率。

传感器
传感器探头上通
常有 128 个阵元。这
些阵元既能够发射超
声波，也能接收被反
射回的波。

发展

超声波成像技术在最近几年得到了很大的发展，从令人费解的彩色照片发展到了像电影一样的子宫内胎儿的影像。

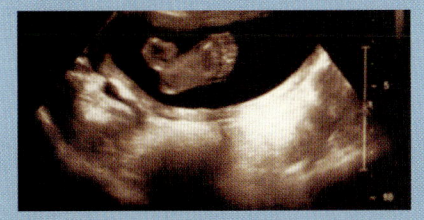

2D 超声
对于产科检查来说，2D 超声是最好的成像方式。尽管它显示出的图像不如更先进的方式那样激动人心，但医生却喜欢用这种方式，因为它能够从不同角度提供胎儿的横截面图，从而帮助检查婴儿的内部结构。

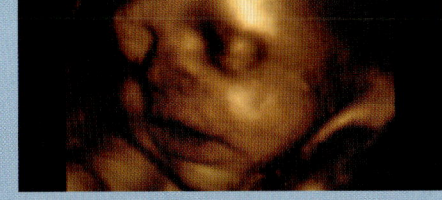

3D 超声
产生静态的胎儿三维图像。这种技术能够用来识别结构畸形和面部特征。三维图像是通过沿着胎儿身体长度获取的一系列平行横截面图产生的。然后，这些横截面图经过数学处理之后产生三维图像。

4D 超声
高速处理器可以在零点几秒内获得许多三维超声图像，并通过数学计算生成胎儿的动态影像。

它们是如何运转的

体外受精

自从大约 30 年前英国出现了首例成功的体外受精，这项技术已经逐渐成为最受欢迎、传播范围最广的辅助生育技术。它包括取出母体的卵子，并在母体的子宫外完成受精；事实上，这个过程通常在实验室中完成，这样就可以避免发生那些阻碍自然怀孕的各种问题。一旦完成受精，胚胎就会被移植到子宫里继续妊娠。

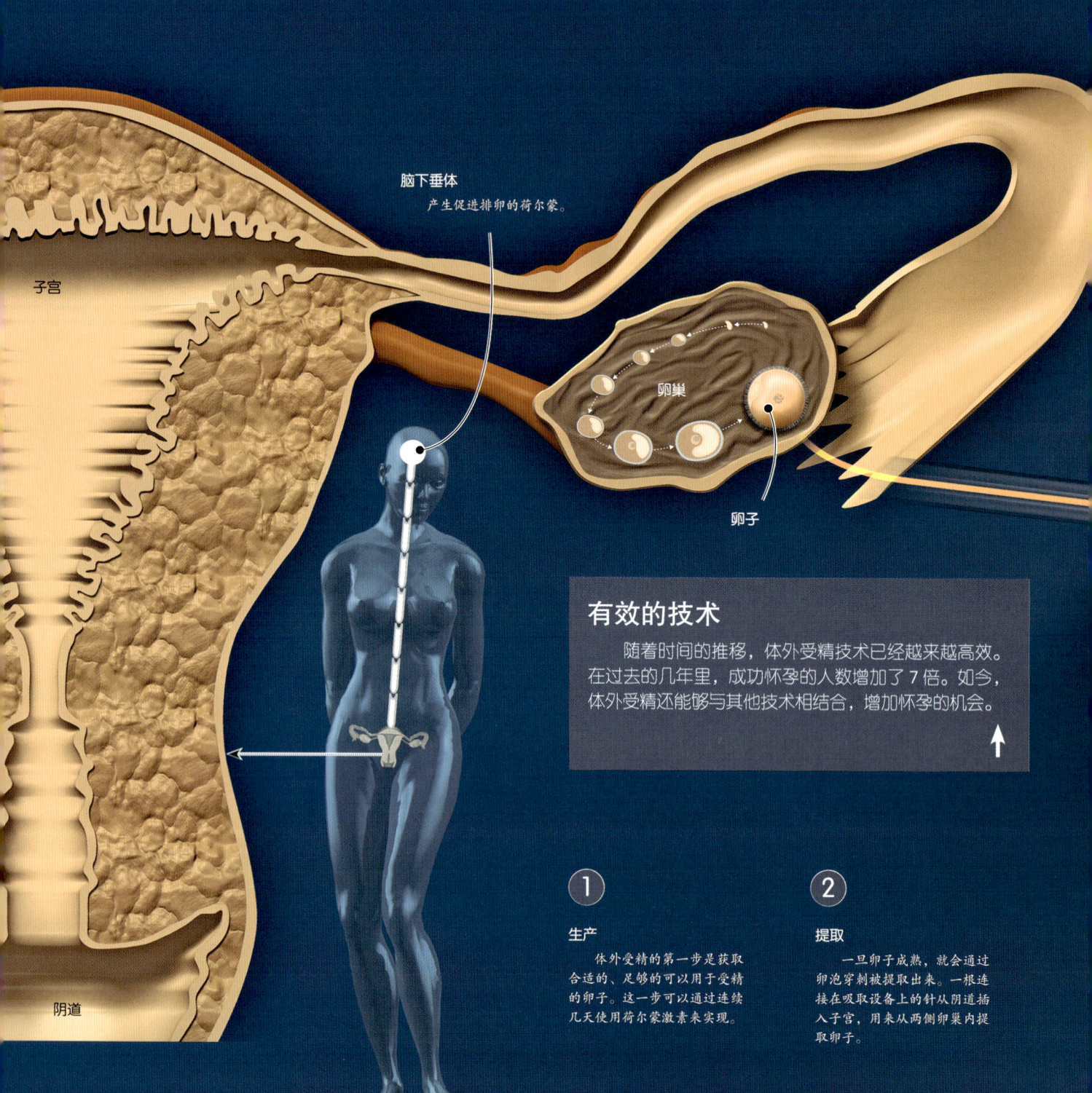

脑下垂体
产生促进排卵的荷尔蒙。

子宫

卵巢

卵子

阴道

有效的技术

随着时间的推移，体外受精技术已经越来越高效。在过去的几年里，成功怀孕的人数增加了 7 倍。如今，体外受精还能够与其他技术相结合，增加怀孕的机会。

① 生产

体外受精的第一步是获取合适的、足够的可以用于受精的卵子。这一步可以通过连续几天使用荷尔蒙激素来实现。

② 提取

一旦卵子成熟，就会通过卵泡穿刺被提取出来。一根连接在吸取设备上的针从阴道插入子宫，用来从两侧卵巢内提取卵子。

科 学 173

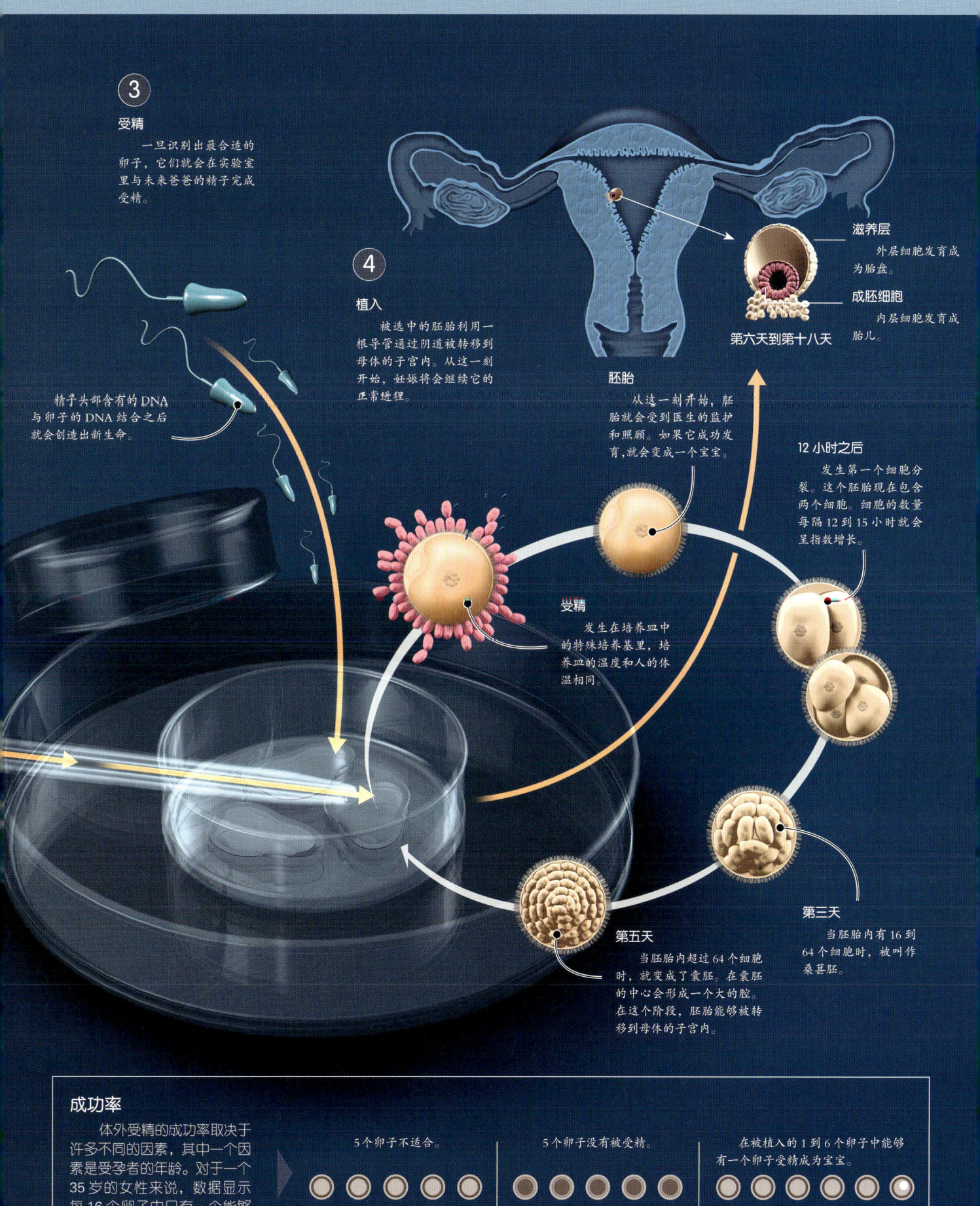

3 受精
一旦识别出最合适的卵子，它们就会在实验室里与未来爸爸的精子完成受精。

4 植入
被选中的胚胎利用一根导管通过阴道被转移到母体的子宫内。从这一刻开始，妊娠将会继续它的正常进程。

精子头部含有的 DNA 与卵子的 DNA 结合之后就会创造出新生命。

滋养层
外层细胞发育成为胎盘。

成胚细胞
内层细胞发育成胎儿。

第六天到第十八天

胚胎
从这一刻开始，胚胎就会受到医生的监护和照顾。如果它成功发育，就会变成一个宝宝。

受精
发生在培养皿中的特殊培养基里，培养皿的温度和人的体温相同。

12 小时之后
发生第一个细胞分裂。这个胚胎现在包含两个细胞。细胞的数量每隔 12 到 15 小时就会呈指数增长。

第三天
当胚胎内有 16 到 64 个细胞时，被叫作桑葚胚。

第五天
当胚胎内超过 64 个细胞时，就变成了囊胚。在囊胚的中心会形成一个大的腔。在这个阶段，胚胎能够被转移到母体的子宫内。

成功率
体外受精的成功率取决于许多不同的因素，其中一个因素是受孕者的年龄。对于一个 35 岁的女性来说，数据显示每 16 个卵子中只有一个能够发育并最终发展为妊娠。

5 个卵子不适合。

5 个卵子没有被受精。

在被植入的 1 到 6 个卵子中能够有一个卵子受精成为宝宝。

它们是如何运转的

激光手术

　　激光手术比传统手术要简单得多。与传统手术相比，它的一个优势在于创伤非常小，也就是说恢复时间通常会大大缩短。此外，它的精确性更高，从而使外科医生能够专注于具体的目标区域。激光手术通常被用于眼科手术、整形手术，以及消融肿瘤或清理血管。

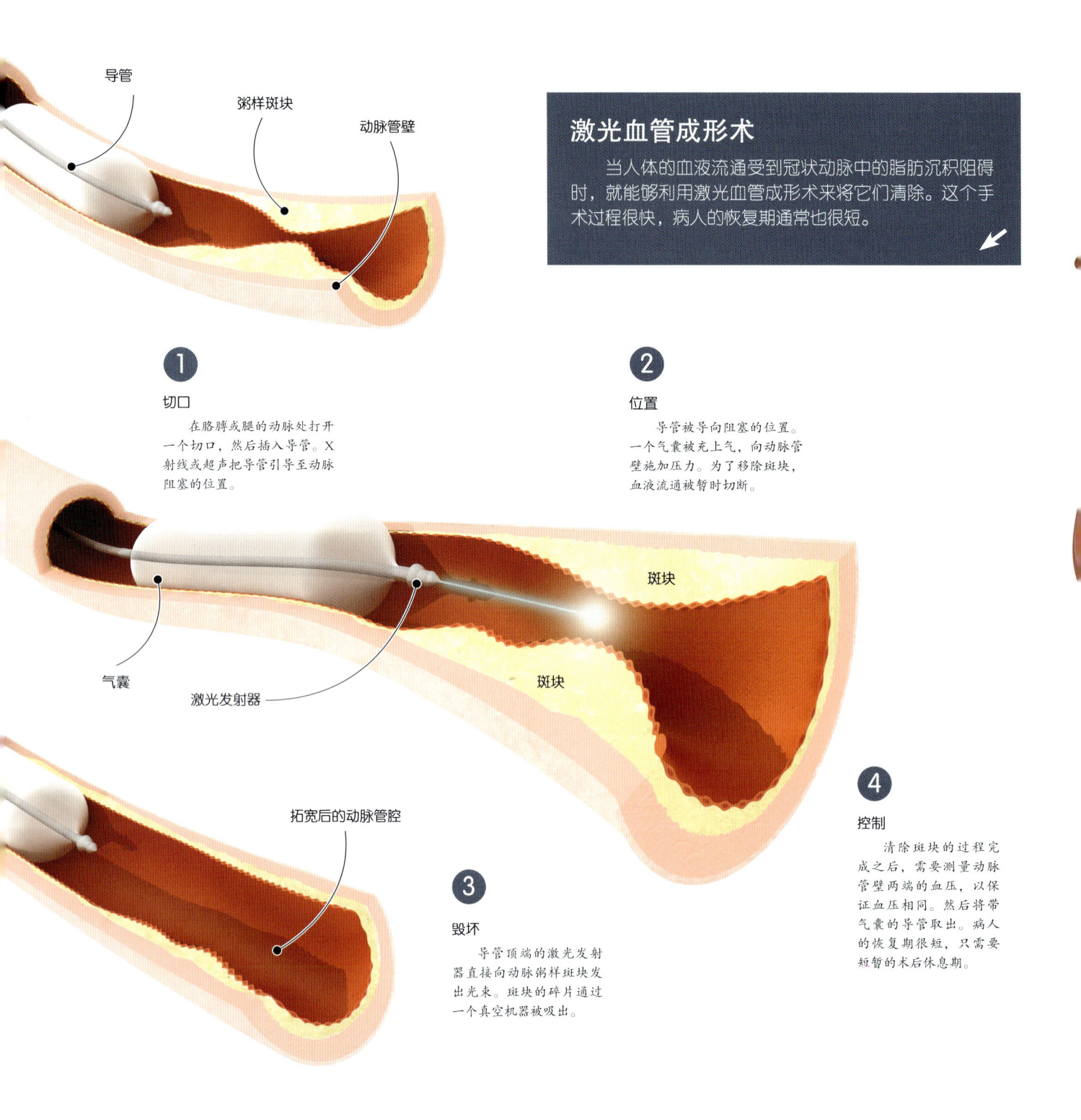

导管
粥样斑块
动脉管壁

激光血管成形术
　　当人体的血液流通受到冠状动脉中的脂肪沉积阻碍时，就能够利用激光血管成形术来将它们清除。这个手术过程很快，病人的恢复期通常也很短。

❶ 切口
　　在胳膊或腿的动脉处打开一个切口，然后插入导管。X射线或超声把导管引导至动脉阻塞的位置。

❷ 位置
　　导管被导向阻塞的位置。一个气囊被充上气，向动脉管壁施加压力。为了移除斑块，血液流通被暂时切断。

气囊
激光发射器
斑块
斑块

拓宽后的动脉管腔

❸ 毁坏
　　导管顶端的激光发射器直接向动脉粥样斑块发出光束。斑块的碎片通过一个真空机器被吸出。

❹ 控制
　　清除斑块的过程完成之后，需要测量动脉管壁两端的血压，以保证血压相同。然后将带气囊的导管取出。病人的恢复期很短，只需要短暂的术后休息期。

眼科手术

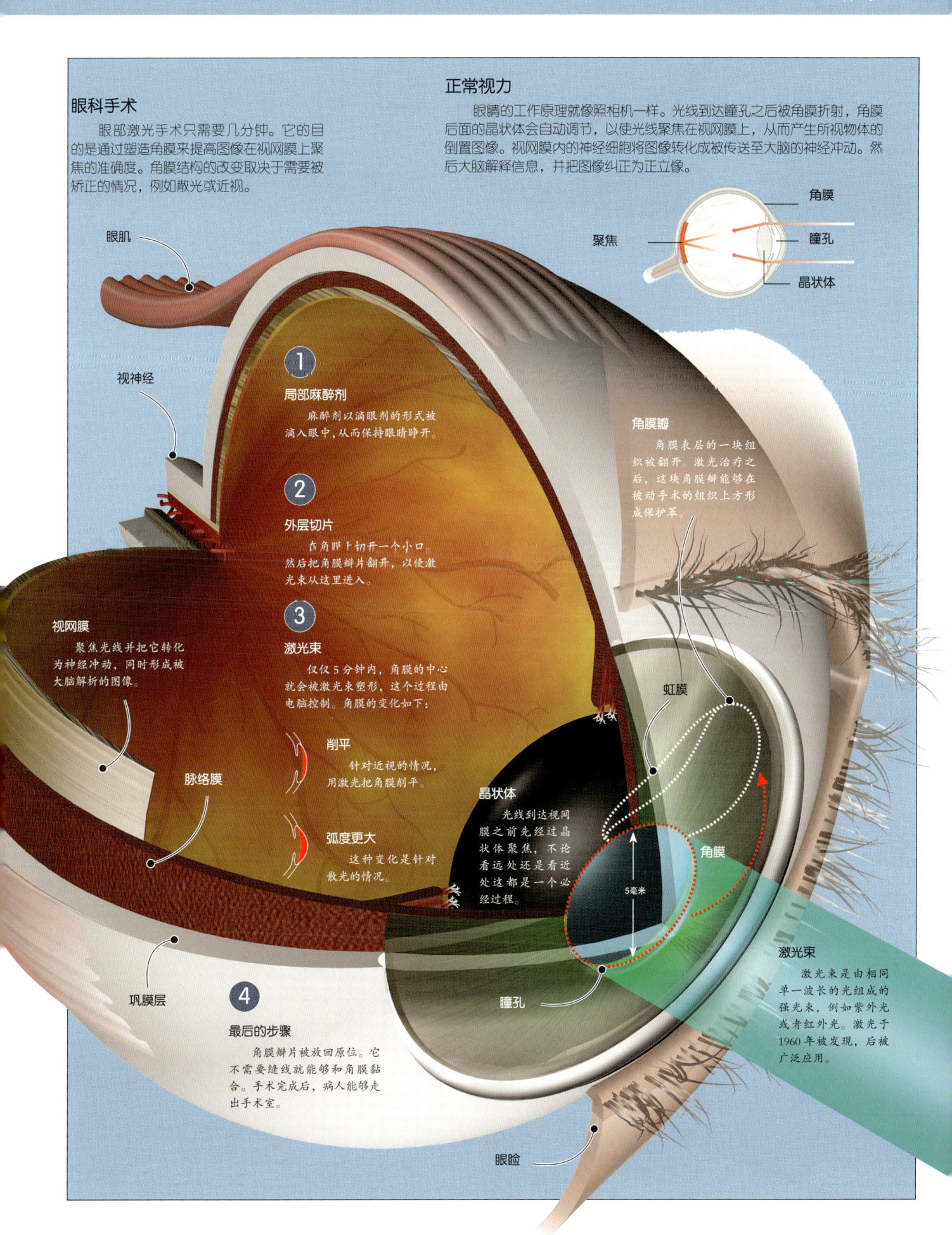

眼部激光手术只需要几分钟。它的目的是通过塑造角膜来提高图像在视网膜上聚焦的准确度。角膜结构的改变取决于需要被矫正的情况,例如散光或近视。

正常视力

眼睛的工作原理就像照相机一样。光线到达瞳孔之后被角膜折射,角膜后面的晶状体会自动调节,以使光线聚焦在视网膜上,从而产生所视物体的倒置图像。视网膜内的神经细胞将图像转化成被传送至大脑的神经冲动。然后大脑解释信息,并把图像纠正为正立像。

- 聚焦
- 角膜
- 瞳孔
- 晶状体

- 眼肌
- 视神经

1 局部麻醉剂
麻醉剂以滴眼剂的形式被滴入眼中,从而保持眼睛睁开。

2 外层切片
在角膜瓣上切开一个小口。然后把角膜瓣片翻开,以使激光束从这里进入。

角膜瓣
角膜表层的一块组织被翻开。激光治疗之后,这块角膜瓣能够在被动手术的组织上方形成保护罩。

3 激光束
仅仅5分钟内,角膜的中心就会被激光束塑形,这个过程由电脑控制。角膜的变化如下:

- **视网膜**:聚焦光线并把它转化为神经冲动,同时形成被大脑解析的图像。
- **脉络膜**

削平 针对近视的情况,用激光把角膜削平。

弧度更大 这种变化是针对散光的情况。

晶状体
光线到达视网膜之前先经过晶状体聚焦,不论看远处还是看近处这都是一个必经过程。

5毫米

- 虹膜
- 角膜
- 瞳孔

- 巩膜层

4 最后的步骤
角膜瓣片被放回原位。它不需要缝线就能够和角膜黏合。手术完成后,病人能够走出手术室。

激光束
激光束是由相同单一波长的光组成的强光束,例如紫外光或者红外光。激光于1960年被发现,后被广泛应用。

- 眼睑

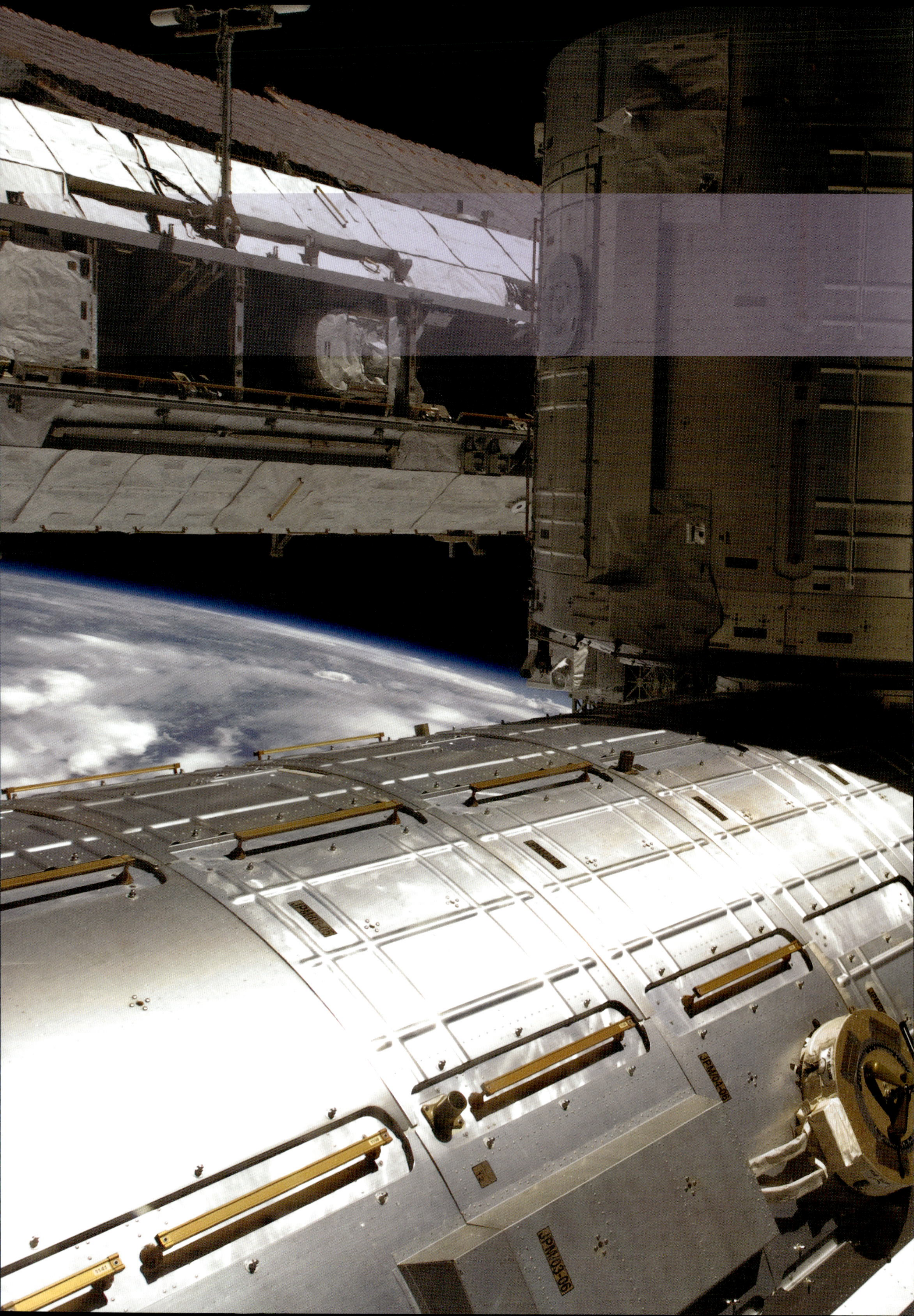
JPM03-06
JPM03-06

空间探索

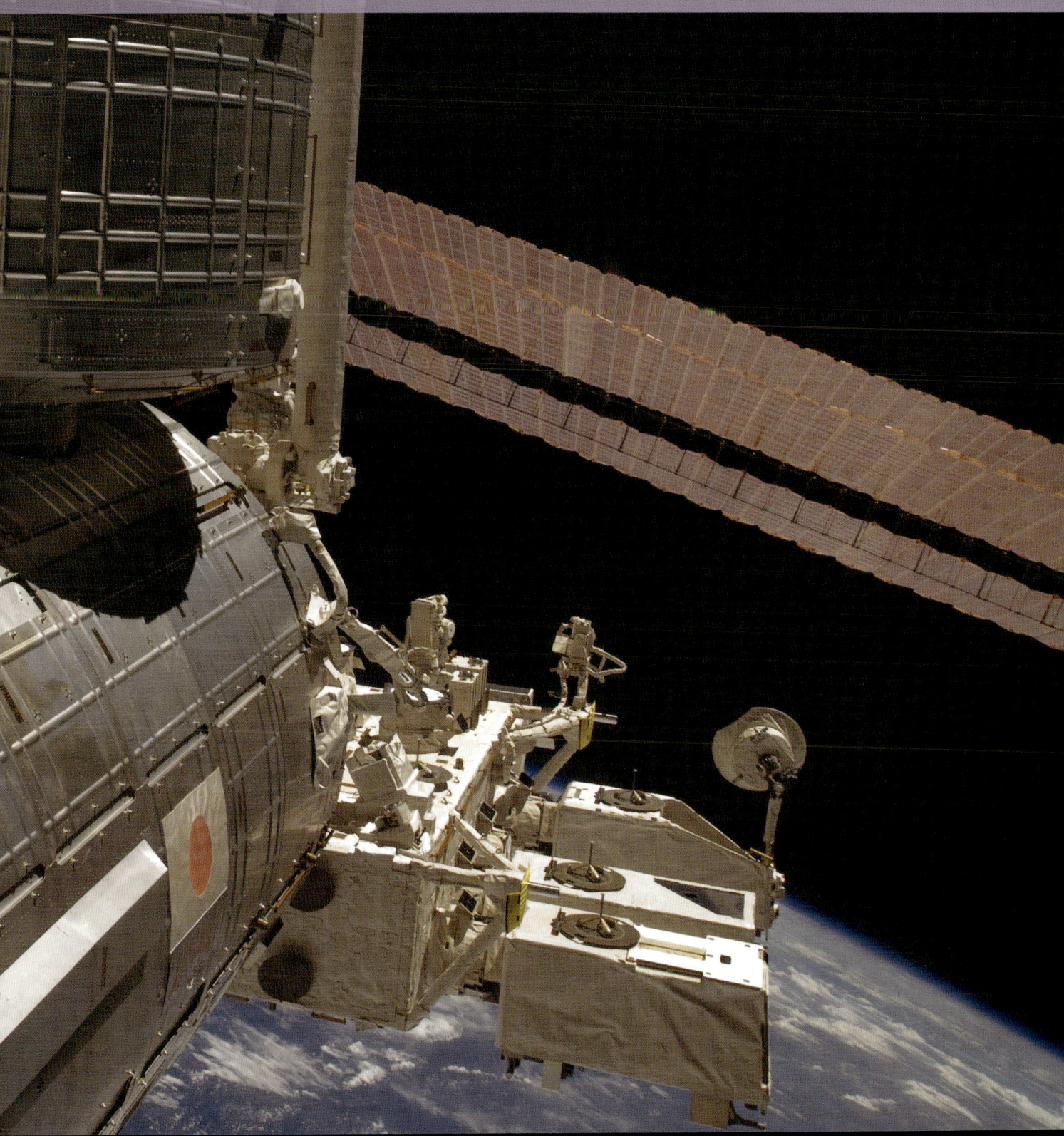

它们是如何运转的

火 箭

现代火箭发明于 20 世纪上半叶，无论把任何物体送入太空都必须依靠火箭。它们能够产生充足的动力，携带着运载物离开地面，并在短时间内获得足够的速度以到达环绕地球的太空轨道。平均每周都会有不止一枚火箭从地球的某个地方被发射至太空。

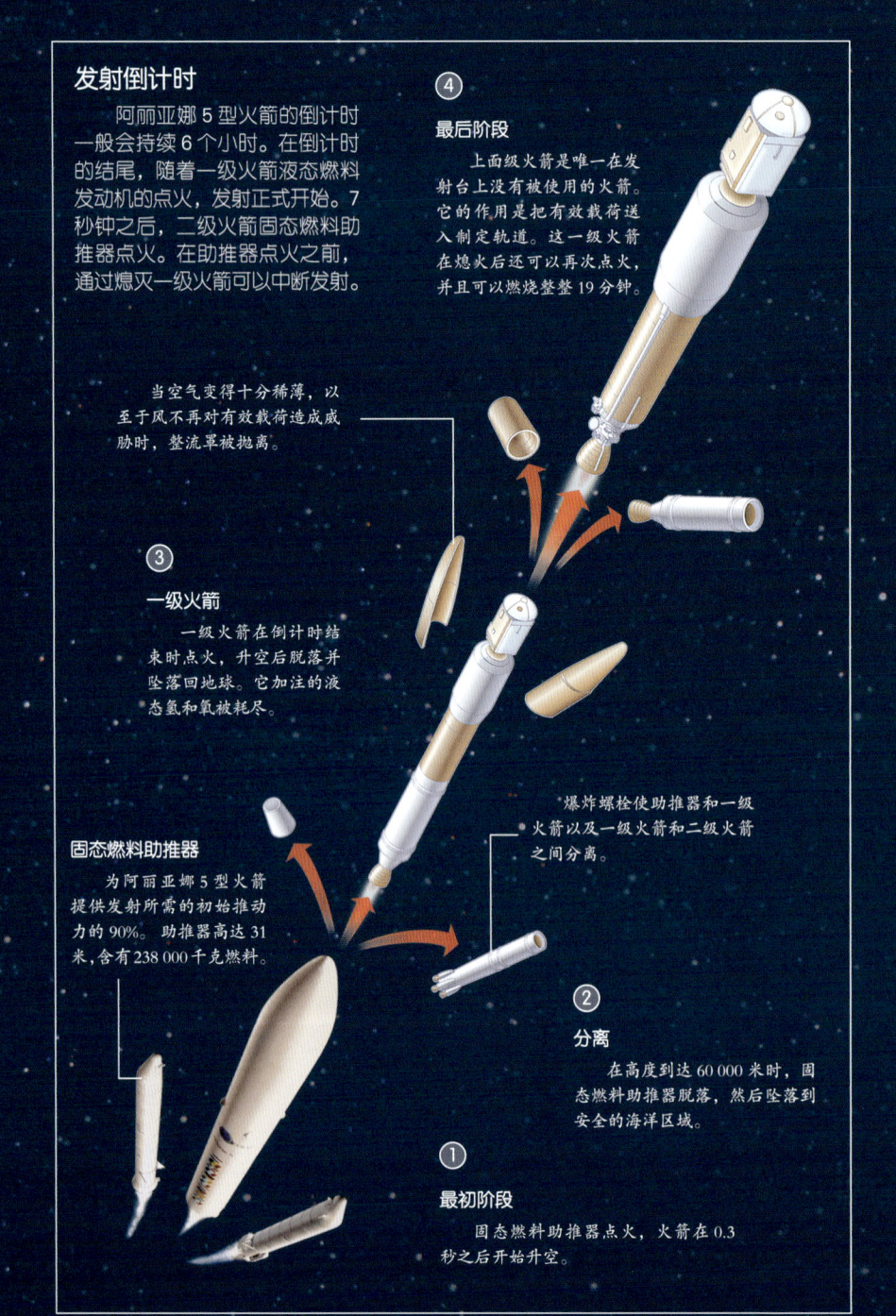

发射倒计时

阿丽亚娜 5 型火箭的倒计时一般会持续 6 个小时。在倒计时的结尾，随着一级火箭液态燃料发动机的点火，发射正式开始。7 秒钟之后，二级火箭固态燃料助推器点火。在助推器点火之前，通过熄灭一级火箭可以中断发射。

④ **最后阶段**
上面级火箭是唯一在发射台上没有被使用的火箭。它的作用是把有效载荷送入制定轨道。这一级火箭在熄火后还可以再次点火，并且可以燃烧整整 19 分钟。

当空气变得十分稀薄，以至于风不再对有效载荷造成威胁时，整流罩被抛离。

③ **一级火箭**
一级火箭在倒计时结束时点火，升空后脱落并坠落回地球。它加注的液态氢和氧被耗尽。

固态燃料助推器
为阿丽亚娜 5 型火箭提供发射所需的初始推动力的 90%。助推器高达 31 米，含有 238 000 千克燃料。

爆炸螺栓使助推器和一级火箭以及一级火箭和二级火箭之间分离。

② **分离**
在高度到达 60 000 米时，固态燃料助推器脱落，然后坠落到安全的海洋区域。

① **最初阶段**
固态燃料助推器点火，火箭在 0.3 秒之后开始升空。

太空飞行
火箭进入太空几乎已经成为常规任务，例如把卫星发射入轨道，向其他行星发射探测器，或是把宇航员送入太空。这对于有卫星发射能力的国家来说是一门不错的生意。

111 米
这是美国土星五号火箭的高度，它是人类迄今为止发射过的自重最大的火箭。土星五号在 20 世纪 60 年代末和 70 年代初用来把宇航员送上月球。在发射过程中，150 千米以外都能听到它的声音。

隔热层
用于保护燃烧室免受燃料燃烧产生的高温的影响。

助推器
喷出气体使火箭开始上升。

空间探索 179

鼻锥
保护运载物。

上层有效载荷
最多承载两颗卫星。

下层有效载荷
最多承载两颗卫星。

上层发动机
以精确的角度和速度释放卫星。

液氧罐
含有130吨可供燃烧的液态氧气。

液氢罐
含有225吨液态氢气。

助推火箭
燃料燃烧过程持续2分钟。

一级火箭
燃烧持续10分钟。

发射窗口
火箭必须在预先决定的时间发射,这个时间取决于发射的任务。如果目标是把卫星送入轨道,发射火箭所在的纬度必须与目标轨道的轨迹相交。当任务包括与太空中的另外一个物体对接时,发射窗口可能只有几分钟时间。

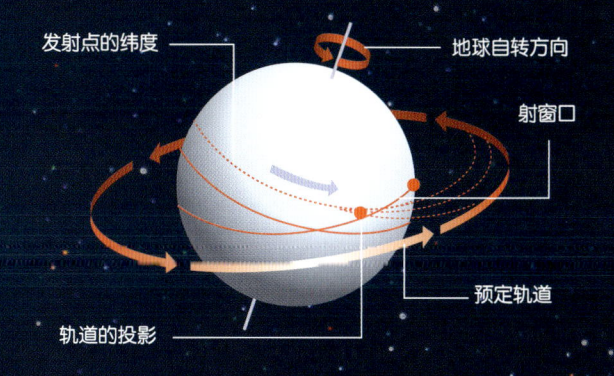

- 发射点的纬度
- 地球自转方向
- 射窗口
- 预定轨道
- 轨道的投影

工作原理
为了完成任务,火箭必须克服地球的引力。当火箭上升时,它的质量随着燃料的燃烧而减少。此外,因为与地球的距离不断增大,引力的作用也会减弱。

作用力与反作用力
火箭的推动力是高温废气从火箭中喷出时产生的反作用力。

- 火箭推力
- 地球引力

飞行原理
燃料燃烧产生的高温气体推向各个方向。随着这些气体从打开的喷嘴喷出,它们就会产生一个反方向的力。

- 燃料罐
- 气体方向
- 喷嘴

飞行引导
火箭的计算机引导系统利用来自激光陀螺仪的数据来控制喷嘴的倾斜度,以把火箭引导到正确的飞行路径上。

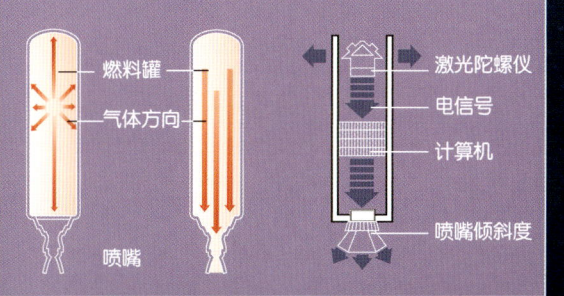

- 激光陀螺仪
- 电信号
- 计算机
- 喷嘴倾斜度

它们是如何运转的

太空天文台

根据2001年美国国家航空航天局(NASA)的威尔金森微波各向异性探测器(WMAP)传来的数据，科学家绘制出了第一幅详细的宇宙微波背景辐射图，这一背景辐射类似于宇宙大爆炸的回声。专家论认为，这幅图披露出关于第一代恒星在何时形成的线索。

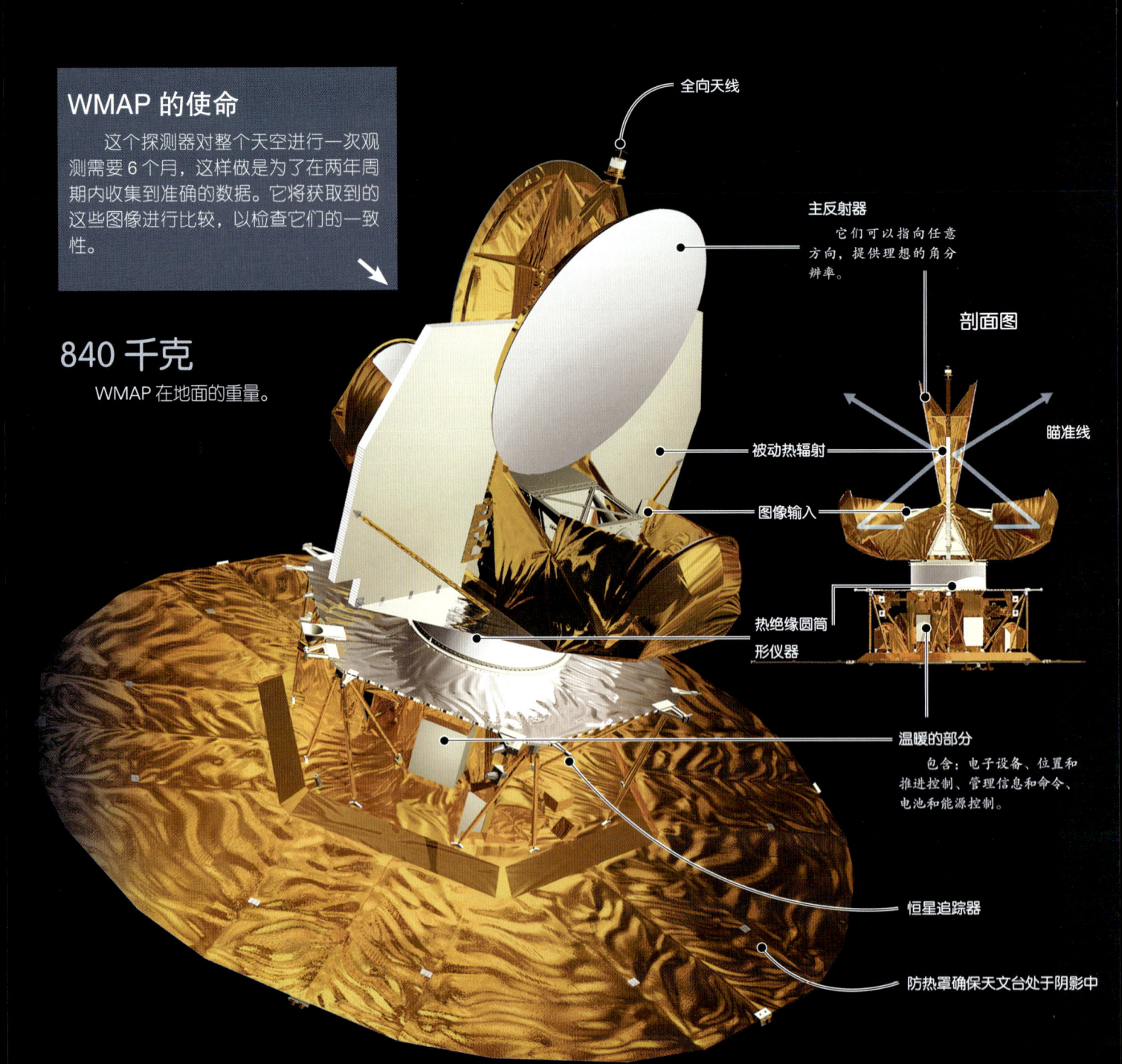

WMAP 的使命

这个探测器对整个天空进行一次观测需要6个月，这样做是为了在两年周期内收集到准确的数据。它将获取到的这些图像进行比较，以检查它们的一致性。

840 千克

WMAP 在地面的重量。

全向天线

主反射器
它们可以指向任意方向，提供理想的角分辨率。

剖面图

被动热辐射

瞄准线

图像输入

热绝缘圆筒形仪器

温暖的部分
包含：电子设备、位置和推进控制、管理信息和命令、电池和能源控制。

恒星追踪器

防热罩确保天文台处于阴影中

空间探索 181

观测

为了观测太空，探测器被放置于距地球150万千米的一个叫作拉格朗日L2点的地方。这个位置可以提供一个稳定的、不受太阳影响的环境。WMAP 在不同时期观测太空，并测量不同太空区域之间的温度差。它每6个月完成一次全天空测量。

2
90 天（3 个月）
探测器已经完成对半个天空的测量。它每小时能够测量22.5°的区域。

WMAP 轨道

在朝 L2 点进发之前，WMAP 首先要飞经月球，借助月球的引力被推向L2点。

3
180 天（6 个月）
它完成了一次对整个天空的测量。这个过程被重复4次。

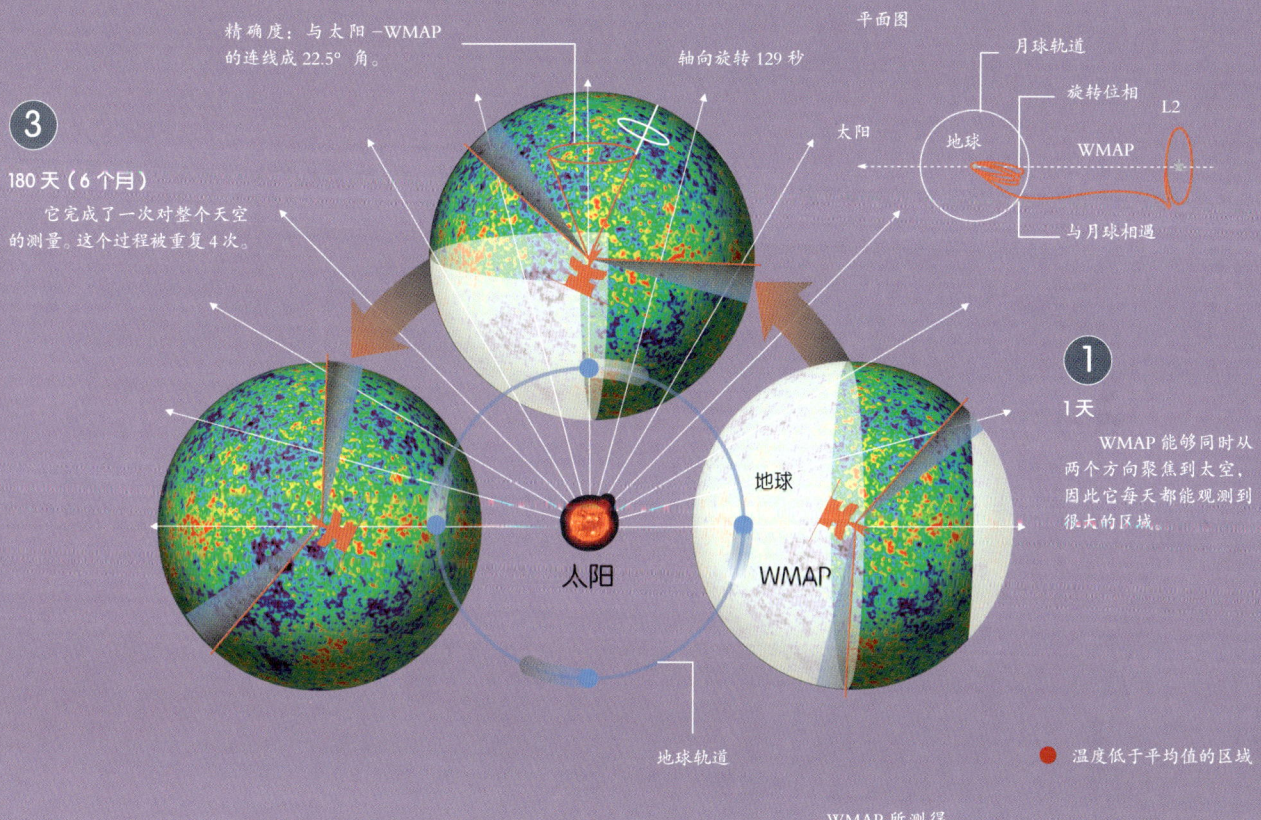

精确度：与太阳-WMAP的连线成22.5°角。

轴向旋转 129 秒

平面图
月球轨道
旋转位相
地球
L2
WMAP
与月球相遇

1
1 天
WMAP 能够同时从两个方向聚焦到太空，因此它每天都能观测到很大的区域。

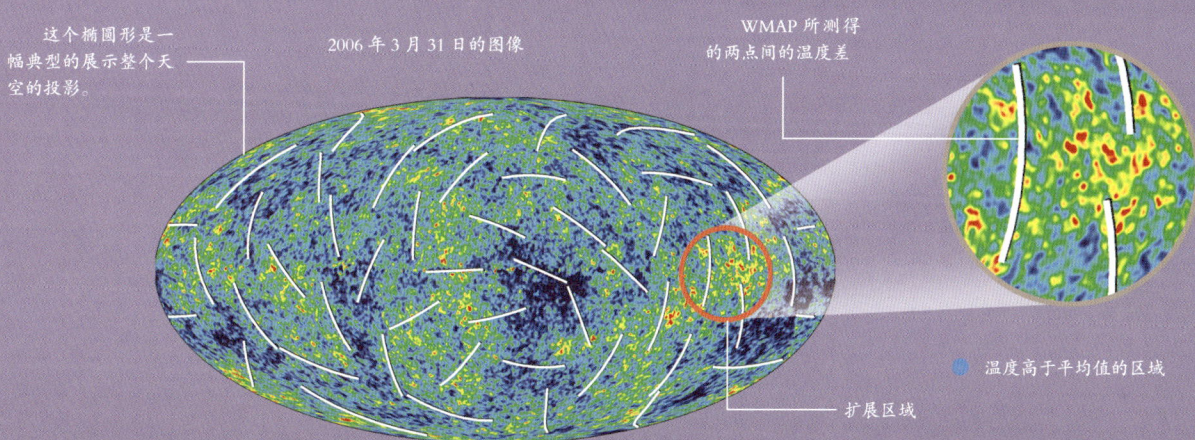

地球
太阳
WMAP
地球轨道

● 温度低于平均值的区域

这个椭圆形是一幅典型的展示整个天空的投影。

2006 年 3 月 31 日的图像

WMAP 所测得的两点间的温度差

扩展区域

● 温度高于平均值的区域

天空图

WMAP 天空图详细地展示出不同区域间的颜色差异，这些不同的颜色代表着宇宙微波背景中非常细微的温度差。这种辐射是宇宙大爆炸的余波，尽管它已经被观测了40年，但直到近几年才被详细地描绘了出来。

前身：宇宙背景探测器

宇宙背景探测器在1989年取得的结果为未来的发展奠定了基础。它的分辨率太低，所以斑点更大。

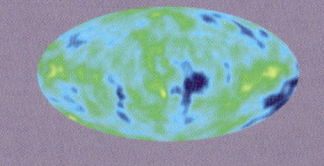

它们是如何运转的

航天飞机

与传统的火箭不同，航天飞机可以反复使用，把卫星送入轨道。它被用来发射和维修卫星，还被用作天文实验室。历史上美国曾经拥有过 5 架航天飞机：挑战者号和哥伦比亚号（分别在 1986 年和 2003 年发生爆炸）、发现者号、亚特兰大号和奋进号（这 3 架于 2011 年退役）。

重复使用

航天飞机是第一种能够独自返回地球并且用于执行多个任务的航天飞行器。这种轨道器在国际空间站的建设中扮演着关键角色。

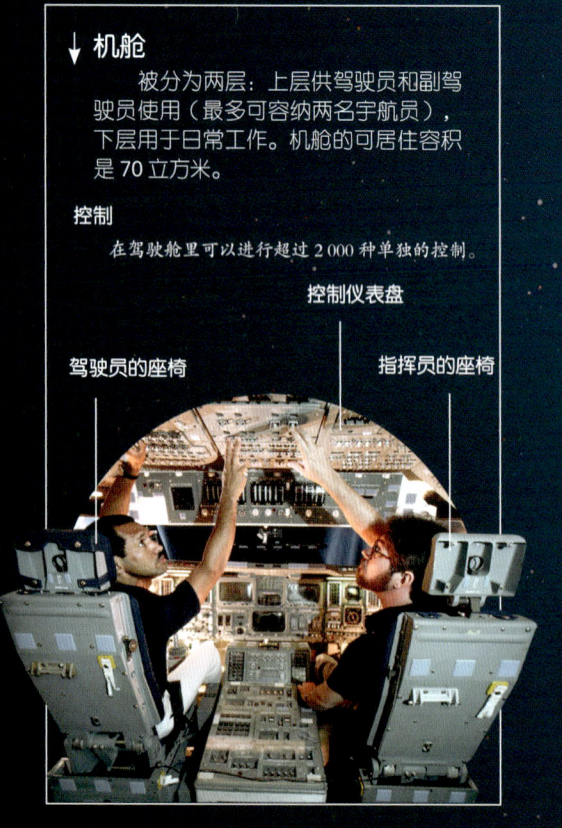

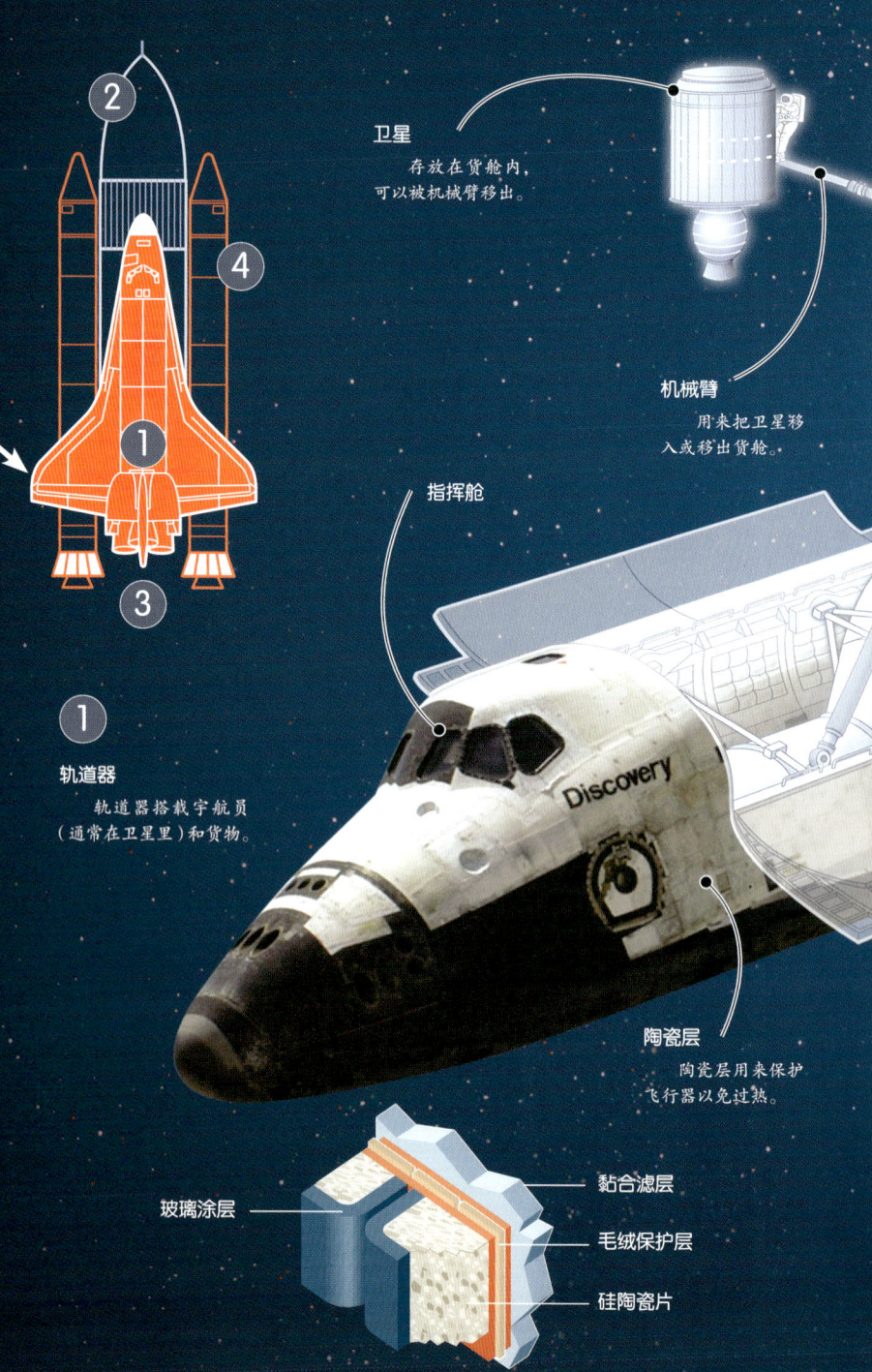

卫星
存放在货舱内，可以被机械臂移出。

机械臂
用来把卫星移入或移出货舱。

指挥舱

↓ 机舱
被分为两层：上层供驾驶员和副驾驶员使用（最多可容纳两名宇航员），下层用于日常工作。机舱的可居住容积是 70 立方米。

控制
在驾驶舱里可以进行超过 2 000 种单独的控制。

控制仪表盘
驾驶员的座椅
指挥员的座椅

① 轨道器
轨道器搭载宇航员（通常在卫星里）和货物。

陶瓷层
陶瓷层用来保护飞行器以免过热。

玻璃涂层
黏合滤层
毛绒保护层
硅陶瓷片

空间探索 183

②
外挂燃料箱

把航天飞机和发射火箭连接在一起。燃料箱内装载有液态氧气和氢气,这些液体燃料通过一条把各个箱体连接的管道进行燃烧。燃料罐在每次太空之旅中都会被抛弃。

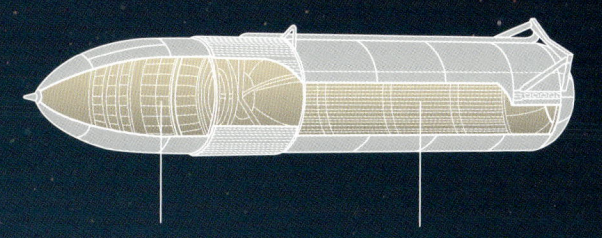

液态氧气　　　液态氢气

③
主发动机

有3个主发动机,它们从外挂燃料箱中补充液态的氢气和氧气。每台发动机都有一个基于数字计算机的控制器,用来调整推力和纠正燃料混合物的配比。

液态氧气循环

防热罩

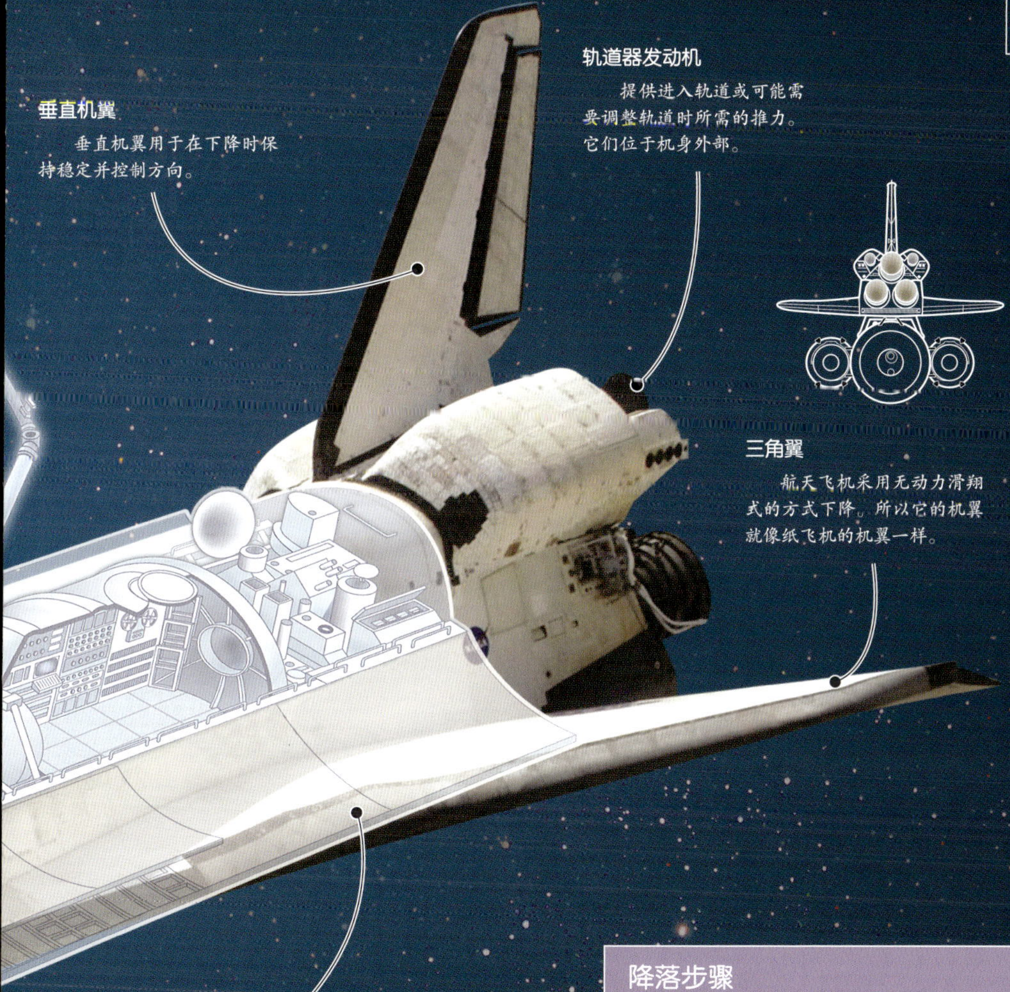

垂直机翼

垂直机翼用于在下降时保持稳定并控制方向。

轨道器发动机

提供进入轨道或可能需要调整轨道时所需的推力。它们位于机身外部。

三角翼

航天飞机采用无动力滑翔式的方式下降。所以它的机翼就像纸飞机的机翼一样。

点火区

④
固体火箭

它们的设计飞行次数大约是20次。每次太空之旅后,它们都会从海洋里被回收并进行翻新。它们能把航天飞机带到海拔44千米的高空,还能在陆地上承受航天飞机的全部重量。

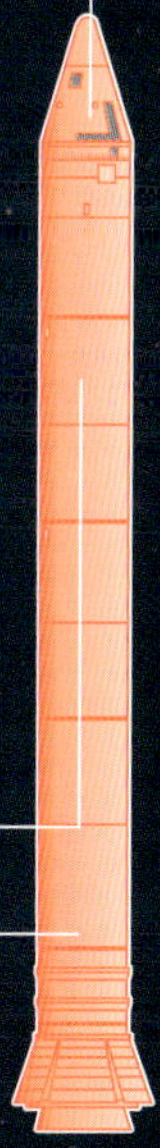

固体燃料

推进器喷口

有效载荷舱门

当设备抵达低地球轨道时,有效载荷舱门就会打开。它们是一层隔热板,用来保护航天器以防温度过高。

降落步骤

① **减速**

航天飞机背部朝下,并将它的推进器朝向前方来降低速度。

② **进入大气层**

高速飞行产生了极高的温度。航天飞机必须在进入大气层之前耗尽所有的燃料以免爆炸。

③ **向下盘旋**

剩余的下降过程就像三角翼一样滑翔,不需要任何引擎。

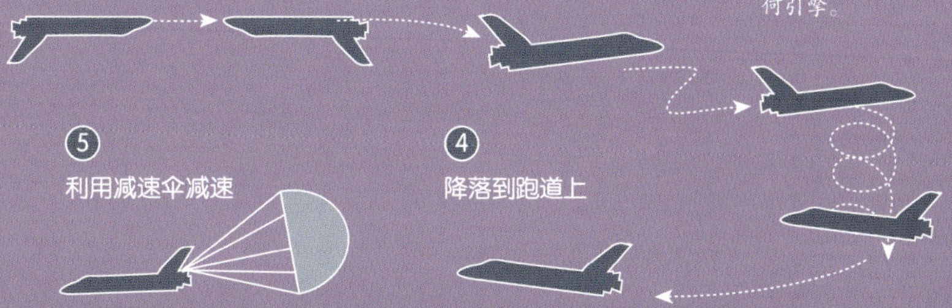

⑤ **利用减速伞减速**

④ **降落到跑道上**

它们是如何运转的

NASA

美国国家航空航天局（NASA）是美国的宇航局。它成立于 1958 年，是美国与苏联之间"太空竞赛"的一部分，负责安排所有与太空探索相关的国家活动。NASA 有一个发射中心（肯尼迪航天中心），在全国范围内还有许多其他设施。

来自地球的控制

从操作中心可以监视宇航员的活动。在美国，载人航天任务由 NASA 位于休斯敦的约翰逊太空中心负责；非载人航天任务由位于洛杉矶的喷气推进实验室负责。

屏幕 1
记录卫星和轨道上其他物体的位置。

飞行指导（第三排）
进行发射倒计时和制定飞行计划。

指挥部（第四排）
第四排拥有领导权，他们负责协调宇航员的飞行操作。

控制台

操作控制室包含大约 100 个控制台。控制台组成的办公桌上有不止一台显示器，还有抽屉和柜台以供工作使用。

折叠桌
放置辅助用品和书。

显示器
显示来自航天器和其他系统的数据。

后滑式抽屉
保存信息和纸张。

保护罩
防止控制台系统损坏。

空间探索 185

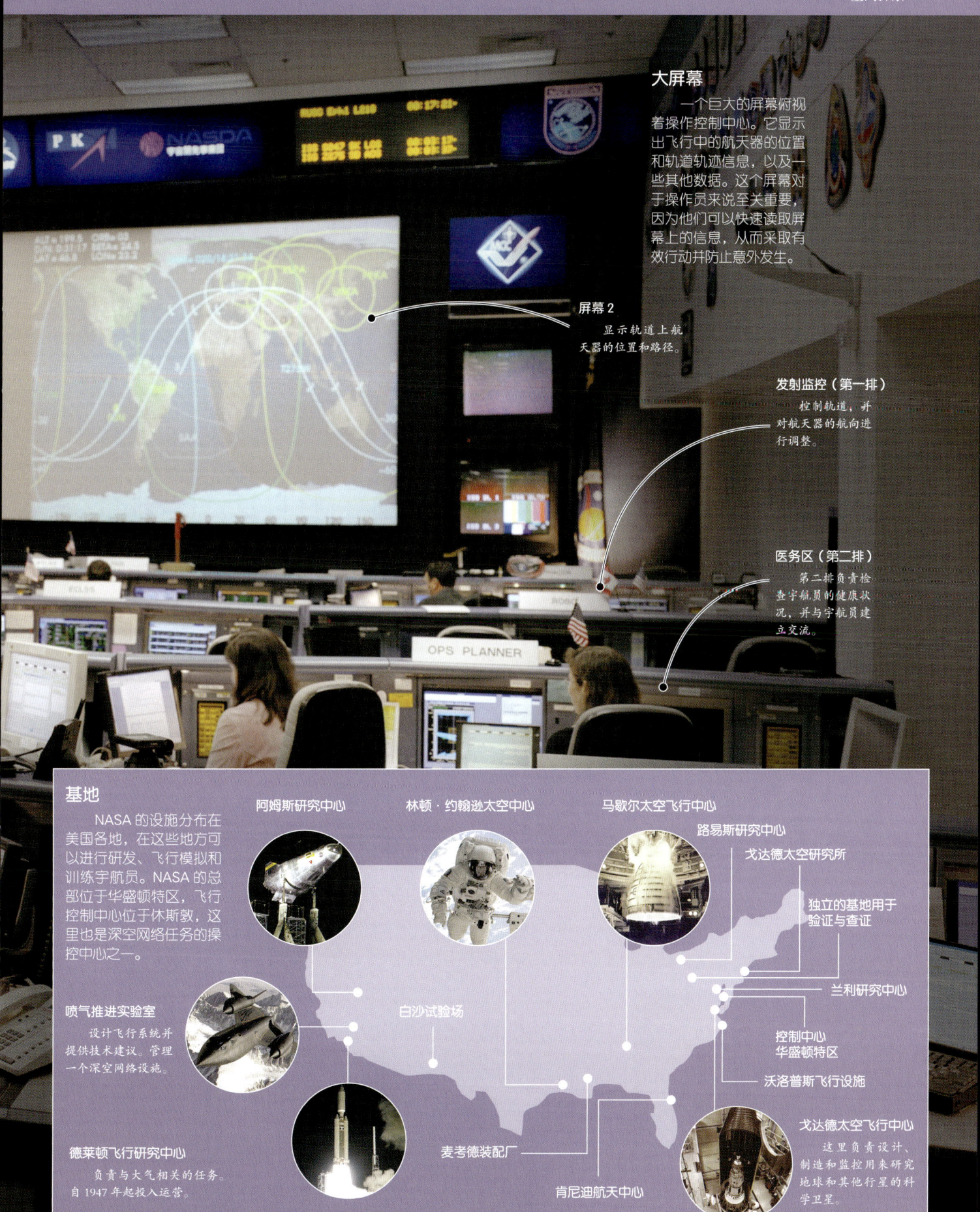

大屏幕
一个巨大的屏幕俯视着操作控制中心。它显示出飞行中的航天器的位置和轨道轨迹信息,以及一些其他数据。这个屏幕对于操作员来说至关重要,因为他们可以快速读取屏幕上的信息,从而采取有效行动并防止意外发生。

屏幕 2
显示轨道上航天器的位置和路径。

发射监控(第一排)
控制轨道,并对航天器的航向进行调整。

医务区(第二排)
第二排负责检查宇航员的健康状况,并与宇航员建立交流。

基地
NASA 的设施分布在美国各地,在这些地方可以进行研发、飞行模拟和训练宇航员。NASA 的总部位于华盛顿特区,飞行控制中心位于休斯敦,这里也是深空网络任务的操控中心之一。

喷气推进实验室
设计飞行系统并提供技术建议。管理一个深空网络设施。

德莱顿飞行研究中心
负责与大气相关的任务。自 1947 年起投入运营。

- 阿姆斯研究中心
- 林顿·约翰逊太空中心
- 马歇尔太空飞行中心
- 路易斯研究中心
- 戈达德太空研究所
- 独立的基地用于验证与查证
- 兰利研究中心
- 控制中心 华盛顿特区
- 沃洛普斯飞行设施
- 白沙试验场
- 麦考德装配厂
- 肯尼迪航天中心

戈达德太空飞行中心
这里负责设计、制造和监控用来研究地球和其他行星的科学卫星。

它们是如何运转的

钱德拉 X 射线天文台

1999 年 7 月，钱德拉 X 射线天文台被送入轨道。这个天文台的望远镜能够以极高的角分辨率利用 X 射线观测天空，它比第一台轨道 X 射线望远镜"爱因斯坦"的能力强 1 000 倍。这个特性可以使它捕捉到模糊 20 倍的光源。承建 X 射线望远镜的工作组负责开发出以前从未使用过的技术和程序。

前沿科技

卫星系统为望远镜和科学设备提供了框架和装备，从而使它们能够被作为天文台使用。为了严格控制部件的温度，钱德拉拥有一个由冷却器和温度自动调节器组成的特殊系统。太阳能板为卫星供电，电被存储在 3 块电池中。

① 天文台
望远镜的相机捕捉 X 射线图像并把其送往深空网络进行处理。

- 照相机
- 太阳能板
- 高分辨率反射镜
- X 射线
- 4 个双曲面镜

④ 钱德拉 X 射线控制中心
任务包括保障天文台的功能并接受图像。操作员还肩负着准备指令、决定高度，以及监控卫星情况和安全性的责任。

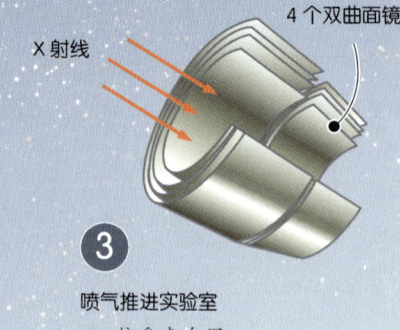

③ 喷气推进实验室
接受来自深空网络的信息并加以处理。

图像如何产生

钱德拉收集到的信息被汇集为表格以及带有 x 轴和 y 轴坐标的图像。

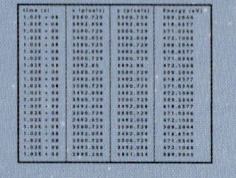

① 表格
包含钱德拉太空之旅中收集到的时间、位置和能量信息。

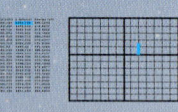

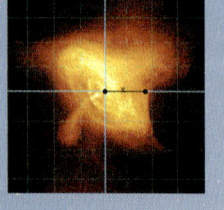

② x 轴
数据在坐标格水平方向上的扩展。

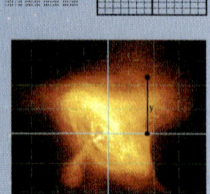

③ y 轴
数据在坐标格垂直方向上的扩展。

空间探索 187

5 年
这个探测器的预期寿命为 5 年,而目前该任务已经超出了这个时间跨度。

10 米

太阳能电池板

深空网络
NASA 的国际天线网络由 3 个基地组成,每个基地至少包含 4 座深空站台,每个站台都配备有超敏感接收系统和大型的抛物面天线。国际天线网络的作用在于支持环绕地球轨道的星际任务和射电天文学任务。

输电网

光学列阵

科学仪器模块

高分辨率照相机

低增益天线

美国加利福尼亚金石基地   西班牙马德里   澳大利亚塔培拉

8 小时
钱德拉每 8 小时与深空网络进行一次联系。

2

深空网络
这个网络用于与航天器之间通信并接收信息。

卫星天线
每一个基地体系中都至少配备有 4 座天线。

① 直径 26 米的天线

② 直径 34 米的低增益天线

③ 直径 70 米的天线

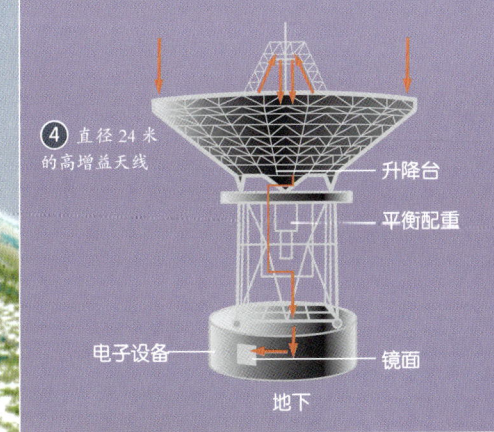

④ 直径 24 米的高增益天线

升降台

平衡配重

电子设备   镜面

地下

它们是如何运转的

航天探测器

自从最初的航天器开始，航天探测器已经做出了相当大的科学贡献。20世纪60年代的水手号探测器就是第一代航天器的典型例子。这些无人机大部分以太阳能为动力，并配备有复杂的仪器设备。这些设备使得人类能够详尽研究行星、月球、彗星和小行星。其中最负盛名的一枚探测器是火星勘测轨道飞行器（MRO），它发射于2005年，用于近距离研究火星。

接近火星

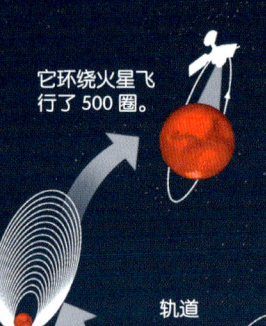

它环绕火星飞行了500圈

C 最后的轨道
它沿着一个几乎圆形的轨道飞行，在这个轨道上适于获取数据。

轨道

火星

B 制动
为了接近火星，这枚空间探测器要在6个月的时间里逐渐减速。

A 开始
探测器的第一个运行轨道是沿着一个巨大的椭圆路径飞行的。

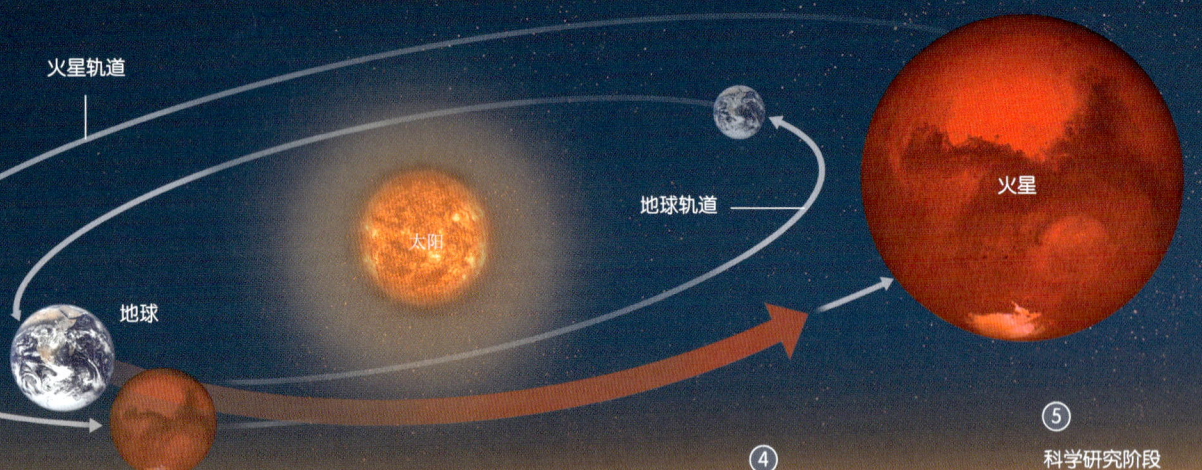

火星勘测轨道飞行器

这枚轨道探测器的主要任务是寻找火星表面水的痕迹。该探测器于2005年夏天由NASA发射，并于2006年3月10日抵达火星。它在7个月内飞行了1.6亿千米。它在2015年之前都保持着良好的表现。

火星轨道

太阳

地球轨道

地球

火星

① 发射
探测器于2005年8月12日在美国卡纳维拉尔角发射。

② 飞行
探测器需要经过7个多月的飞行才能抵达火星。

③ 路径纠正
需要进行4次操控以确保探测器抵达正确的轨道。

④ 抵达火星
2006年3月，探测器到达了火星的南半球。它的速度明显降低。

⑤ 科学研究阶段
探测器在火星轨道开始它的分析阶段。它发现了水存在的证据。

1.16亿千米
这是火星勘测轨道飞行器飞往火星的飞行里程数。

空间探索 189

在火星轨道上
探测器的主要目的是在火星表面寻找水存在的证据。通过这项研究就能够探索火星的演变过程。探测器的设备能够获取火星表面的高分辨率图像,并且对矿物质进行分析。同时它还能生成火星的每日气象图。

高增益抛物面天线
它的数据传送能力比之前的轨道探测器强 10 倍。

→ 打开太阳能板
探测器在轨道中飞行时,太阳能板张开。

它们还能从左向右移动。

一旦展开之后,它们就会利用一根轴旋转。

它们开始向上展开。

太阳能板
太阳光是这枚探测器的主要能量来源。它有两块太阳能板,总表面积达 40 平方米。

太阳能板几乎是闭拢的。

浅地层雷达

3 744
每块太阳能板上包含 3 744 块光伏电池,这些电池能够把太阳能转换为电力。

高分辨率摄影机
提供地质结构细节图。与之前的飞行任务相比,这个摄影机大大地提高了图像的分辨率。

背景摄影机
提供全景视角,为高分辨率摄像机和火星专用小型侦察影像频谱仪拍摄到的图像提供背景地图。

高分辨率成像科学设备　**火星气候探测器**

30 厘米/像素　150 厘米/像素

火星气候探测器
观测火星的大气。

火星专用小型侦察影像频谱仪
把图像里的可见光和红外线分为不同的颜色,用于鉴别不同的矿物质。

它们是如何运转的

火星漫游车

勇气号和机遇号这两部双胞胎火星漫游车于 2003 年 6 月从地球上发射升空，2004 年 1 月抵达火星。它们首次实现了在这颗红色星球表面漫游。这两部漫游车同为 NASA 火星探测漫游者计划的一部分，它们装备有岩石钻孔工具，并能收集火星地表样本用于分析。

火星上的水

这项任务的主要目的是寻找过去火星上有水存在的证据。尽管漫游车发现了水存在的证据，但是它们并没有发现存活的微生物。考虑到火星上超强的辐射和土壤的氧化特性，生命根本不可能在这里存活下去。几个尚未解答的问题是：在过去的某个阶段，火星上是否曾经有过生命的存在？除此之外，目前在火星的地下是否有生命的存在？那里的条件是否更适合生存？

70 000
这是勇气号在开始两年时间里拍摄到的图像数量。

80 000
这是机遇号在开始两年时间里拍摄到的图像数量。

勇气号拍摄到的火星表面照片。

机遇号拍摄到的漫游车足迹和照片。

减速伞

降落伞

进入舱

减速火箭

维克特纶气囊

❶ 减速
距离火星表面 130 千米时，利用减速伞将速度从 16 000 千米/小时降低到 1 600 千米/小时。

❷ 降落伞
距离火星表面 10 千米时，展开降落伞减慢下降速度。

❸ 降落
隔热罩与进入舱分离。隔热罩的作用在于保护漫游车以防止其过热。

❹ 火箭
距离火星表面 10~15 米时，两枚减速火箭点火控制下降速度。随后两个气囊充气膨胀，把着陆器包裹起来进行保护。

❺ 气囊
着陆器和气囊与降落伞分离，坠落到火星表面。

❻ 着陆
气囊放气。保护漫游车的"花瓣"绽开，漫游车现身。

❼ 仪器
漫游车打开它的太阳能板、桅杆相机和天线。

→ **怎样到达火星？**
火星之旅要花费 7 个月的时间。一旦进入火星的大气，探测器就会展开降落伞从而减缓下降的速度。

空间探索 191

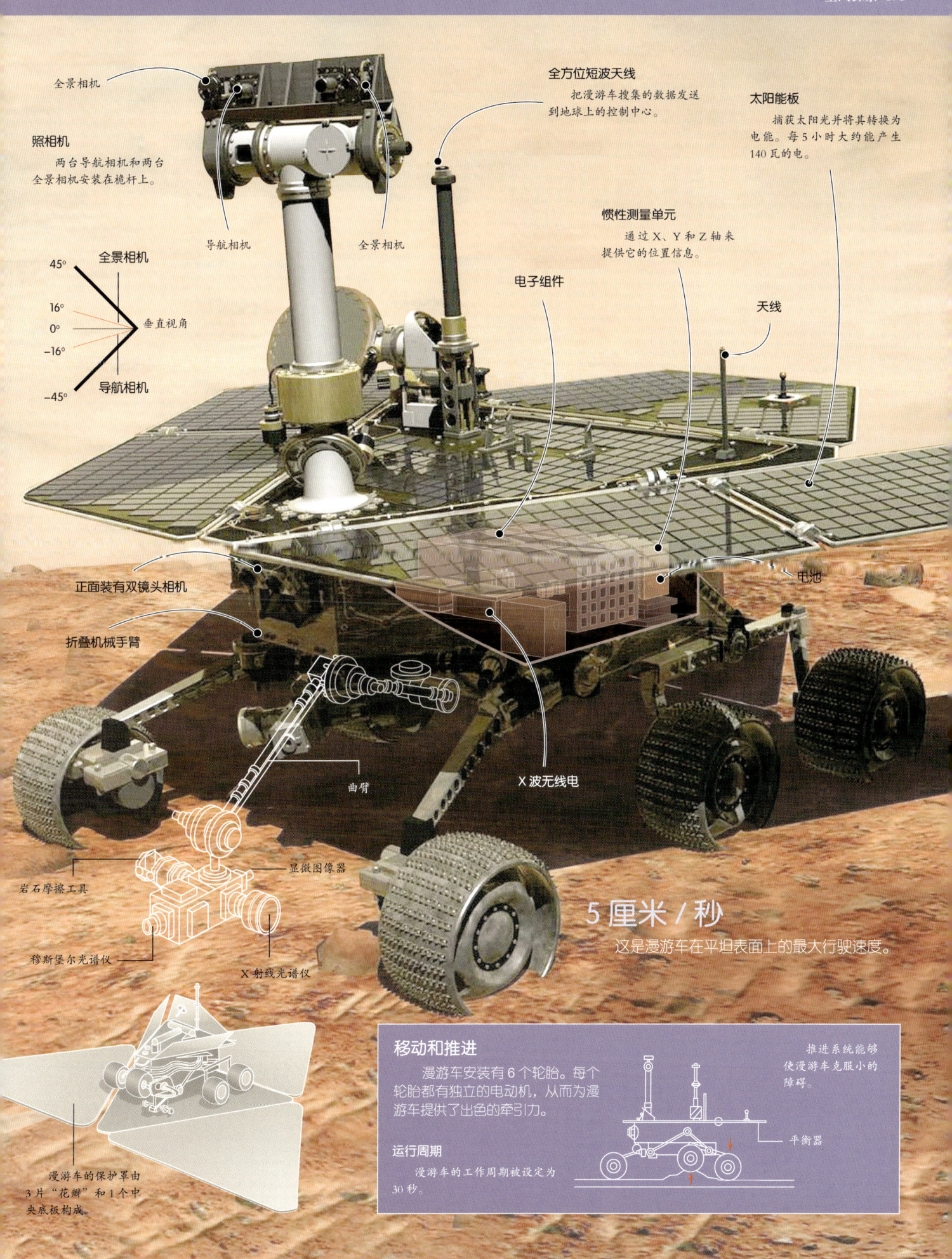

全景相机

照相机
两台导航相机和两台全景相机安装在桅杆上。

全方位短波天线
把漫游车搜集的数据发送到地球上的控制中心。

太阳能板
捕获太阳光并将其转换为电能。每5小时大约能产生140瓦的电。

导航相机　　　全景相机

全景相机 45° / 16° / 0° / -16° / -45° 导航相机　垂直视角

惯性测量单元
通过X、Y和Z轴来提供它的位置信息。

电子组件

天线

电池

正面装有双镜头相机

折叠机械手臂

曲臂

X波无线电

岩石摩擦工具

显微图像器

穆斯堡尔光谱仪

X射线光谱仪

5厘米/秒
这是漫游车在平坦表面上的最大行驶速度。

漫游车的保护罩由3片"花瓣"和1个中央底板构成。

移动和推进
漫游车安装有6个轮胎。每个轮胎都有独立的电动机,从而为漫游车提供了出色的牵引力。

运行周期
漫游车的工作周期被设定为30秒。

推进系统能够使漫游车克服小的障碍。

平衡器

它们是如何运转的

空间站

在空间站里生活为研究长期滞留外太空对人类的影响提供了可能性，同时还为实验室里进行的科学实验提供了特殊的环境。这些空间站装备的系统可以为宇航员供氧，并且可以过滤呼出的二氧化碳。

国际空间站

国际空间站（ISS）是 NASA 的自由号空间站与俄罗斯联邦航天局（RKA）运营的和平二号空间站的结合体。它从 1998 年开始建造，至今仍在继续扩大，所使用的组件来自于世界上不同的国家。它的可使用空间与一架波音 747 飞机的客舱体积相当。

供给和排废

运载飞船（ATV）自动与国际空间站对接，为其提供补给并移除废物。

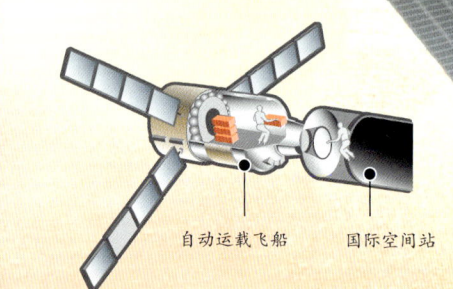

自动运载飞船　　国际空间站

星辰号服务舱

这是俄罗斯对空间站的主要贡献，是空间站的第一个生活区。它可以容纳 3 到 7 名宇航员。

衣柜　床　淋浴处　储物柜和厨房　控制和交流区

屋顶和地板使用不同的颜色，方便宇航员定位上下。

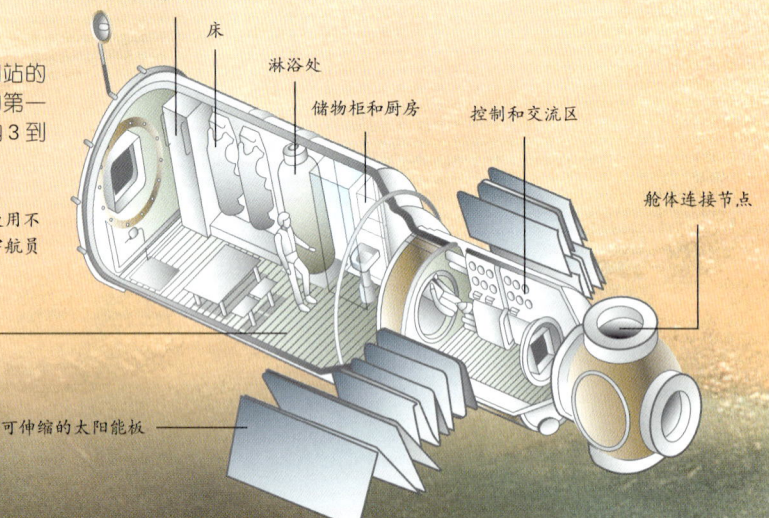

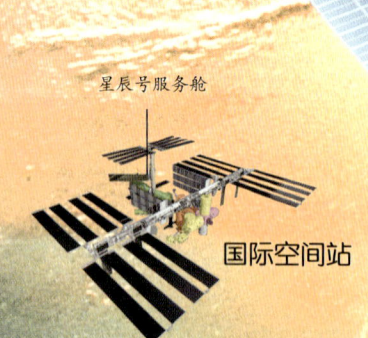

舱体连接节点

可伸缩的太阳能板

星辰号服务舱

国际空间站

建设阶段

曙光号功能舱
（1998 年 11 月）
第一个进入轨道的组件。它为国际空间站建设的第一个阶段提供能量。

团结号节点舱
（1998 年 12 月）
它是连接生活舱和工作区域舱的节点，由欧盟提供。

星辰号服务舱
（2000 年 7 月）
国际空间站的结构和功能核心，由俄罗斯建造并发射入轨道。

Z1 桁架和 Ku 波段天线
（2000 年 10 月）
消除国际空间站里产生的静电，并且有助于与地球通信。

P6 桁架
（2000 年 11 月）
这个结构模块起到散热器的作用，用于分散空间站里产生的热量。

空间探索 193

散热板
用于控制温度。

太阳能电池板
为空间站提供能量。

框架

遥控臂
位于主框架上，利用机器人操作系统来工作。

6.8 米

实验室

舱口

莱昂纳德模块

生物实验

构成

① 机器人
机械臂连接节点舱。

② 舱
机械臂把节点舱拉近，准备与曙光号功能舱连接。

③ 连接
两个舱体通过接合器连接在一起。

国际空间站

机械臂

舱

绕轨道运行
国际空间站位于距离地表 335 千米至 460 千米的高空，每天环绕地球运行整整 16 圈。

命运号实验舱
（2001 年 2 月）
空间站中心部分。不同种类的科学实验在这个零重力的环境中进行。

P1 桁架
（2002 年 11 月）
P1 结构模块被安装在 S1 的反方向上，成为整体框架的一部分。

P3/P4 桁架和太阳能电池板
（2006 年 9 月）
第二套框架结构。这套框架结构上安装有太阳能电池板，这意味着空间站能够在能源上自给自足。

S3/S4 桁架和太阳能电池板
（2007 年 6 月）
框架右舷上加装的第二个部件。它的太阳能板是展开的。

它们是如何运转的

太空望远镜

像哈勃一样的太空望远镜是在轨道中运行的人造卫星，用于观察宇宙的不同区域。与地球上的望远镜不同，太空望远镜处于地球的大气层之上。因此，它们可以避免大气湍流的影响，从而提高了望远镜观测到的影像质量。此外，大气还阻碍了对某些具有特定波长（特别是红外光）的恒星和其他物质的观测，这极大地降低了对天空的观测度。太空望远镜能够很好地避免这些问题。

精确的相机

1990年4月25日哈勃望远镜由NASA和欧洲航天局（ESA）发射进入轨道。在这台望远镜上，人类观察员的位置已经被光敏探测器和拍摄宇宙景象的相机所取代。1993年，由于主镜的缺陷，望远镜上又安装了矫正光学设备（COSTAR）用来修正焦距。

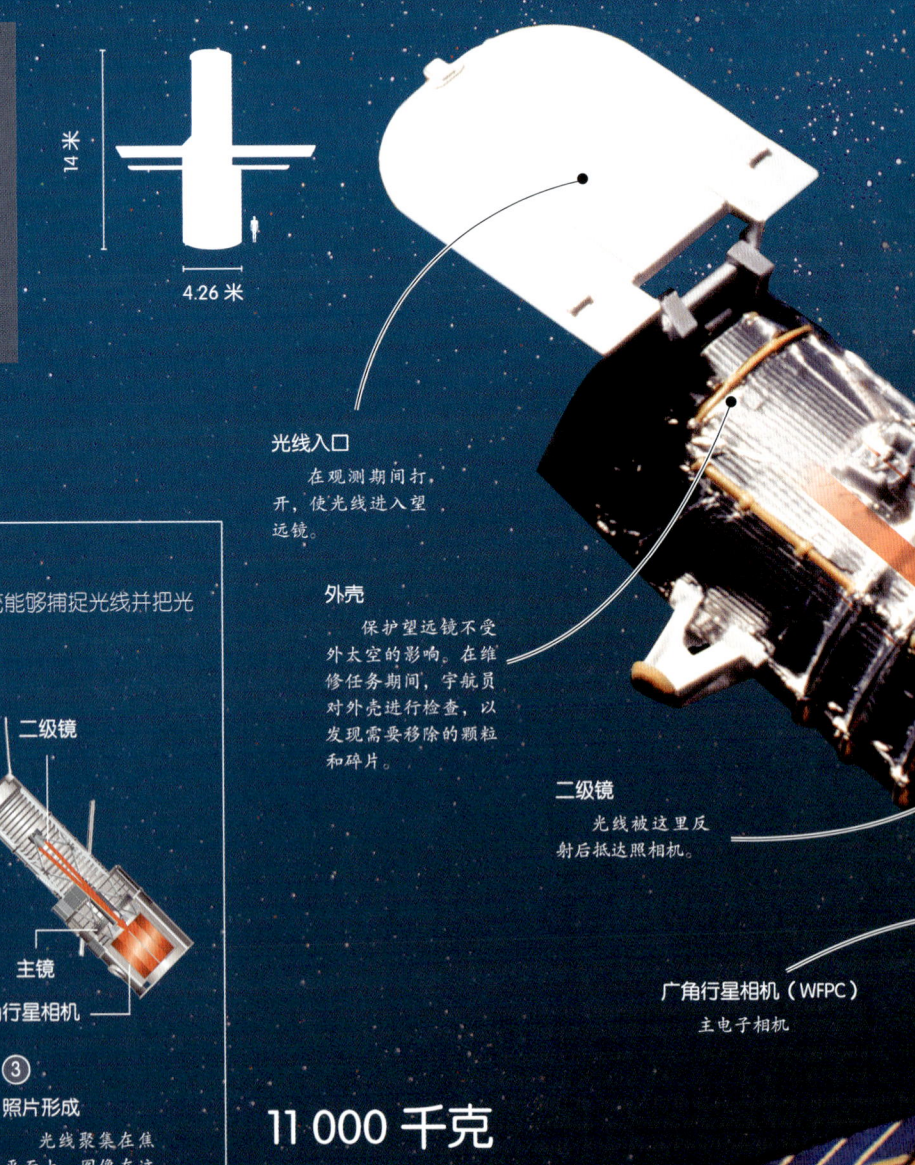

14米
4.26米

如何捕捉照片？

哈勃望远镜利用的是一个镜面系统，这个系统能够捕捉光线并把光线聚合直至形成聚焦。

→ 光线的方向

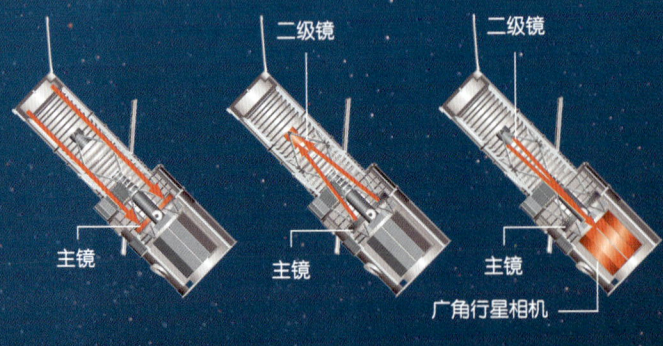

二级镜 — 二级镜 — 二级镜
主镜 — 主镜 — 主镜
广角行星相机

① 光线进入
光线从入口进入并被主镜反射。

② 光线反射
然后光线向二级镜汇聚，二级镜再把光线反射回主镜。

③ 照片形成
光线聚集在焦平面上，图像在这里形成。

光线入口
在观测期间打开，使光线进入望远镜。

外壳
保护望远镜不受外太空的影响。在维修任务期间，宇航员对外壳进行检查，以发现需要移除的颗粒和碎片。

二级镜
光线被这里反射后抵达照相机。

广角行星相机（WFPC）
主电子相机

11 000 千克
它在地球上的重量。

空间探索 195

怎样传送照片？

① **哈勃望远镜**
观测任务的指令被上传到望远镜，望远镜在观测完成后传送图像或其他观测到的数据。

② **跟踪与数据中继卫星（TDRSS）**
接受来自哈勃的数据，并把它们发送给位于新墨西哥白沙试验场的接收天线。

③ **地球**
信息从新墨西哥被传送到马里兰州绿带市的戈达德太空飞行中心，然后在那里被分析。

↓ 照片
哈勃望远镜是在地球大气之外拍摄照片，因此照片的清晰度要比那些地球上的望远镜拍摄的高很多。哈勃望远镜可拍摄的范围非常广泛——从星系和星团，到处于爆炸边缘的恒星（例如船底座海山二星），以及行星状星云（例如猫眼星云）。

海山二星　　超新星　　猫眼星云

高增益天线
接受来自地球的指令，并以电视信号的形式反馈图像。

太阳能电池板
望远镜的能量来自于定向太阳能电池板。

主镜
直径 2.4 米，用于捕捉并聚焦光线。

太空望远镜光轴补偿校正光学
这个光学设备矫正了哈勃望远镜上原装主镜的缺陷。

拍摄模糊物体的相机

其他类型的望远镜

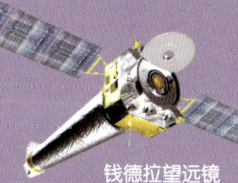

钱德拉望远镜
发射于 1999 年，是唯一的 X 射线望远镜。

太阳轨道望远镜
由 NASA 和 ESA 合作制造。科学家们可以通过它详细地观察地球和太阳之间的相互作用。它于 1995 年发射并进入轨道。

斯必泽太空望远镜
发射于 2003 年 8 月，它利用红外光观测宇宙。

旅行者号探测器

由 NASA 发射的旅行者 1 号和旅行者 2 号探测器是用于研究外太阳系的空间探测器。它们发射于 1977 年，于 1980 年抵达土星，1989 年抵达海王星，目前它们仍然在继续着外太阳系的旅程。这两台探测器已经成为人类发射的深入宇宙最远的人造飞行器。

旅行者星际任务

当旅行者 1 号和旅行者 2 号离开太阳系后，这个项目被重新命名为"旅行者星际任务"。两台探测器都继续研究着它们探测到的领域，其目的在于探测太阳风顶——太阳系尽头与外太空的交界之处。

轨道

旅行者 1 号探测器于 1979 年经过木星，1980 年经过土星。旅行者 2 号同样经过木星、土星，并于 1986 到达天王星，1989 年到达海王星。这两台探测器仍然处于运行状态。

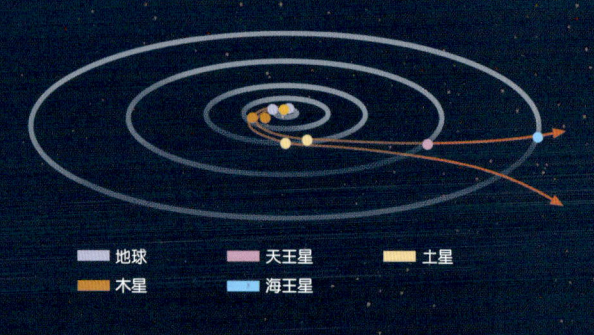

■ 地球　　■ 天王星　　■ 土星
■ 木星　　■ 海王星

39 年

截至 2016 年，旅行者号探测器发射已有 39 年。

弓形激波

旅行者 2 号

旅行者 1 号

太阳圈

太阳系

太阳风顶
太阳的影响区域与外太空之间的边界。

星际风

↑ 太阳系之外

一旦到达太阳风顶，旅行者号就能够从弓形激波中测量到"逃逸"自太阳磁场的波。在弓形激波的区域内，太阳磁场消失，从而导致太阳风突然减弱。

↓ 与地球的通信

在上部装有长 3.7 米的高增益天线。

天线
用于记录太阳位置的感应器。天线必须精确地对准方向。

如果天线的位置发生偏移，信息就无法传送到目的地。

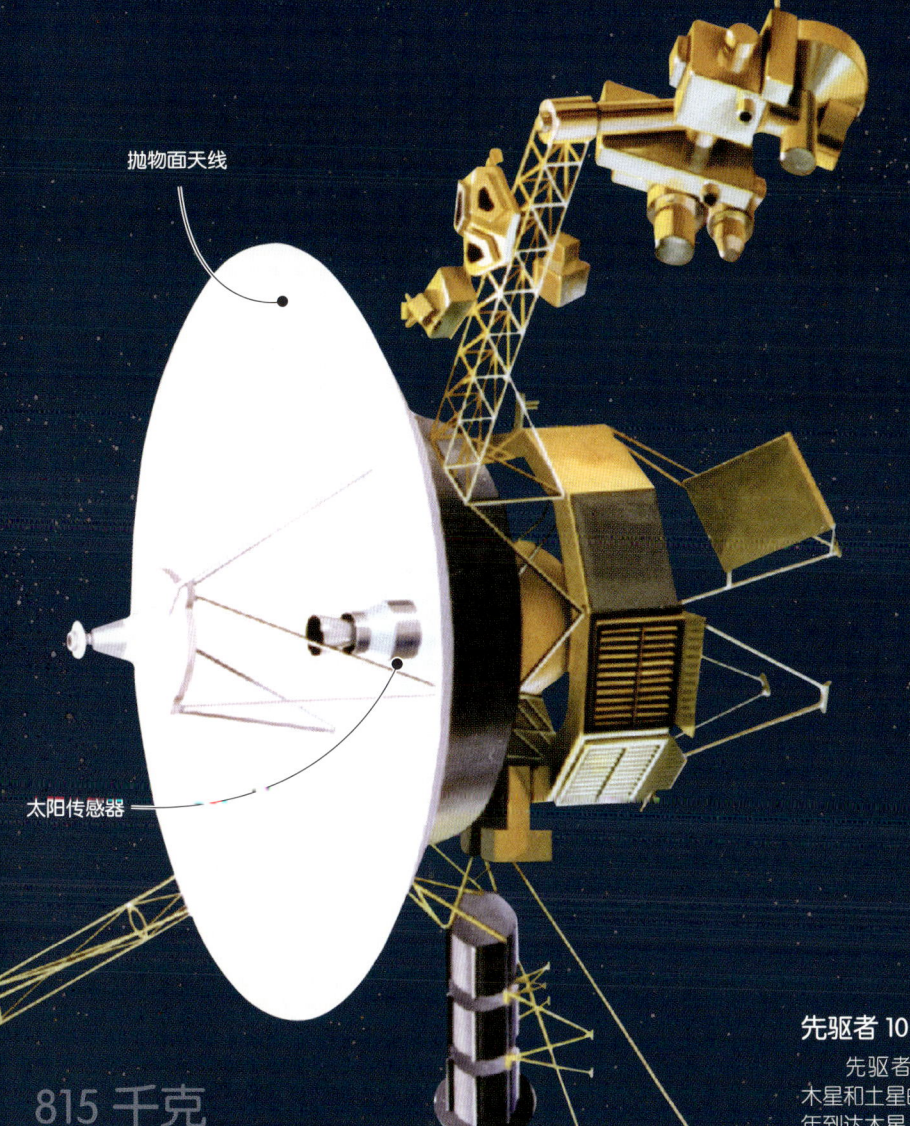

空间探索 197

抛物面天线

太阳传感器

815 千克
这是它在地球上的重量。

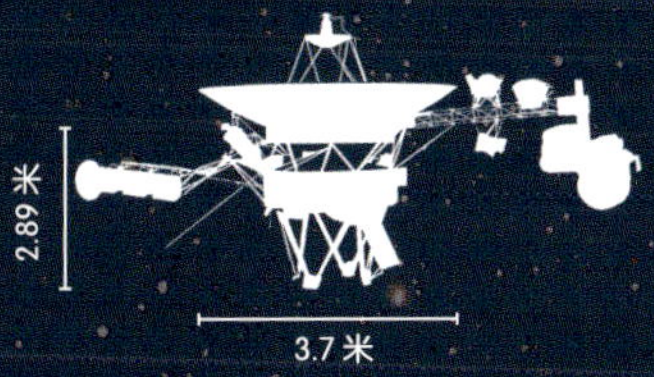

2.89 米
3.7 米

金唱片

旅行者号探测器携带了一张金唱片，这张厚 30 厘米的唱片上刻录了超过 50 种语言。每个探测器都携带着关于地球上生命的信息、照片、莫扎特和贝多芬的音乐，以及一位女性的脑电波。

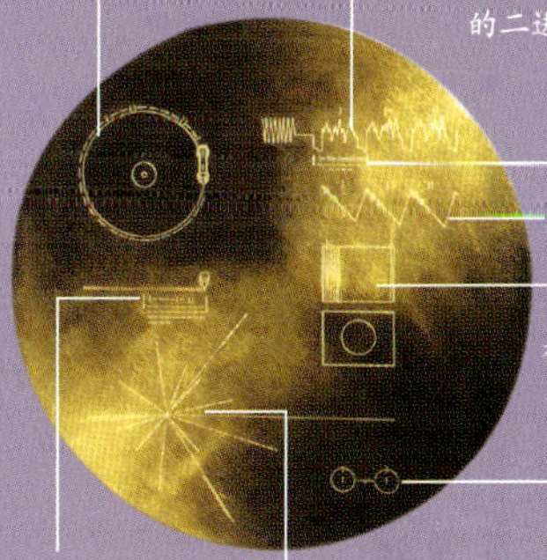

光盘视图，显示应该如何复制光盘。

生成录像信号的波的记录

显示时间的二进制码

扫描仪触发器

视频影像

确定播放声音速度的二进制码

这幅图里 14 条方向线定位了太阳的位置

如果光盘被解码，出现的第一张图像将会是一个圆形。

先驱者 10 号和先驱者 11 号

先驱者 10 号是第一个拜访木星和土星的航天器，它于 1973 年到达木星，1979 年到达土星。紧随其后的是 1974 年发射的先驱者 11 号，然而它在 1995 年失去联络。

里程碑

发射
（1977）
旅行者 1 号和旅行者 2 号由 NASA 在卡纳维拉尔角发射。这标志着这项任务的成功开端。

地球和月球的照片
（1977）
9 月 5 日，旅行者 1 号传回了地球和月球的照片，说明它的功能一切正常。

邂逅天王星
（1986）
1 月 24 日，旅行者 2 号抵达了天王星。它把天王星的照片以及行星的卫星、环和磁场的测量结果传回了地球。

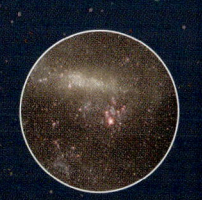

观察一颗超新星
（1987）
超新星 1987A 出现在了大麦哲伦星云中。旅行者 2 号拍下了一张高质量的照片。

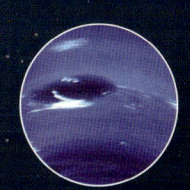

海王星的彩色照片
（1989）
旅行者 2 号是第一个观察海王星的航天器。同时它还近距离拍下了海王星最大的卫星海卫一的照片。

打破先驱者 10 号探测器创下的纪录
（1998）
2 月 17 日，旅行者 1 号超越了先驱者 10 号，成了历史上飞得最远的人造航天器。

它们是如何运转的

甚大望远镜

甚大望远镜（VLT）是世界上最先进的大型天文望远镜之一。它包含 4 台望远镜，利用它们甚至可能看到月球表面的一束烛光。由欧洲 8 个国家组成的一个科学组织负责它的运行，其目的之一在于寻找环绕其他恒星的新世界。

基地

欧洲南方天文台（ESO）的甚大望远镜坐落在智利阿塔卡马沙漠北部的帕拉纳山上。它建成于 2006 年，拥有 4 台 8.2 米宽的反射式望远镜，能观测到比人类肉眼可见物暗 40 亿倍的宇宙光线。

二级镜
直径 1.2 米

望远镜
甚大望远镜的主要特征在于它革命性的光学设计。借助主动光学和自适应光学技术，能够得到近似于从太空中观测所得到的分辨率。

2 365 米
这是基地的海拔高度。

甚大望远镜拍摄的照片

恒星温床 | "雷神头盔"星云 | 第一张系外行星的照片 | 螺旋星云 NGC1232

空间探索 199

光学自适应

为了避免主反射镜因重力形变，甚大望远镜利用一个主动光学系统来保证主镜始终保持最佳状态。这个系统利用 150 个活塞支撑着主镜，并对其位置进行同步纠正。

主动光学

自适应光学

光线进入　　被反射出的光束

150 个修正活塞之一　　曲面镜

错误视图

修正视图

望远镜单元

甚大望远镜有 3 台直径 1.8 米的可移动式辅助望远镜。当它们和主望远镜结合时就会形成一个干涉测量仪。干涉测量能够模拟出相当于一面直径 16 米的反射镜的能力，以及一口径 200 米的望远镜的分辨率。依靠这个分辨率能够辨识到月球上的一位宇航员。

穹顶
起保护作用，并且可以通过热传感器感知天气变化。

用于测量的光通道

南十字
月亮
太阳
天狼星

机械结构

辅助望远镜（ATs）
这里共有 3 台辅助望远镜，每台直径为 1.8 米。它们被用于干涉测量。

天气情况

帕拉纳山（智利第二区）地处阿塔卡马沙漠最干旱的部分，这种气候最适宜于进行天文观测。帕拉纳山海拔 2 635 米，这里一年中有将近 350 天是晴朗无云的夜空，大气情况极为稳定。

20 000 平方米
这是观测基地的总面积。

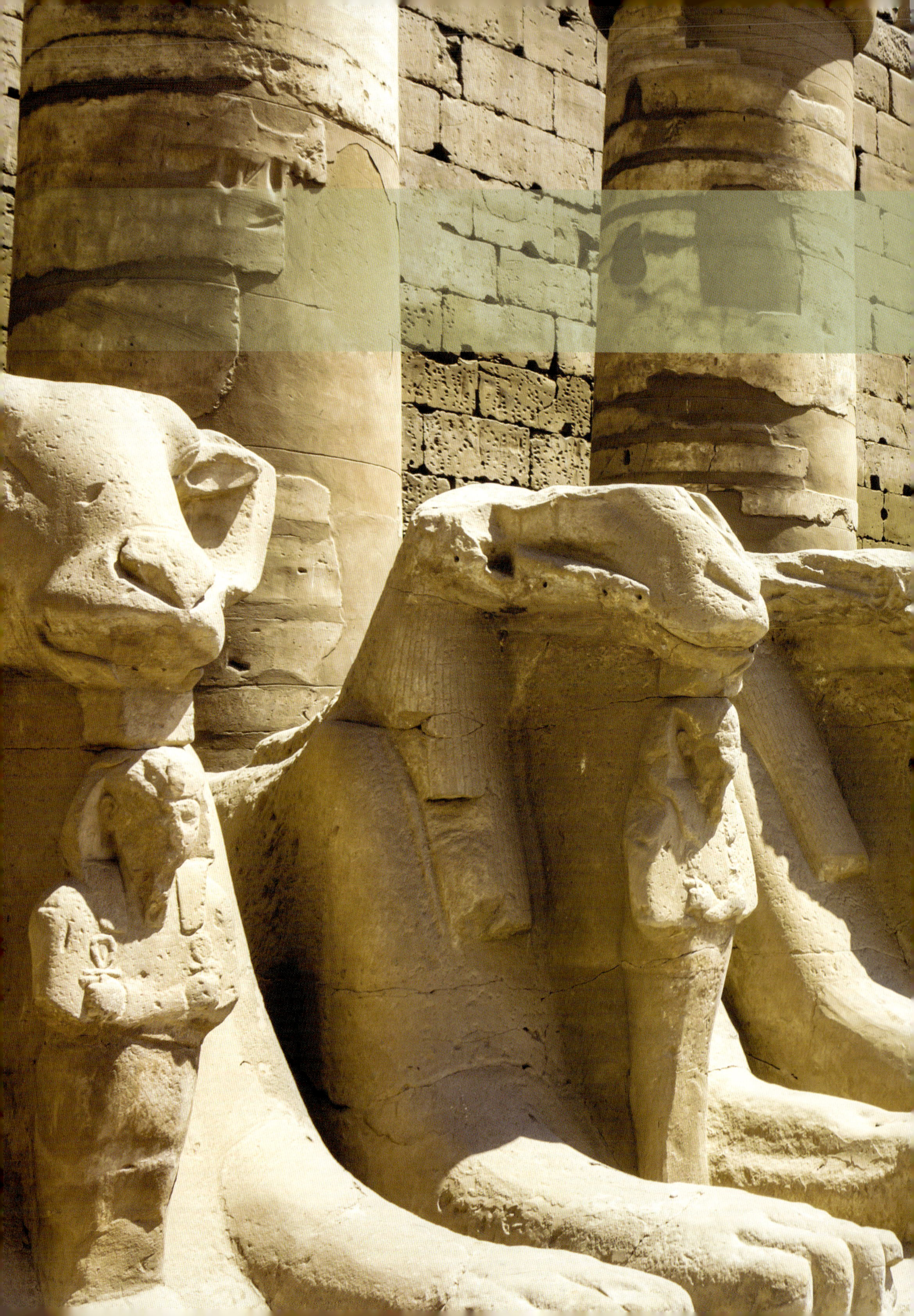

古代文明

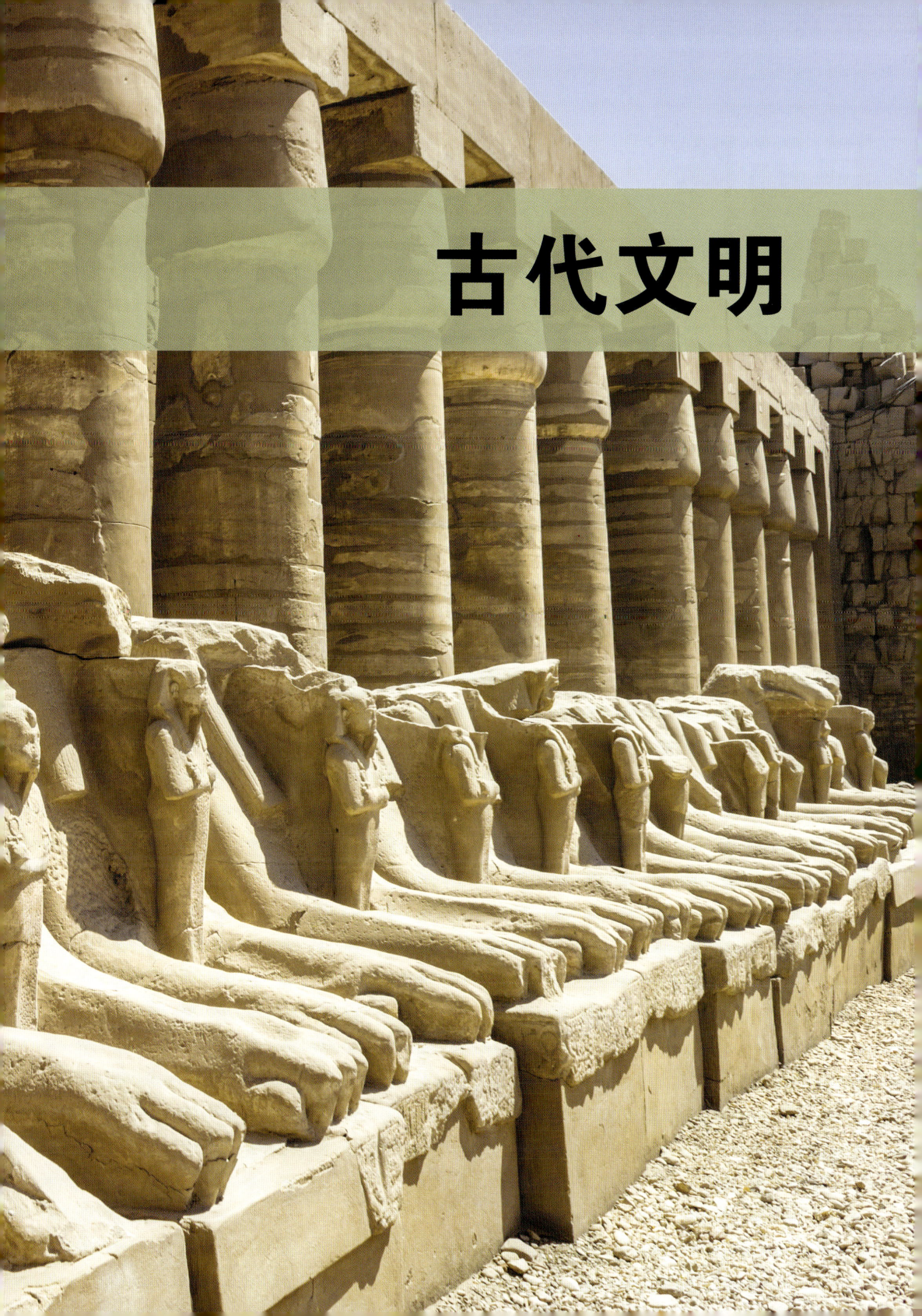

它们是如何运转的

巨石阵

　　巨石阵曾经是用来观察天象的神庙，位于英格兰威尔特郡索尔兹伯里平原。人们曾经用历法来预测季节的更替，并确定农耕和畜牧活动的次序。作为青铜器时代欧洲建筑的象征，巨石阵是喜好观星的远古社会从传统的狩猎生活向以农耕为主的稳定生活转变的见证。

结　构

　　它是由高约 5 米的巨石排列成的同心圆构成的。巨大的石柱完美地排列在地上，古人们通过它们计算出太阳和月亮的运行轨道，指出冬至和夏至，并预测日食和月食。

第一圈
　　直径长 30 米，由 30 块巨型的蓝砂岩构成，每块巨石重约 25 吨，通过紧密相连的石楣梁组合在一起。如今只有 7 块巨石依然矗立着。

第二圈
　　由小于外圈石柱的蓝砂岩柱群组成。

从新石器时代到青铜器时代

　　每隔 18.6 年，月球轨道与地球赤道的交角就会达到最大值。在巨石阵中，月亮会和太阳连成一线，反映出人们对以月亮为标志的狩猎时代的怀念。

- - - - 太阳的运行轨迹
- - - - 月亮的运行轨迹

第三圈
　　由 5 组巨石排列成马蹄形。每组巨石由两根石柱和上面搭建的长 4.4 米的石楣梁组成。

古代文明 203

➔ 至日
每年中太阳直射回归线的时刻。在夏至，这是一年中最长的一天；在冬至，这是一年中最短的一天。

石楣梁
水平放置的石块，重7吨。据推测，这些石楣梁是利用树干堆成的塔被抬起来的。

南 / 北

月出的最南端和月落的最北端

冬至日

夏至日

29.6米

第四圈
这里由19根高3米的石柱构成的一个马蹄形石圈。

240 千米
这是巨石阵到威尔士之间的距离。据说这些巨重的岩石是从威尔士搬运到这里的。

历时千年的修建
巨石阵的设计和修建过程中倾注了巨大的付出。这处历史遗迹在其40代的生命历程中改变了形状。

① 运输石块
石块是从周围地区拖运而来的。来自威尔士的整块巨石柱很可能是通过雅芳河上的木筏运送的。

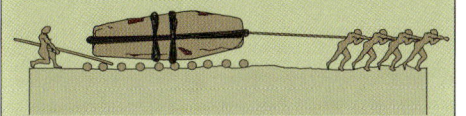

② 放置
当土堤建成后，建造者挖出一道圆形的壕沟，使石块可以借助杠杆和原木被抬起。

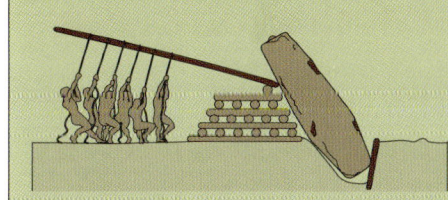

③ 独块巨石
当巨石被放入壕沟之后，利用绳索和支撑物使其竖立。

④ 放置石楣梁
利用原木搭成的塔台将石楣梁抬起。用作石楣梁的石块上被刻有洞，以使其与竖立的石柱完美吻合。

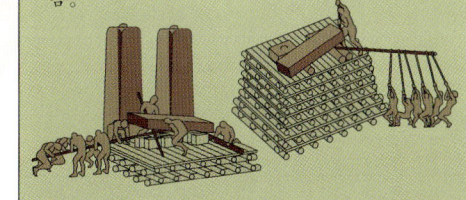

它们是如何运转的

埃及金字塔

埃及金字塔是为了纪念法老们而建的陵墓遗迹。金字塔从一位国王登基时开始修建，在他去世时完工。这项工程离不开具有高超技能的建筑师，以及数十年中成千上万名日夜交替劳作的人们。专家们一致认为当时的人们肯定是依靠各种斜坡系统运送石头的。

为神工作

金字塔的建造者们认为参与这些工作不仅能够提供报酬，还能够为他们带来在另一个世界获取生命的机会。埃及人没有复杂的机器或役畜，因此所有的工作都是在集体的努力下由手工完成的。

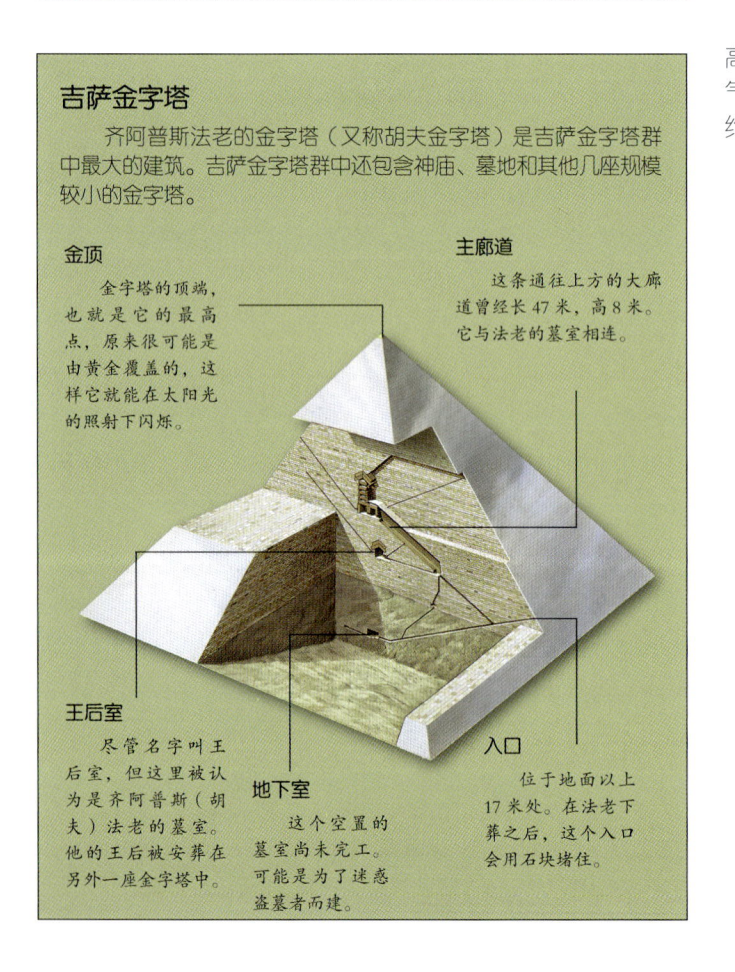

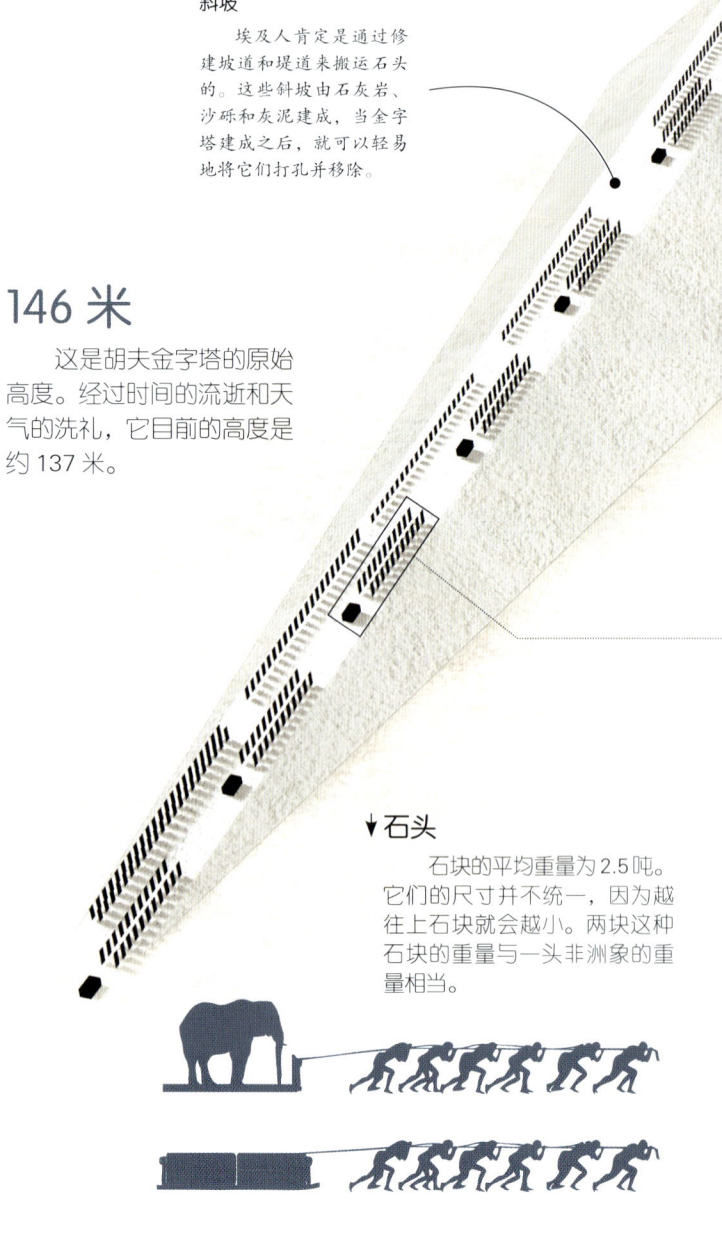

吉萨金字塔

齐阿普斯法老的金字塔（又称胡夫金字塔）是吉萨金字塔群中最大的建筑。吉萨金字塔群中还包含神庙、墓地和其他几座规模较小的金字塔。

金顶
金字塔的顶端，也就是它的最高点，原来很可能是由黄金覆盖的，这样它就能在太阳光的照射下闪烁。

主廊道
这条通往上方的大廊道曾经长 47 米，高 8 米。它与法老的墓室相连。

王后室
尽管名字叫王后室，但这里被认为是齐阿普斯（胡夫）法老的墓室。他的王后被安葬在另一座金字塔中。

地下室
这个空置的墓室尚未完工。可能是为了迷惑盗墓者而建。

入口
位于地面以上 17 米处。在法老下葬之后，这个入口会用石块堵住。

斜坡
埃及人肯定是通过修建坡道和堤道来搬运石头的。这些斜坡由石灰岩、沙砾和灰泥建成，当金字塔建成之后，就可以轻易地将它们打孔并移除。

146 米
这是胡夫金字塔的原始高度。经过时间的流逝和天气的洗礼，它目前的高度是约 137 米。

↓ 石头
石块的平均重量为 2.5 吨。它们的尺寸并不统一，因为越往上石块就会越小。两块这种石块的重量与一头非洲象的重量相当。

古代文明 205

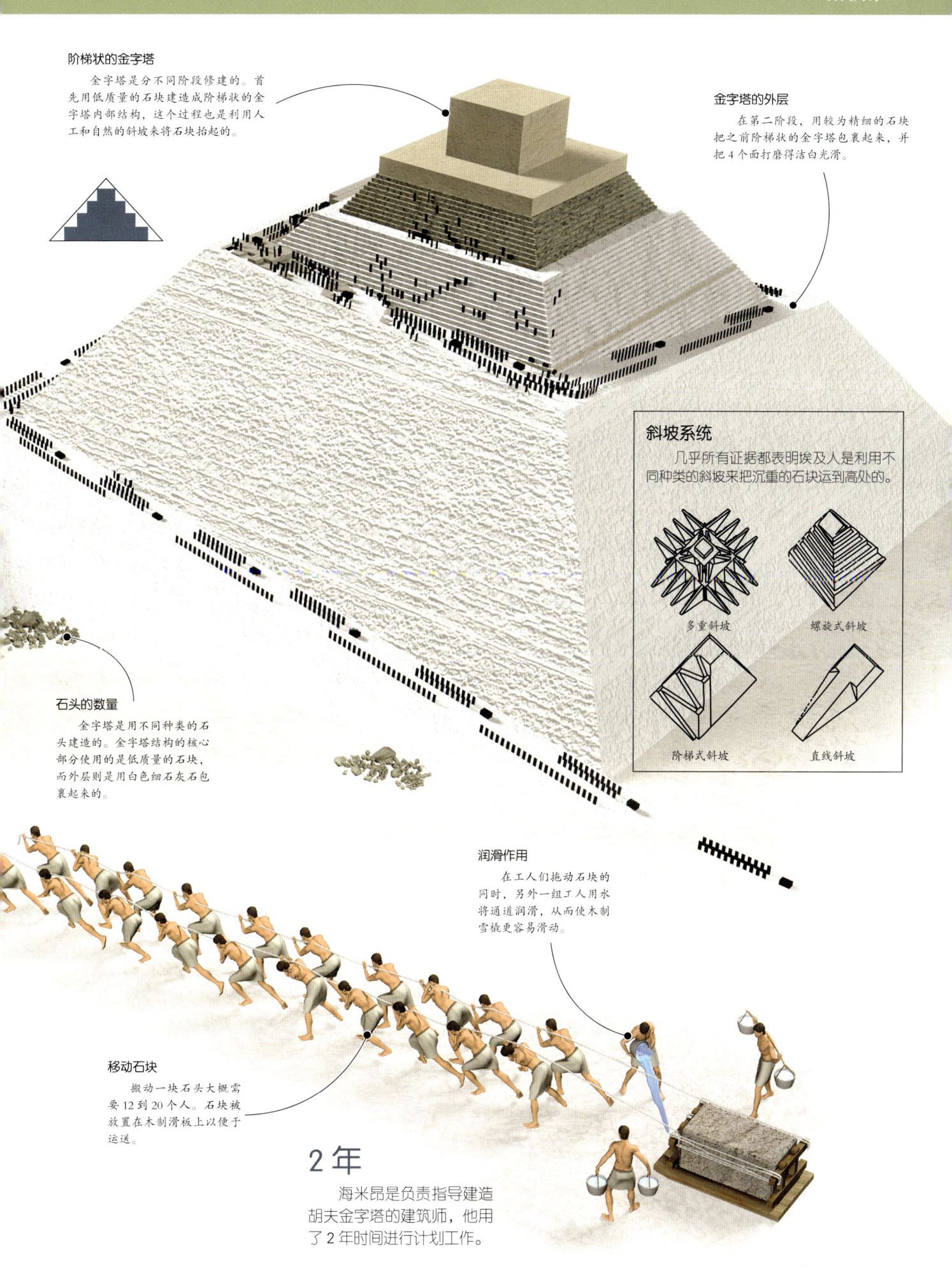

阶梯状的金字塔
金字塔是分不同阶段修建的。首先用低质量的石块建造成阶梯状的金字塔内部结构，这个过程也是利用人工和自然的斜坡来将石块抬起的。

金字塔的外层
在第二阶段，用较为精细的石块把之前阶梯状的金字塔包裹起来，并把4个面打磨得洁白光滑。

斜坡系统
几乎所有证据都表明埃及人是利用不同种类的斜坡来把沉重的石块运到高处的。

多重斜坡　　螺旋式斜坡

阶梯式斜坡　　直线斜坡

石头的数量
金字塔是用不同种类的石头建造的。金字塔结构的核心部分使用的是低质量的石块，而外层则是用白色细石灰石包裹起来的。

润滑作用
在工人们拖动石块的同时，另外一组工人用水将通道润滑，从而使木制雪橇更容易滑动。

移动石块
搬动一块石头大概需要12到20个人。石块被放置在木制滑板上以便于运送。

2 年
海米昂是负责指导建造胡夫金字塔的建筑师，他用了2年时间进行计划工作。

它们是如何运转的

图坦卡蒙的墓

　　1922 年，英国考古学家霍华德·卡特在埃及帝王谷发现了图坦卡蒙的陵墓。这位法老是第十八王朝的一员，在大概公元前 1333 年—公元前 1327 年期间统治埃及。这座建筑作为一位法老最终的住处来说过于狭小，这意味着它并不是专门为这位年轻的法老设计的。它和帝王谷中的其他陵墓结构相似：甬道的尽头是一间前厅，前厅也与棺椁室相连。

棺椁室
　　安放法老木乃伊的陵墓主室被隐藏在一堵密封的墙之后。入口由两尊和图坦卡蒙真人大小相仿的雕塑把守，一座代表这位年轻的君王，另一座代表他的灵魂。

前厅
　　整个前厅被墙密封起来。当考古学家卡特穿过第一道门进入这里时，他发现整个屋子里全都是法老的东西，许多物件是由雕刻精美的黄金或木头制成的。

甬道
　　甬道和楼梯的四周都装饰着石雕，它们可能取自于挖掘中开采出的石块。地上还散落着盗墓者留下的珍贵的碎块。

1.7 米

2 米

入口
　　这个入口隐藏在帝王谷的石质土里。经过长达 5 年的考察，1922 年 11 月 24 日，考古学家霍华德·卡特发现了这个通往图坦卡蒙陵墓的入口。

➔ 消失的陵墓
　　幸运的是，图坦卡蒙的陵墓完整地保存了下来。这个年轻帝王的棺椁室建造在帝王谷内。200 年之后，埃及人为法老拉美西斯六世挖掘了陵墓。这项工程挖掘出的沙石把图坦卡蒙的陵墓掩盖了起来。

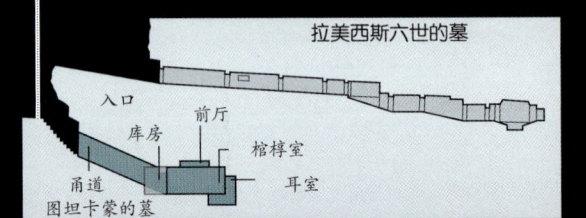

拉美西斯六世的墓
入口　前厅　棺椁室
库房　　　　耳室
甬道
图坦卡蒙的墓

古代文明 207

耳室
几件家具的后面有另外一个通向耳室的入口。整个房间内堆满了各种各样的物件，因此这是最后一间被验查的房间。

壁画
这上面描绘了图坦卡蒙下葬时的情景和其在阴间的经历。

木乃伊
木乃伊外面有3层金棺保护，头部有一副黄金面具保护。

棺椁
这是由一块经过雕刻的石英石制成的石棺。

第一层棺椁
第一层棺椁是由经过雕刻的松木搭配蓝色瓷片制成的，装饰着具有保护意义的符号。

库房
经过棺椁室旁边一扇打开的门就到了"库房"。一尊阿努比斯雕像守卫着入口，用于存放法老内脏的雪花石膏箱由4位女神守护。

第二层棺椁
第二层木壳外面包裹着一层亚麻布。

第三层棺椁
由黄金制成，与其他层一样雕刻着具有宗教意义的铭文。

第四层棺椁
由雕刻着神像伊西斯和奈芙蒂斯守卫着门，努特和荷鲁斯守卫着顶。

它们是如何运转的

宙斯神庙

古希腊人生活的世界中充满了神明、英雄和具有人形的神灵，但是，这些神会屈服于大部分的人类情感，例如愤怒、嫉妒、羡慕等等。希腊人有数不清的仪式和祭拜方式来敬奉神，此外他们还利用自己先进的建筑知识修建神庙。然而，与现代宗教截然相反的是，他们并不把这些神庙作为敬拜神明之地（宗教仪式会在神庙外面进行）。如今，这些神庙已经成为雅典文化——这个历史上最令人惊叹的文明象征。

三角门楣

西侧的三角门楣描绘的是在拉皮斯英雄佩里图斯的婚礼上，应邀而来的人头马与拉皮斯人之间的冲突。

宙斯神庙

建造于公元前5世纪中期，在奥林匹亚一座先前闻名的神庙基础上而建。它被认为是多立克风格神庙的完美模型。对这座神庙的挖掘和研究工作始于3个世纪之前，一直延续至今。

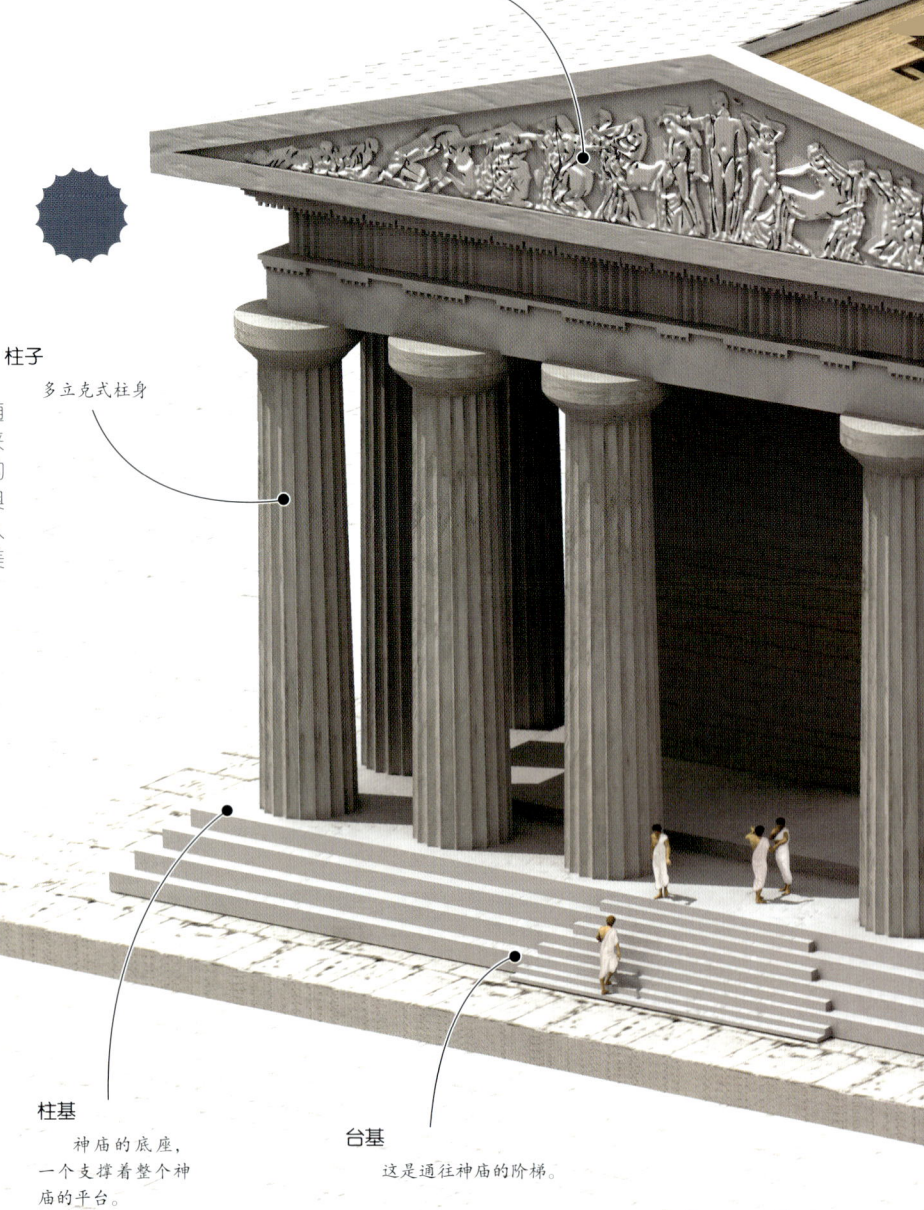

3种风格

最初的希腊神庙可以追溯到公元前9世纪。随着时间的变迁，它们变得越来越高雅，装饰也越来越精美。根据各自的特征，它们被分为3种主要的风格：多立克风格（例如雅典帕特农神庙），爱奥尼亚风格和科林斯风格。自完善希腊建筑的罗马人开始，许多后世文化中的建筑物都把希腊神庙之美作为设计的典范。

柱子

多立克式柱身

↓ 帕特农神庙的浮雕

帕特农神庙中巨型浮雕的40%保存在伦敦的大英博物馆，它们被视作古希腊最重要的杰作之一。

柱基

神庙的底座，一个支撑着整个神庙的平台。

台基

这是通往神庙的阶梯。

古代文明 209

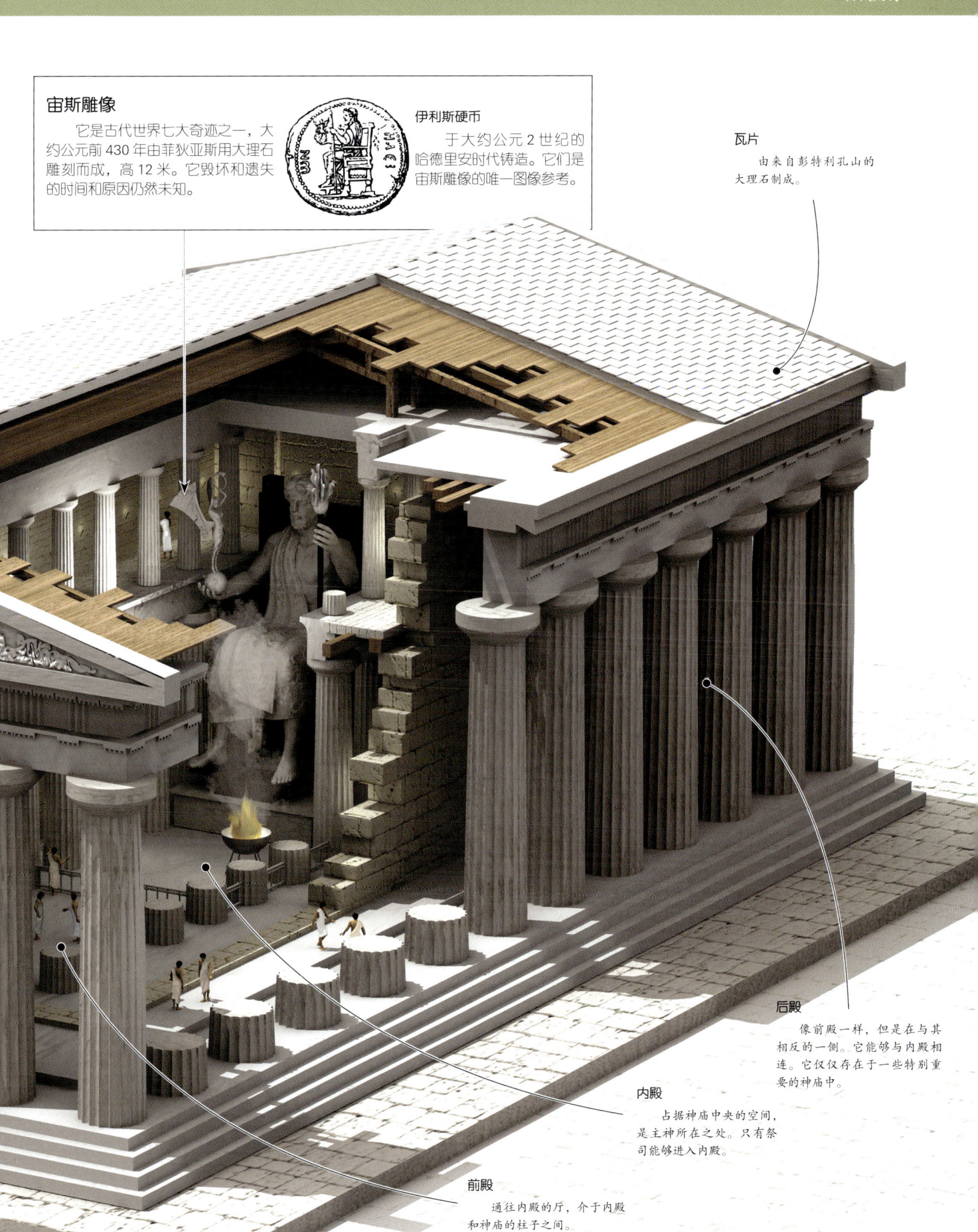

宙斯雕像
它是古代世界七大奇迹之一，大约公元前 430 年由菲狄亚斯用大理石雕刻而成，高 12 米。它毁坏和遗失的时间和原因仍然未知。

伊利斯硬币
于大约公元 2 世纪的哈德里安时代铸造。它们是宙斯雕像的唯一图像参考。

瓦片
由来自彭特利孔山的大理石制成。

后殿
像前殿一样，但是在与其相反的一侧。它能够与内殿相连。它仅仅存在于一些特别重要的神庙中。

内殿
占据神庙中央的空间，是主神所在之处。只有祭司能够进入内殿。

前殿
通往内殿的厅，介于内殿和神庙的柱子之间。

它们是如何运转的

希腊剧场

　　修建在雅典的希腊剧场是为了举办祭拜神明狄俄尼索斯的庆典活动而建的，这座剧场的外观（建成于公元前 6 世纪）是西方世界剧场建筑的基础。古典悲剧大师（埃斯库罗斯、索福克勒斯和欧里庇得斯）和喜剧大师（阿里斯托芬）塑造了现代意义上的戏剧。最初，合唱团在活动进行中起核心作用。戏剧包括歌曲和舞蹈。每一幕场景最多只允许有 3 个演员，女性不得参演。

歌剧式的戏剧
吟诵歌曲时伴随着乐器的演奏，例如七弦竖琴、长笛、六孔竖笛和鼓，这种演出方式使希腊剧场更类似于歌剧院，而不像现代剧场。

七弦竖琴　　阿夫洛斯管　　西塔拉琴

戏剧建筑
希腊人建立了戏剧建筑的模型，这些建筑的基本特征经过罗马人的进一步完善，至今仍然存在。例如将单独一幢建筑用于戏剧表演，建筑设计明确地将公众空间与表演空间隔离开等。

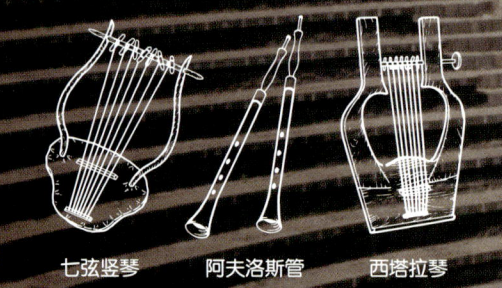

剧场结构
戏剧表演的场所分为 3 个区域：歌舞场，这是一块圆形的区域，是戏剧上演的地方；此外还有景屋，是表演前做准备的地方；以及环绕着歌舞场的半圆观众席，是观众落座的地方。

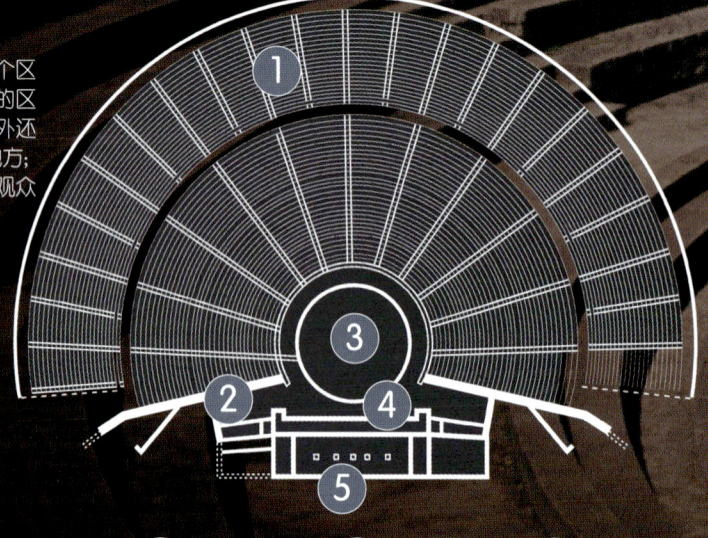

1 观众席
剧场的这一部分为公众提供了露天座位。

2 入口处
侧面的通道，通过这里能够到达表演场地。

3 歌舞场
这是歌舞队进行表演的圆形区域。

4 前台柱廊
这是演员表演的舞台。

5 景屋
位于后台，是用于化妆和更换服装的建筑。

300
索福克勒斯、埃斯库罗斯和欧里庇得斯共创作了 300 部悲剧。

华丽的景屋

在早期的剧场演出中，合唱团只会表演整场演出的一部分，许多合唱者交替演唱赞美诗和吟诵曲目。随着时间的流逝，合唱者变得越来越重要，最终到公元前 6 世纪，他们独立成了拥有单独表演区域的演员，与合唱团中留下的管弦乐队区分开来。因此才出现了景屋，不过那时的景屋只被当作后台使用。同时演出也开始使用舞台布景，并与表演相配合，烘托出吟唱的故事情节。

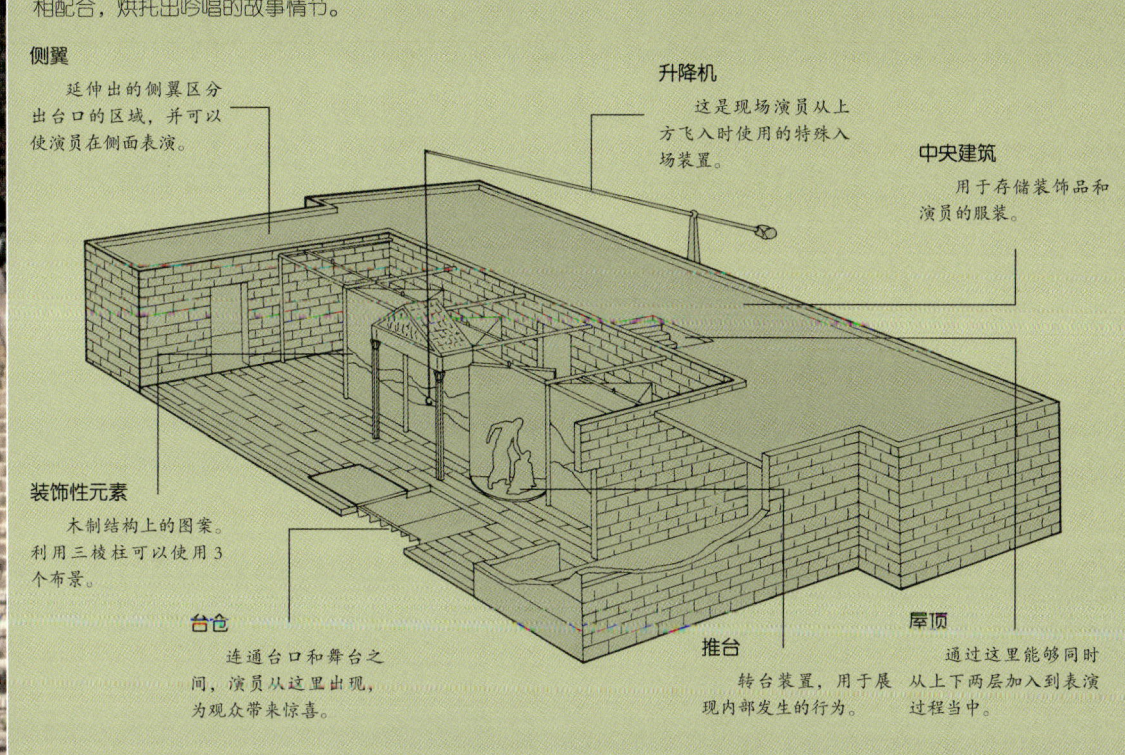

侧翼
延伸出的侧翼区分出台口的区域，并可以使演员在侧面表演。

升降机
这是现场演员从上方飞入时使用的特殊入场装置。

中央建筑
用于存储装饰品和演员的服装。

装饰性元素
木制结构上的图案。利用三棱柱可以使用 3 个布景。

台仓
连通台口和舞台之间，演员从这里出现，为观众带来惊喜。

推台
转台装置，用于展现内部发生的行为。

犀顶
通过这里能够同时从上下两层加入到表演过程当中。

剧场的庆典

剧场的庆典活动中上演许多戏剧。这些戏剧可以持续不止一天，由富裕的市民出资，并由他们挑选合唱队和演员。

表演者
最初每个场景只有一个演员。后来每个场景中最多有 3 个演员。女性不能参加表演，她们的角色由男性乔装扮演。

作品
作品由执政官挑选，通常是悲剧片段和戏剧片段的结合。在相关的作者中，埃斯库罗斯、索福克勒斯、欧里庇得斯和阿里斯托芬脱颖而出。

面具剧场
演员利用不同的面具饰演不同的角色；这使得女性角色看起来更为逼真，同时也使观众在大型的圆形剧场中更容易跟得上舞台上的表演。

它们是如何运转的

罗马斗兽场

　　罗马帝国有超过 250 个圆形竞技场，其中最大且最负盛名的是罗马斗兽场，它的原名叫作弗拉维安圆形剧场。它修建于公元 70-80 年，是由韦斯帕西恩皇帝和他的儿子——同时也是他的继承人——提图斯建造的。这个椭圆形的竞技场能够容纳 50 000 名观众，共有 76 个入口（除此外还有其他 4 个门，是专门为皇帝和贵族预留的）。罗马斗兽场是角斗士竞技、动物搏斗、人与人之间格斗以及上演神话戏剧的地方。

巨大的竞技场

　　这个斗兽场长 188 米，宽 156 米，高 48 米。斗兽场内有许多由混凝土、石灰华大理石和砖制成的拱门和拱顶。

遮阳篷
　　斗兽场外侧环绕着 240 根木棍，用来支撑帆布遮阳篷。使用遮阳篷能够防止观众被日晒或雨淋，一组水兵负责控制它。

外观
　　每个窗口都装饰有美丽的雕像。修建斗兽场的外观共用了 10 万立方米的石灰华大理石和灰泥。

最具影响力的活动

① 角斗士
角斗士之间的格斗是罗马斗兽场最具吸引力的活动。第一次格斗竞技（有 3 对角斗士）于公元前 264 年在罗马上演。

② 野兽搏斗
在上午的表演中，狮子、熊、公牛、豹子、犀牛、河马、老虎等野兽受到针或火的刺激，互相搏斗。

③ 海战表演
罗马斗兽场还是进行血腥的海战表演的地方，利用渠道系统就能够给斗兽场内蓄水。在修建了使动物进入竞技台的地下通道之后，海战表演就无法继续进行了。

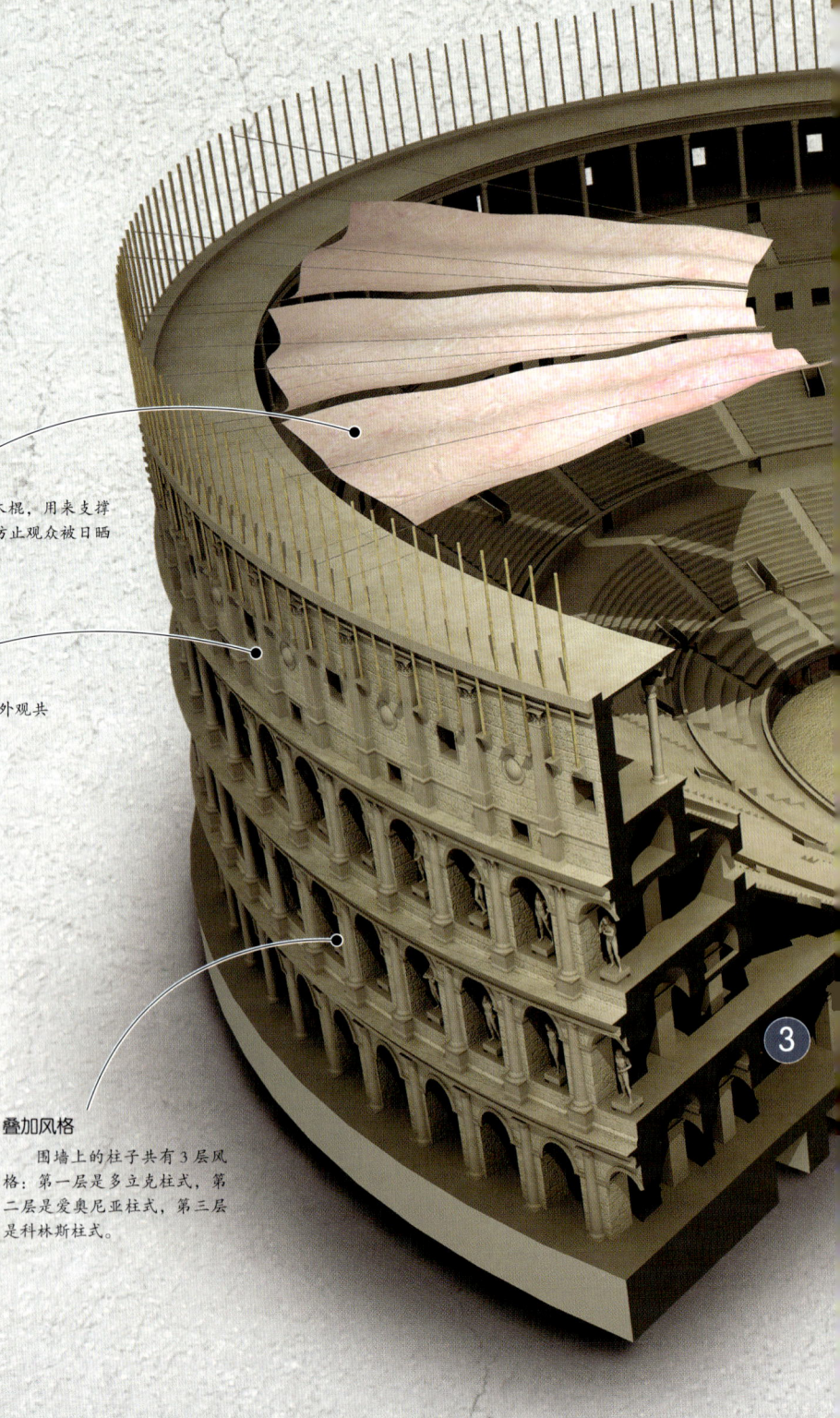

叠加风格
　　围墙上的柱子共有 3 层风格：第一层是多立克柱式，第二层是爱奥尼亚柱式，第三层是科林斯柱式。

古代文明 213

出口
这些出入口与看台和出口相连，能够在几分钟之内清空所有的区域。

高层露天看台
女性、奴隶和外国人被安排在看台的第四层和第五层。座位是用木头做成的，这样就可以减轻建筑结构的负重。

1 看台
观众的座位根据他们的社会地位来划分。贵族在较为底层的区域，女性、穷人和奴隶在高层区域。

2 竞技台
这个竞技台长76米，宽44米。地面是由木头铺制而成的。在竞技台下面有一个廊道结构，还有许多间地下室。

3 走廊
出入口通往看台下方的走廊，用于疏散观众。

拱廊
由木头制成，用于保护看台的上层。

围墙
围墙由石块、砖和石灰石筑成。

底层
戴克里先皇帝下令要求竞技台地下建筑中的房间供角斗士居住，洞穴供动物居住。表演的主角通过货物升降机上升到竞技场上。

➡ 竞技台下的动物
利用一个滑轮带动的机器能够使动物突然间出现在竞技台上。

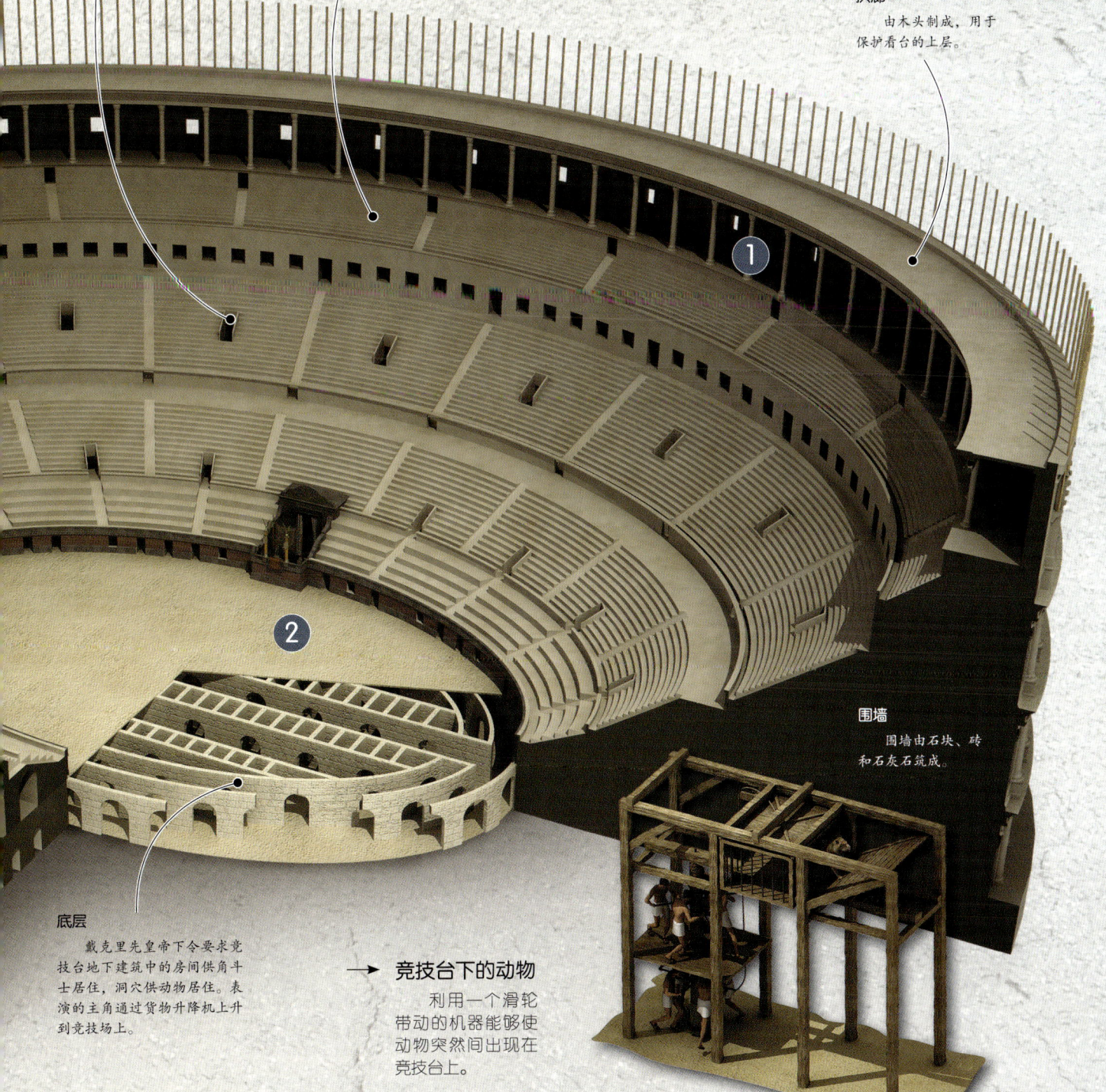

它们是如何运转的

罗马引水道

　　引水道是罗马工程中最伟大的成就之一。引水道中的水来源于储存在第一个沉淀池（水源地）的雨水和山间泉水。这些引水道利用水源地和城市之间的高度差为城市供水。水在重力作用下流过高架水道桥，它们由未经雕刻的花岗岩拱门砌成，是一条引水道中最著名的部分。然后水流到最后的沉淀池（配水池）。在配水池内部的一条狭窄的管道内装有过滤装置，能够过滤出水中的漂浮物。

结构

　　罗马的高架水道桥通常是拱门和拱顶结构，因为这种结构可以使其更加牢固。引水道既可以是露天的，也可以加设拱形盖板。

1　选址
在修建引水道前，要先找到泉水的正确位置。水道工程师（水道的管理者）或是测量师考察植被的分布情况和地面的湿度。

2　柱子
尽管引水道的高度取决于斜坡和不规则地形，但是柱式引水桥的高度却可以修得非常高。这些引水桥是用花岗岩石和砖砌成的。

3　脚手架
在修建高架引水桥的过程中，从地面搭建起脚手架形成垂直支撑。

4　石块
他们挖掘了许多采石场，用来挑选修建引水道所用的石料。如果山的侧面是斜坡，就把混凝土和砖块一层层铺在开采出的石灰岩上。

中间层
这个木质结构支撑着拱门的重量，直到所有的石块全都搭建好。当把这个木质结构移除之后，嵌入的石块就能够支撑它们自身的重量。

陶片
这个结构外面包裹着一层由石灰和小碎陶片混合成的防水层。

古代文明 **215**

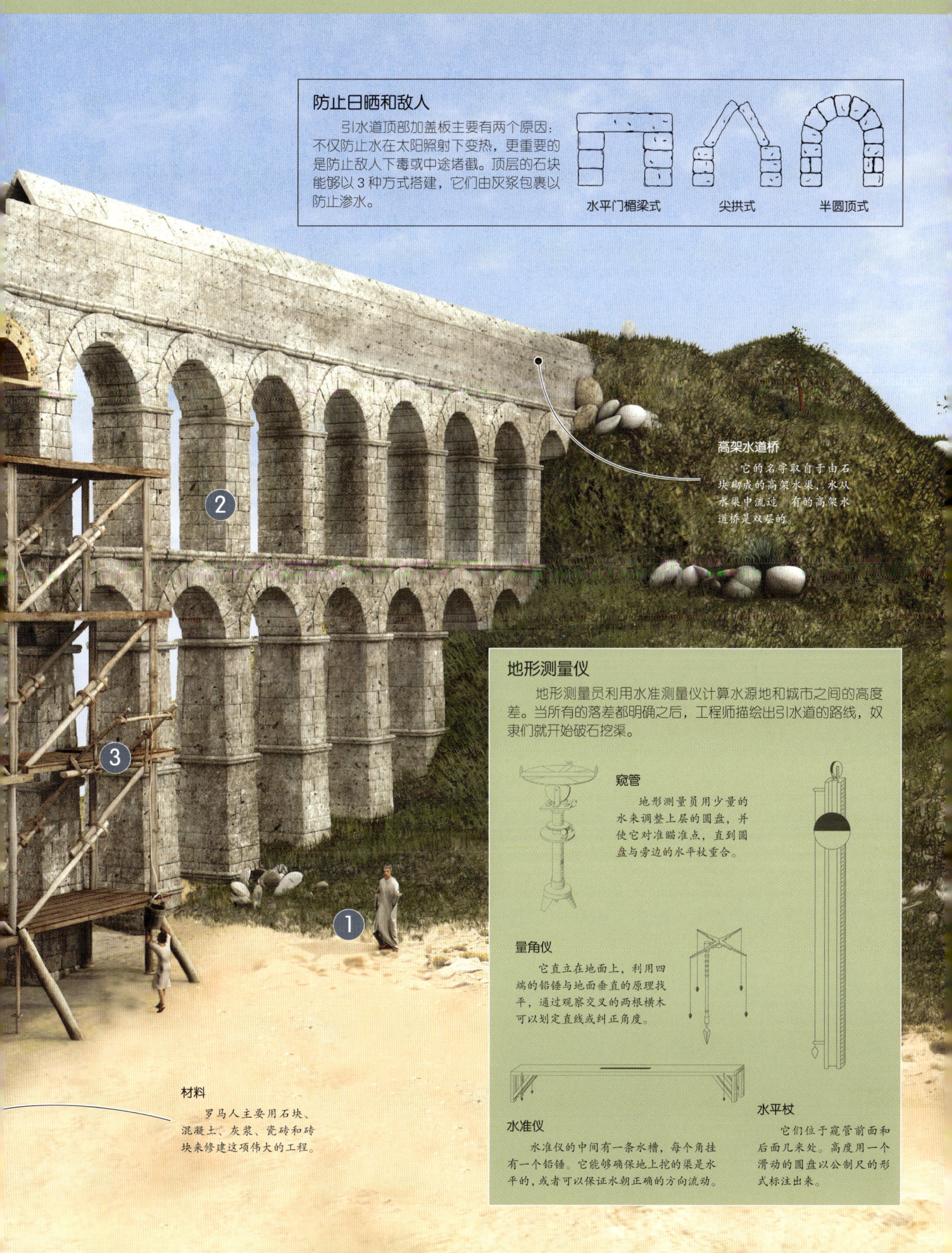

防止日晒和敌人

引水道顶部加盖板主要有两个原因：不仅防止水在太阳照射下变热，更重要的是防止敌人下毒或中途堵截。顶层的石块能够以3种方式搭建，它们由灰浆包裹以防止渗水。

水平门楣梁式　　尖拱式　　半圆顶式

高架水道桥

它的名字取自于由石块砌成的高架水渠，水从水架中流过。有的高架水道桥是双层的

地形测量仪

地形测量员利用水准测量仪计算水源地和城市之间的高度差。当所有的落差都明确之后，工程师描绘出引水道的路线，奴隶们就开始破石挖渠。

窥管
地形测量员用少量的水来调整上层的圆盘，并使它对准瞄准点，直到圆盘与旁边的水平杖重合。

量角仪
它直立在地面上，利用四端的铅锤与地面垂直的原理找平，通过观察交叉的两根横木可以划定直线或纠正角度。

水准仪
水准仪的中间有一条水槽，每个角挂有一个铅锤。它能够确保地上挖的渠是水平的，或者可以保证水朝正确的方向流动。

水平杖
它们位于窥管前面和后面几米处。高度用一个滑动的圆盘以公制尺的形式标注出来。

材料

罗马人主要用石块、混凝土、灰浆、瓷砖和砖块来修建这项伟大的工程。

它们是如何运转的

马丘比丘

　　马丘比丘建造于15世纪中期，它位于如今的秘鲁境内华纳比丘("年轻的山")和马丘比丘("古老的山")的山脊之上，地处军事战略要塞和乌鲁班巴河的咽喉要道之处，只有两条又深又窄的通道通往这里。这里被遗弃的原因至今未明，只留下了各种各样尚未完工的建筑。1911年7月24日，海勒姆·宾厄姆和梅尔乔·阿特亚加发现了马丘比丘。它在1981年被列为历史保护区，并于1983年被定为世界文化与自然遗产。

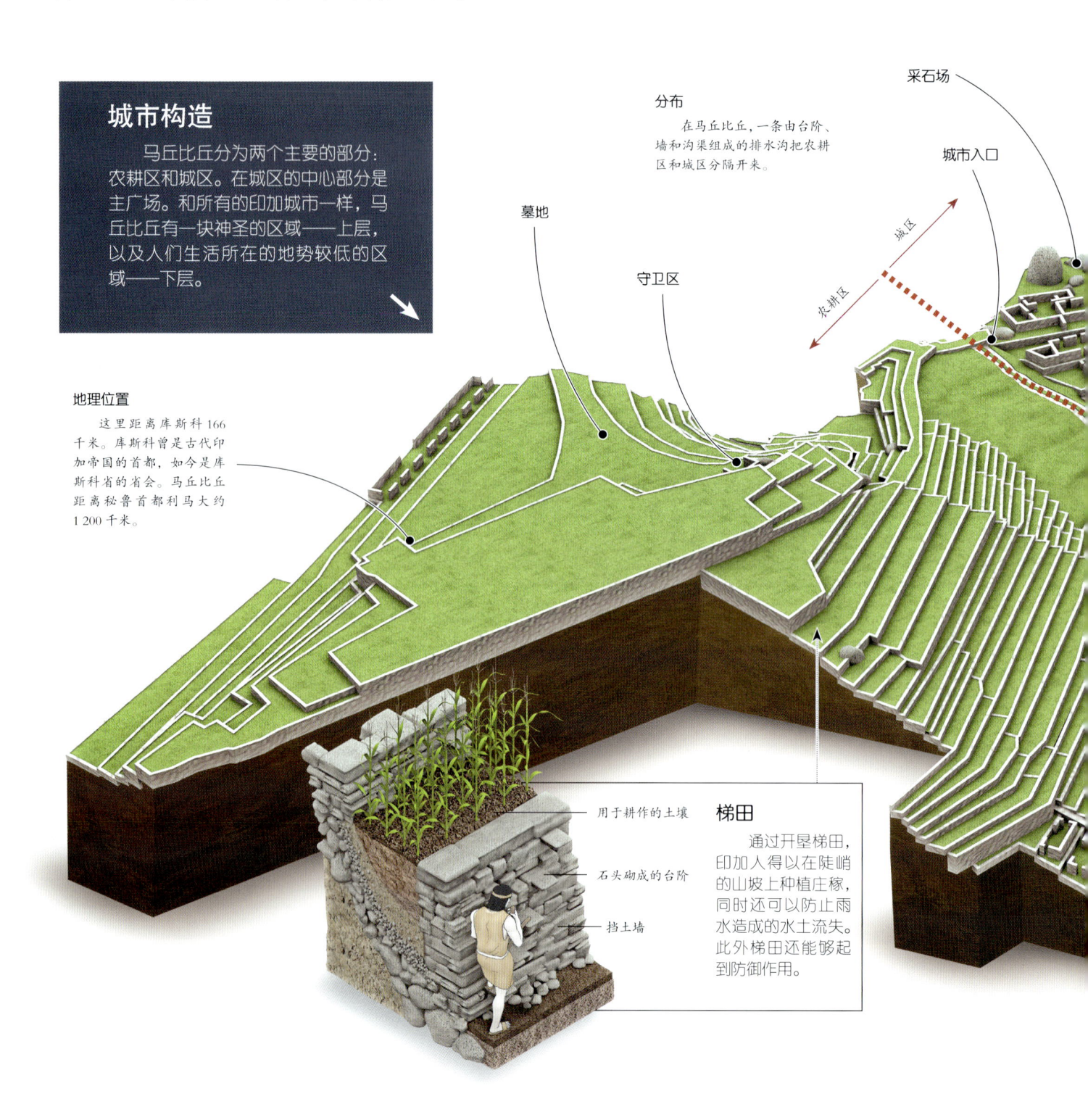

城市构造

　　马丘比丘分为两个主要的部分：农耕区和城区。在城区的中心部分是主广场。和所有的印加城市一样，马丘比丘有一块神圣的区域——上层，以及人们生活所在的地势较低的区域——下层。

分布

　　在马丘比丘，一条由台阶、墙和沟渠组成的排水沟把农耕区和城区分隔开来。

采石场

城市入口

城区

农耕区

墓地

守卫区

地理位置

　　这里距离库斯科166千米。库斯科曾是古代印加帝国的首都，如今是库斯科省的省会。马丘比丘距离秘鲁首都利马大约1 200千米。

用于耕作的土壤

石头砌成的台阶

挡土墙

梯田

　　通过开垦梯田，印加人得以在陡峭的山坡上种植庄稼，同时还可以防止雨水造成的水土流失。此外梯田还能够起到防御作用。

古代文明 **217**

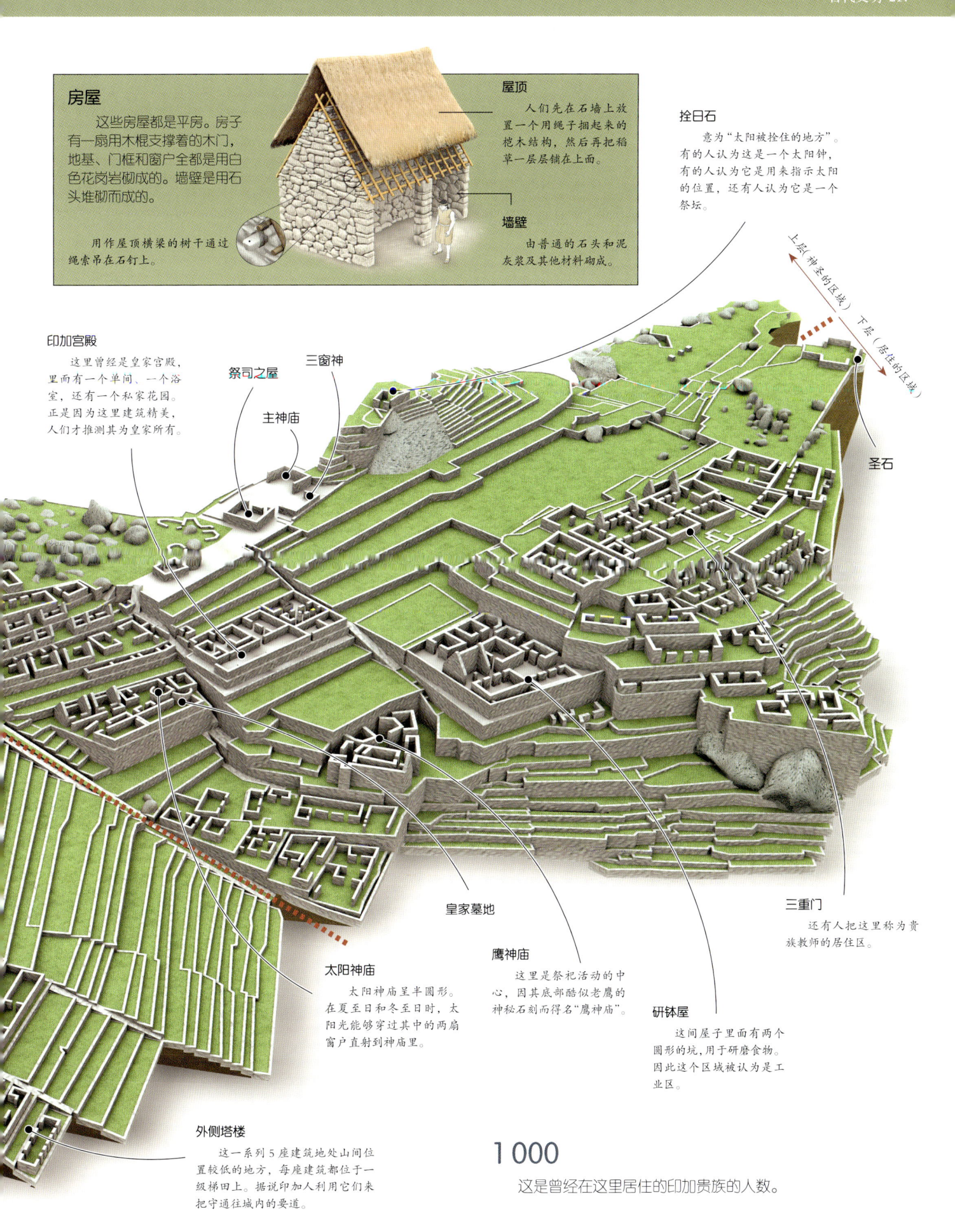

房屋

这些房屋都是平房。房子有一扇用木棍支撑着的木门，地基、门框和窗户全都是用白色花岗岩砌成的。墙壁是用石头堆砌而成的。

用作屋顶横梁的树干通过绳索吊在石钉上。

屋顶
人们先在石墙上放置一个用绳子捆起来的桅木结构，然后再把稻草一层层铺在上面。

墙壁
由普通的石头和泥灰浆及其他材料砌成。

拴日石
意为"太阳被拴住的地方"。有的人认为这是一个太阳钟，有的人认为它是用来指示太阳的位置，还有人认为它是一个祭坛。

上层（神圣的区域）
下层（居住的区域）

圣石

印加宫殿
这里曾经是皇家宫殿，里面有一个单间、一个浴室，还有一个私家花园。正是因为这里建筑精美，人们才推测其为皇家所有。

祭司之屋

三窗神

主神庙

皇家墓地

三重门
还有人把这里称为贵族教师的居住区。

太阳神庙
太阳神庙呈半圆形。在夏至日和冬至日时，太阳光能够穿过其中的两扇窗户直射到神庙里。

鹰神庙
这里是祭祀活动的中心，因其底部酷似老鹰的神秘石刻而得名"鹰神庙"。

研钵屋
这间屋子里面有两个圆形的坑，用于研磨食物。因此这个区域被认为是工业区。

外侧塔楼
这一系列5座建筑地处山间位置较低的地方，每座建筑都位于一级梯田上。据说印加人利用它们来把守通往城内的要道。

1000
这是曾经在这里居住的印加贵族的人数。

它们是如何运转的

维京海盗船

　　维京人是航海专家。在 18-19 世纪之间，他们统治了欧洲东北部的水路以及河流。他们还曾抵达地中海沿岸的一些地方。在突袭和抢劫时，他们使用窄长轻便的龙船战舰；而在从事贸易活动时，他们则使用船体较宽较平的货船。这种货船专门用来运输木材、羊毛、兽皮、小麦，甚至奴隶。

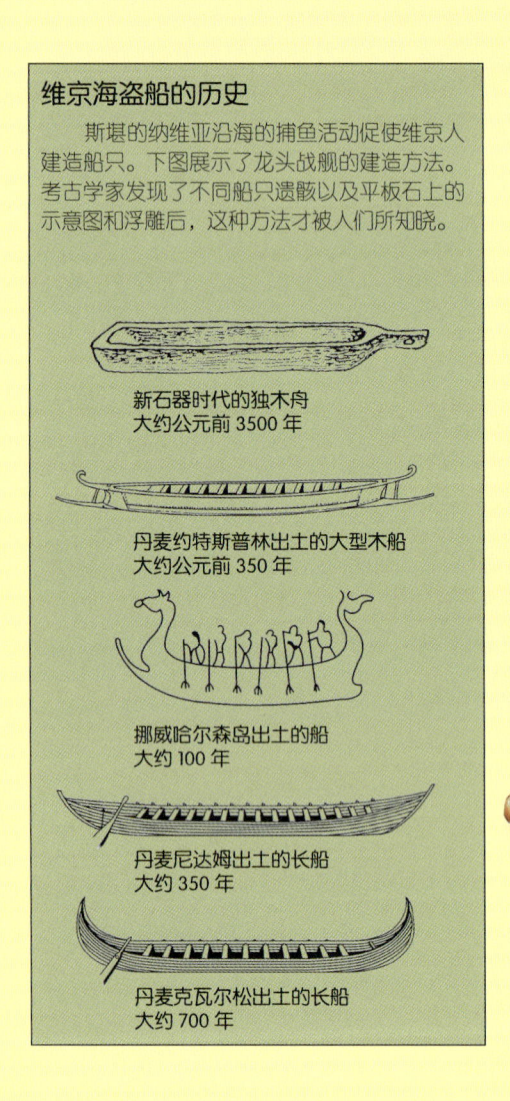

维京海盗船的历史

　　斯堪的纳维亚沿海的捕鱼活动促使维京人建造船只。下图展示了龙头战舰的建造方法。考古学家发现了不同船只遗骸以及平板石上的示意图和浮雕后，这种方法才被人们所知晓。

新石器时代的独木舟
大约公元前 3500 年

丹麦约特斯普林出土的大型木船
大约公元前 350 年

挪威哈尔森岛出土的船
大约 100 年

丹麦尼达姆出土的长船
大约 350 年

丹麦克瓦尔松出土的长船
大约 700 年

科克斯塔德号海盗船

　　科克斯塔德号海盗船于 1880 年在挪威南部被发现，这一发现让我们对维京人有了进一步的认识。这艘船大约建造于 900 年，船长超过 23 米，船体（包括船上装备）大约 20 吨重。

艏饰像
　　技艺非凡的维京匠人在木头上雕刻出一个象征性的动物。这个动物雕像是一条龙和一条蛇交织在一起的结合体。

船体
　　底部的木板厚度只有 2.6 厘米。第十排的木板位于吃水线上，因此必须更加牢固，它的厚度为 4.3 厘米。

龙骨
　　龙骨由一整块长度超过 25 米的橡木制成。它不仅能起到承重作用，还能使船在深度只有 1 米的水中航行。

古代文明 219

船帆
维京海盗船的船帆是一面边长为10米的正方形独帆，但制帆的材料是亚麻还是羊毛却尚不知晓。只用扬起1/4的帆，海盗船就能够航行。

鱼鳞搭接造船法
科克斯塔德号的船体框架包含16块橡木板，这些木板一块搭在另一块上面组成船体。维京人把这种建造方式称为"鱼鳞搭接"。

船桨
科克斯塔德号海盗船有16叶船桨。当利用船帆航行时，维京人把船桨插入桨架，呈"T"形。

船舵
位于船尾右舷的那一侧，由一根皮带系在舷缘上。随着时间的推移，船舵变得越来越宽。

盾牌
龙船上的盾牌位于舷外，起到防御作用。盾牌上丰富的装饰涂彩足以证明维京艺术家的不凡技艺。

货物
龙船作为战船，只有很小的空间用来储存货物。与此相反，柯克船是用于贸易往来的商船，它的甲板上甚至能搭载牲畜。

木料的选制
造船师傅总是选择最好的木材，例如橡木或松木。他们使用斧子、刻刀以及钻子把原木制成木板，而并不使用锯子。原木先是被劈成两半，然后弯曲的部分再被磨平。

它们是如何运转的

中世纪的城堡

城堡是国王、贵族和领主居住的武装建筑。通常它们修建在高地之上，这是一种抵御外部威胁和袭击的有效手段。在受到武装攻击和经历持久战时，城堡还被用作领地内农民的避难所。从13世纪开始，围攻军队的进攻性武器得到了很大进步，从而迫使城堡的内部结构发生改变，并使它们的防御体系得以提高。

城堡主楼
这是城堡的主塔，供领主和他的家人居住。他们的贵重物品存储在主塔的下层部分。

圆塔
通过一座螺旋状的楼梯能够通往各个楼层，这座楼梯一直延伸到地下室。许多塔里都有水井，因此不用依靠外部供水。

吊桥
通常城堡的四周被一条护城河环绕，以防止敌人入侵。因此只能通过一座吊桥进入城堡。

古代文明 221

城齿

城垛之间的空隙使人行道上的士兵们暴露在外。这个问题在13世纪时随着城齿的出现而得到了解决。城齿是一种用木头或金属做成的屏障，既能是固定的，也能是可拆卸的。

固定的木制城齿　　铁制，可拆卸　　木制，可拆卸

城墙

整座城池被又高又厚的城墙环绕。城墙上的高塔和城垛上有射击孔，通过这些孔就能够射击敌人。

人行道

城墙顶部有狭窄的人行道。人行道上的哨兵能够观察到城外的状况，并且能够在遭受攻击时组织防御。

练兵场

这是城堡的中心区域，通过这里可以进入包括小教堂、马厩和军械库在内的其他房间。

小教堂

在这里举行宗教活动。

面包炉

位于城堡内，以确保在遭受攻击时的面包供应。

还有娱乐活动

在和平时期，贵族和国王举办持续多日的大型聚会。宴会上有骑士比武和决斗，以及行吟诗人参加的文学比赛。

它们是如何运转的

文艺复兴时期的大教堂

　　15世纪，欧洲出现了一场新的社会文化运动：文艺复兴。人文主义思潮将人类放在了中心位置，这使得人们开始借古革新。在文艺复兴时期，人们崇尚个性自由，并尝试追求完美。文艺复兴影响了文化的所有领域，特别是艺术和建筑。

圣母百花大教堂

　　这座美丽的圣母百花大教堂是佛罗伦萨的标志，它展示出了从哥特式风格的时代向文艺复兴时代的完美转变。它于1296年开始修建，建造过程持续了几个世纪。这是文艺复兴运动的起点，在接下来至少两个世纪中，这项运动在文化领域广为盛行。

钟楼
1359年修建完成。高84米。

材料
它由砖、石头和大理石修建而成，上面铺着红色的瓷砖。

正面
1887年竣工。它是为了献给基督的母亲而建的。建筑属于新哥特式风格，表面铺着白色、绿色和粉色的大理石。

重叠修建

　　圣母百花大教堂是在圣雷帕拉塔教堂的基础上修建的，圣雷帕拉塔教堂的地下室仍然保存着。

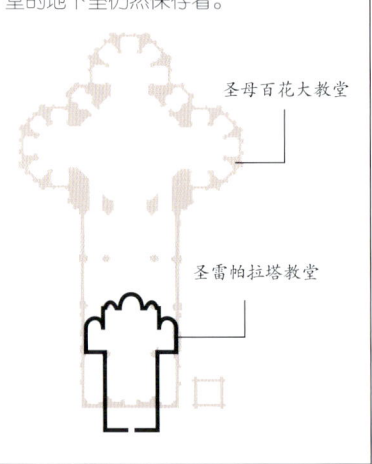

圣母百花大教堂

圣雷帕拉塔教堂

古代文明 223

穹顶
文艺复兴时期的风格。这座穹顶高 114 米，直径 41.7 米，曾是世界上最大的穹顶。

灯笼式天窗
它位于穹顶的顶端，用于保护圆顶中间的天窗，防止鸽子进入或水流入。它的修建过程持续了 25 年，1461 年菲利波·布鲁内列斯基死后建成。

龙骨
它们由大理石制成，各 4 米宽。每一侧的内部都隐藏着两根龙骨。

巨大的挑战
佛罗伦萨可能是 15 世纪最繁华的城市。在这个城市中，一座宏伟的哥特式大教堂的穹顶仍待修建，这项工程面临许多的挑战：它将会成为有史以来最大的穹顶，而且它的底座将会是八角形的。菲利波·布鲁内莱斯基解决了这个结构问题，他的灵感来源于阿格里巴设计的罗马万神庙的穹顶。

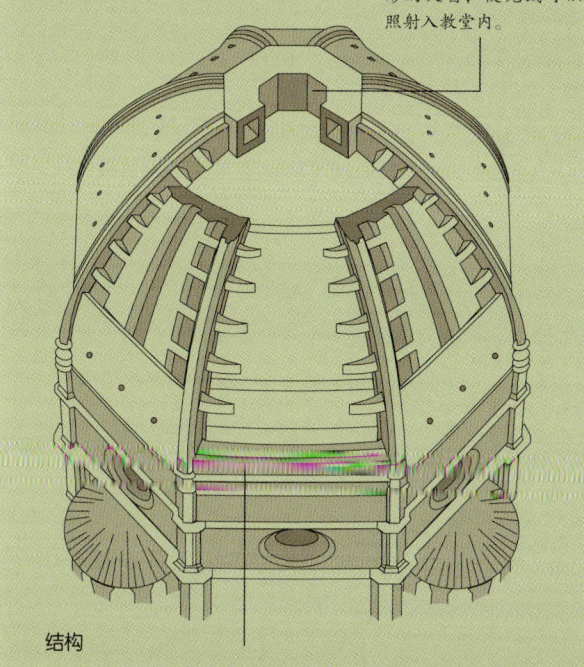

穹顶的天窗
穹顶上有一个八角形的天窗，使光线可以照射入教堂内。

结构
穹顶是由一层内部的球形墙体和一层外墙构成的，由大理石龙骨分成 8 个三角形区域。内外两层墙之间是空心的，里面隐藏着水平的同心圆结构的龙骨，从而支撑并减轻整个结构的重量。

▶ 菲利波·布鲁内莱斯基
作为圣母百花大教堂穹顶的建造者，他是文艺复兴时期的一位关键人物。他不仅是一位杰出的建筑师，还是一名艺术家、金匠和发明家。他于 1377 年出生在佛罗伦萨，1446 年去世。

半圆壁龛
它们是在 1421 年加建的。它们扩展了整座建筑的面积。

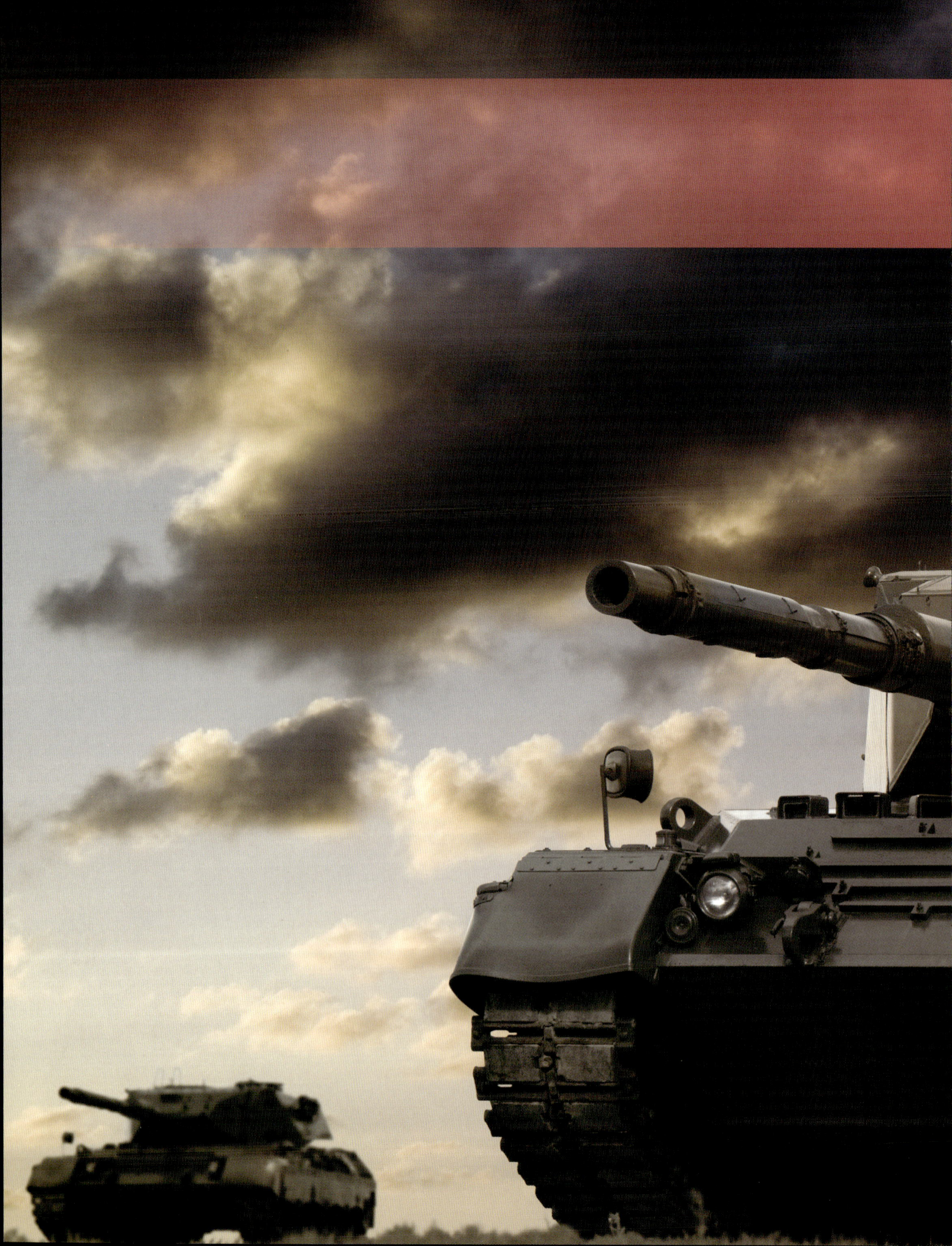

战争武器

它们是如何运转的

最早的战车

　　大约在公元前 2000 年，美索不达米亚的武士们就开始把牲畜拉的战车用作军事用途。最初，战车的目的只是向前冲锋，并打破敌人步兵的阵线，以迫使敌军部队撤退。然而随着设计的进步，它们变得更轻更快，操作也更为灵活，这使它们成为战争中的一项重要的战术武器。它们后来在近东地区被广为使用。

➤ 苏美尔人

　　他们的贡献在于发明了战车，并将它们用作交通运输工具。在这个地区城邦国家之间的战争中，使用战车变得越来越普遍。

车轮的用料：实木
轮子的数量：4
驱动方式：4头驴

马车
使用木材打造，并用皮革带和铜螺栓加固。其结构非常笨重。

➤ 希泰人

　　在公元前 20 世纪至公元 8 世纪期间，安纳托利亚地区曾经是希泰文明的中心。希泰人改良了轻型二轮战车，并把这种战车作为他们的主要武器。

车轮的用料：实木和铁
轮子的数量：2
驱动方式：2匹马

实心车轮
这种实心轮胎特别重，直径 50 厘米~80 厘米。它们搭配皮轮毂，并用铜铆钉固定。

轻型车轮
希泰人开始使用轮辐。

铁
战车上的大轮子有 8 根轮辐，用铁轮辋加固，在面临敌人时是一大优势。

➤ 亚述人

　　大约公元前 8 世纪，亚述人使用的是更为牢固的战车，这种战车装有大轮子和盾牌，在战斗中冲在前线。

车轮的用料：实木和铁
轮子的数量：2
驱动方式：2匹、3匹或4匹马

战争武器 227

埃及人

埃及人改良了古埃及希克索斯王朝使用的战车,把它们改变成了多功能的移动平台,可以用来射箭和矛。

车轮的用料:	实木和铁
轮子的数量:	2
驱动方式:	2匹马

箭袋
由木头和皮做成,被牢牢地系在二轮战车的车舆上。

运动
车厢固定在车轴上向前移动,这样的设计具有良好的可操作性,使操作者可以在保持车身稳定的情况下进行急转弯。

车厢

车轴

辕
由单独的一块木头做成。

轮轴
由木头做成,被固定在车厢的后部。

车厢
包括一块弯曲的木制挡板,由皮和铜螺栓加固。利用皮带把它和车轴以及车轴的中间部分固定在一起。

车轮
有4~6根轮辐。

利用一个拧在轮轴上的锁紧螺栓把车轮固定住。

尺寸
50厘米
75厘米
1米
2米
1米

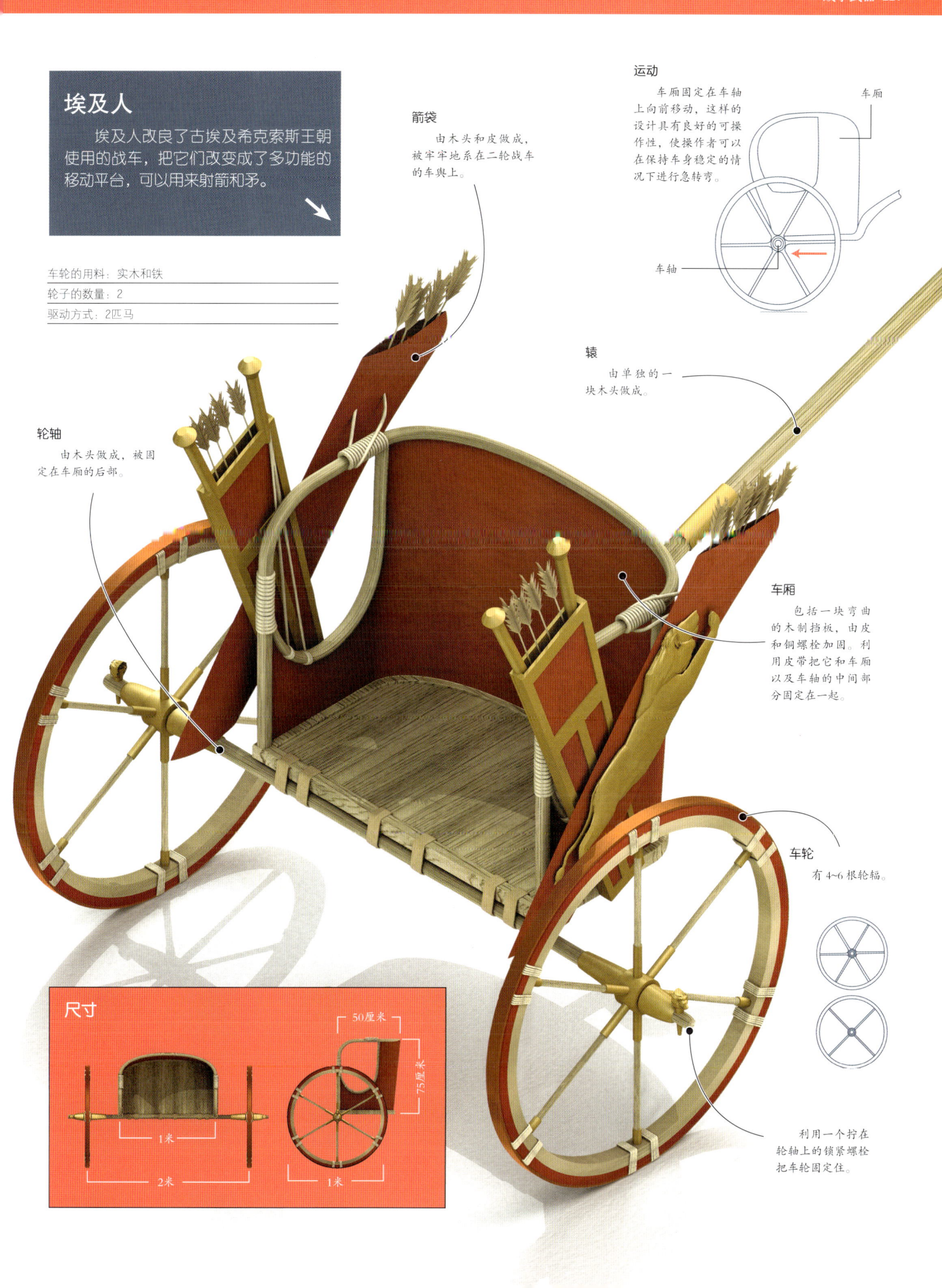

它们是如何运转的

中世纪攻城武器

在火药出现之前，中世纪的攻城武器实质上就是对弩炮、投石机、攻城槌和移动塔楼等古代沿用下来的武器的一种改进。这段时期最为重要的一项革新是抛石机。这种武器在大约12世纪时被引进到西方，它的射程比投石机更远，还能够把墙轰倒。

攻城塔

攻城塔能够在士兵冲向敌人的城墙时运送并保护士兵。一旦攻城塔抵达城墙，士兵们就能在城墙或城门上打开一个缺口，或者放下吊桥，使他们从攻城塔顶进入城内。

8米

吊桥
一旦攻城塔抵达城墙，士兵们就放下吊桥攻入城内。

结构
塔的底部是正方形底座。塔共有3层，每层通过楼梯相连，并由木制的侧面和盾牌保护。

攻城槌
这是一根装有铁头的木槌，通过不断地撞击城门达到破门而入的目的。

抛石机

这个武器用来向城墙或城内的建筑抛射无数的投射物，从而摧毁它们。它和大型投石机类似，但是它依靠平衡力和重力运作，而非扭力。它的射程大约可达200米。

弹丸
大石块作为主要的投弹，但也有证据证明粪便和动物尸体等也被用作投掷物。把动物尸体抛入被困的城内是为了传播疾病。

杠杆
当操作杠杆时，杠杆的长臂下降，配重物上升。

木桩
这些木桩用来把抛石机固定在地面上，从而防止发射时机器翻倒。

战争武器 **229**

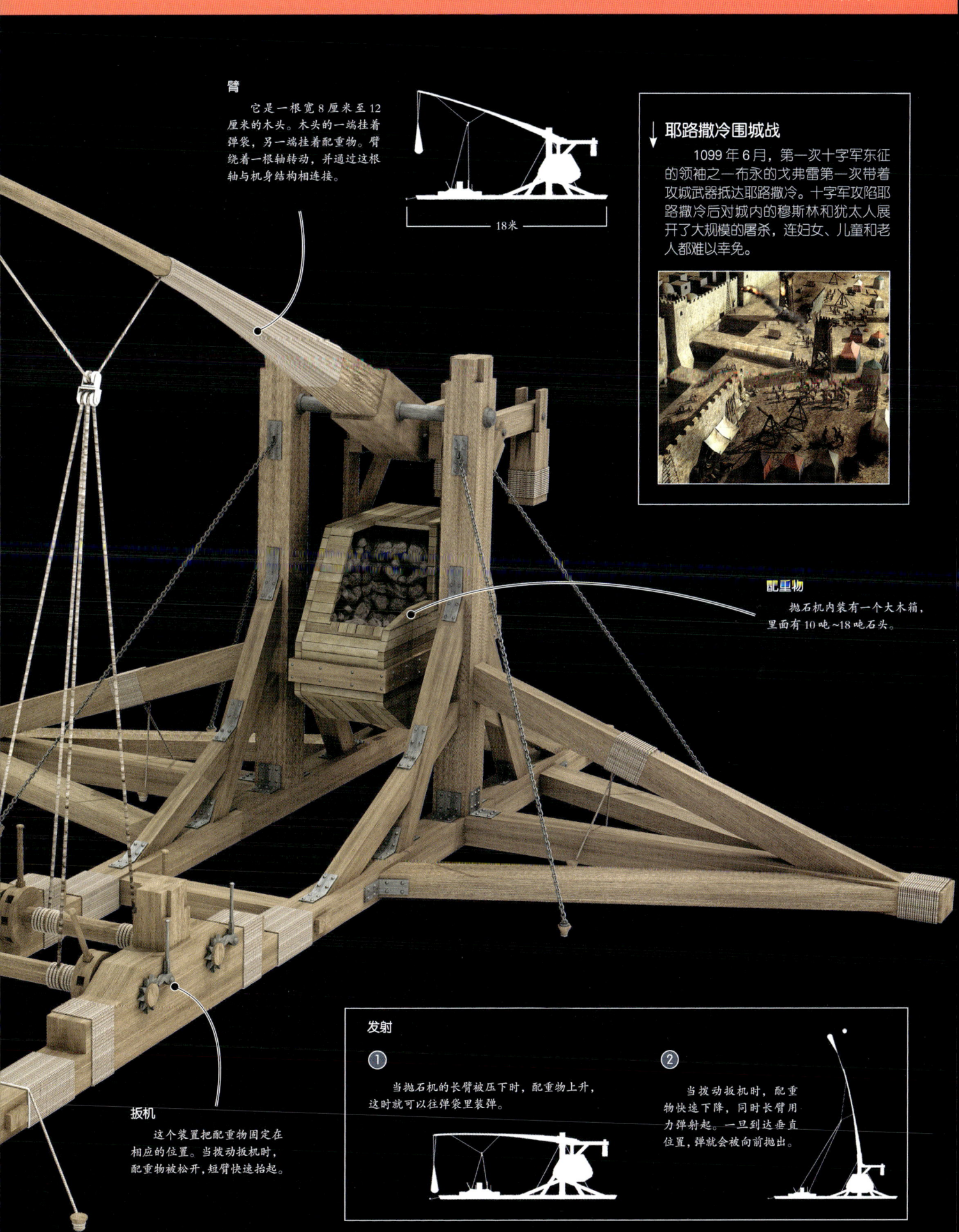

臂

它是一根宽 8 厘米至 12 厘米的木头。木头的一端挂着弹袋，另一端挂着配重物。臂绕着一根轴转动，并通过这根轴与机身结构相连接。

18米

↓ 耶路撒冷围城战

1099 年 6 月，第一次十字军东征的领袖之一布永的戈弗雷第一次带着攻城武器抵达耶路撒冷。十字军攻陷耶路撒冷后对城内的穆斯林和犹太人展开了大规模的屠杀，连妇女、儿童和老人都难以幸免。

配重物

抛石机内装有一个大木箱，里面有 10 吨~18 吨石头。

扳机

这个装置把配重物固定在相应的位置。当拨动扳机时，配重物被松开，短臂快速抬起。

发射

① 当抛石机的长臂被压下时，配重物上升，这时就可以往弹袋里装弹。

② 当拨动扳机时，配重物快速下降，同时长臂用力弹射起。一旦到达垂直位置，弹就会被向前抛出。

它们是如何运转的

朝鲜"龟船"

　　16世纪晚期，日本企图占领朝鲜半岛，以作为侵略中国的前哨。然而，他们遭遇到了激烈的抵抗，并遇到了一支高效的"龟船"舰队。这种船的主甲板被一层可能是金属制成的甲片保护，上面还有许多突出的大铁钉。这个保护层并不能抵御敌军的箭和大炮，它的主要功能是防止敌军登船。

东海要塞

　　"龟船"既稳定牢固，同时又轻便快捷，具有非常高的灵活性。一些历史学家认为它们是历史上最早的战船。

尺寸

40米 / 7米

这艘船的长度可能将近40米，但这个数据并不是绝对确定的。

李舜臣

　　朝鲜名将（1545-1598），1592年下令在旧模型的基础上改制"龟船"。为了保卫自己的祖国，他率领一支小规模舰队屡次抵御日本人的入侵。在一次与日本敌军的海战中，他不幸遇难。

船帆
　　船上有两面帆，每面帆都由很多根木杆加固，从而使它们具有强大的力量。在作战时，桅杆和船帆都能被移除。

长钉
　　壳上面有一层金属长钉，用来防止敌人登船。

龙头
　　根据18世纪的图绘，这个矗立在船头的龙头是一个装饰性的雕像。然而新的研究表明它实际上位于吃水线处，作用相当于一个攻城槌。

船壳
　　由六边形的甲片拼接而成，覆盖着整个主甲板。尚未确定它是由铁制成还是由木头制成。

锚
　　由木头制成，尺寸巨大。这是这类船的另一个典型特征。

战争武器 231

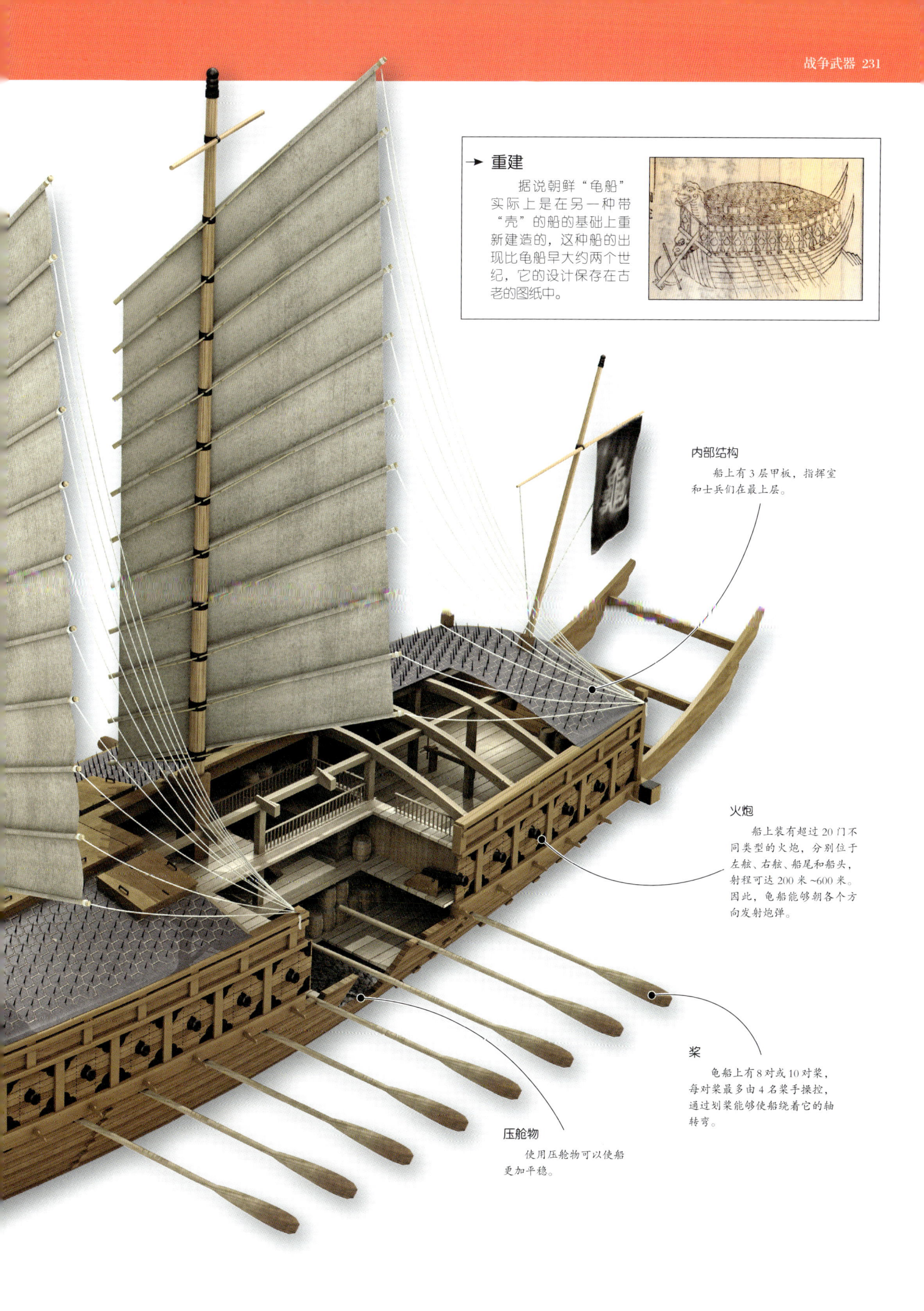

➤ 重建

据说朝鲜"龟船"实际上是在另一种带"壳"的船的基础上重新建造的，这种船的出现比龟船早大约两个世纪，它的设计保存在古老的图纸中。

内部结构

船上有3层甲板，指挥室和士兵们在最上层。

火炮

船上装有超过20门不同类型的火炮，分别位于左舷、右舷、船尾和船头，射程可达200米~600米。因此，龟船能够朝各个方向发射炮弹。

桨

龟船上有8对或10对桨，每对桨最多由4名桨手操控，通过划桨能够使船绕着它的轴转弯。

压舱物

使用压舱物可以使船更加平稳。

它们是如何运转的

三笠号战列舰

19世纪末，日本从沉睡中崛起，开始了快速的工业化和经济发展之路，这个国家很快转变成了世界强国。俄国在东亚的扩张以及日本对朝鲜的侵略企图引发了1904—1905年间的日俄战争，日本的国力在这场战争中得以显现。日本取得的出人意料的胜利彰显出了其海军的优越性，而其海军的支柱在于战列舰和装甲军舰。

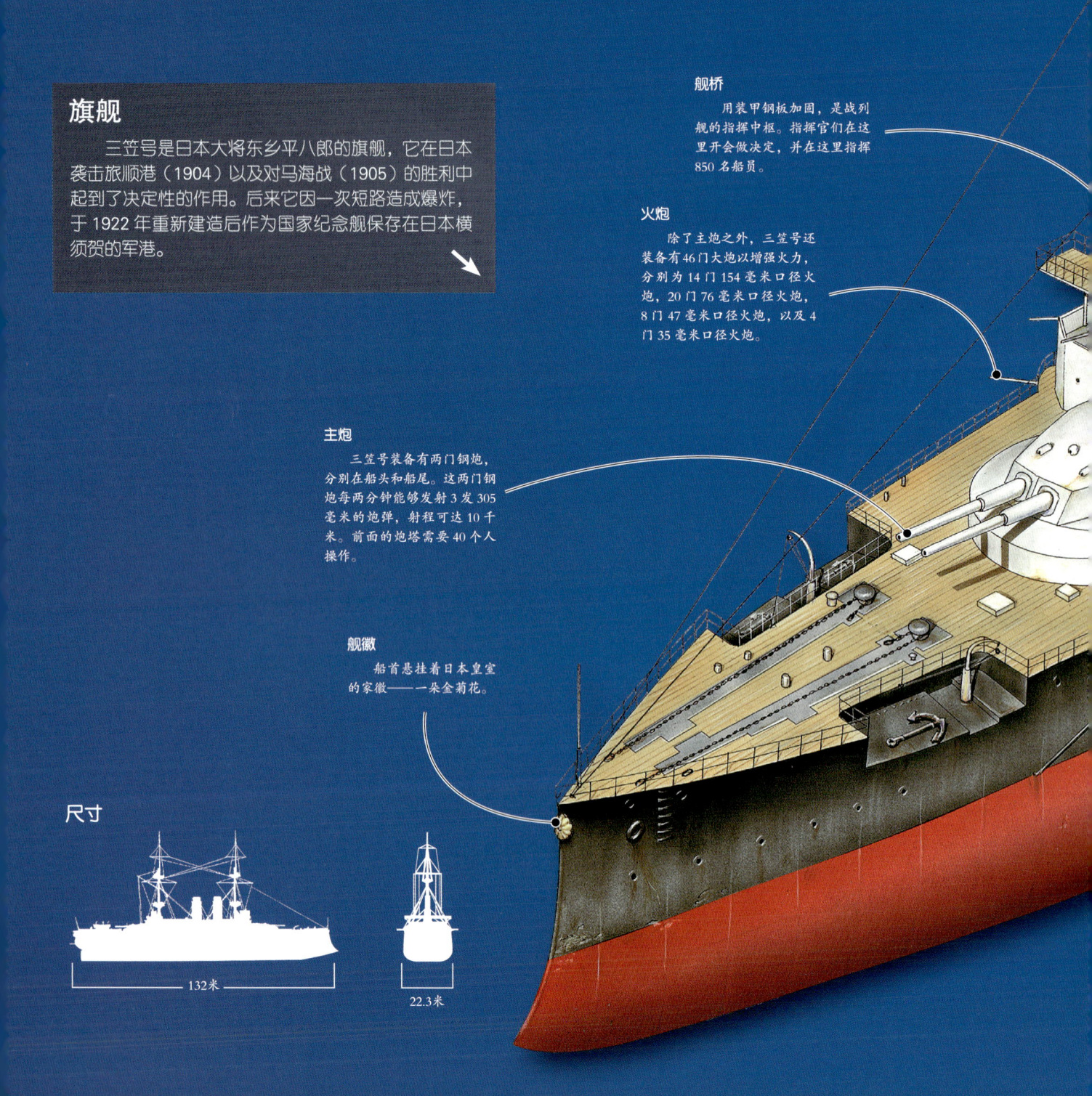

旗舰

三笠号是日本大将东乡平八郎的旗舰，它在日本袭击旅顺港（1904）以及对马海战（1905）的胜利中起到了决定性的作用。后来它因一次短路造成爆炸，于1922年重新建造后作为国家纪念舰保存在日本横须贺的军港。

舰桥

用装甲钢板加固，是战列舰的指挥中枢。指挥官们在这里开会做决定，并在这里指挥850名船员。

火炮

除了主炮之外，三笠号还装备有46门大炮以增强火力，分别为14门154毫米口径火炮，20门76毫米口径火炮，8门47毫米口径火炮，以及4门35毫米口径火炮。

主炮

三笠号装备有两门钢炮，分别在船头和船尾。这两门钢炮每两分钟能够发射3发305毫米的炮弹，射程可达10千米。前面的炮塔需要40个人操作。

舰徽

船首悬挂着日本皇室的家徽——一朵金菊花。

尺寸

132米

22.3米

战争武器 233

救生船
放置在这里的救生船具有战略性意义,它能防止鱼雷袭击造成的船体漏水和因此导致的船体缓慢下沉。在弹药库或锅炉爆炸的情况下,救生船则派不上用场。

日本舰队
日本委托英国、法国和意大利为它建造舰队,这些国家都想要压制俄国在东亚的力量。与三笠号战列舰相同,日本的另一艘战列舰比睿号也是从英国的造船厂建造的。通过俘获中国战舰和仿造欧洲战舰,日本的舰队逐渐组建完成。

电报舱
20世纪初,海军开始使用无线电报。在对马海战中,这项技术对日本作战策略的发展起到了决定性的作用。

东乡平八郎
海军元帅东乡平八郎(1848-1934)是日本帝国海军的缔造者。他的战略在日俄对马海战中起到了决定性的作用。

铁甲舰
装甲舰是第一批真正的战列舰,也就是最早的装有铁甲或钢甲的蒸气式军舰,它们取代了在炮弹面前不堪一击的木船。法国的光荣号铁甲舰(1859)是第一艘铁甲舰。一年之后,英国就造出了勇士号铁甲舰。

推进
在克里米亚战争(1853-1855)中,运用蒸气推进系统的战列舰比帆船更具优势。燃烧过程中产生的烟和蒸气通过大烟囱排放出去。

存储
这里存储的煤是2个引擎25个锅炉的主要燃料。

光荣号
法国光荣号军舰的绘图,它是历史上第一艘铁甲舰。

铁甲
钢壳能够保护船体,特别是保护舰桥。

它们是如何运转的

第一次世界大战时期的火炮

在堑壕战中，大炮经受住了战争的考验：它们能够从更远的距离、用更强的力量射击敌人。重型火炮、大炮和榴弹炮是西线战场上无数场战斗获取胜利的关键所在，因为只有这些武器才具有摧毁敌军战线上防御工事的射程、口径和力量。

"大贝尔塔炮"

由德国克虏伯公司制造的攻城榴弹炮被同时使用在西线战场和东线战场。这种大炮重达42吨，在它的攻击下，比利时的那慕尔和列日要塞变成了废墟。

尺寸

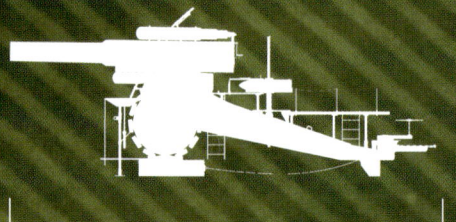

15.88米

装载
它使用的是滑楔式炮门装置。

炮管
直径420毫米，能够以400米/秒的速度发射830公斤的炮弹，射程大约为9.3千米。

机动性
它的机动性非常有限，运输时被分解开，并装载在4辆拖车上，由两辆戴姆勒-奔驰的牵引车拖运。

运输及操控
这门榴弹炮需要200多人移动、装配和操作。它的组装过程需要6个小时，仅操作一项就需要12个人来完成。

瞄准弧
它的一端连接着被埋在地下用来固定大炮的楔子，另一端连接着用来指定方向的瞄准具。

战争武器 235

法国 GPF194mm 自行火炮
这门法国制造的自行火炮是第一门这个类型的火炮，它在第一次世界大战接近尾声时投入使用。它由一个潘哈德 SUK4 M2 引擎驱动，行驶速度能够达到 10 千米/小时。

弹药
它的 194 毫米口径的菲律克斯炮管能够发射 78.8 千克的炮弹，射程超过 20 千米。

尺寸
6.57 米

炮弹
一旦落到敌方的筑垒中就会爆炸，爆炸产生的冲击波足以摧毁地基。由于炮弹非常重，需要用吊车才能够把它放置到位。

巴黎大炮
1918 年 5 月至 8 月之间，德国利用巴黎炮从距离法国首都巴黎 120 千米的克雷皮小镇以及科尔比和布吕耶尔的森林中轰击巴黎。它的炮管重 125 吨，因此它只能通过铁路被运送到战场。

210 毫米口径火炮
它能够发射 120 千克的炮弹，其中包含 7 千克炸药，射程为 132 千米。

尺寸
50°
34 米

炮管
由两根套在一起的钢管制成。

装弹
它采用螺旋供弹系统。

18 磅野战炮
英国野战炮于 1903 年问世。它的有效轰击范围为 8.5 千米，重 1 380 千克，由 6 个人操作。

尺寸
2.34 米

它们是如何运转的

福克 Dr-1 战斗机

　　德国人在一架被俘获的英国普索威斯三翼机的基础上设计出了他们自己的飞机：福克 Dr-1 战斗机。最早的两架福克 Dr-1 战斗机于 1917 年 8 月被交付给曼弗雷德·冯·里希特霍芬（绰号"红男爵"）的飞行中队。其中的一架成为他的私人战机，另一架由 24 天内击落 20 架飞机的维尔纳·福斯驾驶。福克 Dr-1 战斗机具有超强的灵活性，非常适合进行空中格斗，这种战斗模式曾出现在当时的西线战场。

机枪
　　它装有两挺史宾道 LMG 08/15 7.92 毫米口径的机枪，同步使用一个射击断续系统，使它能够通过螺旋桨旋转的空隙射击。

驾驶员座舱
　　为了平衡发动机的重量，驾驶员座舱不得不在原始模型的基础上往后移。飞行员在飞行过程中有着绝佳的视野，然而在起飞时的视野却没有那么好。

发动机
　　最著名的一架战斗机上搭载着一个 9 缸、145 马力的力隆旋转式发动机。这种发动机带给这架三翼机的灵活性弥补了它火力相对较小的不足。

机枪

燃油表

控制装置

测高仪

木制壁板

战争武器 237

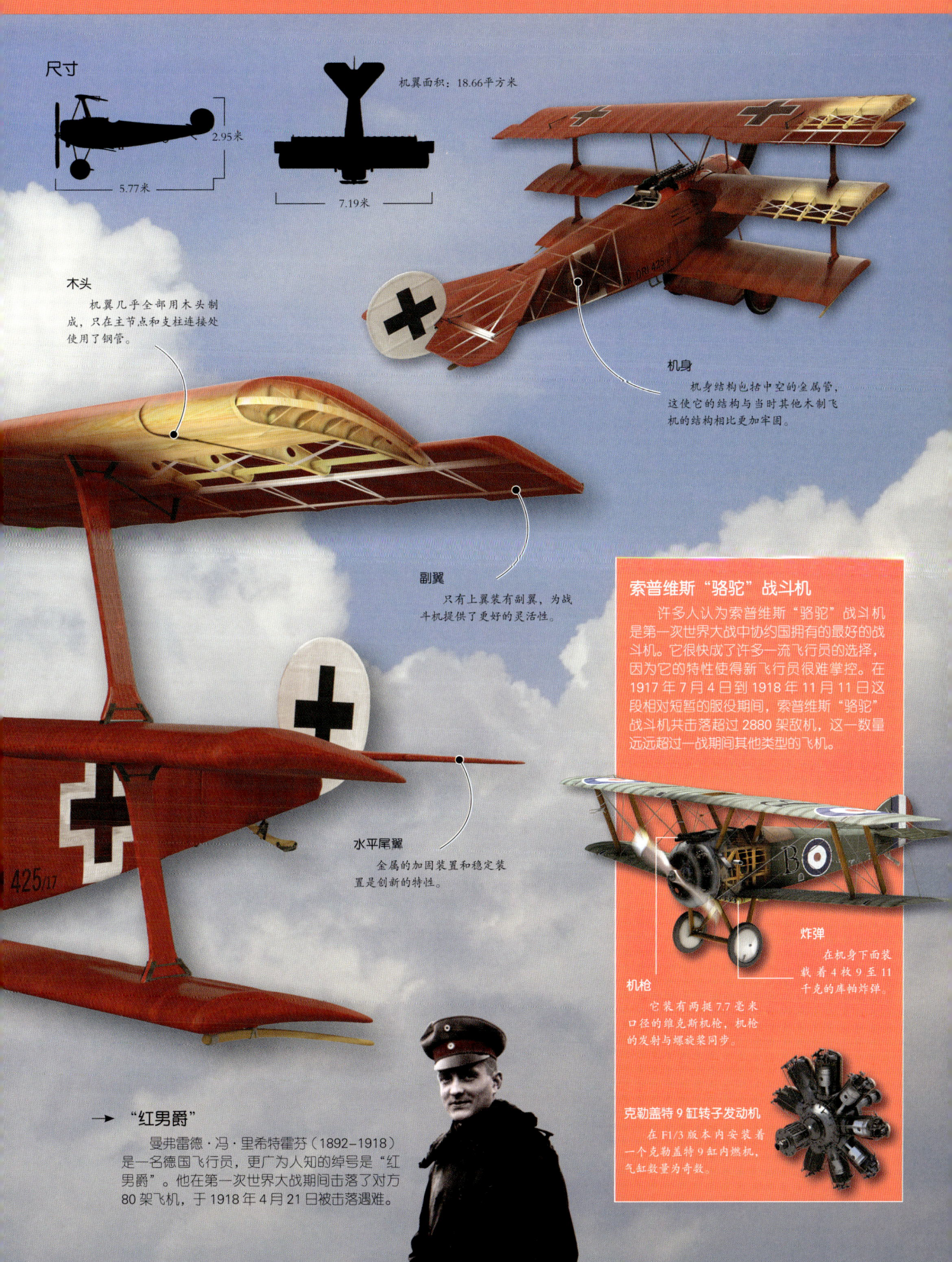

尺寸

机翼面积：18.66平方米

2.95米
5.77米
7.19米

木头
机翼几乎全部用木头制成，只在主节点和支柱连接处使用了钢管。

机身
机身结构包括中空的金属管，这使它的结构与当时其他木制飞机的结构相比更加牢固。

副翼
只有上翼装有副翼，为战斗机提供了更好的灵活性。

水平尾翼
金属的加固装置和稳定装置是创新的特性。

索普维斯"骆驼"战斗机

许多人认为索普维斯"骆驼"战斗机是第一次世界大战中协约国拥有的最好的战斗机。它很快成了许多一流飞行员的选择，因为它的特性使得新飞行员很难掌控。在1917年7月4日到1918年11月11日这段相对短暂的服役期间，索普维斯"骆驼"战斗机共击落超过2880架敌机，这一数量远远超过一战期间其他类型的飞机。

机枪
它装有两挺7.7毫米口径的维克斯机枪，机枪的发射与螺旋桨同步。

炸弹
在机身下面装载着4枚9至11千克的库帕炸弹。

克勒盖特9缸转子发动机
在F1/3版本内安装着一个克勒盖特9缸内燃机，气缸数量为奇数。

➔ **"红男爵"**
曼弗雷德·冯·里希特霍芬（1892-1918）是一名德国飞行员，更广为人知的绰号是"红男爵"。他在第一次世界大战期间击落了对方80架飞机，于1918年4月21日被击落遇难。

它们是如何运转的

T-34 坦克

苏联生产的某些轻型和重型坦克是历史上最令人称赞并且被复制次数最多的坦克。其中最具代表性的是装甲 T-34 坦克,这种坦克在第二次世界大战的东线战场上对于遏制希特勒的进攻起到了关键作用,使胜利的天平开始向反法西斯联盟国一方倾斜。最近几十年,出口到许多国家的 T-72 坦克成为俄罗斯生产量第二大的装甲车。

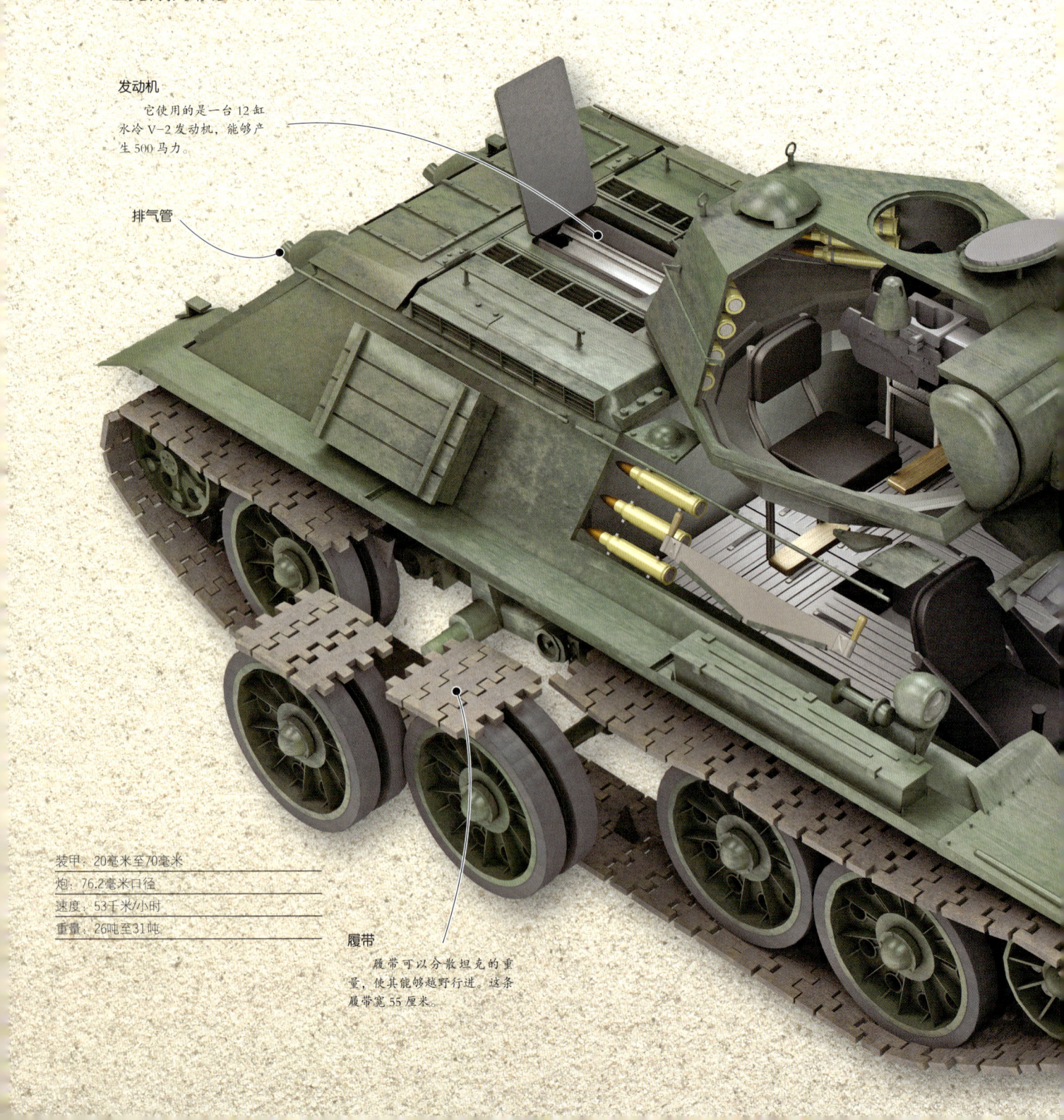

发动机
它使用的是一台 12 缸水冷 V-2 发动机,能够产生 500 马力。

排气管

装甲:20毫米至70毫米
炮:76.2毫米口径
速度:53千米/小时
重量:26吨至31吨

履带
履带可以分散坦克的重量,使其能够越野行进。这条履带宽 55 厘米。

最高效的坦克

在 1940 年至 1944 年间，苏联生产了将近 40 000 辆 T-34 坦克，这种坦克的成功一方面是由于它实现了速度与火力的结合，另一方面则是由于它的制造过程较为容易。

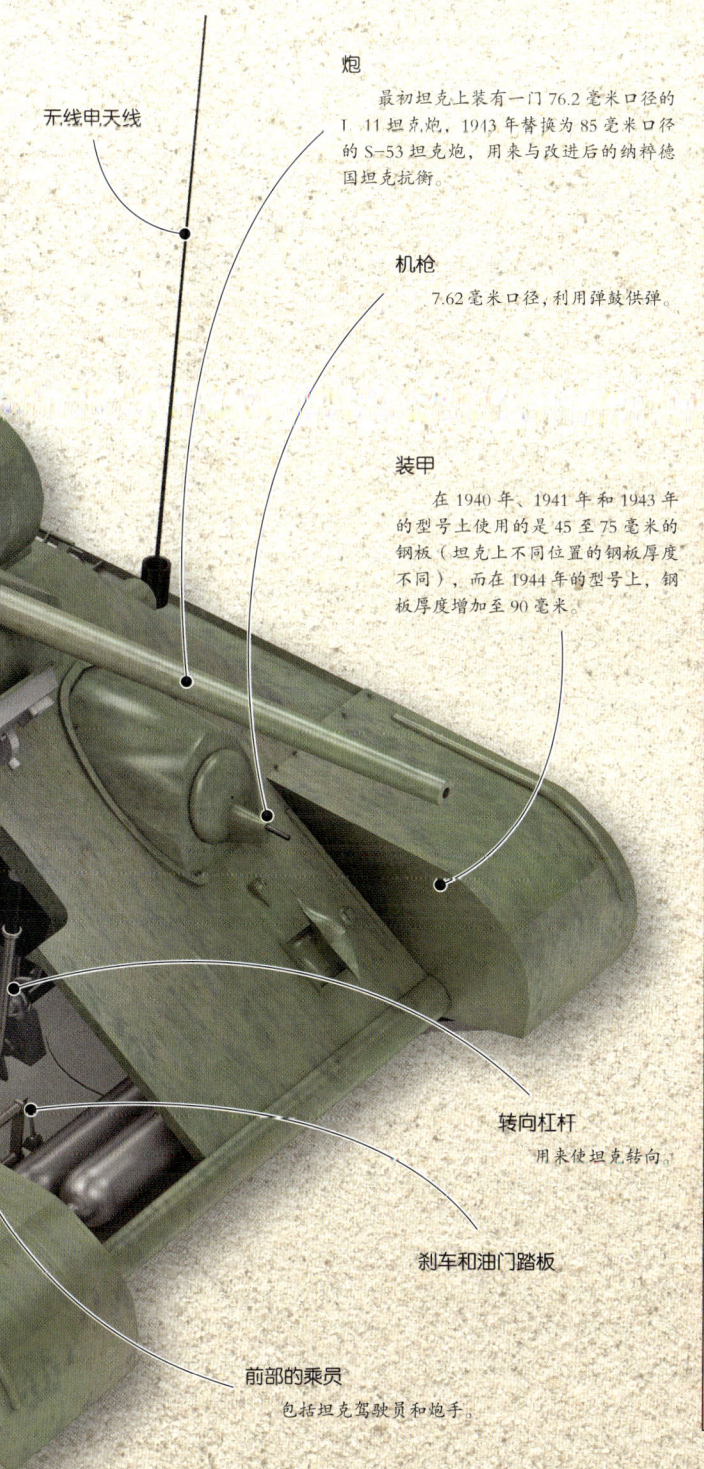

苏联红军的其他坦克

1
T-18

它生产于 1928 年至 1931 年间。尽管 T-18 被认为是一部失败的作品，但它代表着苏联在坦克量产上的最初探索。

装甲	16 毫米
炮	37 毫米
速度	17 千米/小时
重量	5.9 吨

2
KV-1

这辆重型坦克拥有厚重的装甲，使它在德军的坦克面前几乎坚不可摧。它于 1940 年开始服役。

装甲	90 毫米
炮	76.2 毫米
速度	35 千米/小时
重量	43 吨

3
KV-2

重型坦克，为了攻城而设计，发射的炮弹力量非常大。它生产于 1940 至 1942 年间。

装甲	110 毫米
炮	152 毫米
速度	35 千米/小时
重量	58 吨

4
T-72A

它是如今在俄罗斯和世界上其他地方最为流行的一款装甲车。它于 1971 年开始服役，曾经出口到南斯拉夫和伊拉克等国。

装甲	100 毫米
炮	125 毫米
速度	60 千米/小时
重量	41.5 至 44.5 吨

无线电天线

炮
最初坦克上装有一门 76.2 毫米口径的 L-11 坦克炮，1943 年替换为 85 毫米口径的 S-53 坦克炮，用来与改进后的纳粹德国坦克抗衡。

机枪
7.62 毫米口径，利用弹鼓供弹。

装甲
在 1940 年、1941 年和 1943 年的型号上使用的是 45 至 75 毫米的钢板（坦克上不同位置的钢板厚度不同），而在 1944 年的型号上，钢板厚度增加至 90 毫米。

转向杠杆
用来使坦克转向。

刹车和油门踏板

前部的乘员
包括坦克驾驶员和炮手。

它们是如何运转的

容克 Ju-87 斯图卡轰炸机

斯图卡轰炸机有着一副威胁性的外表，再加上其发动机特有的尖啸声，这使得它成为第二次世界大战时波兰和法国天空中最可怕的存在。在西班牙内战期间，秃鹰军团使用的容克 Ju-87 斯图卡 A 型和 B 型轰炸机就已经让全世界见识到了它们的强大力量。斯图卡轰炸机能够很精准地攻击运动中的小型目标。

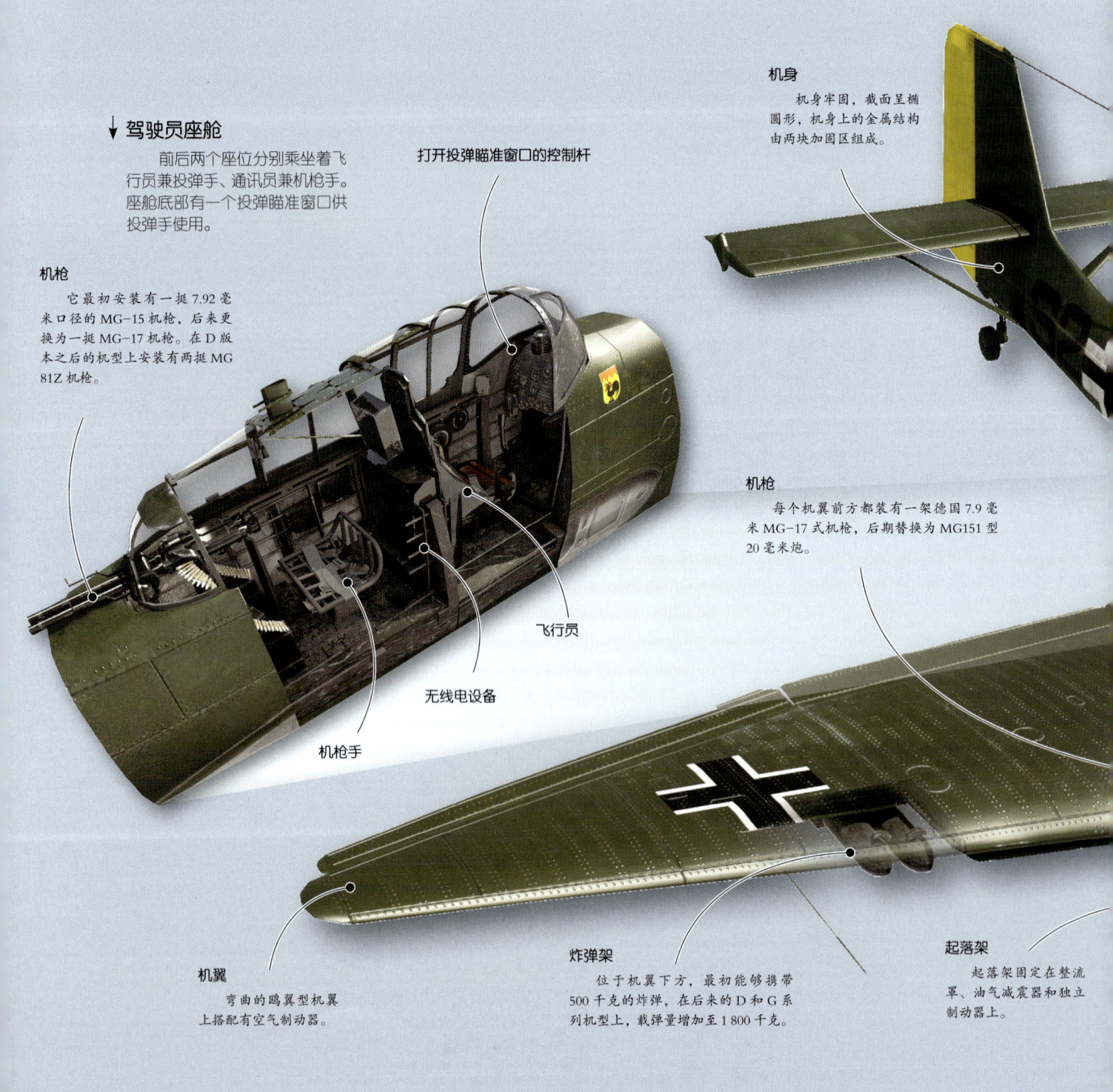

↓ 驾驶员座舱
前后两个座位分别乘坐着飞行员兼投弹手、通讯员兼机枪手。座舱底部有一个投弹瞄准窗口供投弹手使用。

机身
机身牢固，截面呈椭圆形，机身上的金属结构由两块加固区组成。

打开投弹瞄准窗口的控制杆

机枪
它最初安装有一挺7.92毫米口径的MG-15机枪，后来更换为一挺MG-17机枪。在D版本之后的机型上安装有两挺MG 81Z 机枪。

机枪
每个机翼前方都装有一架德国7.9毫米 MG-17式机枪，后期替换为MG151型20毫米炮。

飞行员

无线电设备

机枪手

机翼
弯曲的鸥翼型机翼上搭配有空气制动器。

炸弹架
位于机翼下方，最初能够携带500千克的炸弹，在后来的D和G系列机型上，载弹量增加至1 800千克。

起落架
起落架固定在整流罩、油气减震器和独立制动器上。

型号

最主要的版本是 JU-87D。在众多的衍生型号中,有在齐柏林伯爵号航空母舰上使用的机翼可折叠的海军版本,有添加额外装甲板的版本,有鱼雷机版本,还有装有两门 PaK37 毫米反坦克炮的版本,以及攻击范围扩展的版本。

俯冲轰炸机

这种类型的轰炸机在第二次世界大战中得到了快速的发展,被广泛地应用于辅助陆军和海军作战。它们被用来朝目标快速进攻并投放炸弹,在飞行中会短时间地暴露于防空炮火之中。

❶ 瞄准目标

飞行员瞄准目标,并通过俯冲复原系统到达理想的高度。

❷ 俯冲

轰炸机从 65° 至 90° 的角度,以超过 500 千米/小时的速度俯冲。此时俯冲制动器处于开启状态。

❸ 攻击

在到达大约 500 米的高度时,飞行员释放炸弹或启动机枪。与此同时,自动系统开启,将轰炸机从俯冲状态拉起。

尺寸

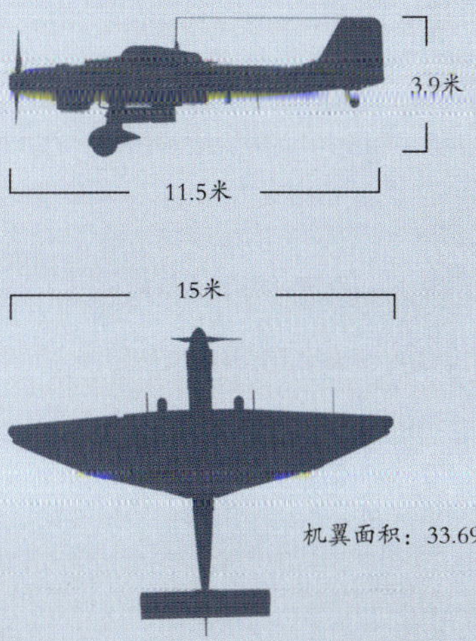

3.9米
11.5米
15米

机翼面积:33.69平方米

燃料

机翼上有两个主油箱,每个主油箱能够容纳 481 升燃油,另外还有两个容量为 300 升的副油箱。

伪装色

这个型号曾被用于 1940 年对法国作战和 1941 年对巴尔干地区作战。

螺旋桨

这是 VS5 或 VS11 型螺旋桨,由胶合板制成,拥有三叶双位变距桨叶。

发动机

发动机通过一个由两根高强度金属梁合成的悬挂式部分固定在机身上。

机腹下挂架

采用一个西门子公司的 ETC 500/A 型炸弹挂架,挂载一枚重 500 千克的 SC500 型炸弹。炸弹挂架向前倾斜,使炸弹朝预定方向发射。

它们是如何运转的

波音 CH-47 支努干直升机

自从 50 多年前 CH-47 支努干直升机开始服役，它就成了美军主要的运输飞机。从越南战争起到伊拉克和阿富汗战争，这款直升机已经发展出了许多不同的版本。这种双引擎、双螺旋桨、重型起重运输直升机主要用来运输武器、火炮、弹药、燃料、水、材料等。

尺寸
5.8米
30.2米

纵列式螺旋桨
这种设计能够使它在各种天气状况下飞行，而其他的直升机则难以做到。

螺旋桨直径 18.28米

桨片
支努干直升机使用的是复合材料旋翼桨叶。

驾驶员座舱
它可以容纳两名飞行员和一名观察员。最新的版本上安装有全数字化系统。

波音 AH-64 阿帕奇直升机
这是美军主力武装直升机。它装配有先进的航空电子设备、复杂的传感系统，以及多种类型的武器。这些性能使它能够被用于白天或夜晚的各种袭击、护航等任务。

机枪
美军使用的 CH-47 支努干版本上安装着一挺朝向前方的 7.62 毫米口径 M134 速射机枪，以及两挺 7.62 毫米口径 M60s 机枪，其中一挺朝向后方位置，另一挺朝着斜坡后舱门。

战争武器 243

← 货舱容量
货舱表面积为 21 平方米，容量为 42 立方米。它能够运送两辆悍马汽车。

装甲
机身配有防弹甲板用来保护乘客。

装货斜坡

机舱
能够运送 33 至 55 名士兵，或是 24 副医疗救护用的担架。

发动机
它有足够的动力，能够吊运一架被损坏的直升机或另一架支努干直升机。

油箱
机身两侧的整流罩内各有一个油箱，容量为 3 900 升。

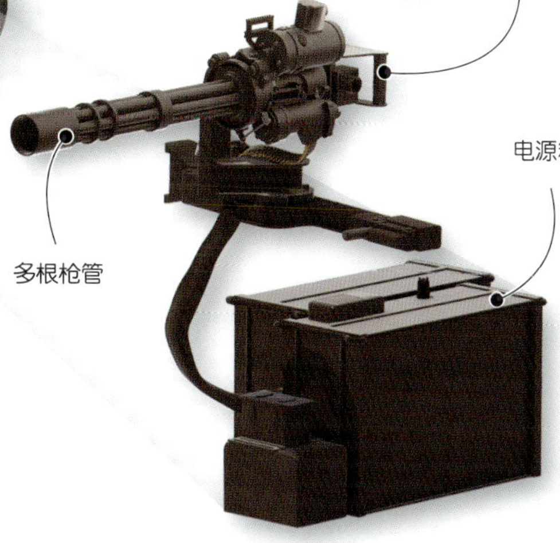

射速控制器

电源箱

多根枪管

M134 机枪

空运容量
这款直升机上有由 3 个吊钩组成的一个吊运系统：中央吊钩的最大吊运量为 12 000 千克，另外两个吊钩可分别吊运 7 500 千克的物体。

它们是如何运转的

无人驾驶飞机（UAV）

现代先进的无人驾驶飞机是由地面操作员控制的，这些操作员身处军事地基中，远离战火的威胁。无人驾驶飞机能够在最为艰巨的情况下执行侦察、袭击和支援任务。无人驾驶飞机从20世纪90年代开始被广泛地应用于军事领域，它广为人知的名字是"雄蜂机"。

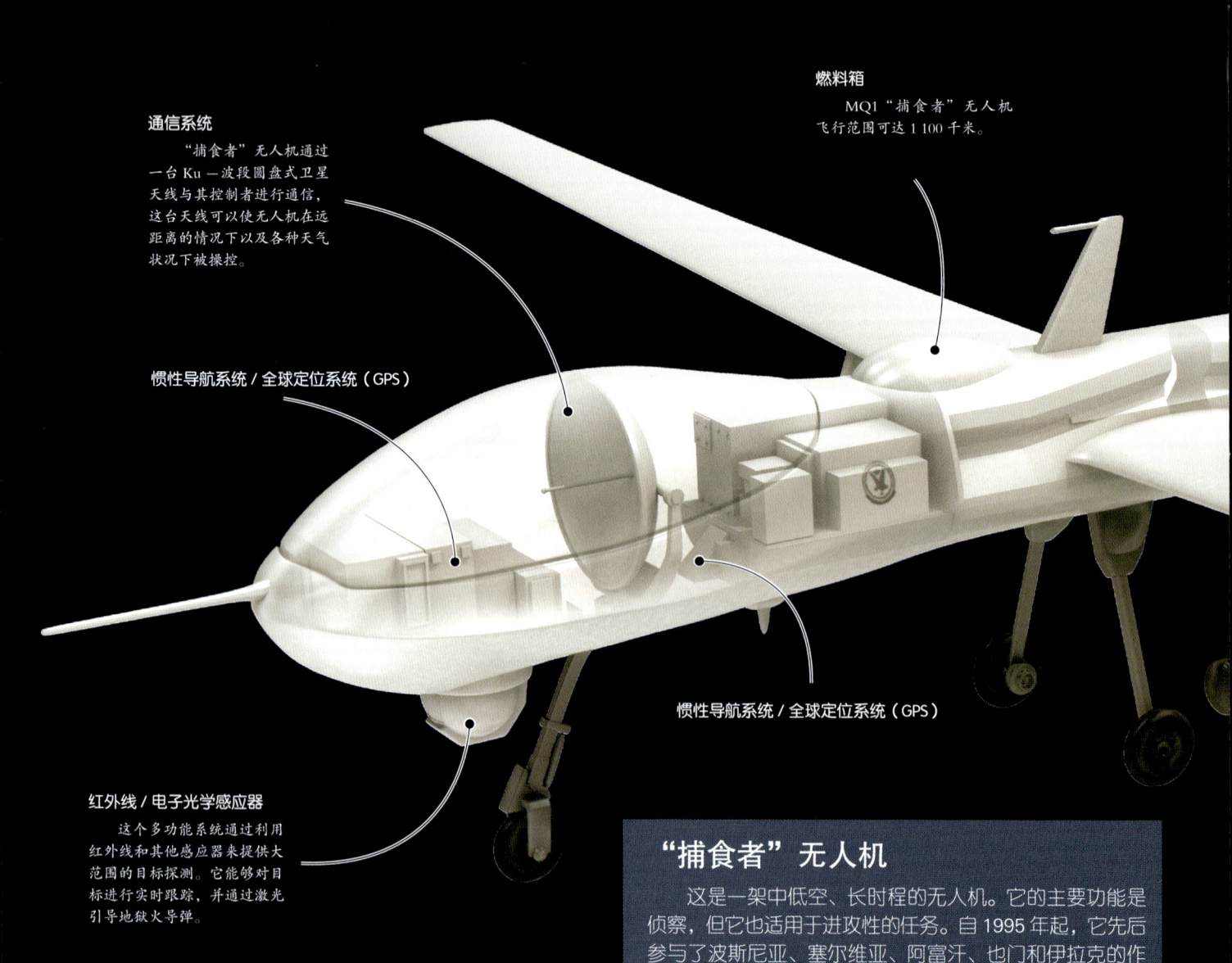

燃料箱
MQ1"捕食者"无人机飞行范围可达1 100千米。

通信系统
"捕食者"无人机通过一台Ku—波段圆盘式卫星天线与其控制者进行通信，这台天线可以使无人机在远距离的情况下以及各种天气状况下被操控。

惯性导航系统/全球定位系统（GPS）

惯性导航系统/全球定位系统（GPS）

红外线/电子光学感应器
这个多功能系统通过利用红外线和其他感应器来提供大范围的目标探测。它能够对目标进行实时跟踪，并通过激光引导地狱火导弹。

"捕食者"无人机
这是一架中低空、长时程的无人机。它的主要功能是侦察，但它也适用于进攻性的任务。自1995年起，它先后参与了波斯尼亚、塞尔维亚、阿富汗、也门和伊拉克的作战行动。

战争武器 245

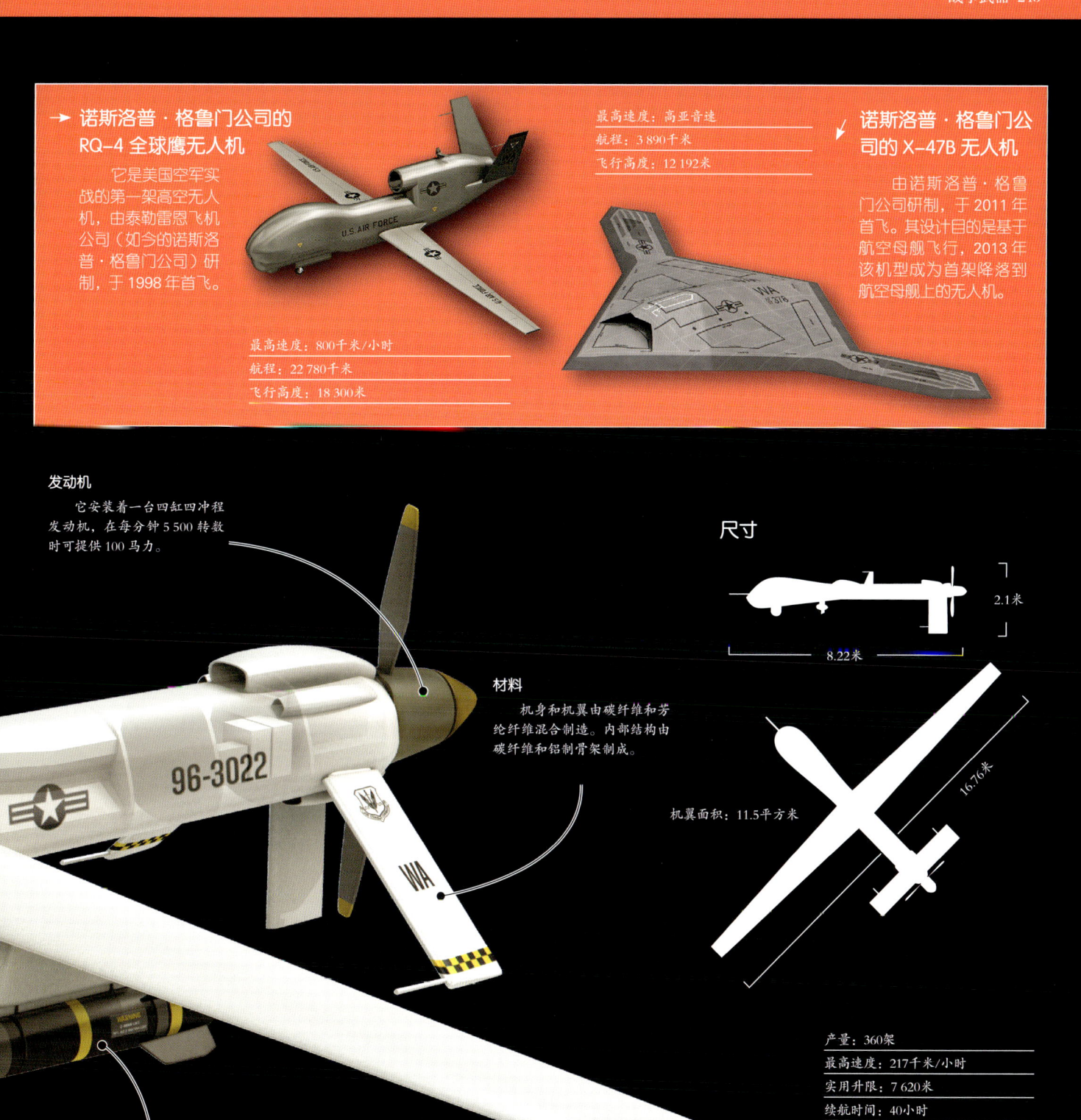

诺斯洛普·格鲁门公司的 RQ-4 全球鹰无人机

它是美国空军实战的第一架高空无人机，由泰勒雷恩飞机公司（如今的诺斯洛普·格鲁门公司）研制，于1998年首飞。

最高速度：800千米/小时
航程：22 780千米
飞行高度：18 300米

最高速度：高亚音速
航程：3 890千米
飞行高度：12 192米

诺斯洛普·格鲁门公司的 X-47B 无人机

由诺斯洛普·格鲁门公司研制，于2011年首飞。其设计目的是基于航空母舰飞行，2013年该机型成为首架降落到航空母舰上的无人机。

发动机
它安装着一台四缸四冲程发动机，在每分钟5 500转数时可提供100马力。

材料
机身和机翼由碳纤维和芳纶纤维混合制造。内部结构由碳纤维和铝制骨架制成。

尺寸
2.1米
8.22米
16.76米
机翼面积：11.5平方米

产量：360架
最高速度：217千米/小时
实用升限：7 620米
续航时间：40小时

武器
在"捕食者"的机翼下搭载着两枚空对地 AGM-114 地狱火导弹（如上图所示），或是两枚空对空 AIM-92 毒刺导弹。

400 万美元

这是 RQ1/MQ1 "捕食者"无人机的单价。整个项目耗资 23.8 亿美元。

它们是如何运转的

海马斯自行火箭炮

军火工业的进步与当前的战争息息相关，这在诸如伊拉克或阿富汗等冲突地区已经得到呈现。美军的海马斯自行火箭炮（高机动火箭炮系统）火箭发射器就是其中的一例。这种重量轻、便于运输的发射车能够以最高的精确性和有效性远距离打击目标。自从 2005 年入役以来，这些装备着火箭发射器的、复杂性极高的卡车已经发射了 2 500 枚火箭弹。

装甲舱
这个座舱内只有 3 名乘员：驾驶员、炮手和车长。他们在舱内能够免受小型武器和毒气的攻击。

致命性武器
海马斯自行火箭炮是由洛克希德·马丁公司（导弹发射）和 BAE 系统公司（车辆）在美国研制的。它的设计目的在于从特定的距离（最远 300 千米）攻击炮兵阵地、防空设施、军事或运输车辆，以及集结部队。它的优势在于在被敌军锁定和反攻之前，能够快速地从发射位置撤离。

发射台
海马斯自行火箭炮能够向距离最远 70 千米的地方发射 6 枚制导多管火箭发射系统（GMLRS）导弹，或是发射一枚射程达 300 千米的陆军战术导弹系统（ATACMS）导弹。它具有极好的准确性，这要得益于安装在火箭弹上的全球定位系统。

不到一分钟发射 6 枚导弹
先后发射 6 枚 GMLRS 导弹需要大约 45 秒。

兼容性
发射台还能够被用来发射不同型号的 227 毫米多管火箭系统（MLRS）火箭弹。

战争武器 247

发射器
使用一个液压起重系统。发射的准备过程需要大约 15 分钟，但却只需要 20 秒就可以瞄准目标。

重量轻
这辆卡车重量只有 5 吨。这意味着它能够通过美国空军中最为常见的"大力神"C-130 运输机运输。

卫星制导导弹
在 1990 年至 1991 年的海湾战争中，美军首次使用 GPS 卫星导航系统作战。当时，它的对手俄罗斯正在开发的格洛纳斯全球导航卫星系统（GLONASS）。如今，这两个系统除了其他的功能之外，还被用于引导导弹和炸弹。

➡ **导弹**
海马斯自行火箭炮最初使用的是 M26 型火箭弹，而这种火箭弹最终被新的 GMLRS M31 导弹取代。这种新型导弹的误差范围仅 10 米，是一种精确性很高的武器，因此它的优势之一在于能够减少附带损害。

GPS
引导和控制装置，装有 GPS 天线。

弹药芯
每一枚 M31 导弹包含大约 90 千克预控破片爆炸物。

多功能引信
装有 3 种不同的引信，根据目标的不同进行调整，例如燃料库、野外目标等。

发动机

驱动
与曾经用来装载火箭发射器的履带式汽车不同，这些轮式卡车速度非常快，而且能够适应复杂的地形。

附 录

附 录

它们是如何运转的

1

18磅野战炮，235

A

阿拉伯塔酒店，76-77
阿拉伯塔酒店的顶层餐厅，77
阿拉伯塔酒店的海底餐厅，77
阿丽亚娜5型火箭，178
安全数码卡（SD卡），43

B

巴黎炮，235
巴黎圣母院，60-61
巴氏消毒法，130，131
百年灵热气球3号，10
拜占庭风格，68，72
半圆壁龛，60，62，223
包装车间，132-133
北京国家体育场，78-79
贝尔兹大会堂，70-71
背景摄影机，189
变速箱，19
变压器，21，119
病原菌，127
波音747飞机，14
波音AH-64阿帕奇直升机，242
波音CH-47支努干直升机，242-243
播种，138，139，140，143
捕鱼，134-135，136-137

C

舱，12，17，25，28，31，233，246
草莓（转基因），146
侧支索，27
潮汐能，124-125
朝鲜"龟船"，230-231
车把，23
车轮，22，120，226，227
城齿，221
触摸屏幕，52-53
船，24-25
船舱，13，15，27，219，227
船壳，230，235
船体，24，27，218
传真，90-91

D

DC-3飞机，14
打印机（3D），46-47
大坝，120，121，124，125
大爆炸，165，181
大贝尔塔炮，234
大型强子对撞机（LHC），164-165

附录 251

大众甲壳虫汽车，18
导管，174
德国国会大厦，66-67
地热能，122-123
第一次世界大战时期的火炮，234-235
电报机，82-83
电池，19，21
电传打字电报机，82
电磁体，83
电荷耦合元件（CCD），38，39
电话，84-85
电路，34，35，53，84，116，117
电脑，34，35-37，51，92，94，95，160
电视机，88-89，96-97
电星一号，99
电子枪，89
电子邮件，94-95
电子纸，44-45
吊舱，11，13
吊篮，11
吊桥，220，228
东乡平八郎，233
冻土，150
独块巨石，203
盾牌，219

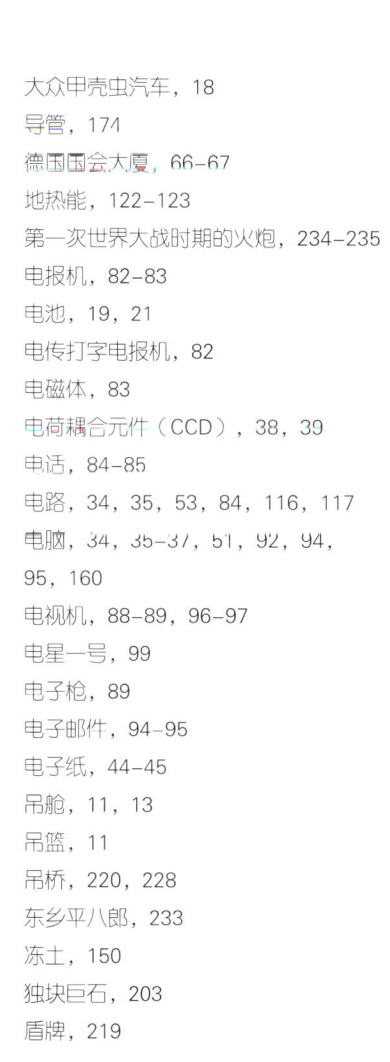

E

耳机，85，86

F

发电机，118，120，121，125
发动机，13，18，19，29，179，183，236，237，238，241，243
发动机气缸，18
发光二极管（LED），43，51，58
帆，25，27，219，230
帆船，26-27
番加工厂，138-139
飞机，14-15
菲利波·布鲁内莱斯基，223
菲尼克斯大学，78
费迪南·冯·齐柏林，12
风力，118-119
风速计，155
福克Dr-1三翼战斗机，236-237
辐条，22
服务器，92，93，94，95

G

干湿计，155
橄榄油加工厂，140-141
高分辨率摄影机，189
高速列车，20-21
耕作，29，118
攻城武器（中世纪），228-229
拱顶，72，75，151
拱廊，68，77

光纤，50-51，93
轨道，99，188，193
国际空间站，192-193

H

哈勃望远镜，194-195
海马斯自行火箭炮，246-247
海苔（藻类），145
海因里希·鲁道夫·赫兹，86
航空电子设备，15
航天飞机，182-183
航天探测器，188-189，196-197
核反应堆，112-113
红男爵，236，237
后殿（神庙），209
互联网，92-93
互联网服务提供商（ISP）服务器，92，93
皇家玛丽二号，24-25
回转罗盘，13
火箭，178-179，183，190
火星勘测轨道飞行器，188-189
火星漫游车，190-191
火星专用小型侦察影像频谱仪，189
霍华德·卡特，206
货物，219

J

机舱，27
激光手术，174-175
激光束，175
机枪，236，237，239，240，242
机身，15，237，240
机翼，17，29，183
机遇号火星漫游车，190，191
集热器，117
吉萨金字塔，204
计算机域名系统（DNS）服务器，94
记忆棒，42-43
钾——氩年代测定法，167
驾驶员座舱，236，240，242
简单邮件传输协议（SMTP），94-95
键盘，37，41，85
建筑物的正面，61，63，66，212，222
桨，25，219，231
桨轮，25
桨叶，16，118，119，242
矫正光学设备，195

金唱片（旅行者号探测器），197
襟翼，14
金字塔（埃及），204-205
紧凑渺子线圈探测器，165
晶体管，34
晶状体，175
景屋（希腊剧场），211
救世基督像，58-59
巨石阵，202-203
角斗士，212

K

KV-1坦克，239
KV-2坦克，239
卡拉维尔帆船，26-27
开关，84，103
科克斯塔德号海盗船，218-219
克隆，158-159
空盒气压计，154
空间站，192-193
空客A380飞机，14-15
库房（图坦卡蒙的墓），207
窥管（地形测量学），215
昆布（藻类），145

L

垃圾邮件，95
缆车，30-31
缆索铁路，31
劳尔·帕特拉斯·佩斯卡拉，17
雷达，15，28，136
肋骨，223
李舜臣，230
粒子加速质谱，166-167
练兵场（城堡），221
链条，22
量角仪（地形测量学），139
裂变，112-113
龙船战舰，218，219
龙骨，218
龙椅，65
路易斯·巴斯德，130
路由器，93
轮胎，23
罗马斗兽场，212-213
罗马引水道，214-215
螺旋桨，25，241
旅行者号探测器，196-197

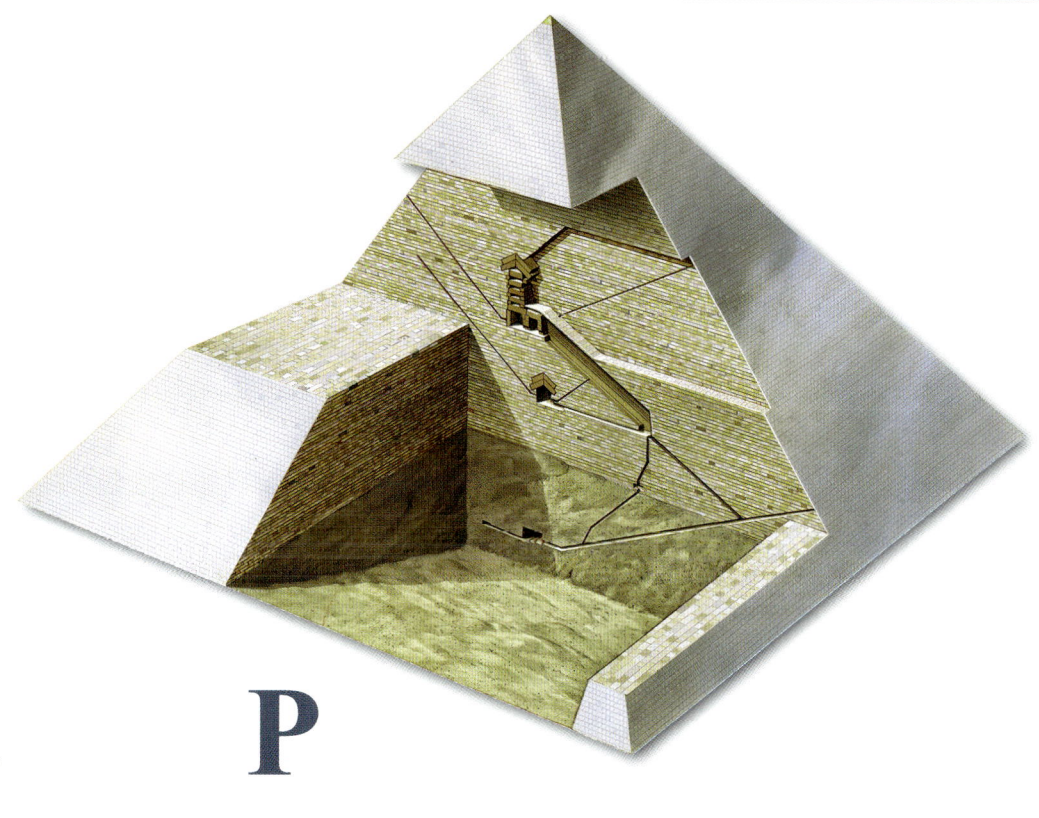

M

M31导弹
马丘比丘，216-217
慢化剂，112
美国国家航空航天局（NASA），180, 184-185, 187, 188, 190, 192, 194, 196
孟格菲兄弟，10, 11
莫尔斯电码，83

N

脑下垂体，172
内殿（神庙），209
牛奶生产，130-131
诺曼·弗斯特，66, 67
诺斯洛普·格鲁门公司RQ-4全球鹰无人机，245
诺斯洛普·格鲁门公司X-47B无人机，245

O

欧洲航天局（ESA），194
欧洲粒子物理研究所（CERN），164

P

帕拉纳山天文台，198-199
帕特农神庙（浮雕），208
抛石机，228-229
炮管，234, 235
胚胎，173
皮埃塔，62

Q

奇幻怪物石像，60, 61
气，10, 11, 13, 19, 108-109, 126, 127, 167
汽车，18-19
气垫船，28-29
汽化表，154
气门，10, 19
气球，10-11
气象工作站，154-155
前叉，23
钱德拉天文台，186-187, 195
前殿（神庙），209
前缘缝翼，15
倾角仪，13
穹顶，62, 67, 68, 69, 199, 223
琼脂，144-145

R

圈（巨石阵），202, 203
全球定位系统（GPS），24, 100-101, 143, 247
裙带菜（藻类），145

RQ-1/MQ-1"捕食者"无人机，244-245
扰流板，15
热释光年代测定法，167
日照仪，154
容克Ju-87斯图卡轰炸机，240-241
肉类包装，132-133

S

塞缪尔·莫尔斯，83
三角门楣，208
三笠号战列舰，232-233
刹车，18, 20, 23, 118

它们是如何运转的

深空网络，186，187
甚大望远镜（VLT），198-199
声呐，135
生物燃料，114-115
生物芯片，160-161
生物沼气池，126-127
圣彼得大教堂，62-63
圣母百花大教堂，222-223
圣墓教堂，72-73
圣索菲亚大教堂，68-69
石楣梁，203
石头，204，205，214，215
石油，110-111
视网膜，175
收音机，86-87
手机，40，44，52，53，84，102-103
受电弓，21
鼠标，37
数码绘图板，52
数码相机，38-39
树木年轮学，167
拴日石（马丘比丘），217
水电能源，120-121
水培植物，139
水热图，155
水下考古，162-163

水蒸气，106，107，112，123
水准仪（地形测量学），215
斯必泽太空望远镜，195
四维超声，170-171
索普维斯"骆驼"战斗机，237

T

T-18坦克，239
T-34坦克，238-239
T-72A坦克，239
TGV高速列车，20，21
胎面，23
太阳轨道望远镜，195
太阳能供暖，116-117
太阳能面板，67，98，99，189，191，193，195
碳-14，166-167
碳年代测定法，168-169
梯田（马丘比丘），216
体外受精，172-173
天线，86，87，89，98，99，102，187，189，191，195，196，197
条形码，48-49
铁甲舰，233
通用串行总线（USB），42，44

同基因移植，169
同位素，166
同种异体移植，169
图坦卡蒙（陵墓），206-207
托马斯·爱迪生，82
脱氧核糖核酸（DNA），139，146，147，156-157，158，159，160，161，173

W

望远镜，186-187，194-195，198-199
微处理器，34，35，36，39
威尔金森微波各向异性探测器（WMAP），180-181
微芯片，34-35，42，55
维京船，218-219
围裙，28，29
卫星，84，97，98-99，100，101，182，194，247
温室，139
文艺复兴时期的大教堂，222-223
涡轮，118-119，120，122，124
乌松馆，74
无人驾驶飞机（UAV），244-245

X

X射线，186，187
希腊剧场，210-211

悉尼歌剧院，74-75
细胞，116，158-159
先驱者号探测器，197
显示器，37
星辰号服务舱，192
兴登堡号飞艇，12-13
虚拟激光键盘，40-41
旋翼，16，17，242
旋转倾转盘，17
血管成形术，174
血友病，149

Y

压缩机，21
牙盘，23
亚历克·杰弗里斯爵士，156
亚历山大·格拉汉姆·贝尔，85
液晶显示屏（LCD），39，52，96
移植，168-169
乙醇，114-115
翼梢小翼，14
异种移植，169
硬盘，37
勇气号火星漫游车，190，191
铀，113，167
尤利乌斯·普吕克，88
犹太教灯台，71
玉米，114，115，146，147
约翰逊航天中心，184，185

Z

再羟基化，167
藻类工业，144-145
詹姆斯·瓦特，106
战车，226-227
沼气，126，127
遮阳篷，212
蒸馏，111，115
蒸汽机，106 107
直升机，16-17，242-243
直升机停机坪，76
智能服装，54-55
智能手机，102，103
中世纪的城堡，220-221
中央处理器（CPU），35，37
种子库，150-151
宙斯雕像，209
宙斯神庙，208-209
转基因动物，148-149
转基因食物，139，146-147
装饰艺术风格，59
紫禁城，64-65
自动气压计，154
自体移植，169
自行车，22-23
走道（城堡），221
足球城体育场，78

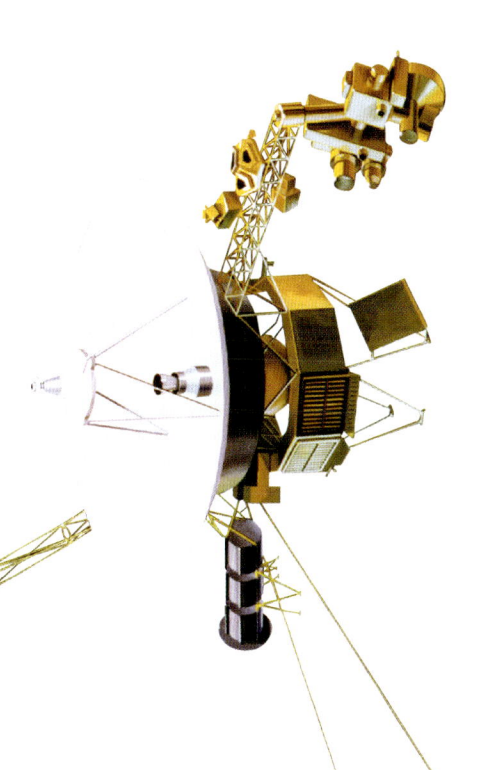